《四川经济高质量发展研究》

四川经济
高质量发展研究

SICHUAN JINGJI
GAOZHILIANG FAZHAN YANJIU

四川省统计局／主编

 四川大学出版社

项目策划：徐　凯
责任编辑：徐　凯
责任校对：毛张琳
封面设计：墨创文化
责任印制：王　炜

图书在版编目（CIP）数据

四川经济高质量发展研究 / 四川省统计局主编．—
成都：四川大学出版社，2019.8
ISBN 978-7-5690-3036-5

Ⅰ．①四… Ⅱ．①四… Ⅲ．①区域经济发展－研究－
四川 Ⅳ．①F127.71

中国版本图书馆 CIP 数据核字（2019）第 184649 号

书　名	四川经济高质量发展研究
主　编	四川省统计局
出　版	四川大学出版社
地　址	成都市一环路南一段 24 号（610065）
发　行	四川大学出版社
书　号	ISBN 978-7-5690-3036-5
印前制作	四川胜翔数码印务设计有限公司
印　刷	成都金龙印务有限责任公司
成品尺寸	185mm×260mm
印　张	26.5
字　数	576 千字
版　次	2019 年 11 月第 1 版
印　次	2019 年 11 月第 1 次印刷
定　价	99.00 元

◆ 读者邮购本书，请与本社发行科联系。
　电话：(028)85408408/(028)85401670/
　(028)86408023　邮政编码：610065
◆ 本社图书如有印装质量问题，请寄回出版社调换。
◆ 网址：http://press.scu.edu.cn

四川大学出版社
微信公众号

序　言

　　2018 年是贯彻党的十九大精神的开局之年，是决胜全面建成小康社会、实施"十三五"规划承上启下的关键一年。推动高质量发展，是保持经济持续健康发展的必然要求，是确定发展思路、制定经济政策、实施宏观调控的根本要求。

　　为深入学习贯彻习近平新时代中国特色社会主义思想"四川篇"，切实抓好"大学习、大讨论、大调研"活动，推动四川经济高质量发展，为各级党委政府科学决策提供参考依据，四川省统计局联合大专院校、科研院所开展"四川经济高质量系列研究"活动，完成系列研究课题 35 项，并将其中 20 篇优秀成果汇编成书公开出版。

　　该系列课题研究得到了四川大学、西南财经大学、西南交通大学、四川师范大学、西南石油大学、贵州财经大学、中共四川省委党校、四川省农业科学院、四川理工学院、四川省一带一路经贸合作促进会、四川省宏观经济学会、四川省人口学会、四川省情杂志社等科研院所和单位的专家的大力支持，在此表示衷心的感谢。

　　限于时间和水平，书中难免有疏漏，敬请方家批评指正。

编　者

2018 年 12 月

目　录

四川高质量发展的内涵、目标、重点与实现路径研究

一、引言

（一）研究背景

高质量发展是指能够很好地满足人民日益增长的美好生活需要的发展。将高质量发展作为根本要求，意味着要在一定程度上淡化对经济增长速度和数量的追求，更看重质量与效益的提升，经济建设与社会建设、生态建设的协同发展，更关注人民的获得感、幸福感和安全感。

随着中国特色社会主义进入新时代，我国经济发展也进入了新时代，即由高速增长阶段转向高质量发展阶段。推动高质量发展，是保持经济持续健康发展的必然要求，是适应我国社会主要矛盾变化和全面建成小康社会、全面建设社会主义现代化国家的必然要求，也是遵循经济规律发展的必然要求。

2017年10月，习近平总书记在党的十九大报告中指出，我国经济正处在转变发展方式、优化经济结构、转换增长动力的攻关期，建设现代化经济体系是跨越关口的迫切要求和我国发展的战略目标。这是根据国际国内环境变化，特别是我国发展条件和发展阶段变化做出的重大判断。

2017年12月，中央经济工作会议指出，要围绕高质量发展，深化供给侧结构性改革，激发各类市场主体活力，科学制定并实施乡村振兴战略规划，实施区域协调发展战略，推动形成全面开放新格局，提高保障和改善民生水平，加快建立多主体供应、多渠道保障、租购并举的住房制度，加快推进生态文明建设。

2018年3月5日，李克强总理在2018年国务院政府工作报告中指出，要大力推动高质量发展，要着力解决发展不平衡不充分问题，围绕建设现代化经济体系，坚持质量第一、效益优先，促进经济结构优化升级。要尊重经济规律，远近结合，确保经济运行在合理区间，实现经济平稳增长和质量效益提高互促共进。

作为西部发展的重要省份，四川省的发展对全国经济有重要影响。发展不足是四川省最大的问题，但越是欠发达地区越应重视高质量发展。近年来，四川省无论是发展战略还是发展成效，在西部都做出了表率。加快转向高质量发展，走在高质量发展前列，是中央的期望、时代的要求、发展的必须。全省各级各部门要进一步

统一思想、凝聚共识，准确把握高质量发展的核心要义、基本路径和着力点，从政治高度增强促进转变、实现转变的使命感、责任感和紧迫感，尽快达成全省的共识、全社会的共识。

2018年1月，四川省为了推动全省经济高质量发展，吹响了集结号。省委副书记、省长尹力在省政府第十一次全体会议暨市（州）长会议上指出，要认真贯彻落实中央和省委的决策部署要求，扎实推进全面创新改革，统筹做好深化供给侧结构性改革、持续深化改革扩大开放、加快构建区域城乡协调发展新格局，推动四川省更高质量发展。并且，在同年2月召开的省政府第二次常务会议上尹力还指出，要进一步加强和改进政府工作，凝心聚力推动全省经济社会高质量发展。

（二）研究意义

推动高质量发展，是当前和今后一个时期确定发展思路、制定经济政策、实施宏观调控的根本要求。开展高质量发展的相关研究具有重要的学术价值和应用价值。

1. 学术价值

（1）加快建立高质量发展统计指标体系。结合我国新时代背景下统计工作面临的新挑战、新问题，我们要从高质量发展的基本概念出发，清晰界定高质量发展的内涵、目标与重点，明确高质量发展的统计测度方法，构建高质量发展统计指标体系，为高质量发展理论研究提供参考。

（2）积极推进高质量发展的定量研究。随着我国经济进入高质量发展阶段，经济质量和效益的提升、经济结构的转变成为学者和政府越来越关注的内容。在现有理论基础上，进一步定量研究全国及各省经济的发展质量，包括经济质量、经济效益和经济结构等方面，从而评估我国经济各领域的具体发展情况，推进我国高质量发展研究的深入与拓展。

2. 应用价值

（1）服务各级政府，助力高质量发展政策制定。经济的高质量发展对我国经济的长期稳定持续发展具有十分重要的意义。本课题的研究为高质量发展提供了强有力的理论支撑，有助于各级政府准确把握高质量发展的动态，将理论研究应用于高质量发展政策的制定。

（2）服务统计部门，提升政府统计水平。高质量发展的提出给政府统计工作带来了严峻挑战。随着我国经济进入高质量发展阶段，大量高质量发展相关统计与界限划分问题都对现有统计造成了冲击。本课题将着重探讨高质量发展的内涵、目标、重点及其实现路径等问题，为政府统计工作提供重要参考。

（3）服务实体经济，助力破解经济发展中的不平衡不充分的问题。高质量发展离不开新发展理念的引领，对发展的目的、方式、路径、着力点、衡量标准和共享等方面的研究高度体现了"创新、协调、绿色、开放、共享""五大发展理念"的要求。本课题的研究将有助于破解我国经济发展中存在的不平衡不充分问题，回应广大人民群众对美好生活的新期待，对实现更高质量、更有效率、更加公平、更可持续发展具有重要意义。

（三）研究现状

梳理现有文献，目前有关高质量发展的文献多是对相关政策及文件的解读。有关高质量发展的内涵、目标、重点与实现路径的阐述，学界尚未达成共识，笔者针对现有研究进行了简单总结。

1. 高质量发展的内涵

对于高质量发展的内涵，现有研究并没有给出明确的定义。很多学者只是简单指出，"高质量发展是指能够很好地满足人民日益增长的美好生活需要的发展"。截至目前，尚未有文献从统计角度对这一概念进行阐释。

2. 高质量发展的目标与重点

现有研究中的高质量发展目标与重点可以总结如下：

（1）体现社会公平正义的本质要求和发展目的。全面建成小康社会必须以全体人民共同进入小康为根本标志。以人为本的发展思想最终均体现为普惠性、均等化、可持续的发展，从解决人民最直接最根本的利益问题着手，提供更充分和更平等的公共服务，体现社会公平正义的本质要求和发展目标。

（2）实现国际国内的联动发展。我国以往的经济发展受益于经济全球化和自由贸易，与世界经济深度融合。在新的经济发展阶段，我国需要不断提高利用国际市场、在全球范围配置产能和应对国际贸易摩擦的能力，努力发展更高层次的开放型经济，提高国际贸易政策制定的话语权，主动利用、扩大和引领经济全球化，实现国际国内经济联动发展。

（3）培养新常态下经济增长的新动力。随着我国经济发展阶段发生根本性的变化，支撑经济增长的传统动力的作用越来越弱。为避免陷入经济停滞状态，我国需要把创新作为引领发展的第一动力，培养新常态下经济增长的长期可持续动力，确保经济的可持续发展。

（4）解决发展不平衡、不协调和不可持续问题。我国发展长期存在不平衡、不协调和不可持续的问题。国际经验和我国现实都表明，在经济发展阶段的转变过程中，城乡差距、沿海与内地差距等因素使各种社会矛盾和社会风险不断加深。因此，促进发展的协调性是高质量发展需要重点关注和解决的问题。

（5）加快形成推动高质量发展的指标体系

制定经济政策应以提高质量效益为中心。实施宏观调控要正确处理速度与质量效益结构的关系，在提质增效、转型升级中实现经济持续健康发展，加快形成推动高质量发展的指标体系、政策体系、标准体系、统计体系、绩效评价和政绩考核办法。

3. 高质量发展的实现路径

在高质量发展的实现路径上，学者的观点较为一致。具体路径如下：

（1）推进质量变革。转向高质量发展阶段，首先要求我们必须高度重视经济质量，特别是产品和服务质量，坚持质量第一的原则，弘扬工匠精神，实施精品战略，强化并提高产品或服务质量标准，推进产品和服务质量升级，以满足人民日益增长的对高质量产品或服务的需求。

（2）推进效率变革。高效率是经济高质量发展的灵魂。只有提高劳动生产率、资本生产率和全要素生产率，才能以较少的生产要素投入获取高质量的产品和服务。因此，要倡导效率意识，推进效率变革。

（3）推进动力变革。要实现高质量发展，必须实现新旧动能的转换。新动能即为供给侧结构性改革中的三大发动机：制度变革、结构优化和要素升级，这也是中央强调的改革、转型和创新三方面。只有推进新旧动能转换，才能真正实现我国经济由调整增长阶段转向高质量发展阶段。

二、高质量发展的内涵

党的十九大报告指出，中国特色社会主义进入新时代，我国社会主要矛盾已经转化为人民日益增长的美好生活需要和不平衡不充分的发展之间的矛盾。我国目前总体上实现小康，不久将全面建成小康社会。人民美好生活需要日益广泛，不仅对物质文化生活提出了更高要求，而且在民主、法制、公平、正义、安全、环境等方面的要求日益增长。

2017年12月召开的中央经济工作会议指出，推动高质量发展，是保持经济持续健康发展的必然要求，是适应我国社会主要矛盾变化和全面建成小康社会、全面建设社会主义现代化国家的必然要求，是遵循经济规律发展的必然要求。由此可见，推动高质量发展是当前和今后一个时期确定发展思路、制定经济政策、实施宏观调控的根本要求。

为深入学习贯彻习近平新时代中国特色社会主义思想和习近平总书记对四川省工作系列重要指示精神，中共四川省委十一届三次全体会议做出了关于全面推动高质量发展的重要决定。推动四川省的高质量发展，必须紧扣社会主要矛盾变化，坚持"创新、协调、绿色、开放、共享"的新发展理念，统筹推进"五位一体"总体布局和协调推进"四个全面"战略布局，坚持以供给侧结构性改革为主线，统筹推进稳增长、促改革、调结构、惠民生、防风险各项工作，深化改革扩大开放，推动质量变革、效率变革、动力变革，打好防范化解重大风险、精准脱贫、污染防治三大攻坚战，促进全省经济社会持续健康发展，与全国同步全面建成小康社会，加快建设美丽繁荣和谐的四川省。

高质量发展的内涵集"五大发展理念"于一身。"创新、协调、绿色、开放、共享""五大发展理念",对发展的目的、方式、路径、着力点等方面做出了全面回应。这不仅有助于破解我国发展中存在的不平衡不充分问题,还回应了广大人民群众对美好生活的新期待,对实现更高质量、更有效率、更加公平、可持续的发展具有重要意义。

(一) 创新是引领高质量发展的第一动力

传统的经济增长是依靠生产要素的数量扩张而实现的粗放型增长,而我国现有的资源环境条件已经构成了对经济持续增长的制约。我国经济进入新常态,经济工作的重点变为提质增效,要实现经济的高质量发展,必须着力培育壮大新动能,做大做强新兴产业集群,运用新技术、新业态、新模式,深刻重塑传统产业,深化供给侧结构性改革,提高供给体系质量和效率,加快经济结构的优化升级。将创新作为引领发展的第一动力,以知识创新和技术创新来提升和改造物质资本,通过技术创新、产业创新、产品创新、管理创新、制度创新、战略创新等提高全要素生产率,不断增强经济的创新力和竞争力,利用新技术节约和替代物质资源,实现资源的可持续利用,才能形成经济增长的长期可持续动力。科技创新已经成为世界各国经济发展的新动能,以科技创新形成高质量发展的技术创新支持体系,让更多科技活力成为高质量发展的动力,创新发展正在重塑经济增长格局、深刻改变生产生活方式。

实现创新驱动发展意味着加快建设制造强国,加快发展先进制造业,推动互联网、大数据、人工智能和实体经济深度融合,加快新旧动能接续转换,提高生产效率;加强应用基础研究,拓展实施国家重大科技项目,加快国家创新体系建设,强化战略科技力量;深化科技体制改革,建立以企业为主体、市场为导向、产学研深度融合的技术创新体系,促进科技成果转化;倡导创新文化,强化知识产权创造、保护、运用,加大人力资本投资,通过科技和教育制度创新,培养造就一大批具有国际水平的战略科技人才、科技领军人才、青年科技人才和高水平创新团队,着力激发社会创造力,为高质量的发展提供知识、技术和人才,最终建成创新型国家。创新发展要求政府更加注重统计能反映国家创新实力的指标,诸如新兴经济增加值占 GDP 比重等反映经济增长新动能的指标、研发投入及高端设备购置等反映创新投入的指标、专利数据等反映创新产出的指标,以及反映创新投入产出效率的指标等。

四川省要建设经济强省,建立经济高质量发展新体系,必须坚持创新发展,以"三去一降一补"为重点,深化供给侧结构性改革,培育新的经济结构,强化新的发展动力。聚力建设成为国家创新驱动发展先行省,推动新旧动能转换,加快产业转型升级,提升企业的创新水平和创新能力,从而推动整体经济向高质量方向发展。围绕创新发展,提高科技进步对经济增长的贡献率,提高创新成果质量,以成都为主干,协同区域发展重要支点,加快建成国家重点实验室、国家级企业技术中心,推动高新技术产业发展,支持科技型中小微企业发展,鼓励企业牵头实施重大科技项目，支持科研院所、高校与企业融通创新，加快创新成果转化应用。创新发展是高质量发展的重要内涵之一，创新驱动战略是决胜全面建成小康社会必须实施的战略之一，实现创新发展是建设现代化经济体系的战略支撑。

（二）协调是高质量发展的内生特点

促进发展的协调性是持续健康发展的内在要求。目前，我国不平衡不充分发展的问题亟待解决，小康社会不是局部的、单方面的，而是包括经济、政治、社会、文化、生态各领域的全面的小康，在发展城镇的同时推动农村协调发展，在东部地区率先发展的同时推动中西部地区协调发展，在发展经济的同时推动社会、文化、生态协调发展。实施区域协调发展战略，包括完善区域发展政策，加大力度支持革命老区、民族地区、边疆地区、贫困地区加快发展，强化举措推进西部大开发形成新格局，深化改革加快东北等老工业基地振兴，发挥优势推动中部地区崛起，创新引领率先实现东部地区优化发展，建立更加有效的区域协调发展新机制。以城市群为主体构建大中小城市和小城镇协调发展的城镇格局，加快农业转移人口市民化。实现协调发展的过程也是社会公平程度不断提高的过程。实现协调发展要求实现基本公共服务均等化，均衡基础设施建设程度，把各地的优势和潜力充分发挥出来，逐步缩小城乡区域发展差距，使人民生活水平大体相当。高质量的发展要更加注重满足人民在多方面日益增长的高层次需要，改善民生，更好推动人的全面发展、社会的全面进步。为满足多样性的民生追求，在提高人民生活品质、注重经济发展质量的同时，还要在优质的教育资源、完善的基础设施建设、高水平的医疗卫生与养老保障、优美的居住环境、和谐安定的社会环境等方面做好协调发展。协调发展更加注重反映区域发展差距，关注革命老区、民族地区、边疆地区、贫困地区的平均发展指标与全国平均水平的差距，通过区域间经济总量差距、人均 GDP 差距、居民收入差距、科技文化教育资源差距、土地及其他自然资源差距、产业结构差距、投资消费结构差距、劳动生产率差距等指标，制定相应的政策措施，推动协调发展。

四川省当前面临的发展形势依然严峻，发展不足仍然是最突出的问题，产业结构、区域发展、城乡发展不平衡问题凸显。坚持协调发展，打好精准脱贫攻坚战，确保贫困地区和贫困群众同全省同步实现全面小康；大力推进多点多极支撑和"两化"互动城乡统筹，形成竞相发展态势。四川省的高质量发展要实现城乡区域协调发展，健全城乡统筹、区域协作的体制机制和政策体系，打造各具特色的区域经济板块，推动各区域共同繁荣发展、同步全面小康。实施"一干多支"发展战略，形成"一干多支、五区协同"区域协调发展新格局，逐步解决区域发展不平衡不充分问题。统筹教育、医疗卫生、社会治安、生态环境、文明建设等方面的协调发展，推动四川省社会民生的全面进步。

（三）绿色发展是高质量发展的普遍形态

高质量发展在注重经济质量提高的同时，也要注重经济发展给生态环境带来的损害。生态环境是经济系统运行的基础，也是高质量发展的基础。依赖生产要素大量投入的粗放型增长不仅会受现有资源环境的制约，还会对自然生态系统造成破坏，这将导致经济质量和人民生活质量的下降。因此，经济的可持续发展必须有效利用自然资源，保护生态环境，避免过度开发，这也正是绿色发展的内涵。建立绿色生产和消费的法律制度和政策导向，为绿色发展的经济体系提供有效支撑，进而建立健全绿色低碳循环发展的经济体系，以绿色发展和资源循环利用理念为指导，积极推动经济发展方式和资源利用方式的转变。构建市场导向的绿色技术创新体系，发展绿色金融，壮大节能环保产业、清洁生产产业、清洁能源产业。推进能源生产和消费革命，构建清洁低碳、安全高效的能源体系。推进资源全面节约和循环利用，提高资源的有效利用率，实施国家节水行动，降低能耗、物耗，实现生产系统和生活系统循环链接。倡导简约适度、绿色低碳的生活方式，反对奢侈浪费和不合理消费，开展创建节约型机关、绿色家庭、绿色学校、绿色社区和绿色出行等行动。打好污染防治攻坚战，坚持全民共治、源头防治，实施大气污染防治行动，加快水污染防治，加强农业面源污染防治，加强固体废弃物和垃圾处置，提高污染排放标准，调整产业结构，淘汰落后产能，调整能源结构，加大节能力度考核，改善生态环境质量，有效保护生态系统。绿色发展更加注重资源利用、环境治理、环境质量、生态保护、增长质量、绿色生活、公众对生态环境质量的满意程度等绿色发展指标的统计，相关数据能更清晰地反映绿色发展的进程。绿水青山就是金山银山，人民对美好生态环境的需求在不断提高，高质量发展必须考虑资源利用和环境代价，绿色发展体现了这一内涵。

四川省自古山清水秀，生态环境地位独特，因此保护生态环境的任务尤为艰巨。建设美丽四川省必须提升生态文明建设整体水平。坚持绿色发展理念，实现绿色低碳循环经济，大力发展壮大节能环保、清洁能源、清洁生产产业，全面推行清洁能源替代，因地制宜发展大数据等绿色高载能产业。建设一批高环保标准、高技术水准的资源循环利用基地以达到资源节约及循环利用的目的。建成万亿级旅游产业集群，实现生态文化旅游融合发展。探索绿色发展制度创新，大力发展生态经济产业，建成绿色发展试验区和生态经济示范区。坚决打好污染防治攻坚战，全面完成生态环境保护机构改革和环保垂直管理制度改革，加快构建生态文明制度体系，建立生态补偿机制，有效防范生态环境风险，切实提高环境治理水平。切实筑牢长江上游生态屏障，坚持节约优先、保护优先、自然恢复为主，加大生态系统保护修复力度，维护"四区八带多点"生态安全格局。实现绿色发展，使高质量发展得以持续，为人民群众建立更好的环境，使人民的幸福感进一步提升。

（四）开放是高质量发展的必由之路

开放带来进步，封闭必将落后。改革开放是推动我国经济发展的重大举措，对内改革解决了我国上层建筑同经济基础之间不相适应的问题，对外开放则加强了对外贸易往来和文化等多方面的交往交流。开放发展着眼于国际国内两个市场，将国内和国际的生产要素进行合理配置和有机结合，实现内外发展联动，提高我国经济要素配置效率。随着经济全球化的发展，对外开放对经济发展的重要作用日益显现，只有通过参与全球经济治理、提供国际公共产品和打造广泛的利益共同体，主动利用、扩大和引领经济全球化，发展更高层次的开放性经济，才能不断壮大我国经济实力和综合国力。以高水平对外开放推动高质量发展，需要进一步拓展开放范围和层次，完善开放结构布局和体制机制，推动形成全面开放的新格局。高质量发展下的对外开放要坚持以"一带一路"建设为重点，要求引进来和走出去齐头并进，遵循共商共建共享原则，加强创新能力开放合作，形成陆海内外联动、东西双向互济的开放格局，优化对外投资结构。加大西部、内陆和沿边开放力度，拓展经济合作新空间，扩大与各国的双向投资与贸易往来，共建更加开放的世界经济体。促进外商投资稳定增长，加强与国际通行经贸规则对接，建设国际一流营商环境。全面放开一般制造业，扩大电信、医疗、教育、养老、新能源汽车等领域的开放。巩固外贸稳中向好势头，以更大力度的市场开放，促进产业升级和贸易平衡发展，培育贸易新业态、新模式，通过对外开放为消费者提供更多选择。高质量的对外开放应实现贸易和投资自由化、便利化，坚定不移推进经济全球化，维护自由贸易，通过平等协商解决贸易争端，反对贸易保护主义，坚决捍卫自身合法权益。高质量的开放发展不仅注重进出口贸易、对外投资的数量，更加关注其质量，因此建立能反映高质量的开放发展的统计指标尤为重要。

高质量发展下的开放发展要求四川省由内陆腹地变为开放前沿，四川省应抓住新一轮西部大开发等重大机遇，主动融入"一带一路"建设、长江经济带发展等国家战略，突出南向，拓展新兴大市场，提升东向，对接先进生产力，打造立体全面的开放格局，促进外贸"优进优出"，培育市场主体，加快口岸物流通道建设，规范引导境外投资，促进产品、技术、服务"走出去"，提高外向型经济发展水平，努力走在西部全面开放的前列。坚持开放发展才能推动经济在更高层次的发展，促进文化的全方面交流，实现高质量发展。

（五）共享是高质量发展的根本目标

共享发展是一个从低级到高级、从不均衡到均衡的渐进过程。我国发展中的不协调问题表现为城乡之间、区域之间和居民之间的收入差距以及享受基本公共服务的不均等。以人民为中心的发展思想，最终要落脚于共享发展理念，保障和改善民生要从解决人民最关心最直接最现实的利益问题入手，提供更充分、更均等的公共服务。新时代下经济增长不再单纯以 GDP 为标准，而是特别重视提高居民的生活质量，要让高质量发展的成果更多、更公平地惠及人民群众，朝着实现全体人民共同富裕不断迈进，通过精准扶贫缩小贫富差距；通过区域协调发展缩小城乡地区差距。发展成果的共享性要求各个行业、各个阶层、各个地区、各个民族的全体人民共享发展成果，包含经济、政治、文明、社会和生态在内的所有发展成果。实现共享发展，着眼于社会公平正义，涉及保障和改善民生的方方面面。建设教育强国是中华民族伟大复兴的基础工程，实现教育的共享发展即是让每个孩子都能享有公平而有质量的教育。这要求全面贯彻党的教育方针，落实立德树人根本任务，发展素质教育，优化教育资源，推动城乡义务教育一体化发展，推进教育公平。就业是最大的民生。要坚持就业优先战略和积极就业政策，提高就业质量和人民收入水平，促进更充分的就业。政府履行再分配调节职能，加快推进基本公共服务均等化，缩小收入分配差距，使全民共享经济发展的成果。打赢脱贫攻坚战，让贫困人口和贫困地区同全国一道进入全面小康社会。完善国民健康政策，提高基本医保和大病保险保障水平，为人民群众提供全方位全周期健康服务，让全民共享优质高效的医疗卫生服务。加强社会治理制度建设，加强预防和化解社会矛盾机制建设，加强社会心理服务体系建设。加强社区治理体系建设，打造共建共治共享的社会治理格局。共享发展着眼于缩小居民收入差距、城乡居民基本社会保障差距以及城乡居民享受公共服务差距，关注各个行业、各个区域的就业率以及就业质量，致力于提高民众受教育程度以及医疗服务水平等，相关的统计指标将切实反映共享发展的内涵。

发展不平衡一直是四川省的突出问题，要实现高质量发展，必须坚持共享发展。大力保障和改善民生，让人民群众生活水平得到持续提高，让改革发展成果惠及全省人民群众。建立完善的公共就业创业服务体系，大规模开展职业技能培训，促进大学生、返乡农民工等重点群体就业创业。全面实施全民参保计划，完善社会救助、社会福利等保障制度。解决城镇贫困群众的困难，全面落实退役士兵安置政策。建成覆盖全民、多层次的社会保障体系，真正改善民生。坚持教育优先发展，统筹推进城乡义务教育一体化改革发展。推进健康四川省建设，完善建设医联体，巩固提升基层卫生服务能力。推进人口均衡发展，建设多层次养老服务体系。实现共享发展，就是让高质量发展的成果惠及全省人民群众，使全省人民在共建共享发展中有更多获得感，增强发展动力，增进人民团结，朝着共同富裕的方向稳步前进。

可以看出，高质量发展就是"创新、协调、绿色、开放、共享""五大发展理念"的具体体现，相关的统计指标可以深刻反映"五大发展理念"的内涵。高质量发展以"五大发展理念"为指导，通过一系列战略、政策和举措的实施，使人民享受能提升幸福感的发展成果，最终满足人民日益增长的对美好生活的需求。作为地理位置以及经济地位特殊的人口大省、农业大省，四川省虽然是西部地区发展的表率，但总体发展仍然不占优势。因此，四川省应在党的十九大相关精神指导下，认清四川省的高质量发展应为速度与质量的统一发展这一实际。

三、高质量发展的主要目标与指标体系

如上文所述，四川省的高质量发展是数量增长和质量提升的统一。而高质量发展的目标设定离不开相应统计指标的构建。在关于高质量发展的统计指标构建上，

一些学者、权威机构以及部分省份的统计局根据党的十九大会议精神构建了一些统计指标体系。这些统计指标体系虽然存在差异，但在核心上大多围绕"五大发展理念"构建。

下文将结合四川省的实际情况分别阐述四川省高质量发展的主要目标与指标体系。

（一）高质量发展的主要目标

1. 创新

创新在四川省的高质量发展中占据着十分重要的地位。党的十九大报告强调，要坚持实施创新驱动的发展战略，创新是引领发展的第一动力，创新在高质量发展中占据举足轻重的地位，创新是建设现代化经济体系的战略支撑，更是供给侧结构性改革的重要方面。

衡量科技创新，关键指标之一便是 R&D 经费支出情况。因此，四川省 R&D 经费内部支出与 GDP 的比值可以反映四川省对科技创新的重视程度。

专利是评价一个地区的科技实力的一项重要的统计指标。近几年，中国专利制度已经实现了从萌芽到发展再到成熟的转变。因此，可考虑将每万人专利授权量作为反映四川省创新发展水平的重要指标。

此外，衡量科技创新和经济效益还可参考高新技术产业增加值占 GDP 比重和全要素生产率等重要指标。根据经济学理论，一个地区的科技创新水平越高，该地区的全要素生产率越高，高技术产业增加值占 GDP 比重也是如此。四川省是农业大省，新型农业增加值占 GDP 比重也是衡量四川省科技创新能力的一项较好指标。

目标：在党的十九大会议精神的指导下，四川省应该进一步加大关于科技发展的支持，四川省 R&D 经费内部支出与 GDP 比值应该进一步提升。2017 年，每万人专利授权量相较于 2016 年有所下降，四川省应投入更多的资金，为高校提供更多的项目，建立更多的实验室，从而促进该项指标的上升。同时，加大对高新产业的支持，加大关于天府新区以及产业孵化园的投资，促使高新技术产业增加值占 GDP 比重、新型农业增加值占 GDP 比重和全要素生产率逐渐提高。

2. 协调

协调是"五大发展理念"中的重要组成部分，是高质量发展的方法论。协调指产业、城乡、区域等各个方面的协调。只有达到协调发展，才能实现真正的全面的高质量发展。

城乡差距具体表现在教育、养老、收入等多方面。协调发展的重点便是促进城乡协调发展，健全城乡一体化机制体制。因此衡量城乡差距是衡量协调发展的一个重要组成部分。衡量城乡差距，教育方面可考虑以高等教育毛录取率、生均教育经费和 20~59 岁劳动力人口中受过高等教育的比例作为重要指标；养老方面可考虑将农民工养老保险参与率作为重要指标；收入方面可考虑使用人均可支配收入来反映城乡收入差距。

此外，要实现四川省的协调发展，不能忽视四川省农村的发展。农村发展具体体现在供水保障、道路交通以及乡村建设等方面。在供水方面，可参考农村供水入户率；在道路交通方面，可参考公路密度、行政村公路覆盖率、城乡万人公共交通车辆拥有量；在乡村建设方面，可参考幸福美丽新村建设达标率。

目标：通过继续落实相关政策，加大对川西少数民族自治区的支持，并且根据实际情况，在川西推动全域旅游以及民族工艺等绿色产业的发展，促使城乡收入、教育、养老等方面的差距逐渐缩小。同时，重点发展四川省农村建设，提高农村供水入户率、公路密度、行政村公路覆盖率等，从而实现城乡以及地区的协调发展。

3. 绿色

习近平总书记指出，"既要金山银山，又要绿水青山"。绿色发展理念指明高质量的发展就是要对子孙后代负责的发展。中国的发展不能停留在粗放式发展阶段，而应该走向健康绿色的发展道路，因此衡量高质量发展离不开对绿色发展的测量。只有保证绿色发展，才能实现发展的可持续性。

绿色发展与人类的生活息息相关。人类的生活环境包括空气质量、水质量和森林资源，这些是评价一个地区是否是绿色发展的重要指标。具体可以 PM2.5 年平均浓度、集中式饮用水源的水质优良率和森林覆盖率这三项指标来反映空气质量、水质量和森林资源等环境情况。

目标：通过发展生态经济，开发清洁能源，促进传统工业的技术改革，提高一般工业固体废弃物综合利用率，改善四川省土壤环境、空气质量，并且确保地下水质安全。同时加大对绿化的投入，建设更多的园林绿地，从而促进人均绿化面积的提升。紧跟时代潮流，推进新能源汽车的研发、普及，从而减少四川省的氮氧化合物排放量。

4. 开放

开放发展是"五大发展理念"的"态度"。在全球化的时代大背景下，只有敢于开放，直面开放带来的挑战，把握开放带来的机遇，才能拓展发展空间。为了促进四川省的高质量发展，必须积极树立开放发展的观念。

对外贸易水平是对外开放程度的表现之一，对外贸易水平最为重要的指标是贸易进出口占货物进出口总额比重。因此可以将贸易进出口占货物进出口总额比重作为衡量四川省对外开放程度的一项重要指标。

随着时代的发展，营商环境成为影响四川省对外开放的重要因素。因此，可以考虑以营商环境指数作为四川省对外开放水平的一项重要指标。此外，还可以通过统计现代服务业增加值来反映四川省的对外贸易情况。

目标：在贸易保护主义以及全球经济不景气的大背景下，近几年四川省进出口总额有所下降。在党的十九大后，四川省应该在"五大发展理念"的指导下，铭记开放发展的重要性，推动成都自由贸易区的建设，从而促进进出口总额实现从减少到增多的转变。近几年成都市的金融业蓬勃发展，为外商投资创造了良好的环境，因此四川省的营商环境指数一直都处在较高水平。由此可见，四川省应加大对金融业的投入，促使成都市逐渐成为全球的金融中心之一，同时完善相应的法治体系，推出更多的优惠政策，为外商建立更好的投资环境。此外，四川省应该加快推进天府国际机场的建设，开通更多的国际航班，促进现代服务业的发展。

5. 共享

共享发展是"五大发展理念"的终极目标，坚持共享发展，必须坚持发展为了人民、发展依靠人民、发展成果由人民共享，做出更有效的制度安排，使全体人民在共建共享发展中有更多获得感，从而增进发展动力，促使人民团结，推动全体人民朝着共同富裕的目标前进。

共享即全体人民共享发展成果，而共享发展成果的一大体现就是贫富差距的缩小。因此，四川省的共享发展水平可以通过贫富差距来衡量。而衡量一个地区的贫富差距最为直接的统计指标便是基尼系数。基尼系数是国际通用的衡量一个地区收入差距的指标，基尼系数越大，贫富差距越大。

同时，社会文明程度的发展也是共享水平高低的体现。在社会文明程度方面，可用文物保护专项经费与非物质文化遗产保护资金投入、社会组织总收入与GDP比值、人均捐赠额等统计指标来反映。

共享不仅包括上述内容，还包括文化共享。四川省作为文化大省，文化产业增加值占GDP比重、人均教育文化娱乐支出和人均拥有公共图书馆藏量等统计指标均可反映四川省文化共享水平。

目标：响应习近平总书记"精准扶贫"的方针，针对四川省的一些贫困人口采取切合他们自身实际的扶贫策略，从而促使基尼系数进一步下降，贫富差距逐渐缩小。同时，从提高社会文明程度和文化共享水平出发，增加文物保护专项经费，提高社会组织总收入以及人均捐赠额，提高文化产业增加值占比、人均教育文化娱乐支出以及人均拥有公共图书馆藏量，充分体现四川省高质量发展的共享理念。

（二）高质量发展的指标体系

参照高质量发展的内涵与目标，笔者初步设置了如下高质量发展的指标体系（见表1）。

表1 高质量发展的指标体系

一级指标	二级指标	三级指标
经济发展高质量	经济规模	人均 GDP
	经济结构	高技术产业增加值占 GDP 比重
		新型农业增加值占 GDP 比重
	经济效益	R&D 经费内部支出与 GDP 比值
		每万人专利授权量
		全要素生产率
改革开放高质量	营商环境指数	
	对外贸易	现代服务业增加值
		贸易进出口占货物进出口总额比重
城乡建设高质量	供水保障	农村供水入户率
	道路交通	公路密度
		行政村公路覆盖率
		城乡万人公共交通车辆拥有量
	乡村建设	幸福美丽新村建设达标率
文化建设高质量	社会文明程度	文物保护专项经费与非物质文化遗产保护资金投入
		社会组织总收入与 GDP 比值
		人均捐赠额
	文化娱乐	文化产业增加值占 GDP 比重
		人均教育文化娱乐支出
		人均拥有公共图书馆藏量
生态环境高质量	空气质量	PM2.5 年平均浓度
	水质量	集中式饮用水源的水质优良率
	森林资源	森林覆盖率
	环境治理	一般工业固体废弃物综合利用率
人民生活高质量	养老	农民工养老保险参与率
	教育	高等教育毛录取率
		生均教育经费
	收入	人均可支配收入
		基尼系数
	就业	20~59 岁劳动力人口中受过高等教育的比例
		失业率

四、四川省高质量发展的重点领域

作为西部高质量发展的重要省份，四川省无论从发展战略还是发展成效来讲都做出了表率。目前，四川省经济在新常态下进入了新的发展阶段，呈现出"六个基本特征"，即经济增长进入规模质量同步提升期、工业化城镇化处于加速期、多点多极发展进入整体跃升期、发展动力转换到了关键期、产业转型升级进入持续期、全面建成小康社会进入决胜期，既面临严峻挑战，又面临重大机遇。为了进一步推动全省经济的高质量发展，四川省应重点关注如下几个领域。

（一）经济发展高质量

推动高质量发展是四川省当前和今后一个时期确定发展思路、制定经济政策、实施宏观调控的根本要求。全省应坚持以习近平新时代中国特色社会主义思想为统揽，深入贯彻落实习近平总书记对四川省工作的重要指示精神，以全面创新改革为引领推动四川省经济高质量发展。

1. 提高四川省人均GDP水平

实现高质量发展，必须把发展经济的着力点放在实体经济上，把提高人均GDP水平作为主攻方向，显著提高全省经济质量优势。

2. 重点发展四川省高新技术产业

深入实施创新驱动发展战略，推进高新技术产业发展壮大，培育壮大经济增长新动能，提高四川省高新技术产业增加值占四川省GDP的比重。

3. 提高全要素生产率

全面创新改革的重要任务是推动经济发展从要素驱动向创新驱动转变，培育和形成高质量发展的动力源泉。近年来，四川省不断加入创新投入力度，科技创新对经济增长的贡献率逐年提升，2013—2017年全省经济年均增长8.5％，科技对经济增长的贡献率由47％提高到54％，创新对稳定经济增长发挥了重要的支撑作用。在推进四川省经济高质量发展的进程中，仍要大力培育发展新技术、新产业、新业态、新模式，提高全省全要素生产率。

（二）改革开放高质量

以全球视野谋划和推动改革开放，坚持引进来和走出去相结合，开展全方位、多层次、高水平的国际经贸合作与交流，营造一流营商环境，以更加积极的策略推动贸易和资本输出，在更高层次上推动对外开放，建设西部对外开放高地、全国重要的对外交往中心和国际性自由贸易枢纽。

1. 营造一流营商环境

在要素禀赋相似、相对成本趋同的国家或地区间，营商环境的优劣决定了资本、人力等高端要素的流向，成为国家或地区在经济竞争中制胜的关键因素。近年来，四川省开办企业便利化程度、投资环境持续改善，但在高质量发展阶段，营商环境仍需受到重视。要缩小营商便利度与世界先进水平之间的差距，降低市场运行成本，使得开办企业更加便利。同时，进一步提高法治保障水平，培育公平竞争的市场环境。

2. 打造内陆开放型经济高地

推进四川省自由贸易区建设，实现内陆与沿海沿边沿江协同开放。减小对经济的行政干预，通过取消绝大多数服务部门的市场准入限制，开放投资，从而促进商品、服务、资本、技术、人员等生产要素的自由流动，通过扩大开放促进区域性经济发展，进而提高现代服务业增加值、高端制造业等产业增加值，提高一般贸易进出口占货物进出口总额的比重。

（三）城乡建设高质量

四川省高质量发展要着力解决协调发展不足的问题，以区域发展布局统筹城乡交通、居住和公共服务等生态布局，缩小城乡差距，推动城乡共同繁荣发展、同步全面小康。

1. 重点解决农村供水问题

目前，四川省农村饮水保障基础依然脆弱，工程运行管理保障机制亟待完善。高质量发展要求从 2018 年开始，全面落实农村饮水安全保障，实行地方行政首长负责制。四川省也应将贫困人口饮水安全问题纳入重点考核的任务之一，重点解决贫困地区饮水困难问题，强化运行管理，抓好水源保护，提高农村供水入户率。

2. 着力加快"四好农村路"建设

对照全面小康"两个 100％"兜底指标，以年度脱贫摘帽贫困县和退出贫困村为重点，确保乡镇通乡油路全面建成，村通村硬化路基本建成。整治早期通乡通村破损路面，建成贫困地区资源路、产业路、旅游路 800 千米，巩固提升精准脱贫成效，推进四川省城乡建设高质量。

（四）文化建设高质量

坚持文旅融合发展，打造四川省文化强省建设靓丽名片。积极推动文化、旅游"两个产业"转型升级，提质增效。实施"文化＋"战略，结合教育、娱乐，全面发展新型文化业态。完善群众体育健身设施，促进文体深度融合发展。推动文化体育产业成为四川省支柱性产业，加快建设文化体育强省。

1. 促进文化产业繁荣发展

四川省的高质量发展要不断完善现代文化产业体系和现代文化市场体系，提高文化及相关产业增加值占 GDP 的比重，使文化产业结构更加合理，文化市场更加繁荣有序，文化科技支撑更加有力。

2. 促进基本公共文化服务均等化

健全公共文化设施运行管理和服务标准体系，规范各级各类公共文化机构服务项目和流程。提高城镇居民人均文化消费支出，补齐公共文化服务短板，推动区域间、城乡间公共文化服务均衡协调发展，丰富优质文化产品与服务。

3. 加快文化体育设施提档升级

推动基层服务设施建设标准化，加快实现省、市、县、乡、村五级公共文化设施网络全覆盖；对未达标的县级公共图书馆、文化馆进行新建和改（扩）建。建设基层综合性文化服务中心，围绕文艺演出、读书看报、广播电视、文体活动等打造城市"15分钟文化圈"和农村"十里文化圈"；推动县级以上广播电视台、发射台、监测台和数字影院基础设施设备达标升级，全面提升数字化、网络化、高清化制播能力和承载能力。

（五）生态环境高质量

绿色循环低碳发展是当今科技革命和产业变革的方向，在四川省改革发展过程中，积累的生态问题已成为高质量发展的明显短板和人民群众反映强烈的突出问题。推动四川省的高质量发展必须认真践行"绿水青山就是金山银山"的理念，坚持共抓大保护、不搞大开发，在解决生态环境突出问题的同时推进生产生活方式绿色化，大力发展绿色低碳循环经济。

1. 持续改善环境质量

党的十九大报告指出，要不断满足人民群众日益增长的美好生活需要。而清新的空气、清洁的水是人民"美好生活需要"的重要内容。近几年，四川省环境质量明显改善，全省PM10和PM2.5平均浓度同比"双下降"，优良天数同比上升。四川省的高质量发展需要继续举全省之力打好污染防治战役，打赢"蓝天保卫战"，打好"碧水保卫战"，持续提升优质生态产品供给能力。

2. 提高环境准入门槛，优化发展布局和结构

结构性矛盾是我国经济增长质量和效益不高的主要根源，也是改善环境质量的关键。要强化战略和规划环评，将"三线一单"硬约束作为综合决策的前提条件，将"源头严防"落实到产业规划、城市规划和区域流域规划中。

（六）人民生活高质量

让广大人民群众共享发展成果是社会主义的本质要求，四川省经济发展的"蛋糕"在不断做大，但分配不公问题比较突出，收入差距、城乡区域公共服务水平差距较大。推进高质量发展，必须坚持人民的主体地位，维护社会公平正义。坚持围绕增强群众获得感幸福感安全感，加大扶贫保障和教育投入，不断满足人民美好生活的需要。

1. 高质量推进精准扶贫精准脱贫

围绕"两不愁、三保障"目标，提高低收入人口脱贫率。实施重点群体差别化收入分配激励政策，提高技术工人待遇，多渠道增加居民收入。

2. 持续加大基本民生保障投入

确保一般公共预算民生支出占比稳定在 65% 左右，提高人均拥有社会保险福利总额。大规模开展职业技能培训，促进高校毕业生等青年群体、农民工多渠道就业创业，托底安置大龄、残疾、家庭特别困难的贫困群众就业。

3. 深入推进义务教育均衡发展

巩固提升民族地区"一村一幼"和15年免费教育、"9＋3"免费职业教育，确保城乡、民族地区间教育水平均衡发展。同时，支持和规范社会力量办学，引导全省民办教育健康发展。

五、四川省高质量发展的实现路径

（一）壮大区域发展重要支点

环成都经济圈建设与成都有机融合、一体发展的现代经济集中发展区，带动其他经济区梯次发展。提升环成都经济圈各城市能级，加快发展以绵阳、德阳、乐山为区域中心城市的成都平原城市群。支持绵阳建设中国（绵阳）科技城。支持德阳打造世界级重大装备制造基地。支持乐山建设世界重要旅游目的地。支持眉山建设环成都经济圈开放发展示范市。支持遂宁建设成渝发展主轴绿色经济强市。支持资阳建设成渝门户枢纽型临空新兴城市。支持雅安建设绿色发展示范市。推进成德、成眉、成资同城化突破。编制实施成都平原轨道交通规划，加快构建区域间铁路公交化运营网络。

川南经济区建设南向开放重要门户和川渝滇黔结合部区域经济中心。加快发展临港经济和通道经济，做强产业、交通、教育、医疗等优势，打造全省第二经济增长极。以加快一体化发展为重点，培育壮大以宜宾、泸州为区域中心城市的川南城市群。支持宜宾建设长江上游区域中心城市和全国性综合交通枢纽。支持泸州建设川渝滇黔结合部区域中心城市和成渝经济区南部中心城市。支持内江建设成渝发展主轴重要节点城市和成渝特大城市功能配套服务中心。支持自贡建设全国老工业城市转型升级示范区和国家文化出口基地。出台川南一体化发展指导意见，推动交通、通信、教育、医疗、户籍、社保、人才等领域一体化突破。

川东北经济区建设东向北向出川综合交通枢纽和川渝陕甘结合部区域经济中心。以加快转型振兴为重点，培育建设以南充、达州为区域中心城市的川东北城市群。支持南充建设成渝经济区北部中心城市和重要交通枢纽节点。支持达州建设东出北上综合交通枢纽和川渝陕结合部区域中心城市。支持广安建设川渝合作示范城市。支持广元打造川陕甘结合部区域中心城市和北向东出桥头堡。支持巴中建设川陕革命老区振兴发展示范城市。深化川陕革命老区综合改革试验。推动嘉陵江流域经济协作，建设嘉陵江流域国家生态文明先行示范区。

攀西经济区集中在攀枝花和安宁河谷地区，重点推动产业转型升级，建设国家战略资源创新开发试验区、现代农业示范基地和国际阳光康养旅游目的地。推进安宁河流域和金沙江沿岸农文旅融合发展，建设阳光生态经济走廊。优化城镇布局体系和形态。支持凉山州创建全国同步全面小康示范州和民族团结进步示范州。支持攀枝花建设川西南、滇西北区域中心城市和南向开放门户。

川西北生态示范区和大小凉山地区突出生态功能，重点推进脱贫攻坚，发展生态经济，促进全域旅游、特色农牧业、清洁能源、民族工艺等绿色产业发展。落实主体功能区定位，完善和落实生态补偿机制。川西北生态示范区建设国际生态文化旅游目的地、国家级清洁能源基地和现代高原特色农牧业基地。支持甘孜、阿坝建设国家全域旅游示范区、国家生态建设示范区、全国民族团结进步示范州。推进若尔盖草原湿地生态功能区、以石渠为重点的"中国最美高原湿地"和川滇森林及生物多样性生态功能区建设。加强"三江一河"重点流域和生态脆弱区综合治理。

加强"一干多支、五区协同"发展组织领导。成立省推进区域协同发展领导小组，分区域建立协同发展联席会议制度，明确省领导牵头，负责战略研究、总体策划、政策制定、统筹协调、督促检查，指导和推动区域内重要合作项目落实。制定落实区域协同发展规划和年度行动方案。制定区域协同发展指导意见，修订完善相关规划，分区域制定差异化支持政策。完善区域协同利益分享机制，推进市场化项目合作，确定跨区域合作项目经济产出分配办法。

（二）优化调整工业结构和布局

全面落实《中国制造2025四川省行动计划》，以重点项目带动产业集群发展，加快建设制造强省。出台加快构建现代产业体系的意见。制定增强制造业核心竞争力专项行动方案。重点发展电子信息、装备制造、食品饮料、先进材料、能源化工等万亿级支柱产业。制定全省新兴产业指导目录，重点培育新能源汽车、节能环保、生物医药、轨道交通、动力及储能电池等具有核心竞争力的新兴产业。前瞻布局一批引领产业方向的未来产业。大力发展大数据、5G、人工智能等数字经济。加快传统产业转型升级，推进产品换代、生产换线、智能制造、绿色制造。整合工业发展引导资金，支持重大产业培育建设、重大布局优化调整、重大技术升级改造、重大创新研发平台打造。

出台区域产业布局指导意见和引导目录。支持有条件的市创建"中国制造2025"国家级示范区、国家新型工业化产业示范基地。支持各地按照市场导向和产业政策引导的原则，集中布局发展具有比较优势的主导产业。

出台促进开发区改革和创新发展实施意见。支持符合条件的省级开发区扩区升级，支持创建国家级高新区。清理整合"散弱荒"园区，建立低效、存量工业用地退出机制。探索公司化、市场化办园模式。支持老工业基地调整改造和资源枯竭型城市转型发展。

（三）大力发展现代服务业

出台加快服务业发展的若干意见。加快发展科技服务、现代物流、电子商务、节能环保、会展经济等生产性服务业，积极发展医疗健康、教育培训、养老服务等生活性服务业，到 2022 年服务业占比达到 55％左右，初步建成现代服务业强省。

稳步发展现代金融业。加快组建四川省银行，做实四川省金控集团。推动自由贸易试验区金融改革创新。探索建立"一带一路"跨境金融服务平台、人民币国际化清算平台、大宗商品跨境金融服务平台。做强做优地方法人金融机构，推动农村信用社改革发展。实施天府数字普惠金融、绿色金融行动。支持成都建设西部金融总部商务区，打造金融产业集聚区、中西部区域资本市场高地、中西部金融结算高地。

推动文化产业成为国民经济支柱性产业，加快建设文化强省。打造红色文化、传统文化和民族民俗文化产业带，着力建设文化产业集聚区。深度挖掘巴蜀文化特色资源，充分发挥自然遗产、历史文物在文化传承交流中的作用。深入实施振兴出版、振兴影视、振兴川剧和曲艺等重点工程。建设高清四川省·智慧广电。开展博物馆、图书馆、文化馆提升行动。实施群众体育健身设施、活动、赛事等"六个身边"工程。实施"文化＋"战略，发展新型文化业态。健全文化产业法规体系和政策体系。

促进文旅深度融合发展，加快建设旅游强省和世界重要旅游目的地。制定促进全域旅游发展指导意见。推动国家全域旅游示范区建设。打造一批世界级旅游文化品牌，提升大九寨、大峨眉、大熊猫、大贡嘎、大蜀道、茶马古道等市场影响力。大力发展乡村旅游、红色旅游、康养旅游、生态旅游。实施旅游强县强企行动。出台旅游产业发展激励办法，整合省级旅游发展资金，对旅游产业发展给予激励奖补。

编制实施现代服务业集聚区发展规划及认定管理办法。持续开展"三百工程"建设。支持成都加快建设国家服务业核心城市和国际消费城市，打造国际美食、音乐、会展之都和世界文化、旅游、赛事名城。积极打造"环华西国际智慧医谷"。支持资阳建设"中国牙谷"，打造国际口腔装备材料基地。布局建设区域性电商中心。支持老工业基地开展服务业和制造业双轮驱动发展试点。

（四）抢占数字经济发展制高点

加快建设网络强省、数字四川省、智慧社会，创建国家数字经济示范区，到 2022 年数字经济总量占比位居全国前列。制定推动数字经济与实体经济深度融合发展的实施意见。争创国家大数据综合试验区，打造成都、绵阳、德阳、宜宾、泸州、内江、眉山、雅安等大数据产业聚集区。培育大数据领军企业。支持高校、科研究院所、重点企业等突破核心技术。

深入开展智能制造试点示范，加快建设工业信息安全、工业云制造等制造业创新中心。实施工业互联网创新发展行动，推进企业上云计划，分行业分领域培育工业互联网平台。推动建设一批智能生产线、数字化车间、智慧工厂。实施数字乡村战略，构建基于互联网和大数据的现代农业产业体系。加快推动服务领域数字化转型。发展特色数字文化产品。打造智能化现代供应链体系。扶持大型互联网企业加快发展。积极探索增强现实（AR）、区块链技术发展应用。

制定新一代人工智能发展实施方案。加快建设天府新区人工智能产业集聚区、天府无线通信谷、智能制造产业园。支持设立人工智能研究院。实施人工智能重大专项。推进天府国际机场、中德智能网联汽车等区域性示范和智能制造、智慧交通、智慧医疗等行业示范。

出台跨行业信息通信基础设施合作建设指导意见。实施"宽带中国"战略，全面深化"三网"融合。推进基于 IPv6 的下一代互联网部署和商用化进程。支持成都建设国家下一代互联网示范城市。出台 5G 产业发展行动计划，协同打造 5G 联合创新中心，加快实现 5G 网络县城以上及商用全覆盖。建设覆盖全省的基础设施物联网络。建设一批公共服务、互联网应用服务、重点行业云计算数据中心和灾备中心，打造大数据交换共享平台。

（五）加大企业创新主体培育力度

实施重点企业研发活动全覆盖行动。建立激励企业加大研发投入机制，将企业研发经费投入指标纳入高新技术企业、技术创新示范企业、科技型中小企业等评定考核体系，力争 2022 年规模以上工业企业研发投入强度达到全国平均水平。

强化企业研发机构建设，完善企业技术中心、工程（技术）研究中心、工程实验室、制造业创新中心等企业研发机构梯队，推动规模以上工业企业自主或联合建立研发机构。健全高新技术企业和技术创新示范企业培育制度，培育一批主营业务突出、竞争力强的专精特新中小企业，打造一批高成长性"瞪羚企业""独角兽企业""隐形冠军企业"。加大对企业重大技术装备首台套、新材料首批次、软件首版次研制和应用的支持力度。

（六）大力支持民营经济发展

强化民营企业产权保护和激励，制定四川省企业和企业家权益保护条例。建立全省统一的企业维权服务平台，完善企业合法权益受损补偿救济机制。破除歧视性限制和隐性障碍，全面实施市场准入负面清单制度，保障不同所有制企业在资质许可、政府采购、科技项目、标准制定等方面受到公平待遇。鼓励扩大民间投资，省内本土民营企业新增投资同等享受招商引资政策。积极引导民营经济参与国资国企混合所有制改革，支持优势民营企业开展跨地区、跨行业、跨所有制兼并联合，做大做强一批行业领军民营企业。

构建"亲""清"新型政商关系，拓宽党委、政府与民营企业联系服务渠道，建立领导干部联系商会和重点民营企业制度，探索建立民营企业评议政府相关部门工作制度。建立政府失信追责惩罚机制。出台构建"亲""清"新型政商关系制度规范，细化政商交往负面清单。严肃查处侵害民营企业合法权益的违纪违法问题，严肃查处官商勾结、利益输送的违纪违法行为。弘扬优秀企业家精神，按照有关规定评选表彰优秀民营企业家。创新促进民营经济发展的体制机制，出台促进民营经济发展的若干政策措施。

（七）做强做优做大国资国企

加大国有资产重组整合力度，引导国有资本向前瞻性、战略性产业集中，向产业链、价值链中高端集中，向优势企业和主业企业集中，向规划布局的重点区域集中，加快培育一批"千亿国企"。加快推进混合所有制改革试点。推进省属国有企业资产证券化。

建立健全国有企业资本金补充机制，支持省属国有企业存量土地资源批量变现补充资本金，支持省属国有企业规范推进债转股，逐步形成国有资本投入、收益、再投入的良性循环。推进省级经营性国有资产集中统一监管。加强国有企业债务风险防范。推进地方国有企业和中央在川企业资源整合协同发展。

（八）突出重点，推动全域开放合作

主动融入"一带一路"建设和长江经济带发展。突出南向，拓展新兴大市场，强化与粤港澳大湾区、北部湾经济区、南亚和东南亚的开放合作。制定畅通南向通道深化南向开放合作实施意见。畅通南向综合运输大通道，提升至北部湾港口、粤港澳大湾区的陆路和出海铁路通道能力。对接国家中新合作机制，创新"蓉桂新""蓉桂港"陆海联运模式。积极参与中国—东盟框架合作和中国—中南半岛、孟中印缅、中巴等国际经济走廊建设。规划建设东盟产业园。依托省内高校打造留学生学习基地，支持泸州、宜宾积极发展高等教育和医疗卫生事业，创造条件扩大招收南亚、东南亚留学生规模。建立南向开放投资平台，重点支持通道建设、经贸合作、产能合作、文旅合作等。

提升东向，对接先进生产力，积极承接东部沿海地区和美日韩等产业转移。扩大与长江中游城市群、长三角、京津冀及周边地区的合作，加强与长江沿江省市协同联动、错位发展。深化西向、扩大北向，提升中欧班列（蓉欧快铁）运营效能和服务水平，推进对欧高端合作，主动参与中俄蒙经济走廊建设。

落实深化川渝合作，深入推动长江经济带发展行动计划和12个专项合作协议，拓展川渝合作示范区范围，建设成渝中部产业集聚示范区。强化川桂战略合作，规划建设川桂合作产业园。深化川黔、川滇合作，打造赤水河流域合作综合扶贫开发试验区。落实川浙、川粤战略合作协议。巩固扩大川港合作会议机制成果，打造川港现代服务业集聚区。深化川台产业交流合作，推动海峡两岸产业合作区成都产业园、德阳产业园、眉山产业园发展。务实办好重大展会和投资促进活动。

制定打造中西部投资首选地实施意见。出台对外开放工作激励办法，把开放发展工作纳入干部绩效评价。

（九）建设高水平中国（四川）自由贸易试验区

制定推进自由贸易试验区引领性工程建设的指导意见。出台四川省自由贸易试验区条例。落实"四区一高地"战略定位和159项改革任务。推动"3区＋N园"协同改革，建设协同改革先行区，支持先行区比照自由贸易试验区率先承接经济管理权限和享受改革制度性成果。加快复制推广自由贸易试验区制度创新成功经验。探索建设内陆自由贸易港。开展"魅力自贸·开放四川"链动全球活动。

积极争取国家在川增设更多开放口岸。推进成都国际铁路港、宜宾港、泸州港和天府国际机场、九寨黄龙机场等建设国家开放口岸。支持西昌、绵阳、宜宾、泸州、南充、达州、广元等地机场按照国家开放口岸标准进行改（扩、迁）建。支持成都、德阳共建国际铁路物流港并创建国家开放口岸。积极争取设立海关特殊监管区域及场所，支持成都、绵阳、德阳、宜宾、泸州、资阳、内江、自贡、南充、达州、眉山等新设综合保税区、保税物流中心（B型），拓展成都高新综合保税区功能。

（十）发展更高层次的开放型经济

加快贸易强省建设。推动更大规模川货出川，在重点国家和地区建立川货展示展销中心，打造跨境电商服务平台。实施外贸优进优出工程，扩大优势特色产品出口。深化成都服务贸易创新发展试点。打造对外交往文化名片，大力发展文化贸易。

全面实行外资准入前国民待遇加负面清单管理制度。统一内外资企业业务牌照和资质申请的标准与时限。推进金融、教育、文化、医疗等服务业领域有序开放，放开建筑设计、会计审计、电子商务等领域的外资准入限制。推进中德、中法、中意、中韩、新川等国别合作园区和中国—欧洲中心建设，探索打造"两国双园""多国多园"。支持自由贸易试验区所在城市和环成都经济圈城市申报144小时落地签证。建设国际产能合作示范省。

（十一）解决生态环境突出问题

出台"全面加强生态环境保护，坚决打好污染防治攻坚战"的实施意见。建立并严守长江经济带战略环评生态保护红线、环境质量底线、资源利用上线和环境准入负面清单。严禁在长江干流及主要支流岸线1千米范围内新建布局重化工园区，严控新建石油化工、煤化工、涉磷、造纸、印染、制革等项目。清理整顿长江入河排污口，查处长江沿岸非法码头、非法采砂。实施长江沿线水源地环境问题整改。

加强沱江、岷江、嘉陵江等重点流域综合治理，实施"一河一策"，强化上下游协同共治，开展清河、护岸、净水、保水行动。全面落实河（湖）长制。深化沱江流域水环境综合治理与可持续发展国家级试点,实施生态补水"增容量",加强流域环保基础设施建设、水环境保护和水污染治理,开展磷化工企业清洁化改造。探索共建沱江流域生态经济带,推进航道升级改造,支持发展绿色产业。开展地级及以上城市建成区黑臭水体专项治理。加快乡污水垃圾处理设施建设。

实施成都平原、川南、川东北城市群大气污染综合整治,持续实施减排、抑尘、压煤、治车、控秸"五大工程",强化区域联防联控应对重污染天气。建立农用地土壤环境质量类别清单、建设用地土壤污染修复目录和开发利用负面清单。实施重点区域土壤整治工程和城市污染场地治理工程。加强固体废物污染风险防控。

实施重点生态功能区产业准入负面清单制度。建立污染防治攻坚重点县清单,实行省直部门、国有企业、科研院所与重点县"一对一"结对攻坚。强化环保督察,发现问题及时整改。健全企业环境信用评价体系。强化各级生态环境资源检查力量。推进环境公益诉讼。

实施川西北防沙治沙、川南石漠化治理、退耕还林还草、森林质量精准提升等生态工程。开展长江廊道造林行动。建设森林湿地草原生态屏障重点县。逐步提高天然林管护补助标准。实施川西北民生项目木材替代行动。加强地质灾害综合防治体系建设。

(十二)推进生产生活方式绿色化

建设国家清洁能源示范省,全面推行清洁能源替代。对符合条件的电能替代项目,通过价格政策、奖励、补贴等方式给予支持。科学有序开发金沙江、雅砻江、大渡河等水电资源。以民族地区风电基地和光伏扶贫为重点推进新能源发展。建设全国页岩气生产基地。加快水电外送第四通道建设。发展分布式能源,布局建设电动汽车充换电设施,建设储气调峰设施和储能及智能微电网。推广公共机构新能源汽车配备使用。

推进资源全面节约和循环利用。出台用能权交易管理暂行办法,加快建设西部环境资源交易中心。推进产业园区和各类污染物排放企业实施环境污染第三方治理。加快化工、轻工等涉水类园区循环化改造。建设一批资源循环利用基地,推进固体废弃物和垃圾分类利用、集中处置。支持研制乡村垃圾、污水处理小型实用设备。

推进城市建设提品质、补短板,科学规划城市群,开展公园城市建设试点,建设海绵城市,推广绿色建筑、装配式建筑和新材料环保建材,推动建筑业转型升级。落实国家节水行动,统筹研究解决大城市水资源利用和水安全保障问题。

(十三)高质量推进精准扶贫精准脱贫

围绕"两不愁、三保障"目标,今后3年实现171万贫困人口脱贫、5295个贫困村退出、68个贫困县摘帽。落实精准施策综合帮扶凉山脱贫攻坚12个方面34条政策措施。派驻脱贫攻坚综合帮扶工作队,加强禁毒防艾、计划生育、控辍保学、移风易俗等综合治理。修订四川省和凉山州禁毒条例。妥善解决凉山自发搬迁贫困人口精准脱贫问题。深入推进甘孜、阿坝深度贫困县脱贫攻坚，实施藏区"十三五"规划项目。持续开展藏区彝区交通大会战，实施藏区"六项民生工程计划"、彝区"十项扶贫工程"等。实施深度贫困县人才振兴工程。

实施贫困地区特色产业提升工程，探索开展贫困地区特色农产品认证，创新扶贫产品销售体系，发挥税收、金融助力脱贫攻坚作用。推进易地扶贫搬迁规划任务如期完成。全面开展网络扶贫行动。开发生态护林（草）员、水利工程巡管员、地质灾害监测员等公益岗位。建立"四项扶贫基金"县级补充长效机制。推广就业扶贫车间模式。实施贫困人群医疗救助扶持行动。统筹解决"插花式"贫困问题。持续开展"回头看""回头帮"。深入推进东西部扶贫协作、定点扶贫和省内对口帮扶。开展扶贫扶志行动。

加强对脱贫攻坚一线干部的关爱激励。保持贫困县党政正职稳定。开展扶贫领域腐败和作风问题专项治理，集中整治惠民惠农财政补贴资金"一卡通"管理问题。

（十四）办好急难愁盼民生实事

持续加大基本民生保障投入，确保一般公共预算民生支出占比稳定在65%左右。大规模开展职业技能培训，促进高校毕业生等青年群体、农民工多渠道就业创业，托底安置大龄、残疾、家庭特别困难的贫困群众就业。实施重点群体差别化收入分配激励政策，提高技术工人待遇，多渠道增加居民收入。推进解决拖欠农民工工资问题法治化、机制化建设。

深入推进义务教育均衡发展，着力解决中小学生课外负担重、"择校热""大班额"问题。整治校外托管、培训乱象。加快发展学前教育，有效缓解幼儿"入园难"。实施高中阶段办学条件提升攻坚工程，深入推进高考综合改革。巩固提升民族地区"一村一幼"和15年免费教育、"9+3"免费职业教育。支持和规范社会力量办学。

深入推进健康四川建设。深化分级诊疗、现代医院管理、全民医保、药品供应保障、综合监管等改革。深入推进异地就医直接结算。建立全民健康体检资助体系。实施大型医院"高精尖优"发展工程和县级医院服务主责提升工程。支持民族地区规划建设片区中心医院。加强公共卫生服务体系建设，补齐疾病防控、妇幼保健、精神卫生短板。支持中医药和民族医药事业传承创新发展。

实施全民参保计划，促进中小微企业和农民工、灵活就业人员、新业态从业人员等人群参保缴费，实现法定人员全覆盖。加强最低生活保障等基本生活救助制度与专项救助制度有效衔接，健全困难群众基本生活保障工作协调机制。深化"量体裁衣"式残疾人服务。构建养老、孝老、敬老政策体系，扶助经济困难和失能老人，推进医养结合，加快老龄事业和养老产业发展。

制定全省城镇住房发展五年规划。实施实物配租和租赁补贴相结合的公共租赁住房保障，加快发展住房租赁市场，因地制宜发展共有产权住房，增加普通商品住房供应。推进新一轮棚改攻坚和老旧小区改造。加大食品药品安全监管力度。推进平安四川建设。

六、结束语

我国经济已由高速增长阶段转向高质量发展阶段，四川省正处于转型发展、创新发展、跨越发展的关键时期。推动四川省的高质量发展，必须习近平新时代中国特色社会主义思想为指导，统筹推进"五位一体"总体布局、协调推进"四个全面"战略布局，紧扣社会主要矛盾变化，坚持以新发展理念为引领，坚持稳中求进工作总基调，坚持质量第一、效益优先，坚决打好防范化解重大风险、精准脱贫、污染防治攻坚战，深化供给侧结构性改革，推动质量变革、效率变革、动力变革，建设实体经济、科技创新、现代金融、人力资源协同发展的产业体系，构建市场机制有效、微观主体有活力、宏观调控有度的经济体制，加快建设经济强省。

推动四川省的高质量发展，必须坚持问题导向。着力解决产业体系不优的问题，以夯实实体经济为抓手优化产业结构，改变产业竞争力不强、缺乏大企业大集团引领的现状，整体提升产业层次和水平。着力解决市场机制不活的问题，深化重点领域和关键环节改革，破除民营经济活力不强、国有企业竞争力不高、资本市场不健全、营商环境待改善等障碍，充分激发市场活力和社会创造力。着力解决协调发展不足的问题，以区域发展布局统筹交通、产业、开放、生态和公共服务等生产力布局，补齐区域发展不平衡、城乡差距较大、产业趋同明显、互联互通不足等短板，推动各区域共同繁荣发展、同步全面小康。着力解决开放程度不深的问题，推动内陆和沿海沿边沿江协同开放，破解盆地意识较浓、开放平台不足、开放通道不畅、开放型经济水平不高等制约，建设内陆开放经济高地。

推动四川省的高质量发展，必须全面落实新发展理念，实施"一干多支"发展战略，对内形成"一干多支、五区协同"区域协调发展格局，对外形成"四向拓展、全域开放"立体全面开放格局，奠定经济强省坚实基础。当前和今后一个时期，聚力建设国家创新驱动发展先行省，推动新旧动能转换，加快产业转型升级，构建高端突破、优势凸显的现代产业支撑；聚力推进城乡融合发展，以城市群为主体形态，完善大中小城市和小城镇体系，构建功能完备、集群发展的城镇载体支撑；聚力提升以综合交通为重点的现代基础设施体系，建设大通道、大枢纽、大通信，强化聚集人流、物流、数据流、资金流等功能，构建智能绿色、互联互通的基础设施支撑；聚力建设美丽四川，筑牢长江上游生态屏障，构建山清水秀、城乡共美的生态环境支撑；聚力如期完成脱贫攻坚任务，提高保障和改善民生水平，增强人民群众获得感幸福感安全感，构建守住底线、公平普惠的公共服务支撑。

参考文献

[1] 张军扩. 加快形成推动高质量发展的制度环境 [J]. 中国发展观察，2018（1）：5－8.

[2] 佚名. 中央经济工作会议：必须加快形成推动高质量发展的指标体系、政策体系、标准体系 [J]. 中国标准化，2018（1）：38－38.

[3] 佚名. 迈向高质量发展 [J]. 中国经济报告，2018（1）.

[4] 常华. 中国经济迈向更高质量发展 [J]. 科技智囊，2017（12）.

[5] 赵倩. 科学认识我国经济转向高质量发展阶段 [J]. 预算管理与会计，2018（1）.

[6] 蔡昉. 转向高质量发展"三谈" [N]. 经济日报，2018－02－08.

[7] 金碚. 关于"高质量发展"的经济学研究 [J]. 中国工业经济，2018（4）.

[8] 任保平，文丰安. 新时代中国高质量发展的判断标准、决定因素与实现途径 [J]. 改革，2018（4）.

[9] 任保平. 新时代中国经济从高速增长转向高质量发展：理论阐释与实践取向 [J]. 学术月刊，2018（3）.

[10] 罗来军，文丰安. 长江经济带高质量发展的战略选择 [J]. 改革，2018（6）.

[11] 任保平，李禹墨. 新时代我国高质量发展评判体系的构建及其转型路径 [J]. 陕西师范大学学报（哲学社会科学版），2018（3）.

[12] 刘志彪. 理解高质量发展：基本特征、支撑要素与当前重点问题 [J]. 学术月刊，2018（7）.

[13] 郭春丽，王蕴，易信，等. 正确认识和有效推动高质量发展 [J]. 宏观经济管理，2018（4）.

[14] 洪涛. 2018年中国经济形势及推动高质量发展的总体展望 [J]. 时代经贸，2018（10）.

[15] 彭清华. 关于《中共四川省委关于深入学习贯彻习近平总书记对四川工作系列重要指示精神的决定》和《中共四川省委关于全面推动高质量发展的决定》的说明 [J]. 四川党的建设，2018（13）.

[16] 黄登武. 扛起质量闯关历史性责任——论全面推动四川高质量发展 [J]. 四川党的建设，2018（14）.

[17] 李平贵. 四川：布局战略性新兴产业领域，省属国企启动高质量发展行动 [J]. 中国战略新兴产业，2018（17）.

[18] 岳振. 全面推动高质量发展 [J]. 当代贵州，2018（18）.

[19] 徐康宁. 全面推动经济进入高质量发展阶段 [J]. 群众，2018（1）.

（四川省统计局　西南财经大学）

四川省区域创新能力提升研究

在新常态下，区域创新是加速实现新旧动能转换的关键因素，推动区域创新是践行"创新、协调、绿色、开放、共享""五大发展理念"的集中体现，也是贯彻落实创新驱动发展战略的重要组成部分。中共四川省委十届七次全会作出了由经济大省向经济强省转变、由总体小康向全面小康跨越的部署，对科技创新支撑提出了更高要求。在全省大力实施创新驱动发展战略的大背景下，四川省创新能力持续提升，创新体系结构不断优化。但是，相对于全国创新能力领先地区，四川省的发展质量和效益依然不高，长期积累的结构性矛盾比较突出。要实现 2020 年建成国家创新驱动发展先行省和创新型四川的目标，四川省必须加快创新能力提升的步伐。

一、区域创新能力及其构成要素

区域创新能力是指一个地区将知识转化为新产品、新工艺、新服务的能力。区域创新能力由以下要素构成：知识创造能力，即不断提出新知识的能力；知识获取能力，即区域利用一切可用知识的能力；企业创新能力，即区域内企业运用新知识，推出新产品或新工艺的能力；创新环境能力即区域为知识生产、流动及应用提供相应环境的能力；创新绩效能力即区域创新的产出能力。为了全面衡量区域创新能力，可把区域创新能力分解为创新实力、创新效率与创新潜力三个层次。创新实力是指一个地区拥有的创新资源，如科研人员规模、科技经费投入水平、专利数量等；创新效率是指单位投入所产生的效益，如科技人员人均论文数、单位研发经费专利量等；创新潜力是指一个地区发展的速度，即与基期相比的增长率水平。本文对四川省区域创新能力的分析将从知识创造、知识获取、企业创新、创新环境、创新绩效五大板块，以及实力、效率和潜力三个层次进行综合分析（如图 1 所示）。

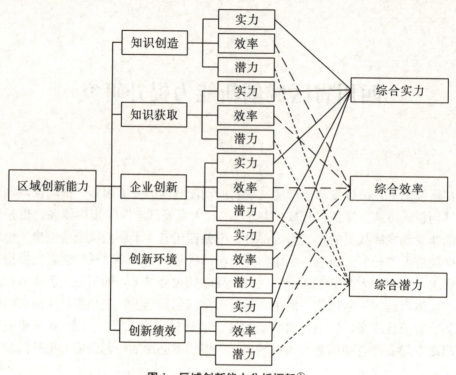

图1　区域创新能力分析框架①

二、四川区域创新的发展特点

在新的发展形势下，四川省政府高度重视创新驱动发展，紧抓人才驱动和平台载体的支撑建设，形成了较强的创新能力，四川区域创新呈现出新的发展特点。

（一）区域创新能力大幅提升

在全国大力实施创新驱动发展战略，加快建设国家创新驱动发展先行省的大背景下，四川省创新能力持续提升。2017年创新能力综合排名居全国第11位，与2016年持平，较2015年提升5位，西部排名第2位，较2016年提升1位。四川省在创新投入、创新产出及创业创新活力等方面都有较大幅度提升。

1. 科技创新投入持续加大

一是研发经费投入力度加大，政府对创新的重视程度越来越高。2017年全省R&D经费投入总量为637.85亿元，较2016年（561.42亿元）增长13.61%，是2012年（350.86亿元）的1.82倍。其中，政府研发投入经费为245.56亿元，较2016年（240.42亿元）增长2.14%，较2012年（171.2亿元）增长43.43%。

---

① 本框架参考了《中国区域创新能力评价报告》的分析框架。《中国区域创新能力评价报告》由中国科技发展战略研究小组编著，该报告综合、客观、动态地研究和评价了中国各区域的创新能力，是各地方政府了解地区创新能力的重要参考。

2017 年研发经费投入强度为 1.72%，与 2016 年持平，较 2012 年（1.47%）增加 0.25 个百分点。

二是科技人力投入稳步增长。2017 年全省 R&D 人员数为 24.16 万人，较 2016 年（21.48 万人）增长 12.48%，较 2012 年（15.53 万人）增长 55.57%；R&D 人员全时当量为 14.48 万人年，较 2016 年（12.46 万人年）增长 16.21%，较 2012 年（9.8 万人年）增长 47.76%。

三是科技计划顺利实施。省级财政科技计划管理改革扎实推进，科技计划体系、管理决策制度和科技人员创新激励机制全面建成。2017 年省级科技计划安排资金 19.5 亿元。其中，重点研发类科技计划共安排项目 1117 个，应用基础类科技计划共安排课题 349 个，创新人才和平台类计划安排项目 887 个。各项科技计划着力攻克一批关键前沿技术，对高技术的集成应用和产业化示范作出了统筹部署。

2. 科技产出成果显著

一是专利产出持续提升。2017 年四川省专利申请受理数为 167484 件，比 2016 年（142522 件）增长 17.5%，是 2012 年（66312 件）的 2.53 倍。其中发明专利申请受理数为 64642 件，比 2016 年（54277 件）增长 19.1%，是 2012 年（16366 件）的 3.95 倍；发明专利授权数为 11367 件，比 2016 年（10350 件）增长 9.82%，是 2012 年（4455 件）的 2.55 倍。

二是科技成果转移转化速度加快。2017 年四川省成交技术市场合同 1.3 万件，较 2016 年（1.16 万件）增长 12.07%；技术市场成交额为 419.68 亿元，较 2016 年（304.89 亿元）增长 37.65%。建成专业服务机构 97 家，建成集成果信息、评估评价、技术交易等功能于一体的技术转移公共服务平台，征集省内外科技成果信息 6.1 万项，汇聚国内技术专家 5783 位，聚集第三方服务机构 63 家，技术成果转移转化服务体系进一步完善。

三是军民融合成效显著。2017 年四川省军民融合产业实现主营业务收入 3122 亿元，较 2016 年（2847.26 亿元）增长 8.8%，规模和增速均位居全国前列。截至 2017 年年末，四川省共规划建设十大军民融合产业基地，规划总投资近 1600 亿元，涉及重点项目 150 余个，完成投资 430 亿元。

3. 企业创新活力有所提升

一是企业的创新主体地位有所增强。2017 年四川省企业投入研发经费 355.9 亿元，较 2016 年（293.03 亿元）增长 21.46%，占全社会研发经费支出比重达到 55.8%。全省开展创新活动企业占比为 44.5%，居西部各省前列，全省建成企业国家工程实验室 3 个、国家级企业技术中心 72 个，认定省级企业技术中心 877 个，企业研发机构 1497 个，认定省级技术创新示范企业 27 家，其中国家级技术创新示范企业 18 家，居全国第 8 位、西部第 1 位，入库登记科技型中小企业达 4656 家。

二是企业与高校、科研院所的合作进一步加深。2017 年四川省高校和科研院所 R&D 经费内部支出中来自企业的资金为 33.5 亿元，较 2016 年（31.97 亿元）增长 4.79%；高校和科研院所研发经费内部支出额中来自企业资金的比例为 12.1%，较 2016 年（12.06%）增加 0.04 个百分点。截至 2017 年年末，全省启动"一院一策"试点，42 家院所开展股权激励、成果转化、离岗创业、协同创新等改革试点。产业技术创新"集团军"初步形成，建成北斗导航、无人机、科技云服务等 117 个产业技术创新联盟，组建产业技术研究院 34 家，完成 3D 打印、钒钛综合利用等 470 余项重大科技联合攻关项目。

（二）创新体系结构逐步优化

区域创新由知识创造、知识获取、企业创新、创新环境及创新绩效五个要素构成。2017 年四川省知识创造、知识获取、企业创新、创新环境及创新绩效的全国排名分别为第 8 位、第 15 位、第 12 位、第 8 位、第 12 位，其中，创新环境指标从 2016 年的第 13 位提升到 2017 年的第 8 位，企业创新指标较 2016 年提升 2 位。2017 年创新环境指标居西部第 1 位，较 2016 年提升 3 位，知识创造、知识获取、企业创新和创新绩效指标分别位居西部第 2 位、第 5 位、第 2 位和第 3 位，各要素之间的排名差距进一步缩小，创新体系结构逐步优化，趋于均衡发展（如图 2 所示）。

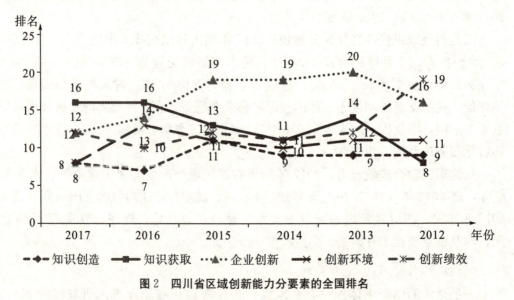

图 2　四川省区域创新能力分要素的全国排名

（三）成德绵地区创新优势明显

成都是经济和科技发展的创新高地，其总体创新能力在全省具有稳固领先优势（其综合创新能力历年位居全省第 1 位）；绵阳 2016 年、2017 年持续保持全省第 2 位；德阳 2016 年、2017 年排名第 3 位、第 4 位。成都、绵阳和德阳具有明显的创新优势（见表 1）。

表1　2016年、2017年四川省区域创新能力综合排名①

地　区	2016年	2017年
成　都	1	1
绵　阳	2	2
宜　宾	6	3
德　阳	3	4
南　充	20	5
乐　山	7	6
攀枝花	4	7
自　贡	9	8
雅　安	10	9
泸　州	8	10
遂　宁	15	11
眉　山	16	12
广　元	14	13
凉山州	17	14
巴　中	11	15
广　安	13	16
达　州	18	17
内　江	5	18
阿坝州	12	19
甘孜州	21	20
资　阳	19	21

　　由表1可知，四川省各市（州）综合创新能力差异较大，成德绵地区的综合创新能力持续保持全省领先地位，而资阳则连续两年居于全省落后位置；创新能力综合排名变化最大的地区是内江和南充，内江排名从2016年的第5位大幅降至2017年的第18位，南充排名则大幅提升，从2016年的第20位提升至2017年的第5位。

（四）各经济区创新实力、效率和潜力差异较大

　　2017年四川省各经济区在创新实力、效率和潜力上均存在较大差异（见表2）。

---

　　① 数据来源：《四川省区域创新能力分析研究报告2017》，该报告从创新资源、企业创新、创新绩效、创新环境四个层面对四川各地市州创新能力进行了综合、客观的评价。

表2　2017年四川省各经济区创新实力、效率、潜力排名

地区		实力	效率	潜力
成都平原经济区	成都	1	1	9
	绵阳	2	2	16
	德阳	4	4	14
	眉山	15	11	6
	乐山	6	8	12
	遂宁	10	10	8
	雅安	17	5	18
	资阳	19	13	21
川南经济区	宜宾	3	6	10
	自贡	7	7	13
	泸州	5	9	11
	内江	11	12	19
川东北经济区	广元	14	14	3
	广安	13	19	6
	南充	9	18	1
	达州	16	20	7
	巴中	18	16	2
攀西经济区	攀枝花	8	3	20
	凉山州	12	15	4
川西北经济区	甘孜州	21	21	17
	阿坝州	20	17	15

1. 成都平原经济区

成都、绵阳、德阳作为四川省创新资源的聚集地，其创新优势明显，在创新实力和效率上均排名全省第1位、第2位和第4位；眉山的创新实力、效率则处于全省中下游水平，分别居全省的第15位、第11位；资阳在创新实力、效率和潜力方面均表现较差，排名第19位、第13位、第21位；雅安的创新效率优势明显，居全省第5位，但其创新实力和潜力的排名却较为落后，仅为第17位、第18位。雅安是连接成都平原经济区与川西北经济区、川东北经济区的关键，应积极发挥其地理位置优势，以促进区域科技创新联动合作，推动创新要素的自由流动。但其自身创新能力不足，难以为区域的平衡发展提供更多支撑。

2. 川南经济区

川南经济区在创新实力、效力及潜力方面总体表现良好。宜宾的创新能力总体

最强，其创新实力、效力、潜力分别位居全省第3位、第6位、第10位；内江表现欠佳，其创新实力、效力、潜力分别排名第11位、第12位和第19位；泸州创新实力、效率和潜力分别排名第5位、第9位和第11位；自贡的创新实力和效率排名均为第7位，创新潜力排名第13位，处于全省中上游水平。

3. 川东北经济区

川东北五市是连贯成渝经济区的重要渠道，在创新潜力上表现出了明显优势。南充和巴中的创新潜力分别排名第1位和第2位，广元、广安、达州紧随其后，分别居全省第3位、第6位、第7位。但川东北经济区在创新实力和效率方面表现较弱，巴中的创新实力在全省排名第18位，南充、广安、达州创新效率在全省排名第18位、第19位、第20位。由于该经济区创新实力和效率较弱，对创新能力的发展支撑不足，总体创新能力不强，处于全省中下游水平。

4. 攀西经济区

攀枝花和凉山州在创新实力、效率和潜力上存在较大差异。攀枝花的创新实力和效率优于凉山，居全省第8位、第3位，而凉山在创新潜力上则更具优势，居全省第4位，攀枝花在创新潜力上仅居全省第20位。攀西经济区具有丰富的自然资源，工业基础较好，但两市在一定程度上相对独立，创新资源整合度较低，限制了区域创新能力的平衡发展。

5. 川西北经济区

甘孜州和阿坝州在创新实力、效率和潜力方面都位居全省最末。甘孜州的创新实力和效率排名均为全省第21位，创新潜力排名第17位；阿坝州的创新实力、效率和潜力排名为第20位、第17位、第15位。由于该经济区地理位置偏远、经济资源匮乏、经济基础薄弱，其综合创新能力也较差。

三、四川与区域创新能力领先省市的差距①

根据《中国区域创新能力评价报告》，近两年区域创新能力综合排名靠前的省市为江苏、广东、北京、上海、浙江、山东、天津、重庆、安徽、陕西，四川处于全国中上游水平。下文从知识创造、知识获取、企业创新、创新环境、创新绩效五个方面，将四川省与创新能力综合排名靠前的省市进行比较，找出四川省与各创新能力领先省市之间的差距，为四川省创新能力提升战略的制定提供依据。

（一）知识创造能力不足

2017年四川省知识创造能力排名居全国第8位，较2016年下降1位，西部排

---

① 由于2017年各省市大部分指标数据尚未正式发布，故差距分析中除地区经济发展水平指标采用2017年数据之外，其余指标数据均为2016年数据。

名第2位，与2016年持平。但与区域创新能力领先省市相比，四川省知识创造能力仍显不足。

1. 创新投入强度偏低

R&D人员全时当量是将R&D人员按工作量折算出的全时工作量，是国际上通用的用于衡量科技人力投入情况的指标。每万名就业人员中R&D人员全时当量可反映地区科技创新人力投入的强度，也是反映地区知识创造能力的重要指标。

近年来，四川省科技人力投入逐步增加，但相较于创新能力领先省市仍存在巨大差距，科技人力投入强度偏低。四川省R&D人员全时当量为12.46万人年，居全国第11位，高于西部的重庆（6.81万人年）、陕西（9.48万人年），但与排名第1位的江苏（54.34万人年）和排名第2位的广东（51.56万人年）相差甚远，二省R&D人员全时当量分别为四川省的4.36倍、4.14倍。四川省每万人R&D人员全时当量为15.08人年/万人，居全国第19位，排名第1的北京是四川省的7.73倍（如图3所示）。

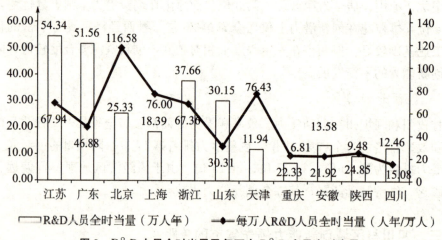

图3　R&D人员全时当量及每万人R&D人员全时当量

R&D经费内部支出及R&D经费内部支出占GDP的比重是衡量一个地区科技财力投入水平和经费投入强度最为重要的综合指标，是反映地区知识创造能力的重要指标。

四川省R&D经费内部支出为561.42亿元，居全国第8位，高于西部的重庆（302.18亿元）、陕西（419.56亿元）。该指标排名前三位的地区是广东（2035.14亿元）、江苏（2026.87亿元）、山东（1566.09亿元），分别为四川省的3.62倍、3.61倍、2.79倍。四川省R&D经费内部支出占GDP的比重为1.72%，居全国第11位，低于全国平均水平（2.11%），与排名前三位的北京（5.96%）、上海（3.82%）、天津（3%）相差甚远（如图4所示）。可见四川省R&D经费投入体量不足，对科技发展的支撑能力有限。

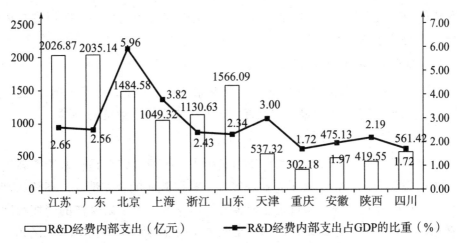

图 4　R&D 经费内部支出及其占 GDP 的比重

2. 创新产出水平尚需进一步提升

发明专利代表一个地区的发明创造能力。发明专利授权数是衡量一个地区创新产出和技术水平的指标。万人发明专利授权数可衡量一个地区发明专利的人均产出效率，是反映知识创造能力的重要指标。四川省的发明专利授权数为 10350 件，居全国第 8 位，西部领先，是重庆（5044 件）的 2 倍，陕西（7503 件）的 1.38 倍。但与排名前三的江苏（40952 件）、北京（40602 件）、广东（38626 件）相差甚远，三省发明专利授权数分别是四川省的 3.95 倍、3.92 倍、3.73 倍（如图 5 所示）。

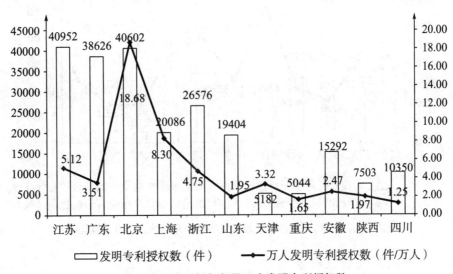

图 5　发明专利授权数及万人发明专利授权数

四川省万人发明专利授权数为 1.25 件/万人，居全国第 14 位。该指标排名前三的北京（18.68 件/万人）、上海（8.30 件/万人）、江苏（5.12 件/万人）分别是四川省的 14.94 倍、4.64 倍、4.1 倍。四川省万人发明专利授权数也低于重庆

（1.65件/万人）和陕西（1.97件/万人），可见在创新产出水平上四川省与创新能力领先省市存在较大差距。

（二）知识获取能力不高

2017年四川省知识获取能力排名居全国第16位，与2016年持平，处于全国中游水平。相较于区域创新能力领先省市，四川省知识获取能力不高。

1. 产学研合作程度尚需进一步加强

高校和科研院所R&D经费内部支出额中来自企业的资金是企业给予高校和科研院所的研发资金总量，反映了企业与高校、科研院所的合作情况。高校和科研院所R&D经费内部支出额中来自企业资金的比例反映了产学研合作的密切程度。四川省高校和科研院所R&D经费内部支出额中来自企业的资金为31.97亿元，高于广东（27.39亿元）、浙江（23.07亿元）、天津（22亿元）等创新能力领先省市，居全国第4位，但与北京（71.23亿元）、江苏（41.37亿元）相比仍存在较大差距。四川省高校和科研院所R&D经费内部支出额中来自企业资金的比例为12.06%，远低于浙江（25.72%）、天津（19.94%）、重庆（16.73%），居全国第11位（如图6所示）。四川省企业给予了高校和科研院所较多的研发资金，但在资金投入比例上并没有突出表现，反映出四川省区域科技资源整合不足、企业和高校及科研院所的合作程度不够等问题。

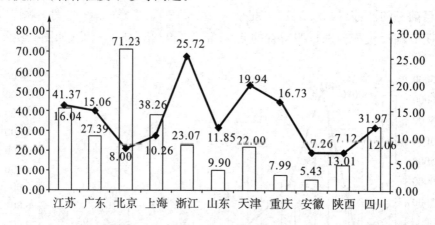

图6　高校和科研院所研发经费支出额中来自企业的资金及比例

2. 技术成果流动性较差

技术市场交易额和技术市场企业平均交易额是反映技术成果流动情况的指标。四川省技术市场交易金额（按流向）为331.79亿元，居全国第10位，低于西部的重庆（524.89亿元）和陕西（359.10亿元）。该指标排名前三的地区是北京（1753.24亿元）、江苏（905.59亿元）、广东（792.56亿元），其技术市场交易金额分别为四川省的 5.28 倍、2.73 倍、2.38 倍。四川省技术市场企业平均交易额[①]为 286.91 万元/项，居全国第 16 位。重庆在该指标上表现尤为突出，为 1489.05 万元/项，是四川省的 5.2 倍，可见四川省在技术成果流动性上表现欠佳（如图 7 所示）。

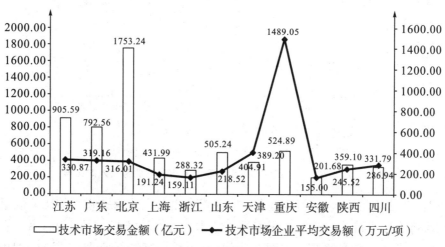

图 7　技术市场交易金额及技术市场企业平均交易额

（三）企业创新主体地位未能得到充分体现

2017 年四川省企业创新能力排名居全国第 12 位，较 2016 年提升两位，西部排名第 2 位，与 2016 年持平。虽然四川省企业创新能力有所提升，但在反映企业创新能力的一些重要指标上与创新能力领先省市相比仍存在巨大差距。

1. 企业研发经费投入偏低

企业 R&D 经费内部支出总额反映了企业的研发投入能力，其研发经费与主营业务收入的比值是衡量企业研发投入强度和企业自主创新能力的重要指标。四川省企业 R&D 经费内部支出总额为 257.26 亿元，居全国第 13 位。排名前 3 位的广东（1676.27 亿元）、江苏（1657.54 亿元）、山东（1415 亿元）分别是四川省的 6.52 倍、6.44 倍、5.5 倍，可见四川省在该指标上与各创新能力领先省市相比存在巨大差距。江苏、广东、山东等省市非常重视对企业的研发经费投入，这也正是这些地区能跻身区域创新能力领先省市的重要原因之一（如图 8 所示）。

_____

① 技术交易金额与交易项目数之比。

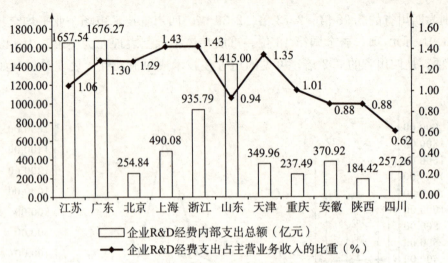

图8 企业R&D经费内部支出总额及其占主营业务收入的比重

根据发达国家的经验，若企业 R&D 经费支出与主营业务收入的比值低于 2%，企业创新将难以维持。一些发达国家的高技术产业在该指标上均高于 6%，而我国各省市在该指标上普遍偏低（如图 8 所示）。上海、浙江的企业 R&D 经费内部支出总额占主营业务收入的比重为 1.43%，并列位居全国第 1 位；天津紧随其后，为 1.35%，排名第 2 位；广东为 1.30%，排名第 3 位；其他领先省市的指标值均在 1% 左右，而四川省仅为 0.62%，不足上海、浙江的一半，远低于其他创新能力领先省市。可见，四川省企业研发经费投入强度严重偏低，企业创新主体地位未能得到充分体现。

2. 企业研发机构建设相对缓慢

规模以上工业企业有研发机构的企业数是衡量企业研发基础设施建设情况的指标，可反映一个地区的企业对创新科技投入的意识及重视程度。四川省规模以上工业企业有研发机构的企业数为 805 个，高于陕西（436 个），低于重庆（924 个），居全国第 14 位。该指标排名前三的是江苏（20910 个）、广东（9695 个）、浙江（9387 个），其规模以上工业企业有研发机构的企业数分别为四川省的 25.97 倍、12.04 倍、11.66 倍。四川省规模以上工业企业有研发机构的企业数占企业总数的比重为 5.83%，不足江苏（43.65%）的 1/7，居全国第 23 位（如图 9 所示），可见四川省的企业研发机构创新基础薄弱，创新思维和意识尚存在局限，作为技术创新主体的企业不够活跃。

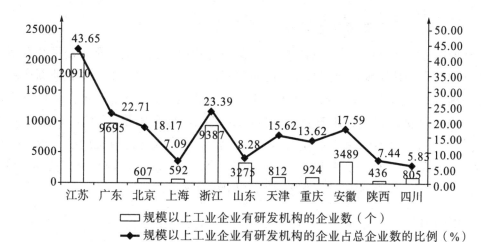

图 9　规模以上工业企业有研发机构的企业数及比例

3. 企业科研产出水平仍需提高

规模以上工业企业有效发明专利数是指规模以上工业企业拥有的有效的发明专利数，其是衡量地区科研产出质量和市场应用水平的综合指标，也是衡量企业核心技术水平的指标。四川省规模以上工业企业有效发明专利数为 24065 件，居全国第8 位，远高于重庆（8585 件）、陕西（11520 件）。该指标排名前三的省市为广东（236918 件）、江苏（117912 件）、山东（45917 件），分别是四川省的 9.85 倍、4.89 倍、1.90 倍。四川省的企业专利产出水平虽然在西部地区保持领先，但远落后于广东、江苏等创新能力领先省市。从平均有效发明专利数指标来看，四川省为17415.69 件/万家，居全国第 10 位，但该指标排名第 1 位的北京（84700.60 件/万家）是四川省的 4.86 倍，排名第 2 位的广东（55507.71 件/万家）是四川省的3.18 倍，可见四川省的企业科研产出效率与创新能力领先省市相比也存在较大差距（如图 10 所示）。

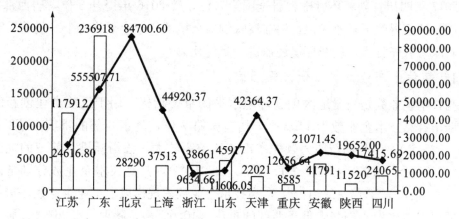

图 10　规模以上工业企业有效发明专利数及平均有效发明专利数

4. 企业新产品开发能力亟待加强

规模以上工业企业新产品销售收入及其占主营业务收入的比重可衡量企业新产品的开发能力，是体现企业创新绩效的重要指标。我国规模以上工业企业新产品销售收入排名前三的地区是广东、江苏、浙江，分别为 28671.41 亿元、28084.67 亿元、21396.83 亿元，而四川省仅为 3044.73 亿元，居全国第 17 位，不足广东的 1/5。规模以上工业企业新产品销售收入占主营业务收入的比重位居前三位的省市是浙江、上海、广东，分别为 32.69%、26.33%、22.20%，四川省仅为 7.33%，居全国第 20 位，与各领先省市相差甚远（如图 11 所示）。

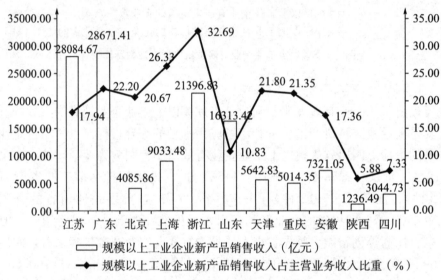

规模以上工业企业新产品销售收入（亿元）

规模以上工业企业新产品销售收入占主营业务收入比重（%）

图 11　规模以上工业企业新产品销售收入及占主营业务收入的比重

（四）创新环境有待进一步优化

2017 年四川省创新环境排名居全国第 8 位，较 2016 年提升 5 位，居西部第 1 位，创新环境得到了有效优化，但在反映创新环境的一些重要指标上，仍落后于区域创新能力领先省市，创新环境还需进一步优化。

1. 高技术产业发展步伐尚需加快

高技术企业数是衡量地区创新环境水平的重要指标，用于反映企业创新的活力。四川省高技术企业数为 1107 个，居全国第 7 位，高于西部的重庆（678 个）、陕西（525 个），但与创新能力领先省市相比差距较大。该指标排名前三的地区是广东（6570 个）、江苏（5007 个）、浙江（2595 个），其高技术企业数分别是四川省的 5.93 倍、4.52 倍、2.34 倍。在高技术企业数占规模以上工业企业数比重指标上，四川省占比为 8.01%，低于西部的重庆（10.00%）、陕西（8.96%），居全国第 11 位，与排名第 1 位的北京（23.80%）相比差距甚大，四川省企业创业活力有待进一步增强（如图 12 所示）。

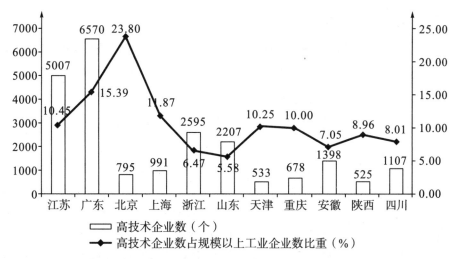

图 12　高技术企业数及其占规模以上工业企业数的比重

2. 人才培养投入仍显不足

地方财政教育经费支出是创新环境中反映一个地区对人才培养的重视程度的指标。四川省地方财政教育经费支出及其占地区生产总值的比例分别为 1301.85 亿元、3.95%，高于浙江（1300.03 亿元、2.75%）、安徽（910.87 亿元、3.73%）、北京（887.37 亿元、3.46%）、上海（840.97 亿元、2.98%）等创新能力领先省市，排名分别为第 6 位、第 13 位，但在总量上与广东（2318.47 亿元）、江苏（1842.94 亿元）、山东（1825.99 亿元）相比仍存在一定差距，说明四川省对人才培养的重视程度尚需进一步加强（如图 13 所示）。

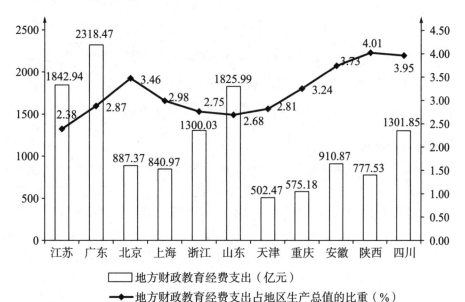

图 13　地方财政教育经费支出及其占地区生产总值的比重

（五）创新绩效水平偏低

创新绩效用于衡量区域创新的产出能力。2017 年四川省创新绩效排名居全国第 12 位，较 2016 年下降两位，西部排名第 3 位，与 2016 年持平。

1. 地区经济水平亟待提高

地区生产总值是用于衡量地区经济水平的指标，是创新绩效方面反映宏观经济情况的综合性指标。

2017 年四川省地区生产总值为 36980.2 亿元，居全国第 6 位，高于西部的重庆（19500.27 亿元）、陕西（21898.81 亿元）。该指标排名前三的地区是广东（89879.2 亿元）、江苏（85900.9 亿元）、山东（72678.2 亿元），其地区生产总值分别为四川省的 2.43 倍、2.32 倍、1.97 倍。四川省人均地区生产总值为 44651 元/人，居全国第 22 位，低于西部的重庆（63695 元/人）、陕西（57266 元/人）。排名前三位的北京（128924 元/人）、上海（124572 元/人）、天津（119239 元/人）的人均地区生产总值分别为四川省的 2.89 倍、2.79 倍、2.67 倍（如图 14 所示），可见四川省经济整体水平仍处于落后状态，与综合创新能力领先省市相比存在较大差距。

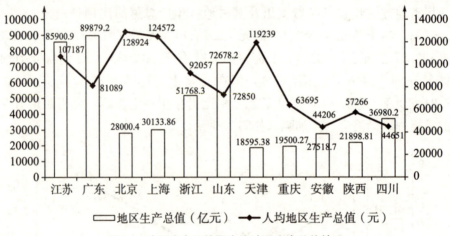

图 14　地区生产总值及人均地区生产总值情况

2. 产业结构需进一步优化

第三产业增加值及其占地区生产总值的比重是衡量区域创新绩效的重要指标，可反映一个地区的产业结构，其比重的变化代表了该地区的产业结构升级水平。2017 年四川省第三产业增加值为 18403.4 亿元，居全国第 8 位，高于安徽（11420.4 亿元）、重庆（9564.04 亿元）、陕西（9263.98 亿元）。该指标排名第 1 位的广东（47488.28 亿元）是四川省的 2.58 倍，排名第 2 位的江苏（43169.4 亿元）是四川省的 2.35 倍，排名第 3 位的山东（34876.3 亿元）是四川省的 1.9 倍（如图 15 所示）。

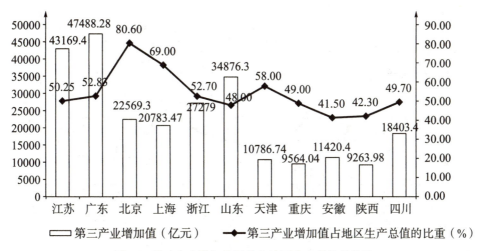

图 15　第三产业增加值及其占地区生产总值的比重

2017 年四川省第三产业增加值占地区生产总值的比重为 49.7％，在西部地区略高于重庆（49.00％）、陕西（42.30％），居全国第 14 位，与排名前三的北京（80.6％）、上海（69.00％）、天津（58.00％）相比差距巨大，说明四川省的产业结构仍需进一步优化。

3. 高技术产业发展步伐还需加速

高技术产业主营业务收入及其占地区生产总值的比重是衡量一个地区高技术产业发展状况的指标。四川省高技术产业主营业务收入为 5994 亿元，居全国第 6 位，高于北京、浙江等一些创新能力领先地区。该指标排名前三的广东（37765 亿元）、江苏（30708 亿元）、山东（12263 亿元）分别为四川省的 6.3 倍、5.12 倍、2.05 倍。四川省高技术产业主营业务收入占地区生产总值的比重为 18.20％，居全国第 10 位，远低于排名前三的广东（46.71％）、江苏（39.68％）、重庆（27.60％）（如图 16 所示）。

四川省在重点发展高新技术上处于全国领先水平，但与广东、江苏、山东、重庆等领先地区相比存在较大差距。

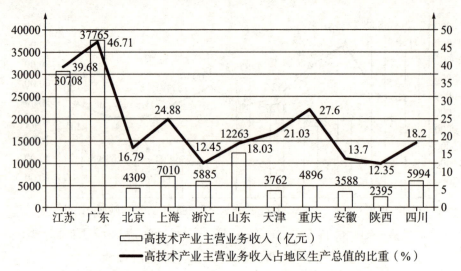

图 16　高技术产业主营业务收入及其占地区生产总值的比重

四、提升四川省区域创新能力的对策建议

（一）加大创新投入力度，提升知识创造能力

根据四川省区域创新的发展特点及其与领先省市之间的差距，政府应从科技人力、财力、技术投入等方面加大创新投入，提升创新效率。

1. 加强人才队伍建设

要坚持人才为先，把人才作为创新的第一资源，把完善激励机制放在优先位置，扩大高层次创新型人才和技能型人才规模，增加重点企业和重点产业领域创新型人才数量，建立一支富有创新精神的高层次创新人才队伍。

一是要加大教育投资，增强地区科技创新能力。国际上公认的考核各国教育投入的主要指标是财政性教育费用占 GDP 的比重。2016 年四川省的地方财政性教育经费支出为 1301.85 亿元，占地区生产总值的比重为 3.95％，而中央财政是按全国财政性教育经费支出占 GDP 的 4％编制预算的，四川省在教育经费支出上的投入力度仍需继续加大。四川省还需进一步强化人力资本的投资意识，继续增加教育经费支出，逐步带动教育向多元化和市场化转变，提供更多满足市场需要的高素质科技人才。

二是要加强各类高层次创新型人才的培养。政府可以依托重大科研和工程项目、重点学科和科研基地等，培养一大批高端产业发展的紧缺人才。推动高等教育培养模式改革，提升高校教育质量，推进普通高校培养应用型人才。鼓励企业高校联合培养，以订单式、现代学徒制等方式培养高技能型人才。

三是要健全科技创新人才发展制度。不同类型的科技创新人才有着不同的特点，要根据其自身特点制定相应的评价标准，对从事科技成果转化、应用开发和基础研究的人员分类制定评价标准，完善评价标准及方式。四川省科技创新资源有限，在劳动力市场自由流动的条件下，高素质科技人员和良好的创新资源通常向经济更发达、创新环境更优良、创新活动更活跃的地区流动，如上海、北京、深圳等城市，因此应积极加大对优秀人才的奖励力度，设立更多的科技类奖励，完善创新性人才流动机制，允许高等院校和科研院所设立一定的流动岗位，鼓励有创新实践的科技人才兼职取酬。积极推进建立"人才特区"，以天府新区、成都高新区、绵阳科技城、德阳重大装备科技产业化基地、攀西战略资源创新开发试验区等为重点，建立一批人才优先发展试验区。

2. 加大科技财力投入

一是逐步建立稳定的财政科技投入增长的长效机制，逐步提高财政科技拨款占财政支出的比重，尤其是对高新技术的研发及其产业化的投入，确保 R&D 经费的增长能跟上科技活动经费需求的增长速度。

二是调整、优化科技创新的投入结构，建立多元化的投入体系。依照政府财政科技投入的主要目的，科学界定政府财政对科学事业的投入范畴，使政府财政科技资金最大限度地服务于公共需求及公众利益，财政科技资金的投入要尽量与政府财政科技经费的投入方向保持一致，尤其是在科技创新中的核心 R&D 资源配置方面，综合各发达国家的经验，R&D 资源配置在基础研究、应用研究和试验发展上的合理比例应为 10%～20%、30%～40%、50% 左右，四川省应借鉴这个投入比例，使科技创新核心的 R&D 资源配置向比较合理的比例靠拢。

（二）完善政产学研用协同创新体系，提升知识获取能力

作为西部地区第一个国家创新工程试点省，四川省应全方位推动创新改革驱动转型发展，围绕重大产业发展需要，支持企业联合高校研究院所共同建设一批产业技术创新联盟，构建更加高效的科研体系，形成以企业为主体、政府为引导、院校协作的政产学研用系统，稳定发展，加速科技成果的流动和转化，整合和配置全省、全国甚至世界范围内的科技创新资源，为经济增长和结构调整提供有力的科技支撑。

1. 强化企业主导的产学研用协同创新机制

支持以企业牵头，联合高等院校及科研院所建设一批产业技术创新战略联盟，推动不同形态的产学研用协同创新组织，强化产学研用协同，增强技术创新能力。鼓励有条件的企业自建或联合高校、科研院所共建中试基地、成果转化基地，加速科技成果转化。

2. 激发各类科研院所的创新积极性

推进各类科研院所进一步健全科技人员的激励机制，提高财政扶持力度，调动科研院所的创新积极性。积极推进转制院所实施混合所有制改革，按照市场化原则、产学研用协同建立一批利益共享、产权明晰、风险共担的产业研究院。

3. 充分发挥高等院校在创新中的重要作用

为了有效发挥高校在人才培养、原始创新、协同创新、成果转化等方面的作用，应鼓励高校主动承接国家和四川省重大科研任务，开展应用研究和关键共性技术攻关。支持有条件的高校建立大学科技园，孵化高新技术企业和科技型中小企业。扩大和落实高校办学自主权，提高创新能力和人才培养质量。

（三）培育企业创新主体地位，提升企业创新效率

企业是经济体，是技术创新的主体，也是区域创新发展的中流砥柱。企业为获得利润而存在，如果科技创新能给企业带来更多的利润，企业也会为利润最大化而积极增加在科技创新上的投入。因此，企业是科技创新投入最主要的存在力量。但是技术创新见效慢、风险大的特点又使得许多企业望而却步。所以，应强化政府对创新活动的服务和引导，加大对企业的政策优惠、扶持力度，鼓励企业增加投入，提高企业的积极性；进一步落实新技术、新产品和新工艺发生的研究开发费用的加计扣除、创新相关固定资产缩短折旧年限或者加速折旧的政策；可以在投入研发的技术经费达到一定比率时，对企业给予税收减免或者政策性优惠，以此鼓励企业加大科技投入力度。

（四）推进高新技术产业发展步伐，优化创新环境

1. 大力培育高新技术企业

为实现 2020 年全省高新技术企业达到 5000 家，高新技术产业总产值超过 2 万亿元，高新技术产业总产值占规模以上工业总产值的比重超过 30% 的目标，四川省必须大力培育高新技术企业，建立高新技术企业培育库，对符合条件的入库企业和新认定的企业给予资金支持及奖励。进一步完善高新技术企业分类认定制度，扩大高新技术企业的数量及规模。

2. 积极提升自主创新能力

在高新技术产业的发展中，应积极推进重点领域的技术和产品研发。该措施一方面可充分发挥重点领域的产业比较优势；另一方面可有效提升自主创新能力，形成企业和地区的核心竞争力。

3. 实施科技型中小微企业培育计划

近年来，四川省科技型中小微企业的贡献日益增强，竞争力不断提升，在全省科技创新中占据重要地位，对经济社会发展的促进作用日趋显著。因此，在企业创新主体地位的培育中，也应积极支持建设科技型中小微企业创业基地和公共服务平台，重点支持科技型中小微企业技术创新活动，拓宽科技型中小微企业融资渠道，做大做强科技型中小微企业。

（五）实施差异化科技创新发展战略，开创科技发展新格局

四川省各市州科技创新能力、科技创新资源及基础科技水平差异较大，区域科

技创新应该遵循因地制宜的原则，充分发挥先进地区科技创新的辐射带动作用，构建新型的区域科技创新空间格局，采取差异化的区域科技创新发展战略。

1. 成德绵地区实施"科技创新发展引领战略"

成德绵地区的社会经济基础条件较好，科技投入规模和强度较大，积累了丰富的科技创新成果，应实施成都平原经济区"科技创新发展引领战略"，发挥成德绵科技创新要素集聚优势和辐射带动作用，支持天府新区创新研发产业功能区建设发展，推动眉山、雅安、资阳、遂宁、乐山实现科技创新转型升级，带动全省区域创新能力的提升。

2. 川南、攀西经济区实施"科技创新发展提升战略"

川南经济区已初具一定的创新优势，攀西经济区具有丰富的钒钛稀土资源，应充分利用现有的科技创新体系，在川南经济区和攀西经济区实施"科技创新发展提升战略"。川南经济区重点推进区域协同创新，依靠科技振兴传统产业，发展节能环保装备制造、页岩气开发利用、再生资源综合利用等新兴产业，打造为创新驱动重点突破区，提升技术创新主体企业的综合创新能力。攀西经济区重点围绕战略资源综合利用，推进钒钛稀土科技创新平台建设，打造世界级钒钛产业基地和我国重要的稀土研发制造中心，加快建设国家战略资源创新开发试验区，打造战略资源创新开发试验区；同时依靠科技创新发展新能源、立体农业等特色产业，提升攀西地区创新资源利用效率，提升区域创新综合能力。

3. 川东北经济区实施"科技创新转化战略"

川东北经济区虽然拥有一定的科技创新传统和基础，但多数地区主导产业并不明晰，专业化、社会化分工不清晰，且科技创新能力较弱，应实施"科技创新转化战略"，重点推进优势资源创新开发和现代农业科技创新，探索建立天然气、页岩气、石墨等资源的科学开发机制，促进资源就地转化，加快建设国家天然气创新开发利用示范区，推进川渝合作示范区建设，打造创新驱动新兴增长区，从各方面全面提升区域创新能力。

4. 川西北经济区实施"科技创新追赶战略"

川西北经济区由于历史和自然因素，社会经济基础比较薄弱，科技投入较少，科技成果转化和吸纳能力较弱，但其拥有丰富的自然资源，应实施"科技创新追赶战略"。重点围绕绿色生态经济，发展智慧旅游，促进农牧业新品种改良，推进中藏药现代化科技产业发展，加强地方病防治技术研发和推广，开展沙化治理、鼠害防治等生态安全屏障构建与技术示范，打造创新驱动绿色发展区，提升创新资源利用效率。

（四川省统计局　西南石油大学）

四川研发支出资本化及对经济增长贡献研究

一、研究背景及内容

（一）研究背景

随着科技的日益发展，研究与开发（R&D）活动在经济生活中的作用越来越重要。为了更准确地衡量 R&D 活动对经济增长的贡献，2009 年，新的国民经济核算国际标准修订了 R&D 的核算方法，R&D 支出不再被视为中间消耗，而是作为固定资本形成计入国内生产总值（GDP）。这一修订对 GDP 核算产生了一系列的深远影响：第一，GDP 相关核算方法发生变化。不仅 GDP 核算方法会有所变化，与GDP 相关的主要指标如总产出、中间消耗、增加值、最终消费和固定资本形成等，其核算方法也会相应地变化。第二，GDP 相关核算结果发生变化。不仅 GDP 规模、速度和结构会有所变化，与 GDP 相关的主要指标如资本存量、与 GDP 挂钩的相关指标等也会发生变化。第三，R&D 资本存量使经济增长模型中的资本投入项有所增加，进而对全要素生产率估算和解释产生了相应的影响。这一修订对 R&D 资本化核算的概念、范畴、方法、应用及影响等问题进行了深入研究，真实反映了我国的经济发展水平，体现了科技创新成果，具有重要的理论价值与现实意义；不仅可以丰富我国国民经济核算理论研究成果，而且可以更好地解释当前经济增长及其源泉；不仅可以为我国国民经济核算改革助力，提供有益的参考和借鉴，而且可以更好地衡量我国经济发展的真实规模、结构和速度。

（二）研究内容

R&D 核算是一项实践性很强的工作，现有研究只是从核算原理上谈论了R&D 资本化核算的方法及问题，尚未有具体实践。本课题以四川省为例，研究R&D 资产的价格指数编制、R&D 资产的使用寿命及折旧率如何确定等问题，探讨 R&D 资本化核算的具体方法及应用，提出切实可行的 R&D 资本化核算方法。R&D 产出核算是 R&D 资本化核算的关键，本课题在厘清 R&D 支出、R&D 投资、R&D 产出等相关概念的基础上，采用归纳推理和归纳分析相结合、分类研究与比较研究相结合、定性研究与定量分析相结合的方法，基于 1999—2016 年四川省 R&D 内部经费支出数据，核算四川省 R&D 资本化并分析 R&D 资本化对经济增长的影响。

二、R&D 资本化核算方法

R&D 资本是 R&D 活动中生产出的知识资本，是经济活动中提高生产效率的一项重要的资本投资。在现代经济理论中，知识存量被视为影响经济增长的独立因素，R&D 资本化是科技创新活动的核心，被看作获取知识存量的投资。研发促进知识产生和应用，进而推动经济增长。本部分将 R&D 资本化纳入经济增长分析框架，重点关注 R&D 经济活动的外部溢出效应，为量化分析 R&D 资本化与 GDP 关系提供理论依据。同时，研发投资购买的是研发产出，这些产出通过投资积累，追加到期初拥有的研发资产存量上，最终得到的研发资产属于更广泛意义上的知识产权资产的组成部分。R&D 活动是为未来提供产出和收益，R&D 活动增加了知识存量、生产资本和财富，且这些资本存量提供的服务流量不只限于一期。本课题把 R&D 成果当作一种"知识"资本，通过测算 R&D 资本存量或知识资本存量来研究经济增长的有关问题。

（一）R&D 相关概念

R&D 的中文表述主要有两种：一是研究与试验发展，二是研究与开发。R&D 核算中 R&D 活动的相关指标有 R&D 支出、R&D 产出、R&D 投资和 R&D 资本存量。分述如下：

1. R&D 支出

R&D 支出是为开展 R&D 活动所支付的各种投入要素的经费之和。R&D 支出不仅包括 R&D 活动的中间投入成本和劳动力成本，也包括 R&D 活动中用在固定资产方面的全部支出。国民经济核算中 R&D 支出是科技统计中的概念，指一定时间内 R&D 统计单位内部实施 R&D 活动的全部经费支出。《弗拉斯卡蒂手册》中的 R&D 支出一般指 R&D 内部经费支出，包括日常性支出和资本性支出。其中日常性支出包括 R&D 人员的劳动力成本和其他日常性支出两部分。R&D 人员劳动力成本指 R&D 人员的工资、薪金以及其他相关费用或福利，如奖金、津贴、养老缴纳费用和其他社会保障支出费用、工资税等。其他日常性支出是指当期购买机器设备等固定资产的支出。

2. R&D 产出

R&D 产出是指 R&D 活动的总产出，从投入产出的角度看，任何生产活动都有相应的中间投入和总产出，对 R&D 活动而言，R&D 产出是 R&D 生产活动中所形成的 R&D 成果，是 R&D 活动的总产出。可见 R&D 产出属于 R&D 活动生产核算中的概念。R&D 产出核算是 R&D 核算的基础，R&D 产出按总成本估价时，R&D产出与R&D内部经费支出相似，一方面，R&D产出的中间投入成本与R&D内部经费支出的其他日常性支出处理相似；另一方面，R&D产出中的劳动力成本与R&D内部经费支出的R&D人员劳动力成本相似，因此，R&D产出核算与R&D内部经费支出联系比较紧密（见表1）。

表1 R&D产出与R&D内部经费支出的联系与区别

	R&D产出构成项	R&D内部经费支出构成项
相似处理	中间投入成本	其他日常性支出
	劳动力成本	R&D人员劳动力成本
不同处理	固定资产成本	资本性支出
	生产税净额	
	资本回报	

3. R&D投资

当R&D成果识别为固定资产后，R&D投资是指R&D这项固定资产在一段时期内的资产流量。R&D投资与R&D产出密切相关。从需求角度看，产出有4个流向，分别为中间消耗、最终消费、资本形成总额和出口。R&D产出流向资本形成的总额为下一期的新增投资来源。在R&D活动中，如果成果识别为固定资产，则转化为下期的R&D新增投资，称为R&D投资。

4. R&D资本存量

当R&D成果识别为固定资产后，R&D资本存量是指R&D这项固定资产在某一时点的资本存量。R&D资本存量与R&D投资密切相关，通常采用永续盘存法对历年的R&D投资进行累加并扣减已消耗的部分。

（二）R&D产出核算方法

SNA（2008）认为，当存在可观测的市场价格时，R&D产出要按市场价值来估算，当缺乏可观测的市场价格时，R&D产出可按照总成本法来估计。R&D活动总成本由中间投入成本、劳动力成本、固定资产成本、生产税净额、资本回报组成。其中中间投入成本是指从事R&D活动所消耗的各种原材料、服务费及其他各种费用支出，即R&D活动的中间消耗；劳动力成本是指支付所有从事R&D活动相关人员的劳动者报酬；固定资产成本是指从事R&D活动所耗减的固定资产价值；生产税净额是指R&D活动所涉及的生产税和生产补贴；资本回报是指固定资产净收益，即R&D活动的营业盈余。

当R&D成果存在可观测市场价值时，按照R&D产出＝R&D市场价值估价；

当R&D成果不存在市场价格时，R&D产出＝中间投入成本＋劳动力成本＋固定资产成本＋生产税净额＋资本回报。

R&D成果供给分类有三种：①按照执行部门划分为市场生产者与非市场生产

者，企业属于市场生产者，高等学校与研究机构属于非市场生产者。②按照生产目的划分为自给性生产与以出售为目的的生产。③按照境内外来源划分为国内生产与进口两类。参照 OECD、欧盟、美国、芬兰等国际组织或者发达国家核算实践经验，我国 R&D 产出以 R&D 内部经费支出为核算起点，并经过了一系列的调整，具体调整过程见表 2。

表 2　我国 R&D 产出核算方法

序号	描述
1	R&D 内部经费支出
2	减去重复计算的软件 R&D 支出
3	减去资本性支出
4	加上固定资本消耗
5	加上生产税净额调整
6	加上资本回报调整
7	加上其他调整
8	等于 R&D 产出

具体处理如下：

（1）剔除重复的软件 R&D 支出

R&D 活动包括基础研究、应用研究和实验发展三个阶段。其中实验发展是 R&D 活动的高级阶段，指开发出新的产品和新的应用。对 R&D 活动而言，其实验发展通常是软件活动的一部分，软件 R&D 的实验发展支出已计入软件开发活动支出。因此在计算 R&D 产出时，应扣除软件 R&D 实验发展支出，否则会引起重复计算。根据《2009 年第二次全国 R&D 资产清查资料汇编》，2009 年软件业 R&D 的实验发展支出为 76.3 亿元，占企业 R&D 的 1.8%，因此用该比例对 R&D 支出作适当的剔除调整。

（2）固定资本消耗的计算

计算固定资本消耗首先要计算固定资本存量。目前大多数学者采用 Goldsmith 于 1951 年提出的永续盘存法计算固定资本存量。国内的代表性研究有张军等（2004），也采用了该方法进行估计，其公式为：

$$K_t = (1-\delta)K_{t-1} + E_{t-1} \tag{1}$$

其中，K_t 与 K_{t-1} 分别为 t、$t-1$ 期固定资本存量，E_{t-1} 为 $t-1$ 期的新增固定资产，δ 为固定资产折旧率与 R&D 支出价格指数。因此公式测算一共涉及 4 个变量：E_{t-1}、δ、固定资产价格指数、初始固定资本存量。首先，E_{t-1} 取 R&D 内部经费支出的资本性支出。资本性支出一般由仪器和设备、土地和建筑物、软件和数据库等固定资产支出组成。但 2008 年 SNA 的固定资本存量不包括土地价值；同时，资本性支出的范围只涉及当年新购买资产的支出，未剔除原有资产的处置所得。因此 R&D 内部经费支出的资本性支出作 5% 的向下调整。

其次，确立 R&D 资本折旧率。R&D 资本属于无形资本，没有固定的折旧模式。折旧率的计算方法主要有：生产函数法、分期摊销模型、专利展望模型和市场估计模型。但每种方法都有各种假设条件与限制因素，难以找到一个合理的测算方法。根据 Wendy（2012）的研究结果，市场生产者中美国 R&D 密集度高的 10 大行业的平均折旧率为 25.8%；而美国政府部门中 R&D 平均折旧率为 13.6%。国家统计局国民经济核算司 GDP 生产核算处建议在测算时将 R&D 资本折旧率定为 10%（杨林涛等，2015）。考虑到 R&D 活动所使用的固定资产的使用寿命相对较短，假定仪器和设备的平均使用寿命为 15 年，其他固定资产的平均使用寿命为 30 年，假定这些固定资产的相对效率以几何方式递减，残值率取 4%，与张军等（2004）的取值相同，那么计算仪器和设备的折旧率为 19.3%，其他固定资产的折旧率为 10.2%。然后用这两类资产在总固定资产中的比重进行加权计算，得到市场生产者和非市场生产者的固定资产折旧率 δ 分别为 18.8% 和 16.8%。

最后，确定初始资本存量及 R&D 增长率。初始资本存量的选择对后续资本存量有着重要影响。在实际处理过程中常采用推算方法，假定 K 与 E 具有相同的增长率，R&D 资本存量增长率可由 R&D 投资的增长率替代。R&D 资本存量增长率通用的方法为几何平均法，实质是从期初到期末之间的 R&D 投资的平均增长速度。公式如下：

$$g = \sqrt[t]{\frac{E_t}{E_{t-1}} \frac{E_{t-1}}{E_{t-2}} \cdots \frac{E_1}{E_0}} - 1 = \sqrt[t]{\frac{E_t}{E_0}} - 1 \qquad (2)$$

以 R&D 资本存量的增长率与真实 R&D 投资的增长率来推算初始 R&D 存量。令 g 为 R&D 资本存量增长率，则 $(K_t - K_{t-1}) / K_{t-1} = (E_t - E_{t-1}) / E_{t-1} = g$，经过推导得到 R&D 初始资本存量，即初始资本存量等于初始固定资产投资除以折旧率与投资增长率之和，为：

$$K_0 = E_1 / (g + \delta) \qquad (3)$$

故而可计算的 R&D 活动的固定资本消耗为：

$$CFC_t = \delta K_t \qquad (4)$$

CFC_t 为 R&D 活动第 t 期固定资本消耗，K_t 为 t 期 R&D 资本存量，δ 为 R&D 资产折旧率。R&D 资本形成额为：

$$E_t - \delta K_{t-1} \qquad (5)$$

故 R&D 资本形成额由当期 R&D 投资额减去上期 R&D 资本存量的折旧得到。

（3）生产税净额的处理

长期以来，我国不对 R&D 活动进行征税，但 2009 年以来为了鼓励企业进行科技创新和加大研发投入，我国开始实施加计扣除税收优惠政策。我国税收法规定"研发费用计入当期损益未形成无形资产的，允许再按其当年研发费用实际发生额的 50％，直接抵扣当年的应纳所得额；研发费用形成无形资产的，按照该无形资产成本的 150％在税前摊销"。加计扣除税收优惠政策给企业带来的税收减免与企业所开展的 R&D 活动直接相关，可以看成对 R&D 活动的生产补贴，是负生产税。因此 2009 年之前的生产税净额取为 0，2010 年以来的生产税净额等于负的加计扣除税收减免额。[①]

（4）资本回报的处理

R&D 活动是一个高风险和高收益的经济活动，企业开展 R&D 活动是为了将来获得某种收益，因此计算市场生产者的 R&D 产出时应加上适当的资本回报。在理论上，R&D 活动的期望资本回报率相对较高，考虑到 R&D 产出包括了不成功的 R&D 活动的成本，R&D 活动的资本回报率取为全社会投资的平均回报率。白重恩和张琼（2014a，2014b，2015）研究发现，1979—2006 年我国税后的资本回报率为 5.8％～15.4％，设定非市场生产者的收益率为 16％，而且非市场生产者的私人收益由净收益与折旧构成。计算公式为：

当期非市场生产者的资本回报＝上一期非市场生产者 R&D 资本存量×收益率＋上一期非市场生产者 R&D 资本存量×折旧率

（三）R&D 资本存量测算方法

1．基本方法

前已指出，各国统计机构和有关专家学者普遍采用永续盘存法测算 R&D 资本存量。永续盘存法是通过对过去购置并估算出使用年限的资产进行累加来完成的，理论基础是耐用生产模型。耐用资本品在使用过程中，其效率会随着使用年限的增加而发生改变。因此，永续盘存法在对资产进行累加时根据耐用品生产模型考虑资产效率的改变。具体做法如下：

$$K_t = (1-\delta)K_{t-1} + \sum_{i=1}^{n} \mu_i E_{t-i} \tag{6}$$

其中，K_t、K_{t-1} 分别为 t、$t-1$ 期的 R&D 资本存量，δ 为 R&D 资产折旧率，E_{t-i} 为 $t-i$ 期的 R&D 内部经费支出，μ_i 为滞后 i 期 R&D 内部经费支出的转化率，n 为总滞后期，公式中每期的 R&D 内部经费支出都会在相应的若干滞后期中形成 R&D 资产。令 $\mu_i = 1$ 且 $n = 1$，则公式与公式等价，即 R&D 资本存量测算公式与固定资产存量测算公式相同，表示当期的 R&D 内部经费支出一次性转化为 R&D 资产价值。但是 R&D 内部经费支出和 R&D 投资在概念上并不完全相同，在实践中也难以准确估计关键参数转化率 μ_i 和滞后期 n，而简单假定又会带来较大的误差。因此各国统计机构一般不用公式来测算 R&D 资本存量，而是首先估计每期 R&D 的投资。

另外，美国 BEA 也是首先测算每期的 R&D 投资，然后再用永续盘存法测算

---

① 数据来源于《中国科技统计年鉴》。

R&D 资本存量，其测算公式为：

$$K_t = K_{t-1} - D_t + E_t \tag{7}$$

其中，K_t、K_{t-1} 分别为 t 和 $t-1$ 期的 R&D 资本存量，D_t 为 t 期所耗减的 R&D 资产，E_t 为 t 期的 R&D 投资。在计算 R&D 折旧时，美国 BEA 假定不仅上期的 R&D 资本存量需要提折旧，本期的 R&D 投资也要提折旧，在假定 R&D 资产的效率以几个方式递减的前提下，其测算公式为：

$$D_t = \delta(K_{t-1} + E_t/2) \tag{8}$$

其中，δ 为 R&D 资产折旧率，将公式代入公式，则有：

$$K_t = (1-\delta)K_{t-1} + (1-\delta/2)E_t \tag{9}$$

假定 R&D 资产折旧仅与上期的 R&D 资本存量有关，与本期的 R&D 投资无关，那么公式改写为：

$$K_t = (1-\delta)K_{t-1} + E_t \tag{10}$$

可见 R&D 资本存量测算公式和实物固定资本存量的测算公式是相似的，故本课题采用公式测算 R&D 资本存量。主要涉及 4 个变量：E_t、δ、R&D 资产价格指数、R&D 初始资本存量。

2. R&D 投资

R&D 生产活动的产出是测算 R&D 投资的基础，R&D 资本化核算后，R&D 产出表现当期所形成的 R&D 资产，同时，国内生产的 R&D 资产可能被国内与国外两个部门使用，国内 R&D 资产可能来源于国内生产，也可能来源于国外生产。本课题的地区 R&D 资产将当期出口的 R&D 资产与当期进口的 R&D 资产设定为 0。计算公式如下：

当期 R&D 投资＝（国内当期生产的 R&D 资产－当期出口的 R&D 资产）＋当期进口 R&D 资产＝国内当期生产的 R&D 资产

3. R&D 资产折旧率

因为 R&D 资产中的"知识"会随时间的推移而过时或者失效，对生产的贡献进而下降，因此与其他固定资产折旧率的测算相似，R&D 资产折旧率与 R&D 资产的使用寿命和折旧模式密切相关。由于现代社会的知识扩散速度和更新速度较快，知识产品的专用性下降，故 R&D 资产的折旧率一般比其他固定资产的折旧率要高 25％。美国 BEA 运用利润期望模型并用 1987—2007 年各行业产出和 R&D 投资数据估计了各行业 R&D 资产折旧率，结果显示各行业的折旧率范围为 10％～40％，且各行业 R&D 资产折旧率差别较大。本课题假定 R&D 资产的相对效率以几何方式递减，并用代表几何折旧模式的余额折旧法来计算折旧率：

$$d_\tau = (1-\delta)^\tau \quad \tau = 0,1,\cdots,L \tag{11}$$

其中，d_τ 为 R&D 资产的相对效率，τ 为时期，L 为 R&D 资产的使用寿命。按照公式将 L 分别取 5～15 年，残差率分别取为 5％～15％，可计算得到不同使用寿命和不同残差率下的 R&D 资产折旧率分布（见表3）。

表3　不同使用寿命和不同残差率下的 R&D 资产折旧率

使用寿命（年）	残差率（%）										
	5%	6%	7%	8%	9%	10%	11%	12%	13%	14%	15%
5	45.1	43.0	41.2	39.7	38.3	36.9	36.7	34.6	33.5	32.5	31.6
6	39.3	37.4	35.8	34.4	33.1	31.9	30.8	29.8	28.8	27.9	27.1
7	34.8	33.1	31.6	30.3	29.1	28.0	27.0	26.1	25.3	24.5	23.7
8	31.2	29.6	28.3	27.1	26.0	25.0	24.1	23.3	22.5	21.8	21.1
9	28.3	26.8	25.6	24.5	23.5	22.6	21.7	21.0	20.3	19.6	19.0
10	25.9	24.4	23.4	22.3	21.4	20.6	19.8	19.1	18.5	17.8	17.3
11	23.8	22.6	21.5	20.5	19.7	18.9	18.2	17.5	16.9	16.4	15.8
12	22.1	20.9	19.9	19.0	18.2	17.5	16.8	16.2	15.6	15.1	14.6
13	20.6	19.5	18.5	17.7	16.9	16.2	15.6	5.0	14.5	14.0	13.6
14	19.3	18.2	17.3	16.5	15.8	15.2	14.6	14.1	13.0	13.1	12.7
15	18.1	17.1	16.2	15.5	14.8	14.2	13.7	13.2	12.7	12.3	11.9

根据表3可知，R&D 资产折旧率与使用寿命、残差率均呈负相关关系，即在相同使用寿命下，残差率越高，R&D 资产折旧率就越低；在相同残差率下，使用寿命越长，R&D 资产折旧率越低。在 R&D 资产使用寿命为10年、残差率为10%的情况下，R&D 资产折旧率为20.6%。考虑到现阶段我国的科技创新能力不如发达国家，R&D 资产的使用寿命较短，相应地 R&D 资产的折旧率也相对较高。经过与各国 R&D 资产的平均折旧率反复比较，本课题 R&D 资产折旧率为20.6%。

4. R&D 投资价格指数

R&D 投资价格指数对测算当期 R&D 资产价值、R&D 资本存量以及 R&D 资产折旧很重要。由于缺乏可观测的市场价格，各国均未编制 R&D 投资价格指数，且不同学者对 R&D 投资价格指数的测算方法不同。参考各国经验，本课题采用成本价格指数法构造 R&D 资产价格指数，即 R&D 资产价格指数是劳动者报酬缩减指数、中间消耗缩减指数和固定资产折旧缩减指数的加权平均，并以各自所占的比重为权重。根据现有的 R&D 统计制度《弗拉斯卡蒂手册》，R&D 内部经费支出可分为资本性支出与日常性支出，其中日常性支出包括 R&D 人员的劳动力和其他日常支出。我国的 R&D 内部经费支出包括日常性支出和资产性支出两部分，基于此构建 R&D 投资价格指数。

（1）R&D 劳动者报酬缩减指数

用当期 R&D 内部经费支出中人员劳务费支出额比当期 R&D 人员全时当量，得到每单位当期 R&D 人员全时当量中当期 R&D 人员的劳务支出额指数，上一期指数与下一期指数的比即为 R&D 劳动者报酬缩减指数。具体公式如下：

$$I_{lc} = \frac{\dfrac{F_t}{Q_t}}{\dfrac{F_{t-1}}{Q_{t-1}}} \tag{12}$$

其中，F_t 为 R&D 内部经费支出中的人员劳务费，Q_t 为 R&D 人员全时当量（单位为人年）。

（2）中间消耗缩减指数

根据我国科技活动统计报表制度，R&D 内部经费支出构成中，其他日常性支出中原材料与燃料的构成比重较大，因此以工业生产者购进价格指数代替，记为 I_{ore}。

（3）R&D 资本性支出价格指数

根据我国科技活动统计报表制度，R&D 资本性支出主要包括建筑物、设备和机械两种，因此利用《四川统计年鉴》中固定资产价格指数中的设备工器具购置价格指数作为替代指标，记为 I_{ee}。

最后以 R&D 其他日常性支出、R&D 人员劳务费和 R&D 资本性支出占 R&D 支出额的比重作为核算 R&D 投资价格指数的权重，测算 R&D 投资价格指数 I_{input}。

$$I_{input} = \lambda_{lc} I_{lc} + \lambda_{ore} I_{ore} + \lambda_{ee} I_{ee} \tag{13}$$

其中，λ_{lc}、λ_{ore}、λ_{ee} 分别为各年 R&D 人员劳务费、R&D 其他日常支出和资本性支出所占比重。

5. 初始 R&D 资本存量

对于初始资本存量的估计有三种方法：一是按照永续盘存法，通过以往获取或构造足够长的时间序列来直接测算初始资本存量；二是利用资本产出比推算；三是利用当期投资与资本存量的比例关系推算。采用第三种方法的居多，根据投资增长率与资本存量增长率相等，即：

$$\frac{K_t - K_{t-1}}{K_{t-1}} = \frac{E_t - E_{t-1}}{E_{t-1}} = g \tag{14}$$

当 $t = 1$ 时，初始资本存量可以表示为初始投资、投资增长率和折旧率的函数。公式为：

$$R_0 = \frac{E_0}{g + \delta} \tag{15}$$

其中，R_0 为初始年份的 R&D 资本存量，E_0 为第一期的 R&D 资本投资，δ 为 R&D 资产折旧率。

（四）R&D 资本化对 GDP 的分析方法

根据上述对 R&D 资本存量的计算，影响 R&D 资本存量的因素有四：一是

R&初始资本存量，二是 R&D 资本折旧率，三是 R&D 支出价格指数，四是当期 R&D 支出的流量。其中 R&D 初始资本存量受基期 R&D 的支出额、R&D 的资本折旧率和 R&D 支出初始增长率的影响；R&D 的支出价格指数受资本性支出价格指数、R&D 人员劳务支出价格指数和其他日常性支出价格指数的影响；当期 R&D 资本流量通过当期的 R&D 资本存量减去上一期的 R&D 资本存量获得，其也受上述几个因素的影响。R&D 资本化后纳入 GDP，会导致 GDP 的增加，增加的部分为企业 R&D 的资本额加上非市场生产者 R&D 资本化所产生的私人收益，即：

调整后的 GDP＝原 GDP＋企业 R&D 资本化产生的固定资本形成额

＋非企业 R&D 资本化产生的私人收益　　　　　　　(16)

上述 R&D 资本化产生的固定资本形成额可通过 R&D 的资本存量获得，当期 R&D 资本化后的固定资本形成额等于当期的 R&D 资本存量减去前一期的 R&D 资本存量，即：

当期 R&D 资本化后资本额＝当期 R&D 资本存量－前一期 R&D 资本存量

(17)

R&D 中可纳入 GDP 的部分主要由企业 R&D 资本形成总额和科研机构及高等院校的 R&D 私人收益组成。其中非市场生产者（高等院校、科研机构和其他）的 R&D 私人收益主要与折旧率、私人收益率以及非市场生产者的 R&D 资本存量有关。根据公式可以看出 R&D 的资本化后的资本额与 R&D 支出增长率和 R&D 折旧率有关，在保持 R&D 不变价支出额的条件下，随着 R&D 折旧率的减少而增加，随着 R&D 支出增长率的增加而增加，即：

$$K_t - K_{t-1} = gK_{t-1} = \frac{g}{g+\delta}E_{t-1} = (1 - \frac{\delta}{g+\delta})E_{t-1} \qquad (18)$$

综上所述，R&D 资本化过程中对 GDP 的影响因素包含以下几点：R&D 折旧率、R&D 支出价格指数、R&D 支出增长率、企业 R&D 的支出额、非市场生产者（科研机构、高等院校和其他）R&D 的资本存量以及非市场生产者 R&D 的私人收益率。

三、四川 R&D 资本存量的核算及特征分析

（一）四川 R&D 内部经费支出情况分析

R&D 资本化的主体由市场生产者（企业部门）与非市场生产者（研发机构与高等院校）组成，R&D 产出与 R&D 内部经费支出在《弗拉斯卡蒂手册》与《国民账户体系》(2008) 中有类似处理。故将 R&D 内部经费支出作为 R&D 资本化的起点，计算市场生产者与非市场生产者的 R&D 内部经费支出与比重情况。R&D 内部经费支出有逐年递增的趋势，且企业与研发机构的 R&D 内部经费支出比例相

当，高等院校的 R&D 内部经费支出在 10% 左右，所占比例较低（见表 4）。

表 4　不同执行部门的四川 R&D 内部经费支出与比重情况

年份	R&D 内部经费支出（万元）			合计（万元）	比重（%）		
	企业	研发机构	高等院校		企业	研发机构	高等院校
1999	112861.50	211474.70	36638.40	360974.60	31.27	58.58	10.15
2000	138538.60	258906.00	33151.00	430595.60	32.17	60.13	7.70
2001	127020.40	339106.00	50933.00	517059.40	24.57	65.58	9.85
2002	226053.00	305991.00	79982.00	612026.00	36.94	50.00	13.07
2003	258186.00	429617.00	95396.00	783199.00	32.97	54.85	12.18
2004	317780.10	329125.00	122393.00	769298.10	41.31	42.78	15.91
2005	422936.30	384194.00	145941.00	953071.30	44.38	40.31	15.31
2006	517250.00	409265.00	149144.00	1075659.00	48.09	38.05	13.87
2007	658926.09	532841.00	199362.71	1391129.80	47.37	38.30	14.33
2008	746717.95	650937.00	224951.85	1622606.80	46.02	40.12	13.86
2009	817664.00	909969.10	274253.81	2001886.91	40.84	45.46	13.70
2010	931165.00	1239870.30	363259.45	2534294.75	36.74	48.92	14.33
2011	1044666.00	1281220.50	447639.54	2773526.04	37.67	46.19	16.14
2012	1422310.40	1538182.20	387195.87	3347688.47	42.49	45.95	11.57
2013	1688902.30	1679334.00	428782.54	3797018.84	44.48	44.23	11.29
2014	1960112.00	1887479.00	439285.00	4286876.00	45.72	44.03	10.25
2015	2238051.40	2116421.40	465249.80	4819722.60	46.44	43.91	9.65
2016	2572607.40	2173686.10	478283.50	5224577.00	49.24	41.61	9.15

（二）R&D 投入价格指数的测算

根据上述理论，R&D 的投入价格指数可由三个部分组成，分别为人员劳务费、其他日常性支出和资本性支出的各自价格指数。由于实际计算出的 R&D 人员劳务支出价格指数波动较大，笔者根据相关课题组专家的意见采用四川省 CPI 指数替代 R&D 人员劳务支出价格指数，由此确定各自的权重。最终的 R&D 投入价格指数的计算结果见表 5。

表5 1999—2016年R&D投入价格指数的测算过程

年份	CPI指数价格指数（1999＝100）	工业生产者购进价格指数（1999＝100）	设备工器具购置固定资产投资价格指数（1999＝100）	R&D人员劳务费比重（%）	其他日常支出比重（%）	资产性支出比重（%）	R&D价格指数（%）	定基R&D价格指数（%）
1999	100	100	100	16.17	53.29	30.54	100	100.00
2000	100.10	101.50	93.60	16.18	53.35	30.47	98.87	98.87
2001	102.10	100.40	94.70	16.15	53.31	30.53	98.93	97.81
2002	99.70	99.20	96.10	16.17	53.22	30.62	98.33	96.18
2003	101.70	101.70	97.70	16.20	53.54	30.26	100.49	96.65
2004	104.90	110.30	99.50	16.09	53.18	30.73	106.11	102.56
2005	101.70	109.30	99.80	16.21	52.93	30.86	105.14	107.83
2006	102.30	104.30	101.40	16.31	54.50	29.19	103.13	111.20
2007	105.90	105.70	101.00	15.75	52.11	32.14	104.22	115.89
2008	105.10	112.40	101.80	16.58	52.18	31.24	107.88	125.02
2009	100.80	95.30	98.80	16.59	59.22	24.18	97.06	121.35
2010	103.20	106.10	100.80	14.08	44.92	41.00	103.52	125.62
2011	105.30	112.60	101.90	19.08	52.39	28.54	108.15	135.86
2012	102.50	100.00	99.20	15.45	49.74	34.81	100.11	136.00
2013	102.80	99.20	99.50	14.62	50.14	35.24	99.83	135.78
2014	101.60	98.70	99.90	13.03	56.48	30.49	99.44	135.02
2015	101.46	96.70	99.70	11.82	67.01	21.17	97.90	132.18
2016	101.90	98.80	99.40	14.32	67.52	18.16	99.35	131.33
平均	102.31	102.70	98.96	15.60	54.39	30.01	101.40	116.95

（三）R&D资本存量及增长率的核算

目前针对R&D支出初始增长率的计算方法有两种：一种是通用的几何平均法，另一种是美国BEA采用的线性回归法。本课题采用几何平均法。由于永续盘存法中假定R&D资本存量增长率等于R&D费用投入初始增长率，得到的R&D支出年平均增长率如下：

$$g = \sqrt[t]{\frac{E_t}{E_{t-1}}\frac{E_{t-1}}{E_{t-2}}\cdots\frac{E_1}{E_0}} - 1 = \sqrt[t]{\frac{E_t}{E_0}} - 1 = \sqrt[17]{\frac{3779368.85}{342925.87}} - 1 = 15.16\%$$

本课题中R&D固定资本折旧率为20.6%，则初始资本存量为：

$$K_0 = E_0/(g + \delta) = 342925.87/(15.16\% + 20.6\%) = 958926.95（万元）$$

R&D内部经费支出包括了软件R&D支出，因此基于四川省现价R&D内部经费支出扣除5％的软件支出，再根据定基R&D价格指数平减得到定基R&D支出，根据R&D资本存量的方法：$K_t = (1-\delta)K_{t-1} + E_{t-1}$，其中E为R&D支出定基额，即R&D支出定基额＝R&D现支出额/R&D定基价格指数。具体核算过程和结果见表6。

表6　1999—2016年四川省R&D资本存量及其增长率

年份	现价R&D支出（万元）	定基R&D价格指数（％）	R&D支出定基数额（万元）	R&D资本存量（万元）	R&D资本存量增长率（％）
1999	342925.87	100.00	342925.87	958926.95	—
2000	409065.82	98.87	413755.92	1175143.92	11.08
2001	491206.43	97.81	502190.77	1435255.04	12.66
2002	581424.70	96.18	604511.07	1744103.57	17.01
2003	744039.05	96.65	769812.79	2154631.03	19.89
2004	730833.20	102.56	712593.56	2423370.60	8.62
2005	905417.74	107.83	839691.77	2763848.02	10.46
2006	1021876.05	111.20	918957.05	3113452.38	9.59
2007	1321573.31	115.89	1140338.64	3612419.83	13.04
2008	1541476.46	125.02	1232953.66	4101215.00	10.95
2009	1901792.56	121.35	1567246.18	4823610.89	14.00
2010	2407580.01	125.62	1916622.35	5746569.39	30.75
2011	2634849.74	135.86	1939408.34	6502184.44	11.67
2012	3180304.05	136.00	2338375.26	7501109.71	17.27
2013	3607167.90	135.78	2656698.12	8612579.23	16.11
2014	4072532.20	135.02	3016218.87	9854606.78	13.01
2015	4578736.47	132.18	3463940.87	11288498.65	5.19
2016	4963348.15	131.33	3779368.85	12742436.78	3.77

（四）四川省R&D资本存量的特征分析

1. 根据四川省R&D资本存量的测算结果，对四川省1999—2016年R&D资本存量趋势图进行分析

由图1可知，R&D资本存量的变化趋势类似于指数曲线，1999—2008年四川省R&D资本存量缓慢增加，从2009年开始迅速增加。这说明21世纪以来，我国经济呈现迅猛发展的势头，社会经济各方面迅速发展，带动了R&D资本的大量投入，这也是这一段时间R&D资本存量增长如此迅速的宏观经济环境。另外，新的经济发展模式越来越依靠科技进步，国家对R&D的重视与投入程度越来越高，各

级政府和企业不断加大 R&D 投入力度，促使全社会 R&D 资本存量迅速增加，其科技作用也日益凸显。

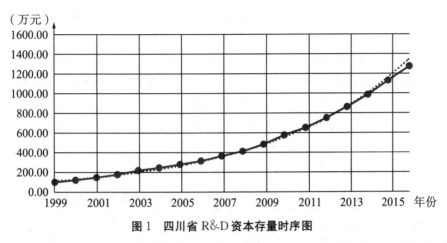

图1　四川省 R&D 资本存量时序图

2. 四川省 R&D 资本存量增长率分析

四川省 R&D 资本存量呈现指数增长，从 R&D 资本存量的增长率角度分析增长趋势，表明四川省 R&D 资本存量增长率有震荡下行的趋势，增长率的平均值为13.24%，增长率最高为 2003 年的 18.89%，最低为 2016 年的 3.77%，说明了四川省 R&D 资本存量的增长率有整体趋稳的发展趋势。从 2012 年开始四川省 R&D 资本存量增长率下降，主要是 R&D 活动在此阶段开始成熟，早期 R&D 活动中对基础设施、人员配备和部门建设等投入较大，2012 年以后 R&D 活动有序运行，R&D 支出额趋于稳定增长，因此资本存量增长率开始下降。

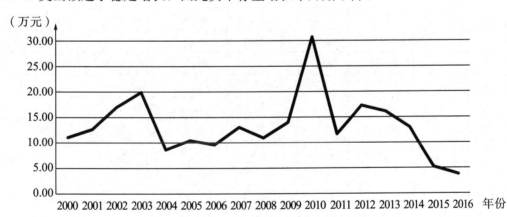

图2　四川省 R&D 资本存量增长率时序图

（五）R&D 资本形成占固定资本形成总额的比重分析

R&D 资本化以后，固定资本增加，导致固定资本形成总额增加，故需分析 R&D 资本形成额占资本化后调整的四川省固定资本形成总额的比重以及变动趋势。需要强调的是，调整后的固定资本形成额等于原固定资本形成额加上全部

R&D 资本化产生的固定资本形成额。在计算前，需要对数据进行处理，对于现价格的四川省固定资本形成总额，用调整后的定基（1999 年为基期）指数进行平减，剔除价格影响因素，即真实固定资本形成额＝原固定资本形成额/固定资产投资价格指数。根据分析结果，调整后的固定资本形成总额高于原来固定资本形成总额，验证了 R&D 导致固定资本形成总额的增加。另外，四川省 R&D 资本形成额占固定资本形成总额的比例呈"上升—下降—上升"的趋势，2003 年的比例最大，为 2.15％，随后几年呈下降兼有波动的趋势，最终在 2010 年达到 1.91％，之后上升为 2017 年的 2.07％。1999—2016 年四川省 R&D 资本形成额占调整后固定资本形成总额的比例为 1.70％。比较调整后与调整前的固定资本形成总额，可以看出 R&D 资本化后增加了固定资本形成总额（见表 7）。

表 7　1999—2016 年四川省 R&D 资本形成额占固定资本形成额的比重

年份	固定资本形成总额（亿元）	固定资产投资价格指数（1999＝100）	不变价固定资本形成额（亿元）	R&D 资本存量（亿元）	R&D 资本形成总额（亿元）	调整后的固定资本形成总额（亿元）	R&D 资本形成总额占固定资本形成总额的比重（％）
1999	1229.81	100.00	1229.81	95.89	—	—	—
2000	1349.69	103.49	1304.21	117.51	21.62	1325.83	1.63
2001	1576.25	107.73	1463.11	143.53	26.01	1489.12	1.75
2002	1819.27	111.05	1638.28	174.41	30.88	1669.16	1.85
2003	2174.76	116.43	1867.79	215.46	41.05	1908.84	2.15
2004	2587.14	127.48	2029.43	242.34	26.87	2056.30	1.31
2005	3179.92	135.80	2341.67	276.38	34.05	2375.72	1.43
2006	3989.63	143.32	2783.76	311.35	34.96	2818.72	1.24
2007	5005.45	153.90	3252.37	361.24	49.90	3302.27	1.51
2008	6579.56	177.61	3704.49	410.12	48.88	3753.37	1.30
2009	7464.20	179.07	4168.37	482.36	72.24	4240.61	1.70
2010	8911.10	188.21	4734.56	574.66	92.30	4826.86	1.91
2011	10691.30	203.00	5266.63	650.22	75.56	5342.19	1.41
2012	12096.20	210.35	5750.50	750.11	99.89	5850.39	1.71
2013	13081.70	216.61	6039.37	861.26	111.15	6150.52	1.81
2014	13990.60	223.27	6266.18	985.46	124.20	6390.38	1.94
2015	14415.31	224.10	6432.65	1128.85	143.39	6576.04	2.18
2016	15800.46	229.38	6888.26	1274.24	145.39	7033.65	2.07

（六）不同执行部门 R&D 资本存量与资本形成额分析

在 R&D 支出的资本存量的核算中，首先需要获得 R&D 资本支出额的增长率 g。在上述 R&D 内部经费支出计算过程中，采用几何平均法获得的企业、研发机构与高等院校的 R&D 资本增长率分别为 18.30%、12.87%、14.46%，将市场生产者与市场非生产者固定资产折旧率分别取为 18.8%、16.8%，得到 1999 年的 28.92 亿元、67.72 亿元与 11.13 亿元初始资本存量。根据 $K_t = (1-\delta)K_{t-1} + E_{t-1}$ 的计算过程，得到四川省不同执行部门的 R&D 资本存量序列与 R&D 资本形成额的时序，结果见表8。市场生产者与非市场生产者的 R&D 资本存量年平均值分别为 178.50 亿元、263.39 亿元，非市场生产者的 R&D 资本存量高于市场生产者的 R&D 资本存量。市场生产者与非市场生产者的 R&D 资本形成额年平均值分别为 27.65 亿元、33.03 亿元，非市场生产者亦高于市场生产者，说明四川科研院所和高等院校 R&D 资本存量占比重较大，一般在 65% 左右，这与非市场生产者 R&D 内部经费支出占比较高有关，相比市场生产者，非市场生产者的资本形成额并不高（见表8）。

表8 不同执行部门 R&D 资本存量与资本形成额

年份	企业 R&D 资本存量（亿元）	企业 R&D 资本形成额（亿元）	研发机构 R&D 资本存量（亿元）	研发机构 R&D 资本形成额（亿元）	高等院校 R&D 资本存量（亿元）	高等院校 R&D 资本形成额（亿元）	非市场生产者 R&D 资本存量（亿元）	非市场生产者 R&D 资本形成额（亿元）
1999	27.58	—	60.03	—	9.93	—	69.96	—
2000	32.62	5.04	67.75	7.72	11.36	1.44	79.12	9.16
2001	39.21	6.59	78.68	10.92	12.21	0.84	90.88	11.77
2002	43.47	4.26	95.40	16.73	14.64	2.43	110.04	19.16
2003	56.84	13.37	105.97	10.57	19.52	4.88	125.50	15.45
2004	70.51	13.67	126.37	20.40	24.88	5.35	151.25	25.75
2005	85.42	14.91	130.82	4.45	31.09	6.21	161.92	10.67
2006	105.09	19.67	137.72	6.90	37.54	6.45	175.27	13.35
2007	127.63	22.54	144.32	6.59	42.55	5.01	186.87	11.60
2008	155.35	27.72	158.27	13.95	50.13	7.58	208.39	21.53
2009	180.09	24.74	175.13	16.86	56.89	6.77	232.02	23.63
2010	207.00	26.92	210.29	35.16	66.65	9.75	276.93	44.91
2011	234.78	27.78	260.74	50.45	80.39	13.74	341.13	64.19
2012	259.47	24.68	296.62	35.88	95.13	14.74	391.75	50.62
2013	305.37	45.90	342.96	46.34	102.58	7.45	445.54	53.79
2014	360.63	55.26	389.81	46.85	111.45	8.87	501.26	55.72
2015	424.25	63.62	442.31	52.50	119.40	7.95	561.71	60.45
2016	497.71	73.45	503.30	60.99	128.24	8.84	631.54	69.83
平均	178.50	27.65	207.03	26.07	56.37	6.96	263.39	33.03

四、R&D 资本化对 GDP 的影响分析

(一) R&D 支出纳入 GDP 部分占比和贡献率分析

按照 SNA 2008 的要求，企业 R&D 资本形成额可以直接进入 GDP，而非市场生产者 R&D 私人收益部门纳入 GDP 的核算。但是，科研院所和高等院校 R&D 资本存量不能直接进入 GDP，必须进行费用化处理，形成非市场生产者 R&D 收益，然后将非市场生产者 R&D 收益纳入 GDP 核算，即企业 R&D 资本化，科研院所 R&D 费用化处理准则。R&D 收益测算公式为：

$$R\&D 收益 (t) = 收益率 \times 资本存量 (t-1) + 折旧率 \times 资本存量 (t-1) \tag{19}$$

$$R\&D 支出纳入 GDP 的部分 = 企业 R\&D 资本形成额 + 非企业 R\&D 收益 \tag{20}$$

非市场生产者私人收益部分是根据国外学者对科研机构与高等院校的私人 R&D 收益率调研确定的。本课题在其研究结果的基础上根据我国实际情况，设定科研机构、高等院校和其他部门的 R&D 私人收益率为 16%，即当期的非市场生产者（科研机构、高等院校和其他）的私人收益为前一期的非市场生产者（科研机构、高等院校和其他）R&D 资本存量的 16%，再加上前一期的非市场生产者 R&D 资本存量的 16.8%，计算结果见表 9。四川省非市场生产者 R&D 收益 2000 年为 28.45 亿元，2016 年为 186.06 亿元。四川省 R&D 支出纳入 GDP 的部分，2000 年为 41.77 亿元，2016 年达到 367.51 亿元。四川省 R&D 支出纳入 GDP 后对 GDP 的贡献率 2000 年为 1.04%，2016 年上升为 1.12%，2000—2016 年四川省 R&D 支出纳入 GDP 后对 GDP 的贡献率呈上升趋势，其主要原因是四川省 2000—2016 年 R&D 投入强度不断加大，尤其是从 2006 年的 1.24% 上升到 2016 年的 1.72%。随着投入强度的增加，R&D 支出纳入 GDP 后对 GDP 的贡献率会逐步提高。

表 9　1999—2016 年四川省 R&D 支出纳入 GDP 部分及贡献率

年份	企业 R&D 产出（亿元）	科研机构+高等院校 R&D 产出（亿元）	R&D 支出纳入 GDP 值的部分（亿元）	修订前 GDP（亿元）	修订后 GDP（亿元）	变化幅度（%）	R&D 支出纳入 GDP 后对 GDP 的贡献率（%）
2000	13.33	28.45	41.77	4010.25	4052.02	0.13	1.04
2001	12.53	37.63	50.16	4293.49	4343.65	0.13	1.17
2002	22.17	36.87	59.04	4725.01	4784.06	0.09	1.25
2003	25.29	48.69	73.98	5333.09	5407.07	0.15	1.39
2004	29.18	41.17	70.35	6379.63	6449.98	−0.34	1.10

年份	企业R&D产出（亿元）	科研机构+高等院校R&D产出（亿元）	R&D支出纳入GDP值的部分（亿元）	修订前GDP（亿元）	修订后GDP（亿元）	变化幅度（%）	R&D支出纳入GDP后对GDP的贡献率（%）
2005	36.69	44.93	81.62	7385.10	7466.72	0.00	1.11
2006	43.43	45.70	89.13	8690.24	8779.37	−0.09	1.03
2007	52.84	55.55	108.39	10562.39	10670.78	0.00	1.03
2008	55.24	59.74	114.98	12601.23	12716.21	−0.13	0.91
2009	60.69	85.34	146.03	14151.28	14297.31	0.13	1.03
2010	68.61	94.35	162.96	17185.48	17348.44	−0.10	0.95
2011	72.42	105.23	177.65	21026.68	21204.33	−0.13	0.84
2012	96.71	111.17	207.88	23872.80	24080.68	0.03	0.87
2013	114.07	122.30	236.37	26392.07	26628.44	0.03	0.90
2014	131.06	141.64	272.70	28536.66	28809.36	0.06	0.96
2015	157.94	174.75	332.69	30053.10	30385.79	0.16	1.11
2016	181.45	186.06	367.51	32934.54	33302.05	0.01	1.12

（二）R&D资本化对投资消费比例的变化

根据数据的可获取性，本课题用固定资产投资额表示投资额，用社会消费品零售总额表示消费额。本课题设定投资率＝（全社会固定资产投资额/GDP）×100%，最终消费率＝（最终消费/GDP）×100%，进而分析R&D资本化对投资与消费的影响。

1. R&D资本化对投资比例的变化

R&D支出资本化会导致投资数额发生变化。R&D资本化后，市场生产者的R&D支出额由费用额转为投资额，投资增加，固定资本形成额增加；科研机构与高等院校R&D支出由消费转化为投资，最终消费减少，投资增加，固定资本形成额增加。因此，投资增加额等于R&D资本形成额。通过表10可知，R&D支出未纳入GDP之前投资率在2014—2016年分别为81.71%、84.94%和87.48%，R&D资本化之后，投资额发生变化，最终使投资率变化，2014—2016年投资率分别变为82.10%、85.35%和87.92%，表明R&D资本化后投资率有所增加，投资率增加幅度分别为0.39、0.41和0.44个百分点。

表 10　2000—2016 年四川省 R&D 资本化后投资率的变化

年份	国内生产总值/增加值（亿元）	全社会固定资产投资总额（亿元）	投资率（%）	企业 R&D 资本形成额（亿元）	非市场生产者的 R&D 资本形成额（亿元）	投资增加额（亿元）	投资额（调整后）（亿元）	投资率（调整后）（%）	调整变化（百分点）
1999	3711.61	1224.40	32.99	—	—	—	—	—	—
2000	4010.25	1418.04	35.36	5.04	9.16	14.20	1432.24	35.71	0.35
2001	4293.49	1617.52	37.67	6.59	11.77	18.36	1635.88	38.10	0.43
2002	4725.01	1902.72	40.27	4.26	19.16	23.42	1926.14	40.76	0.50
2003	5333.09	2336.34	43.81	13.37	15.45	28.83	2365.17	44.35	0.54
2004	6379.63	2818.42	44.18	13.67	25.75	39.42	2857.84	44.80	0.62
2005	7385.10	3585.18	48.55	14.91	10.67	25.58	3610.76	48.89	0.35
2006	8690.24	4412.88	50.78	19.67	13.35	33.02	4445.89	51.16	0.38
2007	10562.39	5639.80	53.40	22.54	11.60	34.14	5673.94	53.72	0.32
2008	12601.23	7127.81	56.56	27.72	21.53	49.25	7177.06	56.96	0.39
2009	14151.28	11371.87	80.36	24.74	23.63	48.36	11420.24	80.70	0.34
2010	17185.48	13116.72	76.32	26.92	44.91	71.83	13188.55	76.74	0.42
2011	21026.68	14222.22	67.64	27.78	64.19	91.97	14314.19	68.08	0.44
2012	23872.80	17039.98	71.38	24.68	50.62	75.30	17115.28	71.69	0.32
2013	26392.07	20326.11	77.02	45.90	53.79	99.69	20425.80	77.39	0.38
2014	28536.66	23318.60	81.71	55.26	55.72	110.98	23429.58	82.10	0.39
2015	30053.10	25525.90	84.94	63.62	60.45	124.07	25649.97	85.35	0.41
2016	32934.54	28811.95	87.48	73.45	69.83	143.29	28955.24	87.92	0.44

2. R&D 资本化对消费比例的影响

R&D 支出资本化导致消费额变化，进而使消费率发生相应的变化。R&D 支出部门有市场生产者、科研机构和高等院校，其中科研机构与高等院校的 R&D 支出由消费转化为投资，最终消费减少，投资增加，固定资本形成额增加，其产生的私人 R&D 收益计入消费，消费额减少。因此，消费减少额等于科研机构、高等院校 R&D 资本形成额减去科研机构、高等院校的 R&D 私人收益额。R&D 支出资本化导致消费额的变化，进而会导致消费率发生相应的变化。R&D 支出未纳入 GDP 之前消费率在 2014—2016 年分别为 43.43%、46.18%、47.37%，R&D 资本化之后，消费额发生变化，最终消费率发生变化，2014—2016 年消费率分别变为 43.80%、46.59%、47.78%，变动幅度分别上升 0.37、0.41、0.41 个百分点（见表 11）。由消费减少额等于科研机构与高等院校 R&D 资本形成额减去科研机构和高等院校 R&D 私人收益额可知，科研机构与高等院校的 R&D 支出所占比重在 50％以上，故其由消费转化为投资，最终消费减少；另外，固定资本形成额增加，其产生的私人 R&D 收益计入消费，消费额增加。R&D 资本化导致消费率发生变化。R&D 的资本形成额和私人收益额决定了消费减少额的大小。

表 11　2000—2016 年四川省 R&D 资本化后消费率的变化

年度	地区生产总值（亿元）	社会消费品零售总额（亿元）	消费率（％）	非企业的私人收益（亿元）	非企业资本形成额（亿元）	消费变动额（亿元）	调整后消费额（亿元）	调整后消费率（％）	调整变化（百分点）
1999	3711.61	1382.6	37.25	—	—	—	—	—	—
2000	4010.25	1523.7	38	25.6	9.16	−16.44	1540.14	38.41	0.41
2001	4293.49	1680.4	39.14	28.96	11.77	−17.19	1697.59	39.54	0.40
2002	4725.01	1850.1	39.16	33.26	19.16	−14.1	1864.20	39.45	0.29
2003	5333.09	2091.05	39.21	40.28	15.45	−24.83	2115.88	39.67	0.46
2004	6379.63	2383.95	37.37	45.93	25.75	−20.18	2404.13	37.68	0.31
2005	7385.1	2981.4	40.37	55.36	10.67	−44.69	3026.09	40.98	0.61
2006	8690.24	3421.65	39.37	59.26	13.35	−45.91	3467.56	39.90	0.53
2007	10562.39	4015.6	38.02	64.15	11.6	−52.55	4068.15	38.52	0.50
2008	12601.23	4944.8	39.24	68.39	21.53	−46.86	4991.66	39.61	0.37
2009	14151.28	5758.7	40.69	76.27	23.63	−52.64	5811.34	41.07	0.38
2010	17185.48	6810.07	39.63	84.92	44.91	−40.01	6850.08	39.86	0.23
2011	21026.68	8006.58	38.08	101.36	64.19	−37.17	8043.75	38.25	0.17
2012	23872.8	9268.61	38.82	124.85	50.62	−74.23	9342.84	39.14	0.32
2013	26392.07	11000.96	41.68	143.38	53.79	−89.59	11090.55	42.02	0.34
2014	28536.66	12392.98	43.43	163.07	55.72	−107.35	12500.33	43.80	0.37
2015	30053.1	13877.7	46.18	183.46	60.45	−123.01	14000.71	46.59	0.41
2016	32934.54	15601.9	47.37	205.58	69.83	−135.75	15737.65	47.78	0.41

　　综上所述，R&D 资本化导致消费率和投资率都发生了变化。从 2000—2016 年的数据可以看出，调整后投资率增加幅度较小，而消费率相对变化较大。2016 年投资率由调整前的 87.48％到调整后的 87.92％，增加 0.44 个百分点，而 2016 年消费率为 47.37％，调整后下降为 46.77％，下降 0.60 个百分点，消费率降低幅度较大。投资率与消费率的变化对国民经济会产生一定的影响，国民经济发展状况决定投资与消费水平。投资增加会拉动经济发展。随着 R&D 支出的逐年增加，国家对研究开发的重视程度逐渐加强，R&D 投资在经济发展中的地位与作用越来越重要。最终消费也是拉动经济增长的重要因素之一，经 R&D 资本化调整后，最终消

费率变化幅度也较大。

五、R&D 投入与 GDP 的关系分析

（一）变量选择与关系分析

本研究选择 1999—2016 年四川省研究与试验发展（R&D）人员全时当量（L）、研究与试验发展（R&D）经费内部支出（K）作为四川省 R&D 活动的投入变量，也为解释变量，将地区生产总值（GDP）作为被解释变量，再次验证 R&D 活动对经济增长的贡献以及拉动作用。数据来源于《四川科技统计年鉴》与《四川统计年鉴》。从图 3 可以看出，四川省 R&D 人员全时当量与经费内部支出都呈现递增的发展趋势，R&D 人员全时当量在 2003 年与 2004 年呈现短暂的下降，2015 年与 2016 年也出现了稍微下降的转折，R&D 内部经费支出则表现为逐步上升的趋势。图 4 的散点图矩阵是所有图形的汇总情况。对角线上的直方图描绘了每个变量特征的数值分布，可见投入变量与 GDP 都呈现右偏分布形态。对角线的上方呈现了投入变量与 GDP 的相关系数矩阵，也表明了投入变量与 GDP 之间的高度相关关系。对角线的下方是散点图带有额外的可视化信息。每个散点图中呈现椭圆形的对象称为相关椭圆，相关椭圆的中心点由投入变量与 GDP 变量的均值确定。两个变量的相关性由椭圆的形状决定，椭圆越扁平，其相关性越强。这也证明了四川省 R&D 投入与 GDP 变量之间的高度相关关系。

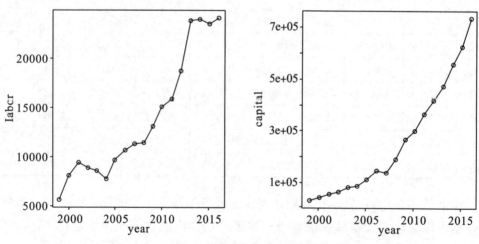

图 3　1999—2016 年四川 R&D 投入变量的时序图

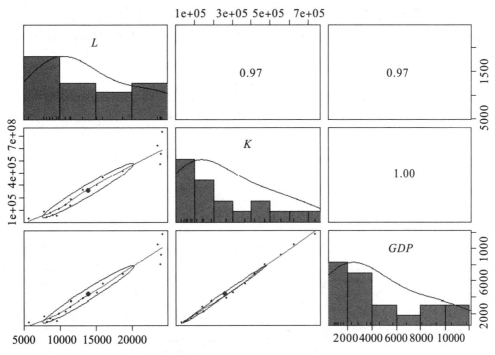

图4 四川 R&D 投入与 GDP 关系的散点图矩阵

（二）基于 C−D 生产函数模型的估计

C−D 生产函数模型是由美国数学家 C. W. Cobb 和经济学家 Paul Douglas 共同创造的，主要用来研究投入与产出的关系。C−D 生产函数模型的基本形式为：

$$Y = AL^{\alpha}K^{\beta} \tag{21}$$

式中 Y 为总产出，A 为全要素生产率，L 为投入的劳动，K 为投入的资本，α 和 β 为劳动与资本产出的弹性，故总产出由投入的劳动、资本和全要素生产率决定。根据 C−D 生产函数模型对变量取对数进行回归分析，四个模型的拟合结果都很好地解释了 R&D 的投入变量对 GDP 的拉动作用。模型 1 是在没有取对数的情况下 R&D 人员全时当量与 R&D 经费内部支出对 GDP 的影响，结果显示影响程度较小，尤其是 R&D 人员全时当量对 GDP 的影响不显著，这违背了上述相关系数的验证。模型 2 只考虑 R&D 人员全时当量对 GDP 的影响，结果显示 R&D 人员全时当量对 GDP 的影响具有较高的弹性，为 1.858，说明了 R&D 人员全时当量每增加一个百分点，将带动 GDP 上升 1.858 个百分点。模型 3 只考虑 R&D 经费内部支出对 GDP 的影响，结果显示 R&D 经费内部支出也对 GDP 具有较高的弹性，为 0.854，说明 R&D 经费内部支出每提高一个百分点，将带动 GDP 提高 0.854 个百分点。模型 2 与模型 3 都表明了 R&D 人员全时当量与 R&D 经费内部支出对 GDP 有较强的带动作用。模型 4 说明在同时考虑 R&D 人员全时当量与 R&D 经费内部支出的情况下，只有 R&D 经费内部支出对 GDP 影响显著，另外该模型的 DW 检验值为 1.236，且通过了 5% 的显著性检验，说明模型的残差存在严重的正自相关。

由于R&D的投入产出变量都为非平稳变量，它们之间的相关性可能不存在，是虚假的，故需要建立协整分析与误差修正模型检验R&D投入产出之间的关系（见表12）。

表12　基于C-D生产函数模型的回归结果

	Dependent variable:			
	GDP		log（GDP）	
	(1)	(2)	(3)	(4)
L	0.068			
	(0.042)			
K	0.014***			
	(0.001)			
log（L）		1.858***		0.323
		(0.123)		(0.208)
log（K）			0.854***	0.715***
			(0.027)	(0.093)
Constant	−193.888	−9.490***	−2.239***	−3.612***
	(301.154)	(1.165)	(0.324)	(0.939)
Observations	18	18	18	18
R2	0.995	0.934	0.984	0.987
Adjusted R2	0.994	0.930	0.984	0.985
Residual Std. Error	265.747 (df=15)	0.227 (df=16)	0.110 (df=16)	0.106 (df=15)
DW	1.411 (0.046)	1.053 (0.006)	0.975 (0.003)	1.236 (0.0128)
F Statistic	1,483.235*** (df=2; 15)	227.457*** (df=1; 16)	1,016.156*** (df=1; 16)	553.685*** (df=2; 15)

注：括号里面为回归标准误，*表示$p<0.1$，**表示$p<0.05$，***表示$p<0.01$。

（三）四川省R&D投入与GDP长期关系分析

1. 单位根检验

协整检验的前提是序列存在单整的关系，表13表明，经过取对数的R&D投入产出变量存在单位根，对数时间序列属于非平稳的，但对对数差分后平稳，说明这些变量是一阶单整序列，满足协整检验的条件。

表13　四川省 R&D 投入产出变量的单位根检验

变量	检验形式	ADF 统计值	1%的临界值	5%的临界值	10%的临界值	通过的检验
$\ln L$	$(c,t,1)$	-3.094	-4.380	-3.600	-3.240	没有通过检验
$\ln K$	$(c,t,1)$	-1.987	-4.380	-3.600	-3.240	没有通过检验
$\ln GDP$	$(c,t,1)$	-2.322	-4.380	-3.600	-3.240	没有通过检验
$d\ln L$	$(c,t,1)$	-3.813	-4.380	-3.600	-3.240	通过 5%的检验
$d\ln K$	$(c,t,1)$	-5.051	-4.380	-3.600	-3.240	通过 1%的检验
$d\ln GDP$	$(c,t,6)$	-7.752	-4.380	-3.600	-3.240	通过 1%的检验

注：检验类型 c 代表常数项，t 代表趋势项。

2. 协整检验

协整是格兰杰（Granger）在 1981 年提出来的，协整的思想是寻找非平稳时间序列之间的一个线性组合，这个线性组合是平稳的时间序列，用于检测非平稳时间序列之间的稳定长期关系。上述单位根检验的结果已经满足了协整检验的前提条件，即多个时间序列必须是同阶单整的。协整检验方法主要有 Engle－Granger 两步检验和 Johansen 检验法。本研究采用 Engle－Granger 两步法检验变量之间的协整关系。首先用 OLS 估计法对 L 和 K，GDP 进行回归估计，得到残差序列 $\{z_t\}$，检验残差的平稳性。根据格兰杰表述定理建立误差修正模型。模型回归的结果见表 14：

表 14　协整检验的第一步回归结果

	Dependent variable：	
	GDP	
	模型 1	模型 2
$\log L$	0.323	-7.591^{**}
	(0.208)	(2.058)
$\log K$	0.715^{***}	0.801^{***}
	(0.093)	(0.071)
I（$\log L^2$）		0.408^{**}
		(0.106)
Constant	-3.612^{***}	33.661^{**}
	(0.939)	(9.690)
Observations	18	18
R2	0.987	0.994

续表14

	Dependent variable：	
Adjusted R2	0.985	0.992
DW	1.235（0.013）	1.580（0.057）
Residual Std. Error	0.106（df=15）	0.076（df=14）
F Statistic	553.685***（df=2；15）	715.380***（df=3；14）

注：括号里面为回归标准误，* 表示 $p<0.1$；** 表示 $p<0.05$，*** 表示 $p<0.01$。

对表 14 中模型 1 的残差进行平稳性检验，得到残差单位根检验的值为－3.368，通过了 1% 的显著性检验。残差序列相关系数图也表现了较好的平稳性，但是在第 15 期之后表现出上翘特点。另外通过对模型 1 的线性关系进行检验，R&D 人员全时当量与 GDP 之间存在非线性关系（如图 5、图 6 所示）。

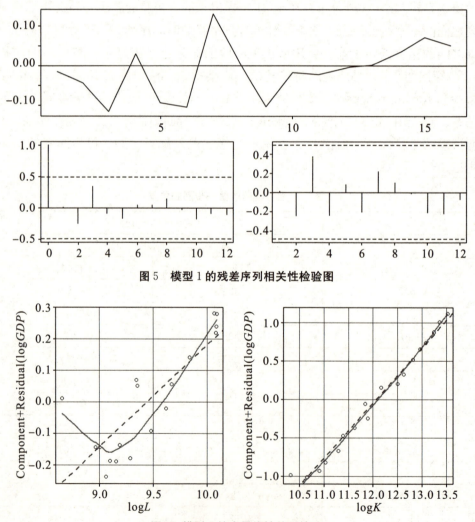

图 5　模型 1 的残差序列相关性检验图

图 6　模型 1 的变量线性关系检验

　　基于残差序列图与非线性检验图对模型 1 进行修正，得到模型 2 的结果，该模型具有较好的解释力度。从模型 2 的结果可知 R&D 人员全时当量、R&D 经费内部支出与经济发展有显著关系，R&D 人员全时当量对 GDP 的影响弹性为 −7.591，而二次项的弹性为 0.408，说明 R&D 人员全时当量与 GDP 二者间呈现 U 型曲线关系。起初由于 R&D 人员全时当量投入不足，其对 GDP 的贡献为负，随着 R&D 人员全时当量投入的增加以及效率的提高，其对 GDP 的贡献为正。R&D 经费内部支出对 GDP 的影响弹性为 0.801，影响程度较高，比模型 1 的影响弹性提高了 0.086 个百分点。对残差序列进行单位根检验的值为 −3.414，通过了 1% 的显著性检验，且残差序列自相关表现了围绕均值波动的良好性质。从线性拟合图也可以看出预测效果较为良好（如图 7、图 8 所示），从而建立四川 R&D 投入产出的协整回归方程：

$$\ln GDP = 33.661 + 0.801\ln K - 7.591\ln L + 0.408I(\log L^2) \qquad (22)$$

　　四川省 R&D 投入变量与 GDP 之间存在协整关系，意味着四川省 R&D 投入变量与 GDP 之间有长期均衡关系，增长或者减少具有协同效应。

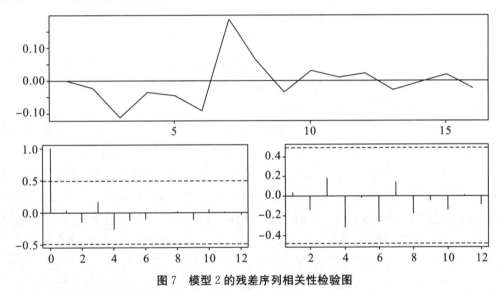

图 7　模型 2 的残差序列相关性检验图

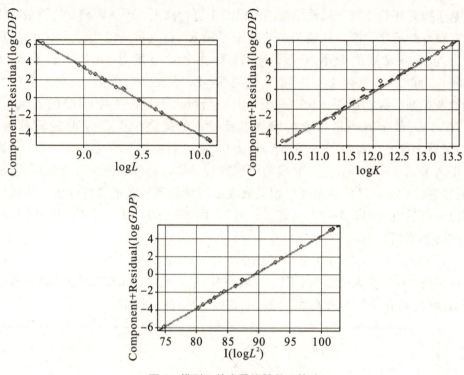

图8　模型2的变量线性关系检验

3.格兰杰因果关系

由于四川省R&D投入与GDP之间存在较为稳定的长期关系,有必要考察变量之间的依赖关系,故本研究采用格兰杰因果关系识别四川省R&D投入与GDP之间存在的相互促进的作用。从四川省R&D投入变量与GDP之间的格兰杰因果关系可以看出,当原假设为"R&D人员全时当量不是引起GDP变化的格兰杰原因"时,p值为0.81>0.05,我们无法拒绝原假设;而当原假设为"GDP不是引起R&D人员全时当量变化的格兰杰原因"时,p值为0.00<0.05,我们可以拒绝原假设。因此,可以证明:GDP是R&D人员全时当量变化的格兰杰原因。同理,当原假设为"R&D经费内部支出不是引起GDP变化的格兰杰原因"时,p值为0.00<0.05,我们可以拒绝原假设;而当原假设为"GDP不是引起R&D经费内部支出变化的格兰杰原因"时,p值为0.23>0.05,我们不能拒绝原假设。因此,可以证明:R&D经费内部支出是引起GDP变化的格兰杰原因。当原假设为"R&D经费内部支出不是引起R&D人员全时当量变化的格兰杰原因",p值为0.01<0.05,我们可以拒绝原假设;而当原假设为"R&D人员全时当量不是引起R&D经费内部支出变化的格兰杰原因"时,p值为0.87>0.05,我们不能拒绝原假设。因此,可以证明:R&D经费内部支出是引起R&D人员全时当量变化的格兰杰原因(见表15)。

表15　四川R&D投入变量与GDP之间的格兰杰因果关系

原假设	F统计量	P值
R&D人员全时当量不是引起GDP变化的格兰杰原因	0.21	0.81
GDP不是引起R&D人员全时当量变化的格兰杰原因	9.59	0.00
R&D经费内部支出不是引起GDP变化的格兰杰原因	23.13	0.00
GDP不是引起R&D经费内部支出变化的格兰杰原因	1.69	0.23
R&D经费内部支出不是引起R&D人员全时当量变化的格兰杰原因	7.48	0.01
R&D人员全时当量不是引起R&D经费内部支出变化的格兰杰原因	0.14	0.87

(四) 四川省R&D投入与GDP的动态关系分析

1. VAR模型的估计

VAR模型是克里斯托弗·西姆斯在1980年提出来的，用于估计联合内生变量的动态关系，VAR模型将系统中的每个内生变量作为系统中所有内生变量的滞后值的函数来构造，用于处理多个相关经济指标的分析与预测[1]，预测相互联系的时间序列系统以及分析随机扰动对变量系统的动态影响。滞后阶数为P的VAR模型的表达式为：

$$y_t = A_1 y_{t-1} + A_2 y_{t-2} + \cdots + A_p y_{t-p} + B x_t + \mu_t \tag{23}$$

式中，y_t 是k维内生变量向量，代表历年的四川省经济发展水平GDP；x_t 为d维外生变量向量，代表R&D投入中的R&D人员全时当量（$\log L$）和R&D经费内部支出（$\log K$）；μ_t 为k维误差向量；A_1，A_2，$\cdots$，A_p；B 为待估系数矩阵。

根据前面单位根检验的结果，$\log L$、$\log K$、$\log GDP$ 的原序列在1%、5%、10%的置信水平下都存在单位根，即 $\log L$、$\log K$、$\log GDP$ 的原序列属于非平稳时间序列。但对原序列进行差分平稳的情况下，都通过了5%的显著性检验，说明差分序列不存在单位根，属于平稳的时间序列，即差分的 $\log L$、$\log K$、$\log GDP$ 序列属于一阶单整序列。根据最优滞后阶的选择以及模型从简的原则，确定滞后期为1期。根据建立VAR模型的参数估计为：

$$\begin{bmatrix} \log L_t \\ \log K_t \\ \log GDP_t \end{bmatrix} = \begin{bmatrix} 4.470 \\ 3.154 \\ 0.022 \end{bmatrix} + \begin{bmatrix} 0.354 & -0.289 & 0.645 \\ -0.268 & 0.548 & 0.623 \\ -0.084 & 0.190 & 0.830 \end{bmatrix} \begin{bmatrix} \log L_{t-1} \\ \log K_{t-1} \\ \log GDP_{t-1} \end{bmatrix}$$

---

[1] 张涛. 资本外流对我国金融体系冲击的实证研究 [J]. 云南民族大学学报（哲学社会科学版），2018，35 (1)：102-107.

表 16　VAR 模型的参数估计以及相应检验

$\log L$	Estimate	Std. Error	Tvalue	Pr（$>$｜t｜）
$\log L.l1$	0.354	0.198	1.789	0.097
$\log K.l1$	−0.289	0.184	−1.569	0.141
$\log GDP.l1$	0.645	0.232	2.787	0.015
const	4.470	1.166	3.833	0.002
$\log K$	Estimate	Std. Error	Tvalue	Pr（$>$｜t｜）
$\log L.l1$	−0.268	0.167	−1.604	0.133
$\log K.l1$	0.548	0.156	3.520	0.004
$\log GDP.l1$	0.623	0.196	3.183	0.007
const	3.154	0.986	3.199	0.007
$\log GDP$	Estimate	Std. Error	Tvalue	Pr（$>$｜t｜）
$\log L.l1$	−0.084	0.074	−1.131	0.279
$\log K.l1$	0.190	0.069	2.743	0.017
$\log GDP.l1$	0.830	0.087	9.528	0.000
const	0.022	0.439	0.051	0.960

2. 脉冲响应与方差分解分析

（1）脉冲响应分析。脉冲响应函数分析方法是用来描述一个内生变量对由误差项所带来的冲击反应，即在随机误差项上施加一个标准差大小的冲击后，对内生变量的当期值和未来值所产生的影响程度。[①] 根据脉冲响应的结果，首先可以得到 $\log L$ 脉冲对其他变量的响应，$\log L$ 脉冲对自身的冲击总体表现为下降的趋势，在第 4 期达到最小。第 4 期之后由正向冲击转为负向冲击，$\log L$ 对 $\log K$ 的冲击均为负向冲击，且冲击较为平稳，$\log L$ 对 $\log GDP$ 的冲击也为负值，且负向冲击有逐渐增大的趋势。从表 17 可以看出 $\text{Log}K$ 对 $\text{Log}L$ 的冲击先为负向冲击后转为正向冲击，对自身冲击的最小值在第 4 期。$\text{Log}K$ 对自身冲击逐渐减少并逐步趋稳，$\text{Log}K$ 对 $\log GDP$ 的冲击由负转正并逐步增大。$\log GDP$ 对 $\log L$ 的冲击呈先增大后趋稳的发展趋势，$\log GDP$ 对 $\log K$ 的冲击也呈现迅速增大并趋稳的发展趋势，$\log GDP$ 对自身的冲击呈现逐渐缩小并趋稳的发展趋势。总之，在以 $\log L$、$\log K$、$\log GDP$ 为系统的脉冲响应中，变量对自身的脉冲响应都呈现递减的趋势，对其他变量的脉冲则表现为先增大后趋稳的发展趋势。

[①]　黄建. 证券交易中限价指令簿分析研究 ［J］. 中国国际财经（中英文），2018（8）：177—178.

表 17　变量脉冲响应分析结果

滞后期	logL 脉冲			logK 脉冲			logGDP 脉冲		
	logL	logK	logGDP	logL	logK	logGDP	logL	logK	logGDP
1	0.093	−0.015	−0.002	0.000	0.077	−0.002	0.000	0.000	0.035
2	0.036	−0.034	−0.012	−0.023	0.041	0.013	0.023	0.022	0.029
3	0.015	−0.036	−0.019	−0.012	0.037	0.021	0.020	0.024	0.026
4	0.003	−0.036	−0.024	−0.001	0.036	0.025	0.017	0.024	0.025
5	−0.004	−0.035	−0.027	0.005	0.036	0.028	0.015	0.024	0.024
6	−0.009	−0.035	−0.029	0.010	0.036	0.030	0.014	0.024	0.023
7	−0.012	−0.035	−0.030	0.012	0.035	0.031	0.013	0.024	0.022
8	−0.013	−0.035	−0.030	0.014	0.035	0.031	0.012	0.023	0.022
9	−0.014	−0.034	−0.031	0.015	0.035	0.031	0.012	0.023	0.022
10	−0.015	−0.034	−0.031	0.015	0.035	0.031	0.011	0.023	0.021
11	−0.015	−0.034	−0.031	0.016	0.034	0.031	0.011	0.023	0.021

（2）方差分解分析。方差分解是把系统中的全部内生变量的波动按其成因分解为与各个方程新息相关联的 k 个组成部分，从而分析新息对模型内生变量的相对重要程度。为 logL、logK、logGDP 的方差分解结果，分析三个变量对各自变化的贡献度，用于分析变量之间的动态结构。首先，logL 的第 1 期受到自身波动冲击 100% 的影响，并且自身扰动影响逐渐降低，logL 新息对 logK 变量的相对重要程度逐渐增加，logL 新息对 logGDP 变量的相对重要程度逐渐增加，从动态结构看，logL 新息对 logGDP 的贡献度比 logK 大。其次，从 logK 方差分解结果看，logK 新息对 logL 也有逐渐增大的贡献，logK 新息对自身的贡献却逐渐减少，logK 新息对 logGDP 也有逐渐增大的贡献。最后，从 logGDP 方差分解结果看，logGDP 新息对 logL 与 logK 的贡献逐渐增大，logGDP 新息对自身的贡献程度逐渐减少。总之，logL、logK、logGDP 三变量的新息对自身的贡献逐渐减少，对系统内其他变量的贡献逐渐增大，从动态结构看，logK 对 logL 的贡献程度大于 logL 对 logK 的贡献程度，logGDP 对 logL 与 logK 的贡献程度大致相同（见表 18）。

表 18　变量的方差分解结果

滞后期	logL 方差分解			logK 方差分解			logGDP 方差分解		
	logL	logK	logGDP	logL	logK	logGDP	logL	logK	logGDP
1	1.000	0.000	0.000	0.034	0.966	0.000	0.002	0.003	0.995
2	0.904	0.050	0.046	0.143	0.807	0.050	0.060	0.074	0.866
3	0.863	0.058	0.078	0.207	0.711	0.082	0.133	0.157	0.710
4	0.842	0.057	0.101	0.245	0.653	0.102	0.192	0.218	0.590

续表18

滞后期	logL 方差分解			logK 方差分解			logGDP 方差分解		
	logL	logK	logGDP	logL	logK	logGDP	logL	logK	logGDP
5	0.825	0.058	0.117	0.271	0.614	0.116	0.235	0.261	0.504
6	0.808	0.063	0.129	0.289	0.586	0.125	0.265	0.291	0.444
7	0.791	0.073	0.137	0.302	0.566	0.132	0.287	0.312	0.401
8	0.774	0.084	0.142	0.312	0.550	0.138	0.304	0.327	0.369
9	0.758	0.096	0.146	0.321	0.537	0.142	0.316	0.339	0.345
10	0.743	0.108	0.149	0.327	0.527	0.146	0.326	0.348	0.326

六、研究结论与政策建议

（一）研究结论

R&D核算是一项实践性很强的工作，现有研究只是从核算原理上讨论了R&D资本化核算的方法及问题，尚未有具体实践。本课题以四川省为例，研究R&D资产的价格指数编制、R&D资产的使用寿命及折旧率如何确定等问题，探讨R&D资本化核算的具体方法及应用，提出切实可行的R&D资本化核算方法。R&D产出核算是R&D资本化核算的关键，笔者采用归纳推理和归纳分析相结合、分类研究与比较研究相结合、定性研究与定量分析相结合的方法，依据四川的R&D支出数据核算了R&D资本化以及对经济变量的影响。对1999—2016年四川省R&D投入变量与GDP数据，以C—D生产函数模型为理论模型，建立研究与试验发展（R&D）人员全时当量（logL）、研究与试验发展（R&D）经费内部支出（logK）、地区生产总值（logGDP）的VAR模型，经过系统的Johansen协整检验，建立了R&D投入产出变量的长期稳定关系，通过格兰杰因果关系检验验证了R&D投入产出的相互促进关系，以VAR模型为基础建立脉冲响应函数分析和方差分解。研究发现：

（1）根据折旧率分布表，可确定R&D资产折旧率为20.6%，市场生产者与市场非生产者R&D资产折旧率分别为18.8%、16.8%。R&D内部经费支出有逐年递增的趋势，非市场生产者的R&D内部经费支出比例高于市场生产者的R&D支出，其中研究与开发机构和企业的R&D内部经费支出旗鼓相当，各占40%左右。1999—2016年的R&D支出年平均增长率为15.16%。

（2）历年R&D资本存量呈指数增长趋势，但R&D资本存量的增长率在下降且趋于稳定。R&D资本形成额占固定资本形成总额的比例呈"上升—下降—上升"的趋势，尤其是R&D资本化后，固定资本形成总额增加，2016年R&D资本存量占固定资本形成总额的比重为2.07%，但相较于市场生产者，非市场生产者的资本形成额并不高。

（3）在设定科研机构、高等院校和其他部门的 R&D 私人收益率为 16% 的情况下，2000 年 R&D 支出纳入 GDP 部分为 34.17 亿元，2016 年达到 367.51 亿元。随着 R&D 投入强度的增加，其对 GDP 的贡献率提高了。四川省 R&D 支出纳入 GDP 后对 GDP 的贡献率呈上升趋势，2000 年为 1.04%，2016 年上升为 1.12%。R&D 资本化之后，消费率和投资率都发生了变化。2000—2016 年调整后的投资率增加幅度较小，而消费率相对变化较大。2016 年投资率由调整前的 87.48% 增加到调整后的 87.92%，增加 0.44 个百分点，而 2016 年消费率为 47.37%，调整后下降为 46.77%，下降 0.60 个百分点，消费率降低幅度较大。

（4）四川省 R&D 投入变量与 GDP 之间存在的协整关系，意味着四川省的 R&D 投入变量与 GDP 之间有长期均衡关系，增长或者减少具有协同效应。R&D 的投入变量对 GDP 具有拉动作用。R&D 人员全时当量与 R&D 经费内部支出都有显著关系，R&D 人员全时当量对 GDP 的影响弹性为 −7.591，而二次项的弹性为 0.408，说明 R&D 人员全时当量与 GDP 二者间呈 U 型曲线关系。这是四川省 R&D 人员全时当量投入不足造成的，随着 R&D 人员全时当量的投入增加以及效率的提高，二者表现为正向贡献关系，这就是 U 型曲线的原因。因此要改变 R&D 人员全时当量与 GDP 二者间呈现 U 型曲线关系的现状，必须加大对四川省 R&D 人员全时当量的投入。

（5）R&D 经费内部支出是重要的影响因素，这将是引起 R&D 人员全时当量变化以及 GDP 变化的原因，GDP 的变化是 R&D 人员全时当量变化的格兰杰原因，在以 $\log L$、$\log K$、$\log GDP$ 为系统的脉冲响应中，变量对自身的脉冲响应都呈现递减趋势，对其他变量的脉冲则表现为先增大后趋稳的发展趋势。从动态结构看，$\log K$ 对 $\log L$ 的贡献程度大于 $\log L$ 对 $\log K$ 的贡献程度，$\log GDP$ 对 $\log L$ 与 $\log K$ 贡献程度大致相同。

（二）研究建议

本课题对 R&D 核算方法的探讨和 R&D 资本化对经济变量的影响分析研究仅仅是初步的和探索性的，后续的研究需要逐步完善。本课题内容的研究前景和建议主要体现在如下几个方面：

第一，加大财政科技投入，增强部门的 R&D 投入。政府的财政科技投入是基础研究的保障，可以调动地方政府与企业的积极性。建立引导保障机制，积极发挥政府在 R&D 投入方面的重要引导作用，提高研发经费投入的针对性与有效性，精准实施研发经费投入改革。引导以企业为主体的全省各类创新主体加大研发投入，提高研发经费投入强度，提升科技创新整体水平，打造四川经济发展新引擎，为四川实现跨越式发展提供有力的科技支撑。建议有关部门进一步出台相关配套和激励政策，如《四川省引导 R&D 经费投入的实施方案》等激励措施，通过实施方案，达到鼓励企业、高等院校、科研院所等加大研发投入，积极开展科技创新活动的目的。设定规模以上企业研发投入强度（研发经费支出占主营业务收入比重）考核标准，建立引导 R&D 经费投入机制。在进一步扩大 R&D 资源投入规模的同时，努力调整和优化 R&D 投入人员和经费结构。重视本省科技人才的培养和使用，加强科技人才队伍建设，同时制定相关政策应对人才流失，吸引海外人才，注重培养和造就大批优秀人才。

第二，加强企业 R&D 投入，培育高新技术企业。强化企业创新主体地位，引导创新资源向企业集聚。《关于完善研究开发费用税前加计扣除政策的通知（2015）》提到，企业开展研发活动中实际发生的研发费用，未形成无形资产计入当期损益的，按照本年度实际发生额的 50% 从本年度应纳税所得额中加计扣除；形成无形资产的，按照无形资产成本的 150% 在税前摊销。落实企业研发费用加计扣除政策，以多种形式开展政策宣讲，引导企业规范研发项目管理和费用归集，确保政策落实、落地。一方面，把研发支出作为投资，有利于正确认识研发活动，形成研发投入就是投资的新意识，这样社会各界尤其是企业会更加重视研发投入。另一方面，当 R&D 资本化后，一系列有关投资的财政税收优惠政策将适用于研发投入，针对研发资本投资的税收政策将更易出台，从而鼓励了企业自主加大研发投入力度。另外还需优化 R&D 经费投入结构，促进 R&D 经费投入向企业倾斜。通过对历年四川省 R&D 内部经费支出的分析，在企业与非市场生产者的 R&D 研发经费支出相当的情况下，市场生产者的资本形成额对 GDP 贡献较大。取消"一刀切"的做法，对不同规模的企业制定差异化的鼓励研发投入税收政策，遵循从"投入导向型"转向"效率导向型"，提高技术创新成果转化效率，确保有限的资源投入能最大限度地发挥作用。尤其在实施创新战略时，不能简单地通过加大政府或企业 R&D 投入来鼓励和促进企业进行技术创新，而必须更加注重 R&D 资源在不同企业与行业之间的优化配置，避免 R&D 资源过度集中所造成的无谓损失与浪费。

第三，做好企业 R&D 活动统计工作，充分发挥企业的创新主体作用。目前针对研究与开发机构、高等院校开展的 R&D 活动体系已经足够完善，但针对企业的 R&D 活动尤为薄弱，需对四川高新技术企业、重点工业、建筑业、服务业企业及基层科技管理和统计人员开展相应的业务培训。针对企业研发活动统计数据缺失和不准确等问题，诠释 R&D 的基本概念及其意义，帮助基层科技管理人员、统计人员和企业相关人员准确判别 R&D 活动，充分理解创新在驱动经济社会转型发展中的核心作用。培训企业 R&D 活动核算方法有利于规范企业 R&D 数据填报，提升企业 R&D 活动统计的整体水平。解读 R&D 投入优惠政策，有利于引导企业形成稳定的创新机制，充分合理享受创新优惠政策，辅导企业准确归集、计核研发经费，帮助企业构建科学规范的创新管理制度。

（四川省统计局　贵州财经大学）

四川深度融入"一带一路"研究

党的十九大报告指出，要以"一带一路"建设为重点，坚持"引进来"和"走出去"并重，遵循共商共建共享原则，加强创新能力开放合作，形成陆海内外联动、东西双向互济的开放格局。四川作为"一带一路"的重要支点和连接我国西南、西北，沟通中亚、南亚、东南亚的重要交通走廊，拥有广阔的市场腹地和雄厚的产业基础，是内陆开放的前沿阵地和西部大开发的战略依托。积极融入"一带一路"建设，加快构建对外开放新格局，既是四川服务国家战略的应尽之责，也是自身发展、转型升级的强力支撑和重大机遇。

一、四川深度融入"一带一路"的历史和现实

（一）古丝绸之路与"天府之国"

四川自古以来自然条件良好、物产丰饶、资源充盈，在农业立国的古代社会，相较于其他地区更为富庶和平，加之地处一隅，逐渐成为"天府之国"。四川自古盛产丝绸织锦，商道通畅繁荣，在古丝路上与众多国家形成了商贸联系，为古丝绸之路的形成、发展贡献了重要的力量。

古代四川是丝绸文明的重要发祥地。四川是全国蚕桑的重要生产基地和丝绸生产工艺非物质遗产传承地，这里出产的蜀锦与云锦、宋锦、壮锦是中国的"四大名锦"。《史记》记载："黄帝居轩辕之丘，而娶于西陵之女，是为嫘祖。嫘祖为黄帝正妃。"嫘祖为四川盐亭人，传说是中原养蚕制丝方法的创造者。考古表明，古蜀地在公元前 2000 年就已经开始有人专业从事采桑、养蚕、缫丝等生产工作，是中国丝绸文化的重要起源。

古代四川拥有纵横丝路的商道网络。张骞出使西域发现了"蜀身毒道"，即"南方丝绸之路"的存在。该通道可从成都经云南、缅甸到达南亚身毒（今印度）、西亚大夏等国，是我国最古老的国际通道。古代四川向南向西形成了以大宗茶叶贸易为主的"茶马古道"，延伸至南亚、西亚及西非，向北通过陆路经关中到河套地区、蒙古高原与北方丝绸之路相连，向东通过水路与长江中下游地区形成密切的联系。通过纵横通达的交通网络，古代四川的丝绸、茶叶、瓷器等特色产品走向世界。

古代四川与古丝路文明相生相融。密切的商贸联系使巴蜀与古丝路文化融合发展，促进了世界文化的繁荣绚丽。在古丝路上，蒙顶茶飘香西亚、蜀葵传入欧洲、高僧玄奘经四川赴南亚取经，巴蜀文明逐渐走向世界，而波斯人带来的辣椒、洋葱等食材调料成了川菜的重要元素，为川菜的发展提供了强大的支撑。

（二）四川的对外开放历程

1978年，党的十一届三中全会拉开了我国改革开放的序幕，自此深处内陆的四川也走上了对外开放之路。40年来，四川抓住机遇，加快发展，推动对外开放工作迈上新台阶。从四川对外开放的发展路径和成效来看，大致可划分为以下四个阶段。

1. 第一阶段：起步发展阶段（1979—1991年）

这一时期，四川对外开放实现历史性突破并开始缓慢成长。"大力发展外贸"成为当时四川经济发展的重大战略，省委、省政府以此作为四川外向型经济发展的重点。随着沿海14个城市对外开放步伐的加快，四川制定了一系列扩大对外开放的措施和办法：进行外贸体制改革、设立专项扶持出口商品的周转金、出台《四川省鼓励外商投资的若干规定》、举办和参加国（境）内外的展销会、技术交流会，广泛邀请国（境）外人员来川参观、访问和洽谈外经贸业务、开展对外承包工程和劳务合作以及对外生产技术合作，接受国际经济技术援助。举办的首届"四川国际经济技术合作和贸易洽谈会"，有30多个国家和地区1400多位外商应邀来川洽谈业务，签订合同200多个，合同金额达13361万美元，这是四川对外开放史上一次重要的盛会。国家下放外贸经营权，外贸企业由统负盈亏转向独立经营、自负盈亏，促进了对外开放的扩大。

2. 第二阶段：稳步发展阶段（1992—1999年）

1992年邓小平同志视察南方发表重要谈话后，我国进入了全方位对外开放新时期，四川也逐步进入对外开放的新阶段。四川制订了"大开放促大发展"的指导方针，把对外开放提到了前所未有的战略高度，颁布实施了《四川省鼓励外商投资条例》《四川省鼓励外商投资优惠政策》《关于进一步扩大对外开放的意见》《涉及外商投资企业收费项目明白卡》等一系列制度政策。这一时期的各项外经贸指标在各项政策的有力促进下有了显著提高，初步形成了多层次、全方位、宽领域的对外开放格局。

3. 第三阶段：高速发展阶段（2000—2008年）

随着西部大开发战略的实施和我国加入世界贸易组织，四川经济社会的发展与世界的联系更加紧密和广泛，四川对外开放进入全面高速发展的新时期，四川开始以世界眼光和战略思维建设"开放四川"。省委、省政府为改善投资环境，开展了一系列活动，外商投资的软硬环境得到了较快改善。全球最大的半导体芯片制造商英特尔（INTEL）落户成都，项目总投资3.75亿美元，带动了全省电子信息产业的发展。《关于加快推进对外开放的意见》提出了实施开放带动战略、建设西部经济发展高地的目标,《关于加快推进承接产业转移工作的意见》确立了承接国际国内产业转移,掀起了全面加强国际国内交流合作、积极承接产业转移的热潮。

4. 第四阶段:成熟稳定阶段(2009 年至今)

这一时期,四川省委、省政府准确把握全球开放大势和四川历史方位,紧紧围绕内陆开放战略高地建设,面对经济运行"新常态"和后金融危机时代特点,抢抓"一带一路"、长江经济带和西部大开发等国家战略机遇,出台了《关于进一步扩大和深化对外开放合作的意见》《四川省参与建设丝绸之路经济带和 21 世纪海上丝绸之路实施方案》《关于构建开放型经济新体制的实施意见》等政策措施,推进对外开放八条举措,确立了深化全方位开放改革的主体框架。四川成功获批中国(四川)自由贸易试验区,实现了"成都+川南临港片区"的空间布局,国家级经济开放区、国家级高新区创新发展步伐加快。中德合作平台成功落地,四川成为对德合作先行省。成功举办中外知名企业四川行、世界华商大会等系列投资促进活动,对外联系的交通网络日益完善,全面开发开放的四川正在积极融入世界经济圈。

40 年来,四川对外开放取得了丰硕的成果,唱响了转型发展"对内靠改革、对外靠开放"主旋律。贸易方面,2017 年全省对外贸易总额达到 4605.9 亿美元,较 1978 年的 4067 万美元增长了一万倍,年均增长率达 26.3%;利用外资方面,2017 年全省新设外商投资企业 579 家,吸引合同外资 62.38 亿美元,实际利用外资 586 亿人民币;对外投资合作方面,2017 年新增对外直接投资企业 95 家,对外承包工程新签合同额近 80 亿美元,比去年增长了 13.1%,继续保持全国前 5 位水平,投资领域已从传统的矿产资源转向高端制造、高新技术、节能环保等新兴领域,并购的项目规模变大,抱团"走出去"趋势日益显现。

二、四川深度融入"一带一路"的基础和条件

(一)四川对外开放基本形势判断

1. 经济高质量发展态势正在形成

四川地处西部,是"一带一路"的重要支点和交通走廊,拥有广阔的市场腹地和雄厚的产业基础,是国家全面创新改革试验区、我国最大的清洁能源基地、我国重要的装备制造、飞机制造和动力设备制造基地,高端成长型产业、新兴先导型服务业发展迅猛。2017 年,四川省地区生产总值 3.69 万亿元,比去年增长 8.1%,超过了丹麦、新加坡、芬兰等发达国家的经济体量,西部经济大省的地位更加突出。

2. 国际运输走廊的综合运输大通道正在构建

成都双流国际机场已开通 104 条国际(地区)航线,旅客吞吐量达 5000 万人

次，天府国际机场正在加快建设，从成都出发的中欧班列到欧洲仅需10天，是中国通往欧洲最快的直达货运班列，2017年开行列数突破1000列，位居全国第一。

3. 开放合作正在向高水平高端化推进

主要开放指标呈现"高于全国、好于预期、领跑中西部"的良好态势，截至2017年年底，在川落户的世界500强企业达331家，其中境外世界500强达到235家，两项指标均居中西部第1位。四川已与200多个国家和地区建立了经贸关系，建立国际友城和友好合作关系267对，在川领事机构数量居全国第3位，达到了17家。

4. 开放合作的平台体系正在加速提升

四川目前有国家级经济开发区8个、高新区8个，省级经济开发区79个、高新区7个，是吸纳跨国企业的重要平台。中国—欧洲中心已建成运营，中德、中法、中韩、新川等国别合作园区务实推进。四川正在大力建设中国（四川）自由贸易试验区，营造国际化、便利化、法治化的营商环境，一年来累计吸引了3.4万家企业（其中新设中外资企业300多家）入驻，注册资本突破4000亿元。同时，四川省协同长江三角洲、珠江三角洲等建设，持续加强与香港、澳门地区的合作，搭建更加国际化的平台。

（二）四川与"一带一路"沿线国家经贸合作现状

近年来，四川积极融入"一带一路"建设，深入开展了"251行动""千企行丝路""111工程"等一系列活动，与"一带一路"沿线国家经贸合作由点及面、逆势突破，推动全省开放型经济发展取得新的重要进展。

1. 对外贸易强势增长

2017年，四川与"一带一路"64个沿线国家货物进出口额达1328亿元，增长79.8%，占全省总额的28.8%。在"一带一路"沿线国家和地区布局国际营销网点超过60个。服务贸易方面，在前十的国家和地区中，"一带一路"沿线国家和地区占50%。服务外包方面，四川企业承接"一带一路"国家服务外包合同额同比增长近七成。四川省服务外包正由传统的信息技术外包向知识流程外包转变。在文化贸易领域，彩灯百城百展、新华文轩版权贸易等引领川蜀文化走出去。技术出口方面，四川与"一带一路"沿线国家技术出口合同登记备案金额4.38亿美元，其中技术出口近4亿美元，同比增长约4倍。四川组织了超过100场面向东盟、南亚、中亚、中东、中东欧等地区的经贸促进活动。

2. 对外投资势头良好

2017年，四川企业向"一带一路"沿线国家投资的占比为27%，近80%的投资集中在东南亚。与"一带一路"沿线国家新签工程承包合同额60亿美元，占全省对外投资总额的82%。采取海外并购、投资建厂、海外园区建设、工程承包等多元化投资模式,与沿线国家(地区)的重点合作取得新突破,前期的经贸产能合作项目70余个,金额近3000亿元。四川对外工程承包新签项目涉及"一带一路"沿线50多个国家,对外承包工程方式以EPC总承包为主逐步向BOT、PPP方式发展。呈现出央企与央企、央企与地方企业、国有企业与民营企业强强联合的良好发展态势。

3. 外商投资大幅提升

2017年"一带一路"沿线国家来川新设外商投资企业67家,合同外资7.6亿美元,增长79.5%,到位外资4.4亿美元,增长76.8%。"一带一路"沿线国家在川累计投资项目918个,实际到位外资超过83.5亿美元,约占全省总额的10%。投资领域日益广泛,在川投资领域涉及制造、服务、金融和农业等多个行业。制造业成为外商投资主要行业。新加坡在川新设企业19家,合同外资2.75亿美元,外商投资实际到位2.03亿美元,合同外资和实际到位外资均占"一带一路"国家在川投资的99.5%以上。

4. 国际合作平台和机制进一步完善

中德创新产业合作平台形成落地,总投资超过80亿元的资源循环利用产业园项目完成谈判,投资10亿元的宝马发动机项目开工建设。近30家法国企业入驻中法成都生态园,总投资123亿元的东风神龙生产线成为标志着雪铁龙全球化的绿色标杆工厂。四川在9个国家和地区设立了境外商务代表,成立了4家四川"海外贸易中心",与境外机构和商协会建立了15个合作机制,在沿线设立了380个经贸网点。四川在沿线9个重点国家和地区设立了境外商务代表(处),在马来西亚、法国、德国的慕尼黑和汉堡创建了4家四川"海外贸易中心",与境外领事机构、政府对口部门或商协会建立合作机制16个。"中国—欧洲中心"已吸引沿线38个国家144家企业和机构入驻。

(三)四川推进"一带一路"建设机遇与挑战

1. 良好的机遇不可多得

(1)多重机遇叠加优势明显。四川不仅享有国家西部大开发等普惠政策,还享有国家量身定制的特殊政策。2014年四川天府新区获批为国家级新区,2015年四川被国家列为系统推进全面创新改革试验的省级行政区域,2017年获批设立自由贸易试验区,综合政策叠加将成为四川有效参与"一带一路"的巨大优势。成都高新区是国家自主创新示范区,绵阳是我国唯一的科技城,攀西地区是我国唯一的战略资源创新开发试验区,这些优势平台蕴藏的产业和项目前景不可估量。四川市场空间巨大,是我国西部最大的商品市场和生产要素市场,服务和辐射自身及周边近4亿人口,"投资中国、看好西部,投资西部、首选四川"已成为广泛共识。这些机遇在"一带一路"这个最大战略机遇的牵引下不断聚合转化。近年来,四川地区生产总值、固定资产投资、城乡居民收入等主要指标增速持续位居中西部首位,已与 216 个国家和地区建立了经贸关系，在新常态下呈现出平稳健康、结构改善、提质增效、转型发展的良好势头。

（2）四川产业发展与沿线国家互补性强。从工业发展阶段来看，与"一带一路"沿线国家总体上处在工业化早期或中期相比，四川当前工业化进程已处于中期阶段，特别是四川目前已成为我国西部最大的工业生产基地，形成了以电子信息、装备制造、饮料食品、油气化工、钒钛钢铁及稀土、能源电力、汽车制造等七大优势产业为主导的门类齐全的工业体系。因而四川可以充分发挥自身的比较优势，同"一带一路"沿线国家找到对接点。

（3）促进四川产业转型发展升级的良好机会。"一带一路"倡议是双向的，既是"走出去"倡议的升级版，也是"引进来"倡议的升级版。作为"引进来"倡议的升级版，则要大力引进国际资金、技术、人才和管理经验。积极开展国际区域合作，精心组织好重大国际性展会、投资促进和开放活动，引进一批高端产业项目。

2. 面临的挑战不可忽视

（1）全球经济复苏依然脆弱。2018 年，世界经济仍处于国际金融危机以来的深度调整阶段。IMF 预计，2017 年全球经济增长 3.4%，比 2016 年略有提高。其中，发达国家增长 1.8%，新兴经济体增长 4.6%，均较 2017 年略有提高。主要发达国家中，美国经济可能继续温和增长，美联储加息预期时有反复，企业投资和消费者信心不足，经济走势的不确定性增大。得益于低油价和持续宽松的货币政策，欧元区和日本经济增长有望进一步趋稳。但发达经济体货币宽松政策的空间接近极限，政策边际效用在减弱；新兴市场和发展中国家经济增长仍然面临许多困难，资本外流风险依然存在，结构性改革有待进一步深化。初级产品价格低位震荡仍将影响巴西、俄罗斯和南非等资源出口依赖型国家的经济复苏步伐。

（2）沿线国家市场进入难度大。一是"一带一路"横跨欧亚大陆，其中间段大部分都是发展中国家，一些国家市场封闭，进入难度大。二是沿线国家拥有丰富的自然和矿产资源以及低廉的劳动力，这无疑对四川的传统竞争优势形成了冲击。三是沿线国家的制度体制差异大，政局动荡不稳。"一带一路"沿线国家大多处于政治转型中，在制度体制上存在巨大差异，既有社会主义国家，也有实行西方式政党制度的资本主义国家，还有实行君主政体的阿拉伯国家。民族宗教矛盾复杂，非传统不安全因素突出。

（3）跨区域协调机制缺失。我国"一带一路"沿线省份热情很高，纷纷把这一重要战略作为中心任务来抓，但相互之间多层面的跨区域协调机制缺失，出现各自为政和无序竞争状态。一是由于"一带一路"倡议涉及的省份较多，各省份都把自己作为战略中心，全国出现了"一带一路"多中心的情况。二是各省份都在强调"一带一路"平台建设，都致力于打造"一带一路"重要战略平台，抢占平台经济，造成平台资源被过度占用，各省份之间平台经济缺乏联动性和竞争性。三是各省份的战略产业布局结构重叠，发展途径同质化，没有根据自身特色设定专门的发展策略，这就会导致物流集聚地、资源优势等的选择一致化，致使地区发展滞后。

（4）人力资源结构不尽合理。"一带一路"倡议对人才的技术水平要求极高，而当前四川还面临人才缺乏的问题，这将给四川的发展带来极大的影响，使其无法有效地把握"一带一路"倡议带来的发展机遇。因此，在"一带一路"倡议中，四川必须加强技术人才的培养，要避免出现过度注重资金的现象。只有拥有更多的高素质人才，四川才能有效把握住"一带一路"倡议中的机遇。

三、四川深度融入"一带一路"的总体构想

（一）四川要找准在"一带一路"中的定位

基本定位：长江上游衔接"一带一路"的国际战略枢纽。

（二）四川深度融入"一带一路"的目标及主要任务

依托四川在西部和全国的市场、区位、产业和特征等比较优势，可确立为"两中心""两地"的发展目标。

第一，依托四川在西部的集聚和辐射优势，成为拓展西部的市场中心。大打"市场牌"，为"引进来"提供基础。扩大开放，尤其是面向发达国家和地区的开放。市场是最大的吸引力，也是四川省当前最大的优势。一方面，四川的市场规模西部独大，社会消费品零售总额接近 2 万亿元，增幅巨大。随着新型城镇化的推进，9000 万人口将持续释放巨大的市场潜力。另一方面，市场辐射带动力强，四川是西部最重要的商品和要素集散地，4 小时内可覆盖 4 亿消费人群。借助于长江经济带的建设和"一带一路"规划的孟中印缅、中新经济走廊，四川将更加便捷地辐射中部及东南亚、南亚市场。凭借市场中心的定位，积极开展面向欧美日韩招大引强的对接合作，培育打造西部地区总部经济中心、全球商品集散和展示展销中心等集聚和辐射平台。

第二，依托四川衔接"一带一路"的区位优势，建设沟通西向南向开放的枢纽中心。大打"区位牌"，为争取地位彰显优势。四川处于丝绸之路经济带与长江经济带的结合部，是"两带"相连的战略纽带，发挥着承南接北、通东达西的枢纽作用。对外，四川处于东南亚到中亚、欧洲的国际大通道上，是西向南向国家陆空联系的必经之路，也是中东到中国和南向国家到西向国家的黄金交汇点；对内，四川是长江上游城市群主要区域之一，也是黄金水道的航运起点。构建沟通长江和西向、南向开放的枢纽中心，向西南通过成昆、内昆、川黔交通走廊加强与东盟、南亚的合作，向西北通过蓉欧通道加强与欧洲沿线及中亚国家的合作，向东连接长江流域向西、西部顺江向东的双向开放，最终将极大地促进四川成为我国西部开放的前沿和中心。

第三，依托四川产业在西部的比较优势，打造西部沿边开放的产业腹地。大打

"产业牌",为"走出去"提供支撑。四川的产业实力对西部沿边省份形成支撑和补充,电子信息、装备制造、饮料食品向万亿元产业集群迈进,七大优势产业在全国乃至全球都有重要位置。四川与西部沿边省份在产业结构、技术优势、资源优势和交通网络的布局上具有明显的互补性和联合发展的巨大潜力,是国家拓展西向、南向开放的重要依托。四川应从国家加快沿边开放、建设"一带一路"等意见规划中的主要战略布局入手,充分发挥四川内陆腹地的战略支撑作用,以优势产业为切入点,主动融入沿边开放的战略机遇,联合拓展开放空间。

第四,依托四川省情在全国和内陆的普遍性优势,争创内陆改革开放的试验阵地。大打"改革牌",为扩大开放提供后劲。实践证明,沿海改革开放的经验并不一定适合西部内陆。西部是最大的回旋余地,新时代改革开放完全可以在内陆沿海实现同步推进。其一,四川有作为阵地的基础。四川的 GDP、人口、社会消费品零售等指标在西部占比超过 1/5,对外贸易和实际利用外资居中西部前列,"走出去"在全国名列前茅,增速持续领跑全国经济大省,正在建设西部内陆开放高地。其二,四川有普遍的试验标本。四川的地形地貌、人口民族、经济发展梯度及其阶段在内陆也更具代表性,更容易找到对应大部分内陆省区的改革标本。其三,四川有改革的基因传统和成功经验。世界上最早的纸币、改革开放的总设计师、20 世纪 70 年代末引领农村改革的先驱、中华人民共和国第一支股票等均出自四川。四川统筹城乡综合配套改革试验、服务业综合改革试点等已为全国积累了经验。改革是开放的最大驱动力,四川应积极着手找准切入点,争创我国内陆开放改革的试验阵地,强力推动经济体制、国有企业、金融、服务业、城镇化等关键领域改革创新,既为西部内陆谋前途,也为四川开放强后劲。

(三)四川深度融入"一带一路"的开放合作重点建议

"一带一路"建设涉及地区多,领域跨度大,不是全面推进一蹴而就的工程。目前"一带一路"建设的重点国家是中亚五国、中东欧十六国、东盟十国和南亚三国。对四川而言,不仅要加强对新兴市场的开拓,更要对标先进,突出优势行业和潜力行业的开放合作。

在国际合作上,立足四川省产业、贸易、投资等竞争优势,结合沿线国家的经济现状、资源禀赋和发展诉求,锁定俄罗斯、新加坡、印度、捷克、沙特等 20 个国家集中开拓,精耕细作,抢占先机,培育市场,逐步向周边辐射。积极推进与重点国家建立完善的双边合作机制,多方位拓展经贸合作领域,使之成为四川省融入"一带一路"倡议的核心支撑。以孟中印缅、中巴、中俄两河流域、中东欧为突破口,强化与重点次区域的开放合作,打造连点成线、以线带面的国际经济走廊。发挥四川经济腹地优势,充分利用中央已经建立的合作框架,积极参与和深化地方省州合作机制,运用各级政府促进次区域贸易投资的政策安排,争取实施一批重大开放平台和基础设施互联互通项目建设。通过 4 条战略经济走廊建设,形成更为明显的周边辐射效应。

在行业合作上，加强与"一带一路"沿线国家在四川省优势产业、新兴产业、过剩产业中的项目合作，发展装备制造、电子信息、饮料食品、油气化工、钒钛钢铁、能源电力、汽车制造、现代农业、文化旅游、商贸物流等优势行业，推动四川省优势产业、企业、产品、技术、标准等一体化"走出去"。加快商、文、旅深度融合，推进川菜国际化进程，支持川菜、川酒、川茶、川果、川丝、川戏、川灯、川景抱团"出海"。加强四川省与"一带一路"沿线国家在五大高端成长型产业、五大新兴先导型服务业等领域的合作，支持和带动沿线国家产业升级。找准四川省与"一带一路"沿线国家在能源资源和产业发展上的契合点，发挥四川省钢铁、水泥、平板玻璃、电解铝等产业的成熟技术和强大生产能力，引导工程建设、装备制造、材料生产等企业集群式"走出去"。通过对外承包工程、境外投资等方式，建设一批境外生产基地和产业合作基地，向境外延伸产业链条，带动省内产品出口。

（四）四川深度融入"一带一路"的途径和方式

探索多圈层合作联动新方式。以构建跨区域合作机制为抓手，突破行政壁垒和体制性障碍。应强化市州间的合作，尤其是各个经济片区内的一体化协作发展机制，优劣势互补的市州要联合开拓市场。应创新与周边、沿边、沿线及沿海地区相互借重的合作方式，如与相邻和沿线供需对应的省市开展跨省区的物流园飞地合作；与其他中欧班列在货源组织运输等方面加强对接整合；与旅游优势相近的陕西、云南等省，南亚东盟各国开展互为市场互送客源的入境游合作；与境内外优势互补的地区共同建设运营边境和境外经贸合作区等开放平台以及铁路、港口等口岸体系。在针对特定区域的合作时，可充分利用西博会等大型展会交流平台，与宁夏、新疆、云南、广西合作对应开展与阿拉伯国家、中亚、南亚、东盟国家经贸活动。

四、四川深度融入"一带一路"的对策建议

（一）进一步加强统筹规划，加快多元化合作平台建设

利用四川自由贸易试验区建设契机，按照中央要求，探索和推出一批内外统筹、海陆统筹、政企统筹的改革创新举措。发挥好"251行动计划"在经贸产能合作方面的牵引作用，进一步聚焦重点地区、重点项目、重点企业。推进"一带一路"经济联络基地建设，发挥入驻官方机构和经贸促进机构的作用，推动与"一带一路"沿线国家的全方位合作。深化中德创新产业合作平台，抓好中法生态园示范推广，推进中意、中韩、欧洲中心等园区建设，促进中捷通用航空产业合作。继续在重点地区建立境外商务代表（处），以海外商品展示中心、跨境电商海外仓、外经合作物流集散地等为依托，探索建设四川"海外贸易综合服务平台"，推进境外经贸产业合作区建设。

（二）强化资金和政策保障，推动示范性项目建设

结合四川自由贸易试验区引领性工程建设，对标国际最高经贸规则和国内改革进程，开展内陆自由贸易港探索研究，推动与发达国家自由贸易港贸易链、产业链、供应链、制度链的全面对接。全面梳理四川省对外开放乃至商务领域的现有政策，形成具有"一带一路"特色的组合化、差异化、倾斜化政策措施，精准施策、精准发力、精准突破。积极对接国家丝路基金、亚投行、东盟基金等机构，拓展四川省"一带一路"重大项目融资渠道。支持投行、信托、企业管理、法律、审计、咨询与调查等商务服务业领域企业入川发展，集中打造"走出去"综合服务平台，推动建立综合性的"一带一路"服务支撑体系。

（三）加强舆论宣传和战略研究，完善全方位支撑体系

充分发挥"一带一路"专业行业组织及社会组织的作用，引导树立正确的观念，防止盲目跟风，推广成熟经验，探索创新路径和方法。积极推进对外开放合作智库建设，加大对"一带一路"学术研究、理论支撑和话语体系的建设，重点强化风险评估、监测预警、应急处置等安全保障，实现对企业"走出去"建设"一带一路"的全面有效支持。

（四）重视"软实力"建设，不断促进民心相通

推动全省开放竞争力评价，倒逼各地加快营造国际化、市场化、法治化营商环境。加强软科学研究，推动学术研究、理论支撑和话语体系建设。发挥各类对外宣传平台作用，增强四川的对外影响力。

（五）加强风险防范和安全保障，为经贸活动保驾护航

对接落实中央《关于改进境外企业和对外投资安全工作的若干意见》《关于规范企业海外经营行为的若干意见》等文件，打造走出去"一站式"综合服务平台，构建以风险评估、监测预警、应急处置等为重点的安全保障体系，增强企业对东道国政治、经济、法律、社会文化等方面的风险防控能力，加强对境外企业的安全监测，为企业安全、健康、可持续地参与"一带一路"工程建设、对外投资、对外贸易等经贸活动保驾护航。

（四川省统计局　四川省一带一路经贸合作促进会）

"一带一路"背景下四川全面建设内陆开放高地研究

一、引言

回顾我国 40 年的改革开放之路，我国采取的是在西方发达国家建立的国际经济规则和框架下，依托较低的劳动成本比较优势，以自东向西渐进式开放为主要策略，以大量利用外资和大规模出口为主导，以制造业"单兵突进"为主线的开放模式。这种开放模式为我国迅速融入国际分工体系、促进经济发展做出了卓越的贡献，但也使我国面临国际和国内形势变化带来的严峻挑战——金融危机过后世界各主要国家制造业回流战略以及"逆全球化"贸易保护主义抬头，导致我国企业受到关键核心技术、高端装备对外依存度高和其他发展中国家低成本优势的双重挤压。从国内形势看，经过多年快速发展，我国人口红利下降，自然资源和环境容量压力加剧，以前大投入、大引进、大模仿、大制造、低成本的开放增长路径难以为继；由沿海向内地梯度推进的对外开放整体布局在促成东部开放发展高地的同时使中西部地区陷入了开放洼地，虽然国家先后实施了"西部大开发"和"中部崛起"发展战略，但东中部地区之间的发展鸿沟依然存在并呈不断扩大趋势。

区域开放发展的不平衡性使得内陆尤其是西部地区成为我国社会经济发展中的短板。然而，短板是压力，也是机遇和潜力。党的十九大报告明确指出，我国经济已由高速增长阶段转向高质量发展阶段，要以高水平开放推动高质量发展。四川作为西部经济发展基础最好的省份，按照国家"优化区域开放布局，加大西部开放力度"的重要战略部署，积极主动地参与全球经济活动，在新的起点上承担先行先试的历史使命，争当新一轮开放格局下内陆开放的排头兵，这不仅是四川省社会经济发展的要求，也是完成新时期国家发展战略的责任与担当。

二、"一带一路"倡议将四川推到了新一轮改革开放的前沿

四川虽是我国最为典型的内陆地区，在传统大陆经济时代却是最早向外开放的区域，历史上通过剑门关、南丝绸之路、茶马古道、长江与其他地区和国家发生经贸关系。但受生产力发展水平的制约，这种跨区域、跨国家的长距离贸易总体规模

非常小。从工业革命到 20 世纪末，在人类长达 300 多年的海洋经济时代，世界工业重心和商贸重心从内地向沿海地区转移。虽然在中华人民共和国成立特别是改革开放之后四川现代化步伐不断加快，但由于远离东部发达地区和我国主要出海口，缺乏直接与他国开展国际经贸合作的条件，四川对外开放总体程度不高。21 世纪的交通技术革命带来了新一轮经济发展浪潮，国际经济合作通过陆路和海路同时进行成为现实。2013 年，在准确预测到人类社会正在从海洋经济时代向陆海经济时代过渡这一趋势的基础上，习近平总书记基于我国自身发展的需要和人类命运共同体的构建，提出了"一带一路"倡议，四川再次面临成为开放前沿的重大机遇。

（一）在区位价值上，四川处于"一带一路"的交汇点，是向南向西开放的门户

"一带一路"贯穿亚欧非大陆，丝绸之路经济带北部由中国经中亚、俄罗斯至欧洲波罗的海、波斯湾、地中海，南部由中国至东南亚、南亚、印度洋，将整个欧亚大陆联系起来。21 世纪海上丝绸之路经济带从中国沿海港口过南海到印度洋，延伸至欧洲，过南海到南太平洋，联通欧亚非三个大陆。"一带一路"一头是活跃的东亚经济圈，一头是发达的欧洲经济圈，中间是资源丰富的广大的内陆腹地国家。"一带一路"和长江经济带共同构成中国未来经济发展的三大支撑架构，在空间上形成"Y"型结构，而四川正处在"Y"型结构的结合部，是欧亚大陆的几何中心，长江经济带、孟中印缅经济走廊的战略交汇点（如图 1 所示）。"一带一路"倡议将四川以前的空间劣势转为优势，使四川省成为国家向西、向南发展的支点和"西向开放"的战略前沿。

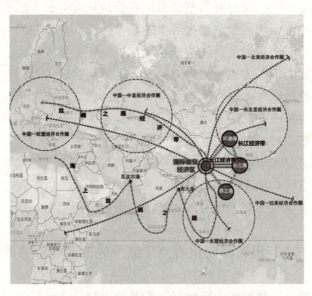

图 1　四川在"一带一路"上的区位示意图

（二）在设施联通上，四川是连接西南西北、沟通中亚南亚东南亚的交通走廊，是"一带一路"上的综合交通枢纽

"十二五"期间，四川省着力打造贯通南北、连接东西、通江达海的西部综合交通枢纽，铁路、公路新线建设和旧线改造项目同时进行，内河航道整治和渠化工程加快实施，铁路、公路、内河水运、航空多种运输方式建设和铁路集装箱中心站、内河港口、机场等重大枢纽设施建设同步推进，目前全省综合交通能力在全国省（区、市）排名中由末尾跃居中前列，在西部地区首屈一指。交通总里程达到33.1万千米，线路等级大幅提升，高速公路通车里程超过6000千米，实现高速公路对市（州）全覆盖，港口集装箱吞吐能力达到233万标箱①；成都双流国际机场跃升为全国四大航空枢纽之一；伴随成渝高铁、成贵、西成高铁的开通运行，四川省已经成为西部高速铁路网上的重要节点。

2013年4月开通的蓉欧快铁一直保持着中欧班列全国第一的水平。从成都到波兰罗兹全程9826千米，比经西伯利亚的传统陆上运输缩短3000多千米，减少了一半的运输时间；比相同目的地的海上运输节约了3/4的时间，且规避了海上运输所面对的海盗、恶劣天气和地缘政治等风险。如今除波兰罗兹、德国纽伦堡、荷兰蒂尔堡三个直达站点外，蓉欧快铁又增加了米兰、鹿特丹、根特、汉堡、杜伊斯堡、波兹南等多个欧洲主要货源集散地，通过铁—铁联运、铁—公联运以及欧洲端三级网点布局可以辐射整个欧洲。2017年11月，首趟"蓉欧＋"东盟国际铁海联运班列正式运行，依托国内通道建设，四川省开通"蓉欧＋"国内线路12条，货源范围拓展至长三角、珠三角、环渤海等经济发达区域，辐射日韩及我国的台湾、香港、澳门等地区。西至欧洲、北至俄罗斯、南至东盟的"Y"型国际物流通道完全实现了互通，一个覆盖"一带一路"主要国家且有稳定国内通道支持的国际国内物流网络服务体系已经初步建成，连接欧洲和泛亚的世界级物流枢纽中转站正在逐步形成。图2为蓉欧快铁交通示意图。

---

① 数据来源：《四川省交通年鉴2017》。

图 2　蓉欧快铁交通示意图

（三）在经济影响上，四川是中国西部最有发展潜力的省份，具备与国家战略全面对接的客观条件

四川是中国西部唯一一个经济总量超 3 万亿元的省份，常住人口 8300 多万，除俄罗斯之外其他欧洲国家人口均低于四川省。在整个欧亚区位版图上，四川位于中国一二级阶梯过渡带，是亚太地区人口最为稠密地区的地理中心，城市密度达到每万平方千米 1.76 座，是"胡焕庸线"以西整个欧亚大陆密度最高的城镇密集区，周边分布着丰富的自然、农业、文化和旅游资源。省会成都是历史悠久的商贸中心和国家级中心城市，最具投资价值，消费升级指数排名全国第一，在世界银行 2017 年发布的城市经济综合实力排名中高于柏林，位于第 39 位。2017 年中国（四川）自由贸易试验区在省内落地，四川在营商环境、基础设施、产业基础等方面都具备了国际化发展的条件，与"一带一路"沿线直接涵盖的 40 多个国家、30 亿人口之间具有强烈的资源和市场互补性，在交通、物流、电子信息、装备制造、生物化学、农业等方面有着巨大的合作空间。"一带一路"倡议为四川组织西南、贯通内陆、充分利用泛欧泛亚腹地价值、参与全球价值链分工提供了充足的环境可能性。

三、四川省全面建设内陆开放高地的探索与现状

（一）四川省发展开放型经济的探索和成效

近年来，四川坚持走全面开放之路，积极参与国际贸易活动和国际分工，开放型经济初见成效。

1. 经济总体保持快速增长，结构不断优化

近十年间四川省地区生产总值实现 1 万亿元到 3 万亿元的连续突破，年均增速超过 10%，2017 年达到 36980.2 亿元，排名全国第六、西部第一，同比增长 8.1%，人均地区生产总值增长 7.5%，高于全国平均水平；2017 年三次产业结构为 11.6：38.7：49.7，二、三产业增速和对经济增长的贡献率均显著快于第一产业。从拉动经济增长的动力来看，最终消费稳定且发挥引领作用，对经济增长的贡献率达到 51.5%，净出口增加 470 亿元，同比增长 18%；航空与燃机、信息安全、新能源汽车、轨道交通、现代金融、旅游等支柱产业和重点产业大力发展，高技术制造业规模不断扩大，2017 年规模以上工业增加值增长 8.5%，利润总额增长 29%。其中，计算机、通信和其他电子设备制造业增长 19.2%，医药制造业增长 13.0%，高技术制造业总体增加值增长 16.1%，服务业增加值增长 9.8%，社会融资规模达 6.6 万亿元，金融机构人民币存贷款余额分别增长 12.86%、9.25%[①]，金融业总资产和上市公司数量居中西部第一（见表1）。

表 1　2010—2016 年四川省经济发展总体概况

年份	GDP 总量（亿元）	对外贸易总额（亿元）	进口总额（亿元）	出口总额（亿元）	外贸依存度（%）	全国外贸依存度（%）
2010	17185.48	2219.09	943.28	1275.81	12.91	48.84
2011	21026.68	3086.87	1210.52	1876.35	14.68	48.31
2012	23872.8	3730.81	1303.89	2426.92	15.63	45.18
2013	26392.07	3998.28	1401.47	2596.81	15.15	43.37
2014	28536.66	4313.49	1559.69	2753.8	15.12	41.03
2015	30053.1	3209.09	1134.63	2074.46	10.68	35.63
2016	32680.5	3275.61	1420.02	1855.59	10.02	33.41

2. 商品国际流动速度加快，对外贸易稳定发展

从贸易规模来看，十年间四川省对外贸易总量成倍数增长。2007 年进出口总额超千亿元，2010 年超 2000 亿元，2017 年超 46000 千亿元，年均增长率达到 16%，快于地区生产总值增速 5 个多百分点。2017 年创下加入世界贸易组织以来最快增速，同比增长 41.2%，其中，出口增长 37.4%，进口增长 46.2%，分别较全国平均水平高出 26.6 和 27.5 百分点，对外贸易依存度回升到 12.46%。在服务贸易方面，2017 年首次突破千亿元，达到 1137.4 亿元，占全国的比重为 2.42%[②]，居中西部第 1 位。

---

① 数据来源：《2017 年四川省统计年鉴》。
② 数据来源：中国商务部。

从商品结构来看，四川省已形成以工业制成品为主的贸易结构。2010 年以来工业制成品进出口所占比重均在 90％以上，其中出口保持在 98％左右，高于进口比例。高新技术产品对外贸易增长幅度显著，2017 年进出口总额 3297.81 亿元，同比增长 63.9％，进出口分别为 1608.87 亿元和 1688.94 亿元，较上年增长 74.0％和 56.1％，实现小幅顺差。在出口产品中，机电产品占比为 82.9％，较上年增长了 51.6％，对外贸易增长贡献率达 96.7％，拉动外贸增长 39.8 个百分点，在具体品种上，集成电路和微电子组件增长了 2.3 倍，有线的载波及有线数据通信设备增长 1.1 倍，外贸结构整体向好（见表 2）。①

表 2　2010—2016 年四川省对外贸易商品类别

年份	出口总额（万美元）	初级产品出口额（万美元）	工业制成品		进口总额（万美元）	初级产品出口额（万美元）	工业制成品	
			出口额（万美元）	占比（％）			出口额（万美元）	占比（％）
2011	2904567	91521	2811176	96.78	1873877	184744	1689133	90.14
2012	3846147	86077	3760070	97.76	2066391	175149	1891242	91.52
2013	4194906	77875	4117031	98.14	2262978	207480	2055498	90.83
2014	4483913	84486	4399427	98.12	2536384	183449	2352935	92.77
2015	3309290	85878	3223412	97.40	1809566	137945	1671621	92.38
2016	2795498	71820	2723678	97.43	2139443	126160	2013283	94.10

从贸易方式来看，四川省外贸方式日趋多样化。一般贸易之外的其他贸易形式增长迅速，呈现出一般贸易、加工贸易、海关特殊监管区物流货物、保税监管场所进出境货物、对外工程承包等多种贸易方式竞相发展的格局。过去十年间四川省加工贸易方式年增长率超过 25％，2016 年加工贸易已经超过一般贸易，成为最主要的贸易方式。2017 年加工贸易总额为 2588 亿元，是一般贸易的 1.85 倍；海关特殊监管区、对外承包工程、保税监管场所进出境货物贸易总额达到 607 亿元，出口分别增长 87.3％、89.3％和 154.2％，进口增长－9.2％、123.3％和 72.8％（见表 3）。②

---

① 数据来源：国家海关总署。
② 数据来源：国家海关总署。

表3　2010—2016 年四川省出口贸易方式情况

年份	一般贸易				加工贸易			
	绝对额（万美元）	同比增长率（%）	占四川省出口比重（%）	占全国一般贸易比重（%）	绝对额（万美元）	同比增长率（%）	占四川省出口比重（%）	占全国加工贸易比重（%）
2010	977019	26.3	51.8	9.2	454995	12.9	24.1	4.2
2011	1411477	44.5	48.6	9.9	1231545	170.7	42.7	9.5
2012	1634394	15.8	42.5	10.4	1810056	47.0	47.1	13.2
2013	1934332	18.4	46.1	11	1680114	−7.2	40.0	12.1
2014	1976998	2.2	44.1	1.6	1740150	3.6	38.8	1.9
2015	1541278	−22	46.2	1.3	1316557	−24.3	39.5	1.7
2016	1089476	−29.7	39.0	1.0	1343248	2.0	48.1	1.9

3. 参与国际活动的市场主体数量不断增加，"一带一路"沿线国家成为四川省最主要的贸易伙伴

目前四川省有进出口经营资格的企业 3 万多家，是 2010 年的 3 倍，参与国际贸易和国际分工的市场主体结构开始多元化。2017 年进出口实绩企业 4440 家，比上年增长 10.2%，其中民营企业占 79.7%，完成出口额 27.56%；外商投资企业数量虽只占 11.8%，但仍然是四川省对外贸易中最活跃的力量，无论是出口还是进口都占据了重要地位（见表4）。

表4　2017 年四川省进出口企业性质总值/企业数

企业性质	实绩企业（个）	进出口		出口		进口	
		本年（万元）	同比（%）	本年（万元）	同比（%）	本年（万元）	同比（%）
总计	4440	46058562	41.2	25384899	37.4	20673663	46.2
外商投资企业	524	31366997	51.8	16370421	55.7	14996576	47.8
民营企业	3540	9285464	11.7	6996749	14.0	2288715	5.1
国有企业	314	5389749	48.4	2012403	10.3	3377346	86.8
临时企业	62	16353	150.7	5326	−17.2	11027	12430.7
其他企业	—	—	—	—	—	—	—

从区域结构来看，四川省国际贸易的地理范围进一步扩大，与"一带一路"沿线国家经贸往来活动频繁，与东盟成员国家的贸易增长最引人注目。四川省目前已经与世界上 214 个国家和地区有经贸往来，亚洲和欧美国家是四川省的主要贸易伙伴。2017 年四川省对亚洲国家的出口增长了 55.5%，占整体外贸的 50.3%，贸易贡献率为 61.5%，对北美和欧洲国家的出口增长 32.5%，占整体外贸的 43.1%，

贸易贡献率 36.2%。在国别结构上，与"一带一路"沿线国家贸易增势最为显著，2017 年同比增长 79.8%，其中，与东盟国家贸易增长 94.2%，与以色列贸易增长 120.1%，与俄罗斯贸易增长 60.7%。东盟国家已经成为四川省最大的出口市场，占全省出口总额的 26.4%，同比增长达到 135.6%（见表 5）。①

表5　2017 年四川省对外贸易国别结构

主要出口市场					主要进口来源地				
序号	国别（地区）	累计（亿元）	占比%	同比±%	序号	国别（地区）	累计（亿元）	占比%	同比±%
	全省总值	2538.49	100.0	37.4		全省总值	2067.37	100.0	46.2
1	东盟	669.92	26.4	135.6	1	美国	546.9	26.5	39.8
2	美国	571.57	22.5	5.6	2	欧盟	343.1	16.6	65.1
3	欧盟	436.88	17.2	44.5	3	东盟	228.5	11.1	28.2
4	香港	191.88	7.6	−4.2	4	日本	220.54	10.7	65.2
5	日本	118.19	4.7	35.3	5	韩国	218.9	10.6	84.4
6	印度	75.13	3.0	66.1	6	台湾	175.41	8.5	80.0
7	韩国	62.26	2.5	31.3	7	以色列	95.42	4.6	130.3
8	澳大利亚	48.0	1.9	25.9	8	澳大利亚	39.13	1.9	208.0
9	俄罗斯	41.45	1.6	56.7	9	巴西	17.56	0.9	62.7
10	阿拉伯酋长国	33.09	1.3	23.6	10	南非	15.42	0.8	151.3
11	台湾	25.94	1.0	14.4	11	新西兰	10.10	0.5	−3.5
12	巴西	21.05	0.8	40.3	12	加拿大	8.55	0.4	97.4
13	墨西哥	18.87	0.7	54.0	13	智利	7.76	0.4	−28.6
14	巴基斯坦	17.91	0.7	9.7	14	墨西哥	5.42	0.3	90.9
15	埃及	17.48	0.7	163.8	15	秘鲁	4.79	0.2	4253.5

4. 发展思路从"东向开放"走向"全域开放"，"引进来，走出去"效果初现

在上一轮的改革开放中，四川主要通过资源和劳动要素东向输出参与市场分工，流出省外劳动力人口最高达 1807 万，其中 75% 流向东部发达地区，川气东送年均百亿立方米。近年来，四川省积极推进多层次多区域的"全域开放"，同步承接东部沿海劳动密集型产业、资源密集型产业和国际高附加值产业，既注重"融入珠三角""对接长三角"，强化东西板块之间的物质交换与循环，又注重通过与国际接轨破除东部"隔板效应"，直接参与国际分工。围绕产业链、供应链、价值链招

---

① 数据来源：国家海关总署。

大引强，一批高端龙头产业项目相继落地，形成了电子信息、装备制造、汽车、油气化工、食品饮料等产业集群。2017 年四川省到位国内省外资金 9977 亿元，十年间增长了 5.05 倍，引资规模居西部第一，其中二、三产业引进内资占比分别为 50.12％和 45.94％，促进了四川省经济的稳定增长和结构性调整；通过创新"平台＋园区"合作模式，全面实施"准入前国民待遇＋负面清单"外商投资管理模式，中德、中法、中韩、新川等国别园区落地，带动国际项目、资本、人才向川内流动。2017 年 50 余家来自英国、法国、德国等国家的机构和企业入驻"中国—欧洲中心"，新设外商投资企业增长 74.9％，为五年最快；实际到位外资 561 亿元，其中欧美国家到位外资增长 4.3 倍，来自"一带一路"沿线国家的外资增长 18 倍，目前共有 331 家世界 500 强企业落户四川（见表 6）。

表 6 2010—2017 年四川省经济合作情况

年份	实际利用外资（亿美元）	落户省内的 500 强企业（个）	新批外商直接投资企业（个）	累计批准外商直接投资企业（个）	外商投资实际到位资金（亿美元）	国内省外实际到位资金（亿元）
2010	70.1	160	379	9293	61.2	5336.4
2011	110.3	173	322	9615	95.27	4536.2
2012	105.5	187	289	9904	98.7	7795.3
2013	105.7	200	288	10192	103.6	8697.5
2014	106.5	210	280	10472	102.9	8798.5
2015	104.4	219	319	10791	100.7	9116.0
2016	85.5	232	331	11122	80.3	9613.6
2017	86.8	235	579	11701	83.1	9977.0

通过实施"万企出国门"活动、"一带一路"、国际产能合作"111"工程、"251 三年行动计划"等，推动企业开拓国际市场。通过与"一带一路"沿线国家建立形式多样的合作平台和合作机制，促进四川企业海外分支机构和营销体系建设。截至 2017 年 5 月，四川省共有 4181 家企业参加"万企出国门"活动，在"一带一路"沿线 9 个国家和地区设立境外商务代表，成立 4 家四川"海外贸易中心"，设立 380 个经贸网点，与境外机构和商协会建立 15 个合作机制。2017 年四川省新增对外直接投资企业 95 家，新签合同额 79.2 亿美元，金额增长 13.1％，推动实施总金额超过 210 亿美元的重大项目 44 个，对外承包工程新签合同额 4/5 布局在"一带一路"沿线国家。[①]

5. 营商环境不断改善，城市国际化程度不断提高

在基础设施等硬件环境不断提升的基础上，四川省加快构建现代政府治理，出

---

① 数据来源：四川省商务厅。

台构建开放型经济新体制实施意见"29 条",在投资、贸易、金融等领域展开改革试点,整合临空、临铁、临江优势,推动多式联运和通关一体化,全面改善营商环境;借助于悠久的历史、文化和旅游资源,大力拓展对外交往渠道,四川省及主要城市在国际上的知名度、美誉度、国际交往便利度和交流合作紧密度不断提高。四川现驻有 16 个国家领事机构和 31 国签证中心,建立各级国际友城 90 对、友好合作关系 179 对;成都航空口岸成为全国第 4 个、中西部唯一出入境流量突破 500 万的一类航空口岸,开通国际航线 104 条,2017 年验放进出境人员 562.7 万人次,同比增长 12.2%,监管进出口货物 15.9 万吨,货运吞吐量达 2977 亿元人民币。进口海关平均通关时间为 7 小时,出口海关平均通关时间为 0.6 小时,分别比上年压缩 53.5% 和 49.6%[①];中欧班列多式联运提单"一单制"实现提单金融功能,成都高新区在银行间市场发行全国首单"双创债",通过金融创新实现精准服务,四川正在成为中国经济活力最强劲的地区。

(二)现阶段四川对外开放发展中存在的主要问题

同西部地区其他省份相比,四川省内陆开放的"高地"地位基本确立,但与东部发达省份相比仍然存在相当大的差距。四川省总体上仍处于全面开放发展的起步阶段,经济发展不充分、不均衡问题还较为突出。

1. 对外贸易规模偏小,外贸依存度偏低

2017 年四川省货物贸易实现 0.46 万亿元,在全国排名第 11 位。同期全国有 7 个省(市)超万亿元,排名第一的广东省为 6.82 万亿元,是四川省的 14.8 倍,江浙等省份也均超四川省 5 倍以上。四川省货物进出口总额占全国的比重为 1.65%,显著低于 GDP 4.47% 的水平。外贸依存度为 12.43%,较北上广 75% 以上、江浙 45% 以上的水平相距甚远,较全国平均水平还差 20 多个百分点。[②] 在服务贸易方面与东部发达省份的差距更大,四川省 2016 年服务贸易金额首次过千亿元,而北上广基本都在万亿元左右,四川省外贸整体发展水平还相对滞后。

2. 实际利用外资数额较低,增速不快

2017 全国水平实际利用外资 8775.6 亿元,北、上、广、江、浙五地实际利用外资额均超过千亿元,加总占到全国的 80% 以上,四川省仅占全国的 2.42%,而且在过去的几年间还存在着总量下滑的现象。从投资去向看,上海第三产业外商投资占到全部资本的 90% 以上,北京也超过 80%,四川省的外资 90% 左右都在制造业。可见四川还不是外资青睐的主要地区,不仅投资规模小,而且产业高级化水平仍然较低(见表 7)。[③]

---

① 数据来源:国家海关总署。
② 数据来源:根据 2017 年中国及各省国民经济和社会发展统计公报计算。
③ 数据来源:根据 2017 年中国及各省国民经济和社会发展统计公报计算。

表 7　2017 年四川省对外贸易与全国及部分省份对比情况

地区	国内生产总值		进出口总额		对外贸易依存度（%）
	总量（万亿）	占全国的比重（%）	总量（万亿）	占全国的比重（%）	
全国	82.71	100.00	27.80	100.00	33.61
四川	3.70	4.47	0.46	1.65	12.43
广东	8.99	10.87	6.82	24.53	75.86
北京	2.80	3.39	2.19	7.88	78.21
上海	3.01	3.64	5.97	21.47	198.34
江苏	8.59	10.39	4.00	14.39	46.57
浙江	5.18	6.26	2.56	9.21	49.42

3. 省内开放经济发展空间结构不均衡，地区间差异巨大，成都市一枝独秀现象非常突出

2017 年成都市实现地区生产总值 1.3 万多亿元，占全省的 36.11%，外贸进出口总额占全省的比重为 85.58%，对外贸易依存度是全省平均水平的 2.5 倍。同年成都新设外商投资企业 435 家，实际利用外资 100 亿美元，在全省所占比重均超 90%，境外 500 强企业几乎全部落地成都，在国际化程度上省内其他城市与成都的差距极大，显示出四川省不同区域开放经济发展严重不均衡的现实。

4. 出口商品结构不够优化，仍然以中低端产品为主

虽然近年来四川省工业制成品进出口总量和增速大大高于初级产品，但从贸易增值率来看，加工贸易仍然低于一般贸易增值率，说明目前四川省出口产品仍以低附加值的资源型产品、劳动密集型产品为主（见表 8、表 9）。四川省出口商品中大中小微型计算机、集成电路及微电子组件和有线载波及有线数字通信设备占比接近 50%，但绝大多数是为鸿富锦、英特尔等企业做加工出口，"两头在外"特征十分显著，在整个产业价值链中处于中、低端环节，因此增长获利情况不佳。高附加值、高技术含量的加工贸易发展不够，知名品牌尤其是在国际上富有竞争力的本土品牌十分缺乏，外贸出口产品低级化特征明显。

表 8　2010—2017 年四川省一般贸易发展情况

年份	出口额（万美元）	进口额（万美元）	进出口差额（万美元）	对外贸易增值率（%）	对外出口贡献率（%）
2010	977019	640802	336217	52.4	51.8
2011	1411477	799226	612251	76.6	48.6
2012	1634394	746809	887585	118.6	42.5

续表8

年份	出口额 （万美元）	进口额 （万美元）	进出口差额 （万美元）	对外贸易增值率 （%）	对外出口贡献率 （%）
2013	1934332	789708	1144624	144.9	46.1
2014	1976998	782862	1194136	152.5	44.1
2015	1541278	553244	988034	178.6	46.2
2016	1089476	547604	541872	99.0	39.0

表9　2010—2017年四川省加工贸易发展情况

年份	出口额 （万美元）	进口额 （万美元）	进出口差额 （万美元）	对外贸易增值率 （%）	对外出口贡献率 （%）
2010	454995	634247	−179252	28.2	24.1
2011	1231545	871115	360430	41.4	42.4
2012	1810056	1059658	750398	70.8	47.1
2013	1680114	1036258	643856	62.1	40.4
2014	1740150	1108244	631906	57	38.8
2015	1316557	1017034	299523	29.5	39.5
2016	1343248	1388311	−45063	3.2	48.1

5. 开放经济市场主体发育不够，民营企业实力较弱

2017年四川省实有各类市场主体总户数494.91万户，居全国第6位，但对外贸易实绩企业数仅占企业总数的0.09%。在对外贸易实绩企业中，外商投资企业占比仅为11.8%，但其贸易总额、进出口额所占比重分别为68.1%、72.54%和64.49%。数量接近80%的民营企业进口、出口额占比仅为20.16%和27.56%，并显著低于全国民营企业的总体水平（分别为38.5%、46.5%）。[①]《四川省企业出国投资意愿调查报告》显示，80.3%的四川受访企业表示近年没有"走出去"的打算。四川对外贸易严重依赖外商投资企业、产品出口高度依赖少数重点企业现象极为突出。本土企业规模较小，竞争力不强，国际化观念和愿望不强烈，参与国际经济活动的企业数量严重不足，市场主体缺位是制约四川省建设内陆开放高地最大的问题。

四、四川全面建设内陆开放高地的思路与对策

开放型经济强调一国或地区主动、充分参与全球分工，实现要素、商品和服务

[①]　数据来源：国家海关总署。

在国际与国内两个市场的自由流动和最优配置。开放高地则意味着该区域在开放发展中相对于其他区域具有更高的效率和品质。"一带一路"倡议为四川建设内陆开放高地提供了前所未有的机遇，此时更需要清晰地认识本省的要素禀赋和现实条件，才能在此基础上找准未来发展的方向，明确发展的具体思路和目标。

（一）客观认识四川社会经济发展的基本特征

1. 资源优势突出，支撑经济发展的各种生产要素自我保障能力强

四川省是我国的资源和人口大省，矿产、动植物、水等各种资源保有量高，是我国重要的能源基地和战略资源开发利用区。农业发展条件优越，历史长、基础好、规模大、品种全。工业门类齐全，综合配套能力较强。劳动力资源丰富，在人口老龄化程度不断加深的情况下，四川省劳动力总量仍保持增长趋势。四川拥有高等院校 109 所，科技活动机构 2000 多家，科技人员队伍达 35 万人，科学研究和技术创新能力在中西部地区十分突出。四川不仅人口总量大，消费水平也相对较高，多年来社会消费品零售总额占地区生产总值的比重一直较为稳定，且明显高出全国平均水平。

2. 开放发展起步较晚，外需对经济增长的拉动效应不显著，经济发展自我循环程度较高

四川属深远内陆省份，在上一轮我国自东向西的渐进式开放中缺乏区位优势，经济活动的外向程度低。自加入世界贸易组织以来，四川省对外贸易依存度一直在 6％至 12％之间缓慢变动，2014—2016 年还出现较大幅度的下滑。对比四川省快速增长的地区生产总值，外需对经济发展的支撑和拉动效果还不明显。此外，四川省经济发展的自我循环比①一直维持较高水平，五年均值超过 40％，而发达地区均在 20％以下，说明四川省商品销售的最终市场仍以省内为主，对全国市场的资源利用率和市场渗透作用有限，这既与四川省产品竞争力不强有关，也与对内开放力度不够、省际流通和交易成本过高有关。

随着"一带一路"倡议的实施，四川经济外向度总体肯定会呈上升趋势，但提升的速度和空间显然难以与沿海地区相比。四川省花了近二十年的时间才将外贸依存度提高 6 个百分点，在当前发达国家"逆全球化"保护主义抬头的背景下，如果再提高 10 个百分点，恐怕还需要比较长的时间。

3. 远离海洋，直接运输成本、物流成本高的现实仍然难以从根本上加以改变

四川不靠海不沿边，位于大陆内部，距离沿海主要港口的陆路运输距离达到2000 千米。在各种运输方式中，成本相对较高的公路运输承担着物流和客运的主要重任。尽管"蜀道难，难于上青天"已成为历史，但四川地形复杂，山高路陡，

---

① 自我循环比=省内贸易量/国内贸易总量。

等外公路比例高，2017 年四川省高速公路里程占全国的比重为 4.98％，等外公路占 9.57％。在水路方面，川内水道纵横但河流落差大、水面窄，无法像东部沿海和长江沿岸城市那样充分利用河系—海洋的低廉运输方式。由于大多数产品只能通过陆路或航空网络出省出境，单位货物运费及物流成本较高。2017 年四川省进出口货物中航空、水路、公路和铁路运输的比重分别为 61.94％、29.56％、4.67％和 3.84％。全省社会物流总费用 6318.3 亿元，同比增长 7.8％。其中，运输总费用就占了 49.8％，全省物流总费用与地区生产总值的比率为 17.1％，较全国14.6％的水平高出 2.5 个百分点。① 运输距离远和货物在途时间长会在很大程度上抵消四川省资源和劳动力密集型产品的比较优势。

表 10　成都至沿海主要港口的铁路运输距离

沿海主要港口	运输距离（千米）
上海	2351
天津	2185
广州	2527
青岛	2063
钦州	1400

4. 经济基础较为薄弱，产出效率不高，参与全国及全球产业分工的竞争力还亟待加强

四川已建立起门类较为齐全的产业体系，但产业初级化、低端化特征仍较明显，虽然新兴产业成长较快，但总量偏小。2017 年四川省地区生产总值总量全国排名第 6，人均地区生产总值仅排在第 24 位，且低于全国平均水平；三大产业中第一产业从业人口数占全省从业人口的 37.6％，超过二、三产业，凸显了四川省产出效率不高的现实。工业增加值总量在全国的排位与四川省经济总量的排位仍有差距，工业投资占固定资产投资比重、企业研发投入、高新技术产业增加值占规模以上工业增加值的比重均低于全国平均水平，处于价值链低端的传统资源型和原材料工业、重化工业占比大，劳动、资源密集型制造业比重高。2017 年四川省制造业在全国竞争力排名中进入前六的只有酒、饮料和精制茶制造，农副食品加工，医药和家居制造，可见四川省具有比较优势的仍然是资源和劳动密集型产业，产业结构和发展水平都还有待提高。另外，四川省企业竞争力不强，龙头企业、"专精特新"企业数量偏少且创新驱动能力不足，市场整体占有率较低。2017 年四川省 100强企业中几乎全部是能源、建筑和传统制造企业。高新技术企业规模小、数量少，与东部地区相差悬殊。从企业的性质来看，国有企业、国防科技工业、央企比重较

---

① 数据来源：中国交通与物流统计公报。

高，民营经济发展不充分，市场化程度不高，改革创新意识有待加强。

5. 五大经济区之间自然和经济发展基础差异大，现阶段发展的重点任务各有不同

四川省五大经济区中成都平原经济区自然和经济基础好，交通条件优越，经济密度和发展水平较高，无论是经济体量还是增长速度均占绝对领先优势，经济总量超过其他几个经济区的总和且彼此间的发展差距仍然不断拉大。川南与川东北经济区处于第二阶梯，发展水平大体相当，占到全省经济总量的30%左右，川西经济区占据全省近一半的空间面积，但自然环境恶劣，交通条件不便，工业基础极为薄弱。同时，攀西、川东北、川西经济区生态脆弱区和保护区比重高，扶贫攻坚仍然是当前社会发展中最主要的任务。就省内城市而言，成都市地区生产总值超过1.3万亿元，省内其他城市均未达到成都的零头；在城市综合竞争力方面，成都经济实力和综合竞争力名列全国前十，可以与中东部发达城市媲美，省内其他城市均在百位之后；在市场规模方面，成都市属于城市人口超过千万的超大城市，而省内其他地市州城市人口最多的也没有超过300万；在产业结构、城镇化率、科技创新水平、交通基础设施、营商环境等各方面成都与其他城市的差距则更为显著。由于在经济发展水平、城市等级、层次和功能上差异过大，成都超大型核心城市的集聚效应不断加强，周边缺乏能够与之实现有效衔接、相互融合和功能互补的大城市，市场规模效应和辐射扩散效应难以纵深扩展到广大腹地，区域间尚未形成良好的互相带动关系。

6. 区域合作态势不理想，与周边实力相当的省份产业同构性强，竞争激烈

四川省与相邻省份及国内其他区域之间的开放程度的研究显示，四川与周边区域间并未形成有利于经济发展的互动开放合作态势，以行政区为中心的市场分割仍然较为严重，相互支持力度较低，整个区域对中东部发达地区的依赖程度较高。在经济联系上，周边省份中只有西藏与四川省互补交流最为密切，陕、渝与四川省的地缘关系最为紧密，但呈强竞争型经济关系，其他省份均与四川省经济关系不强；在对内开放上，四川省主要面向珠三角地区开放，陕西注重往中原地区靠近，重庆倾向于与长江中下游相邻省份合作；在经济影响上，川、陕、渝二、三产业的比重均超过了40%，产业的专业化、技术水平和劳动效率显著高于其他省份，并成为生产要素高度集中的地区，但三地均未对外形成有效溢出，对西部地区的发展也未形成良好的辐射带动作用。同时，三地的产业结构系数非常高，2010年前川陕、川渝的产业结构相似程度保持在50%～60%并呈上升趋势，目前已达70%～75%，特别是在"一带一路"倡议提出之后，三地在人才、资本、城市发展目标、产业定位、招商引资和争取国家政策方面的竞争比以往更加激烈。定位重叠、主导产业趋同不仅加剧了本区域与东部垂直分工、资源依赖的基本格局，也弱化了相互间区域

内部的合作，影响到西部地区整体发展合力的形成，导致东西部发展差距进一步拉大。

（二）四川建设内陆开放高地的总体思路

1. 把实施全方位开放作为四川内陆开放高地建设的基本点

四川省面积辽阔，人口众多，在自然环境、经济基础、产业发展、贸易推进等方面的复杂性和差异性显著，全面向东部沿海地区看齐，追求较高的经济外向度和外贸依存度对四川省而言既不现实也没有必要。西部典型内陆地区的地理区位条件和经济社会发展水平决定了四川内陆开放高地的建设应当实施全方位的开外，既包括对外开放，也包括对内开放；既包括对沿海发达地区的开放，也包括对毗邻省区和中部地区的开放；既包括对欧美、日韩、港台等发达国家和地区的开放，也包括对东南亚、南亚、中亚以及西亚的开放；既包括各类商品、服务、资本、技术和市场主体积极"走出去"，也包括各类生产要素、创新资源的"引进来"。因此，必须要实现发展格局、发展思路、发展模式和发展环境的全面创新，以更宽阔的区域发展空间格局，构筑新的对内对外开放关系，走出一条具有本地特色的、不同于传统沿海沿边地区的内陆开放发展道路。

2. 把实现包容发展作为四川内陆开放高地建设的根本路径

四川内陆开放高地的建设核心在于追求经济更高质量的发展和自我发展动力的铸造，既要满足推进工业化与城乡一体化的现实需要，又要充分考虑扩大后发优势、促进产业结构升级、国际分工深化和自然环境社会可持续发展的前瞻性需求。因此在四川开放经济发展过程中，必须审时度势包容发展：

（1）对外开放发展与夯实产业基础结合是四川省建设内陆开放高地的首要目标。针对城乡和地区之间发展不平衡的问题，确定现阶段各区域的功能定位和发展目标，以补链强链为目标吸引国内外不同类别资源分区域集聚，促讲产业结构升级和产业布局优化，提高区域自我发展能力。

（2）遵循一定的层次发展开放型经济是四川省建设内陆开放高地的主要路径。四川内陆腹地空间范围大，支持开放发展的经济社会发展水平整体不高，突出重点区域、以点带面是四川建设内陆开放高地的主要路径。应以经济基础较好的中心城市为依托，以中国（四川）自由贸易试验区、内陆开放型示范区为中心建设若干内陆开放型经济战略高地带动区域协同发展。

（3）有选择、有重点地培育发展外向产业是四川省建设内陆开放高地的重要抓手。作为西部典型的内陆地区，四川在利用国际资源要素、参与全球产业分工时必须既要考虑发挥比较优势，还要克服运输成本和时间成本制约。以满足外需为基础，积极发展体积小、价值大、对运输成本不敏感、适宜长距离运输的产品和产业；以竞争实力为基础，大力发展装备制造、农产品加工等优势产业；以资源优势为基础，积极发展能源电力、油气化工等资源及资源深加工产业。

（4）要让相对劣势对外敞开，也要把比较优势走出去。根据"一带一路"主要国家的发展基础和资源条件，以优劣互补为基础，实施"精细化"的国际市场深耕策略，分类别、多层次、分区域地展开外经外贸活动。

3. 把"引领"和"中转"作为四川内陆开放高地建设的主要功能

西部地区的发展是我国经济持续、均衡增长的关键，而现阶段各省份竞争力较弱，缺乏全面应对国际竞争的实力，迫切需要集成合力共谋发展。四川是西部最有发展实力和发展潜力的地区，拥有西部最具竞争力的超大中心城市和综合交通枢纽，"一带一路"倡议为四川省在更宽领域、更高层次、更大范围实现资源的有效配置提供了基础，也为四川省反梯度、实现高层次开放提供了可能。建设内地开放高地不仅要促进本省经济发展，还应担当带动和引领整个西部发展的使命。

（1）应按照国家《推动共建丝绸之路经济带和 21 世纪海上丝绸之路的愿景与行动》的战略要求，站在统领西部、共谋发展的角度，重新审视省际关系、区际关系和对外经济关系，率先通过建设有实质性的跨界政府联合行动和经济运行调节机制，深入展开与西部地区省份的经济合作，减少不必要的竞争，共同提高区域产业、技术和品牌的国际竞争力，实现区域经济与本国经济和世界经济的融合发展。

（2）依托发达中心城市优良的基础条件，以国际视野培育市场主体，谋划城市定位，优化开放环境，占据产业高端和高端产业，实现产业结构升级，改变四川省在国际贸易中的从属地位。

（3）服务于国家"一带一路"倡议的核心发展观，依托重点节点和载体对接国际规则，融入全球分工价值链，全面建设"一带一路"国际信息港，国际物流中心、国际服务保障中心和对外交往中心，变交通枢纽为开放门户，变交通走廊为经济走廊，发挥联系我国各地区与"一带一路"国家全面合作中的中转平台职能，通过面向全球的服务能力提升，推动四川与世界的互联互通，不断提高开放发展的质量和水平。

（三）加快四川建设内陆开放高地的对策建议

1. 创新发展格局，以新的交通格局和区域经济一体化发展推进四川省开放型经济向纵深延伸、向境外拓展

紧密围绕国家"一带一路"倡议下四川的交通和区位优势，以出川大通道建设为契机，依托省内基础，集合西部潜力，借助于东部力量，构建有利于四川省开放型经济全面发展的新型省际、区际和国际关系格局。

（1）通过与毗邻省区构建新型省际合作，培养区域自我发展的内生增长动力。依托区域内良好的产业基础，以建设突破行政区限制的和谐有序的区域市场体系为中心，以强强联合、强弱互补的发展目标来构建新的省际经济关系，促进商品和要素的流通，深入挖掘区域内广阔的内需市场潜力，发挥腹地价值。

（2）通过共同建设省际通道与东部沿海发达地区构筑新的区际关系，强化与国

内发达地区的区域合作和欧美、东亚等发达国家和地区的经贸往来。利用西部综合交通枢纽建设多条东向多方式、长距离、大运量、出省大通道，进一步强化与长三角、京津冀、珠三角等东部沿海发达地区的区域合作，通过重点领域招商引资、科技和制度创新、人力资源开发等方面的合作，有效承接发达地区的产业转移，形成产业互补、市场互通、资源互用、政策互动、共同繁荣的新型区际关系。依托东部地区出海口和大型港口设施，打通海洋大通道，巩固和扩大与欧美、东亚等发达国家和地区的经贸往来。

（3）围绕"一带一路"建设强化向南、向西对外开放，构建有竞争力的产业链、价值链及创新网络体系。将南向相关国家作为四川对外开放的重点区域，围绕与东盟、南亚合作的主题，以成都—攀枝花—昆明—曼谷高速公路、"蓉欧＋"南段铁路全线贯通为契机，立足绝对优势扩大贸易能力，发挥四川在中国内陆地区进出南亚、东南亚的门户作用；将向西开放作为四川对外开放的重点开发区域，围绕与中亚、欧洲合作的主题，以成兰铁路、成都至西宁、成都至格尔木铁路建设项目以及"蓉欧＋"北段为基础，立足比较优势培育市场并参与国际分工，发挥四川连接新亚欧大陆桥与东南亚铁路的中转作用，推进我国纵深至欧洲大陆的向西开放；依靠通达全球、功能完善的国际航空和内陆港建设对接国际市场，创新贸易准则，承接欧美等发达国家高级资源和产业集聚，加快服务贸易发展，带动产业升级转型，参与全球高水平分工。

2. 创新发展理念，实现由"吸引资源"向"整合资源"的观念转变，不断提升四川省开放经济的发展质量

（1）发挥四川整合西部资源的力量，夯实产业基础并借助于国内区域合作力量形成四川对外开放的坚实后盾。一是建立省级层面的决策机制，由省政府统一协调省内各地的利益与诉求，根据四川五大经济区的要素禀赋差异，各有侧重地发展有利于发挥本地比较优势的产业，通过承接来自省外国外的产业以及省内的产业梯度转移，优化省内产业空间布局，促进产业集群有序发展，提高本省经济可持续发展的能力。二是率先建立与西部相邻省市之间的交通合作机制，加强交通运输资源、设施跨省区的整合，协调解决公共设施投资、高速公路定价、生态资源补偿等与各方利益密切相关的问题，实现四川与各省市在交通建设布局中的彼此衔接和区域市场一体化，降低运输与物流成本，促进区域间商品和要素流动，增强本省对国内市场的渗透率。三是在国家产业政策的指导下，通过实质性省级间产业协商机制，共建有西部特色的产业集群和生产基地，解决与西部相邻省市在主导产业定位重叠、竞争激烈、产业分散、链条缺损、规模不足的问题。针对川陕渝三地在传统制造业、高新技术产业以及能源产业方面条件好、同质性强，但在专业化、技术水平和劳动效率方面存在差异的现状，着力以成渝经济区、关东经济区为核心共建"西三角"产业集群，以跨区域的专业化分工形成互补性产业链条，提升区域产业发展层级和国际市场影响力；云南、甘肃、青海、西藏农副产品丰富且各具特色，四川应

充分利用西部综合交通枢纽的有利位置，加强与各省在农产品加工、流通环节的合作，通过产业细化和深化，合作建立生产基地，发展线上线下经营来扩大交易规模、降低交易成本，共同打造西部地区的农产品加工基地和商品集散中心；加强与贵州、云南的水电资源开发合作，与黔西、滇东、陕北联合开发煤炭资源，共建以水电和火电开发为主的能源基地，积极探索与资源大省合作开发和利用资源的新途径；加强与甘肃、青海的能源、资源合作，以能源流通为主线，以资源的综合利用和深度加工为核心，合理配置天然气化学工业，建成我国有色金属、化肥生产基地；特别要加强与周边各省旅游业的合作，发展西部旅游观光产业。四川及周边地区拥有16处世界遗产，43个AAAAA级景区，是南丝绸之路与北丝绸之路、茶马古道的节点，是中国最美公路318国道的主要路段，具有丰富的自然景观和人文历史旅游资源，四川应该利用综合交通枢纽优势，加强与邻省合作，共同打造国家级、世界级的旅游精品线。

（2）发挥成都增长极整合高级资源的力量，通过市场对接、规则对接、经济运行机制对接融入全球分工并努力占据价值链高端。一是要在高标准建设综合交通枢纽的基础上不断完善成都国际中转枢纽和国际信息港的职能，把经贸活动尽可能地转移到数字空间上来，摆脱内陆城市地理空间的约束。继续密织与"一带一路"沿线国家城市、国内区域中心城市的航线，加快以成都为中心的出川铁路、高速公路和机场的建设和扩容，形成覆盖国内、通达全球的交通网络；进一步优化信息开放平台和流量空间，扩展与国际直达数据专用通道，积极争取国家级互联网交换中心和国际通信业务出入口局等重大基础设施落户，实现数据在政府、企业的完全共享，提高区域信息交换效率和共享水平，通过增强互联互通能力弱化交易成本限制，通过提升对省内国内经济发展的基础保障能力扩大城市的辐射功能。二是要着力构建集混合化物流供应链、智能化运输组织平台和陆空多式联运运营中心于一体的跨境交易平台和国际服务中心。探索建立内陆城市"互联网＋"交通、物流组织模式，充分利用物联网、大数据、遥感等新一代信息技术，延伸陆上、空中物流国际国内联系触角，强化国际航空港和铁路港传统贸易、跨境电商、储存加工、资金交割等增值服务功能，支持全球第三方物流企业以及供应链采购分销企业在蓉设立总部基地和分拨中心，建设面向欧亚的配送和分销中心，与全球接轨的国际供应链服务中心，为全球贸易和产业在蓉发展提供从国内端至国际端、生产端至销售端的一体化综合服务，推进以货物贸易为主的"一次开放"转向以服务贸易为重点的"二次开放"。三是要适应经济转型升级大趋势，抓住技术革命突破的新机遇，深化以科技体制改革为重点的全面改革，通过发挥现有产业龙头企业带动作用和有针对性的招商引资，加大电子信息、智能装备、航空航天等体积小、重量轻、附加值高、对物流成本不敏感的临空制造业，积极承接国际先进制造业和高、精、尖产业，把成都打造成为全国乃至"一带一路"重要的先进制造基地。四是促进与综合交通枢纽相匹配的总部经济、创新经济、流通经济、服务经济发展。实行先进制造业和现代服务业的双引擎驱动，培育产业上下游生态环境，加快完善高端制造的技术支撑，瞄准面向"一带一路"国家的先进制造龙头企业，争取这些企业的出口基地、研发中心和结算中心向成都转移聚集，利用成都较好的消费环境和新经济发展基础，力争在新经济领域走在全国乃至全球前列，深度参与国际分工和全球价值链技术合作。

（3）发挥有形和无形的各类平台整合市场主体资源的力量，既引进来又走出去，扩大四川企业进军国际市场的竞争力。一是继续优化产业园区布局，推动企业和产业聚集发展。围绕多点多极支撑发展战略，以创建省级、国家级新型产业示范基地为抓手，以市场化改革推动园区服务创新为方向，以提升产业集群区域品牌建设为核心，加强重点产业相关人才、技术、资本要素的"引进来"，不断壮大企业规模，推动产业集中、集约、连片发展。二是鼓励产业上下游关联企业与金融机构、商业组织、企业协会、社会联盟等共同建设软性平台，以"项目＋平台＋服务"的组合模式，有针对性地与沿线国家展开双向投资和国别经济合作区建设，结成紧密产业联盟抱团"走出去"，逐步改变目前四川省对外合作企业实力不足，对省内发展的带动性不够的现状。三是将走出国门企业的生产经营与国内贸易、金融、承包、技术设计、工程建设、维修培训等各种服务相结合，形成基于产业链的内外关联效应和综合商业模式效益，降低企业在境外投资合作中的经营风险、经营成本和信息成本，提高企业的竞争力和抗风险能力，并有效避开他国在资本、项目和技术上对华设置的壁垒，形成相对稳定紧密的合作伙伴关系，推动我国在投资、金融以及市场竞争条款等规则方面对国际的对接。四是要大力推进内陆港和指定口岸平台的建设。依托四川自由贸易试验区，对标国际标准，探索建设指定口岸和以航空为特色、空铁公水多式联运优势集成的内陆自由贸易港，通过制度对接、平台共建、产业协同，促进货物、服务、资本、人员在内的要素自由流动和高效使用，建设一批内陆与沿海沿边沿江协同开放示范区，形成开放型经济的新增长点。五是继续展开以国际论坛为平台，西博会、欧洽会、创交会等为代表的经贸交流活动，加大四川省服务贸易的宣传和推广，为本土企业产业发展提供更为广阔的成长条件和发展空间。

3. 创新开放发展模式，实施精细化的国际合作和市场拓展策略

根据"一带一路"国家产业基础、合作偏好、政治经济制度以及交易成本的差异性，以实现竞争优势和价值创造为核心，精细化深耕国际市场，分类别、多层次、分区域地展开外经外贸活动。

（1）加强与东盟和南亚国家的合作，将南向主要国家作为四川对外开放的主要区域。南向的东盟及南亚国家与四川省地理区位接近，互联互通基础较好，区域内人口超过全球五分之一，各国经济和技术发展水平、资源要素禀赋迥异，与四川省的合作领域和空间广阔。作为全球重要的新兴经济体，各国对外开放发展的愿望迫切，拓展南亚、东盟国家市场对四川省而言既是当务之急也是难得的机遇。

印度、巴基斯坦、孟加拉国、斯里兰卡、尼泊尔、不丹、阿富汗、越南、老挝、柬埔寨和缅甸 11 个中等偏下收入国家可以作为四川对外经贸合作"走出去"的主战场。这些国家普遍基础设施建设落后，工业发展水平较低，第二产业占GDP 的比重均不超过三分之一。除印度的信息技术服务业占据优势之外，其他国家以农业、能源和纺织、电子、机械、橡胶及塑料、食品及饮料加工等低附加值劳动密集型制造业为主，尚未形成产业链完备的资本技术密集型产业体系，在交通、信息、能源基础设施和工业园区建设及制造业发展方面的需求较为迫切。四川省制造业体系完备，农产品加工工业技术成熟，在基础设施建设领域产业链完整且海外投资和贸易经验丰富。因此四川与上述国家的合作应以绝对竞争优势为基础，以国际产业转移、国际直接投资、国际工程承包为主要形式，以优势产品的大力输出为主要内容，推进四川省低技能行业和产能过剩行业梯度转移，扩大对外贸易规模，提升产业价值链中的地位。聚焦基础设施建设、矿产资源和能源开发项目，利用四川省先进的建设和采掘加工技术、经验以及资金，带动交通建筑、能源电力、油气化工、钒钛钢铁、水泥、光伏等相关产品的出口，特别是促进相关的装备制造、勘测设计等上下游产品和服务的输出；聚焦纺织、电子、机械、橡胶及塑料等轻工业领域，利用该区域更为低廉的要素成本，保留先进工艺和成熟技术以及研发设计环节，推动低技能制造环节转移，通过产业转移和技术交流合作提升四川省相关产品的附加值和国际竞争力；聚焦农业和农产品加工领域，通过共同建设农业合作园区、农产品加工企业、农技培训等方式带动四川省农产品加工、生物科技及技术服务企业走出去。

泰国、马来西亚、印度尼西亚、菲律宾与四川省在基础设施建设、农业产业化发展方面也有很好的发展前景，但在制造业领域产品的竞争性较强，因此特别需要重视实施产品差异化策略，通过产品功能创新形成优势互补合作关系。新加坡是全球领先的科技研发、工业设计、金融和物流中心，吸引该国资源、承接先进管理经验和学习先进技术是合作的重点。此外，印度的软件服务外包、生物医药，泰国的汽车制造，马来西亚的电子信息产业以及南向各国的旅游服务业与四川省的主导产业都极为契合，可以通过发挥比较优势，深化产业链融合，开展国际分工合作。

（2）加强与中亚各国的合作，着力将西向欧亚大陆腹地培育成为四川对外开放的重要市场和中转地。中亚各国处于丝绸之路经济带"两翼带中间"的核心位置，自 20 世纪 90 年代与我国建立睦邻友好外交关系以来，双边关系就一直处于稳定状态。作为内陆国家，各国对"一带一路"倡议的响应最为积极，并在全球率先提出了与"一带一路"相契合的发展规划，为双边产业合作奠定了良好的政策基础。中国已经成为中亚各国的第一大贸易伙伴，但进出口规模较小且集中在国家层面的能源合作，市场化的经贸合作还未充分发展。

中亚是"蓉欧铁路"的必经之地，四川省是国内与中亚地区空间距离最近、制造业最发达的省份。虽然中亚地区经济总量较小但其人均 GDP 高，然而该区域基础设施建设落后，缺乏规模化的国际物流中心和技术支撑，劳动力和物流成本较高。中亚各国国民经济中农牧业比重大，农牧产品品质优良，但这种优势目前还没有在与中国的贸易中体现出来，当前各国急于加强与中国的合作以改变产业结构单一、基础设施薄弱和加工业、服务业不强的发展困境。因为历史原因，中亚地区与全球市场的连接不够，但最适宜与四川省错位发展且极具开发潜力，积极拓展中亚市场对于四川抢占"一带一路"发展先机意义重大。与中亚各国的合作应在加强能源和矿产资源合作的同时，积极向加工制造业、生产技术和农业技术领域扩展，以比较优势为基础，以双方需求互补为导向，以沿线中心城市为支撑，以具体项目投资、园区和物流平台建设为主要合作形式，以贸易、投资、金融齐头并进向国际经济合作纵深发展。在操作层面，中亚各国有通过工业化和基础设施建设实现经济多样化的需求，四川省有丰富的能源化工产能急需释放，可通过基础设施合作带动双方在建材、冶金化工、钢铁机电、运输及机械设备制造产业优先对接；前期可由政府先导，在政府间合作协议和争端解决机制基础上，双方在中亚主要城市共同建设内陆物流港和商品集散中心，通过口岸基础设施、信息化和共同遵守的规则建设，形成通畅的国际物流网络和服务，改善当地的交通运输条件并扩大蓉欧铁路的覆盖区域和辐射能力；同时推进产业间和产业内贸易，鼓励企业高度重视对中亚市场的开发，促进四川省特色农产品和劳动密集型产品特别是鞋类、服装、纺织产品的输出，并引入其优质的农牧产品满足国内市场需求；鼓励农牧业生产加工龙头企业加强与中亚各国在农业技术、人才、产品标准、检验检疫等方面的交流，在农业种植、养殖和加工、贸易领域展开全面合作，共建面向中国市场的农牧产品生产和深加工项目。

（3）围绕文化、制度交流与经贸并重、创新资源引进和规则对接核心主题，巩固和扩大与欧洲各国的全面合作。欧洲各国经济发达，法律完善且对政治较为敏感。对中欧合作而言，以源远流长的东西方文明交互融合为切入点是更为适宜的选择。应充分利用"中国—欧洲中心"这一集科技、教育、文化、艺术、旅游于一体的中欧合作生态服务体系，以互利共赢和市场融合为出发点，以优势互补、价值链衔接和优化产业结构为目标，以文化交流、民心相通为核心，带动和扩大贸易、研发、制造、商务等板块的合作，借助于平台实现与欧洲文化、环境、管理机制、标准设立和信息披露等方面的对接，对本土的制度创新起到"倒逼"作用，带动区域对外开放水平全面提升。

欧洲是全球创新资源的主要聚集地，波罗的海沿岸国家的现代服务业，巴尔干半岛国家的特色农业，法国的文化艺术产业、核能以及航天技术，德国的绿色能源、智能制造业，俄罗斯伏尔加河沿岸联邦区的航空航天、电子信息、生物制药等均处于领先水平且与四川省产业发展相契合。强化对欧洲创新资源的引进，促进欧洲创新技术、资本、人才向四川省转移至关重要。由于欧盟法律条款对中国企业的技术引进有着诸多约束，对中国企业的运作较为敏感，在合作企业的选择上也更为审慎。近期可把绿色农业、绿色金融与绿色能源等一些既符合欧盟规则又符合四川省产业发展需求的重点领域作为突破点，积极发掘欧洲优质资产项目，通过共同投资、海外并购等多种方式，以资源的引进—吸收—扩散促进本土实体经济的再创新能力。从长期来看，则要强化科研院所和社会机构的力量。"欧洲2020战略"特别倡导高校、社会行业和组织、企业、各国政府以及各国科研机构在科技、社会、经济领域的深度合作，四川省拥有深厚的文化底蕴，研究机构、科研院所云集，与欧洲各国一直保持着长期的人员往来和研究协作。由社会组织、科研机构牵头，与欧洲各国共建跨区域的、跨国界的产学研用平台，则是一条既符合欧洲的政策倾向和绿色发展的要求，也有利于增强本地科技创新能力、扩大技术扩散范围的途径。

4. 创新环境建设，健全适应对外开放的透明、便利、规范高效的政务环境，培育各类市场主体依法平等进入、公平竞争的营商环境

继续深化行政审批体制改革，优化外贸企业管理环境，鼓励企业开展进出口业务；建立外贸企业的风险预警、风险防控、风险补偿机制，帮助企业提高抵御风险的能力，增强"走出去"的信心；探索外商投资管理新模式，最大限度地放宽投资准入，积极探索"准入前国民待遇＋负面清单"的外商投资管理模式；构建对外贸易合作拓展机制，构建快速高效的立体通关体系，优化通关管理，清理外贸环节不合理限制，降低交易成本；建立综合信息服务平台，提高信息化水平，改善信息不对称局面，构建四川省与"一带一路"重点国家政府部门、企业与媒体资源等多层面、多渠道的信息通道，以畅通的信息、良好的沟通机制，形成可信、有效、稳定的综合信息网络，全面推进对外经贸合作；动员政府、高校、科研机构、企业力量以吸收引进、正规教育、联合培养、短期培训等多种方式打造适应开放型经济发展的人才队伍，为深度融入"一带一路"建设提供人才支持。

（四川省统计局　西南交通大学）

四川枢纽经济发展研究

一、绪论

枢纽经济是一种以交通枢纽、信息服务平台等为载体，以聚流和辐射为特征，以科技制度创新为动力，以优化经济要素时空配置为手段，重塑产业空间分工体系，全面提升城市能级的经济发展新模式。作为一种经济聚集的空间组织形式，城市是货物流、信息流、能源流和人员流等在时空层面上的集聚与扩散。

针对目前四川省枢纽经济发展的需要，本文将从枢纽经济等概念上进行系统阐述，随后延伸至相关的国内外文献综述，进而就分析工具的选取展开讨论。

（一）枢纽经济概念界定

枢纽经济的研究在我国早已有之，从 20 世纪 90 年代后期开始，众多学者从不同角度对枢纽经济作出了多种界定。刘俊生（1996）认为交通枢纽能够产生集聚效应，能吸引区域外人流、资金流、技术流进入本区域，使本区域成为各种经济要素集散、交流、相互作用之地，使本区域的资源变成具有市场竞争力的商品，即枢纽经济是一种利用交通枢纽的集散效应来发展城市或者国家经济的模式。廖小健（2003）强调枢纽经济中城市的地理枢纽的优势，利用这种地理枢纽优势吸引各种经济要素，从而发展本国制造业并赢得多种经济辐射的比较利益的发展模式。姚士谋（2003）从城市发展角度出发，认为城市枢纽经济是一个综合性的社会经济与数字城市、网络经济的新概念，反映了一个城市成长过程中工业化与现代化的程度以及城市可持续发展的综合水平。程继隆（2010）认为枢纽经济指在关键地域、关键部位的事物相互联系而集中作用的经济现象，由枢纽的特殊地位决定，产生了比其他普通领域更强的经济功能。储东涛（2016）将枢纽型经济定义为，枢纽型地区（城市）充分发挥交通等枢纽的聚散功能，既将各种生产要素在该地区交汇聚集，又对周边地区进行辐射、渗透和扩散、带动，从而推动产业转型升级、扩大并深化对内对外开放、提升地区（城市）发展能级的一种经济形态。毛科俊（2017）认为枢纽经济是依托交通枢纽、信息枢纽等各类资源集聚载体或服务平台，对客流、货流、商流、资金流、信息流等各类具有流动特征的经济要素，按照现代供应链、产业链、价值链协作运行规律，借助于网络化服务体系以及现代信息技术、金融服务等手段，进行高效集聚、引导、转化、扩散而形成的资源要素高效配置和经济价值创造方式，具有显著的规模化、协同化、集群化、融合化经济组织和发展特征，是新经济新业态的典型代表，是经济发展新动能的重要载体。

通过上述各位学者对枢纽经济的定义，可以看出，学界对枢纽经济内涵的理解随着时间的推移不断充实与丰满。笔者在已有文献的研究基础上，将枢纽经济定义为一种以交通枢纽、信息服务平台等为载体，以聚流和辐射为特征，以科技制度创新为动力，以优化经济要素时空配置为手段，重塑产业空间分工体系，全面提升城市能级的经济发展新模式。

（二）枢纽经济的多重内涵

1. 枢纽经济是具有枢纽地位的通道经济

通道经济具有交通线路纵横交错、四通八达、畅行无阻、川流不息等特征，比如中心城市、城市中心及其副中心和次级中心等地的经济。交通运输业是利用各种交通工具和设备，通过各种运输通道让货物或旅客在区域之间实现位置移动的部门，是国民经济的大动脉，是沟通生产力不同要素之间的纽带或桥梁。在现代社会，交通运输业是国民经济的先导性和战略性产业，是经济社会发展的重要基础设施，是促进或制约经济社会发展的重要因素之一。交通运输业是服务业的首要组成部分，它为社会生产和人民生活服务——不仅要完成国家和地区下达的各种运输任务，为工商企业和国内外客商提供货物运输、物资储存、加工包装等商贸流通服务，而且为城乡居民出行提供服务和便利，同时创造自身的经济效益。

2. 枢纽经济是一种具有枢纽特征的流通经济

流通经济具有车水马龙、人流如织、摩肩接踵、生意兴隆等表象。在市场经济条件下，交通和流通相互支撑、相得益彰，共同推动经济社会的发展。流通离不开交通，交通因流通之需而不断建设、管理和完善。马克思在《资本论》第二卷中精辟地指出："商品在空间上流通，即实际的移动，就是商品的运输。运输业……具有如下的特征：它表现为生产过程在流通过程内的继续，并且为了流通过程而继续。"因此，畅通无阻的交通，是人（才）流、商品流、物资流、资金流、技术流、信息流吞吐的主要渠道，各地通过不断提高和改善交通运输能力，实现人行其便、货畅其流、物尽其用，从而能够依托大交通，形成大流通，构建大产业，促进大发展。

3. 枢纽经济是一种具有"极化与扩散效应"的集散型经济

首先，枢纽经济是一个"磁场"，能够不断地向外放射"磁力线"，吸引四面八方甚至更遥远地方的人、财、物、技术、信息等生产要素向自身集聚。这些资源一旦被吸引过来就会被"磁化"，与城市中原有的资源一起放射出更加强烈的"磁力线"，推动商贸金融、餐饮美食、旅游健身、文化娱乐、物流仓储、会议会展等第三产业的发展，同时促进第二产业发展并改善第一产业的发展环境，由此带来人（才）流、商品流、物资流、技术流、信息流的新动向，推动大众创业万众创新，推动产业结构优化升级，推动产业布局合理调整，并提供大量的就业机会，从而有利于进一步改善民生。

其次，枢纽经济具有巨大的"扩散效应"。城市的核心功能就是聚散功能，枢纽型经济能为周边地区源源不断地提供商品、资金、人才、技术、信息和劳务服务等资源，提高经济效益，为对外贸易、会展经济、总部经济、楼宇经济、文化产业以及服务外包等现代服务业提供服务，为加快产业结构转型升级提供支撑。枢纽与城市相互促进，融合发展，产城互动，共生共荣。发达的综合交通运输体系凭借其巨大的"扩张力"，能够促进城市空间有序扩散，促进高端商务、国际旅游持续发展，促进对外经济文化不断交流，促进经济社会走向繁荣发达。

4. 枢纽经济是一种具有"开放效应"的开放型经济

"开放效应"是"扩散效应"的延伸。开放是一个国家（地区或城市）走向繁荣富强的必由之路。开放经济是指一国与其他国家发生商品、资本、技术等国际经贸活动的一种经济体系。这个体系不仅包括进出口贸易、引进外资和技术、对外承包工程和劳务、发展国际旅游业及其他非贸易服务业等，还包括对外投资、创办境外企业等经济活动。它与出口贸易、外向型经济等概念相比，内涵更加丰富，外延更加宽广。而要开放，就必须大力推进包括交通在内的各项基础设施建设，构建国内和国际大通道，实现国内外互联互通、相互促进，逢山开路、遇水搭桥、冲锋陷阵、攻坚克难，不断打通阻隔，开辟新的通道，拓展新的空间和领域，把本地与国内外更加紧密地连接起来。加快发展枢纽型经济，就是要以更加开放的思维主动融入世界经济，用更加宽阔的胸怀加大对外开放力度，以大开放促进大发展，为更高水平"引进来"和更大步伐走出去创造更好的条件，增创开放型经济新优势。

5. 枢纽经济是一种多产业相互渗透的融合型经济

枢纽经济突破了服务业的范畴，是服务业、制造业和建筑业相互渗透的一种融合型经济。交通和流通都是服务业，发展交通、流通的服务业，首先需要加强交通基础设施的建设，包括公路、铁路、地铁、桥梁、管道、港口、航道等的修建，带动建筑业发展；其次，汽车、火车、飞机、轮船等交通运输工具的生产带动了制造业的发展。因此，我们要深化对枢纽经济的认识，交通运输业具有二重性：既属于第三产业，又与第二产业紧密相连；既具有产业属性，又具有一定的事业属性。交通运输业可称为"枢纽型产业"。枢纽经济是服务业、制造业和建筑业的融合，也是第二、三产业的融合。交通枢纽偏好型产业是枢纽经济的基础和核心，枢纽型经济是多产业相互渗透的融合型经济。

6. 枢纽经济是一种具有"互联网特色"的"智慧型经济"

枢纽型经济能够依托空港、海港、陆港（公路、铁路、高铁、地铁等）和通信、水电等枢纽，与互联网组织平台跨界融合，瞄准现代化产业体系，衍生出一系列"互联网＋枢纽＋"："互联网＋枢纽＋先进制造业""互联网＋枢纽＋生产性服务业""互联网＋枢纽＋生活性服务业""互联网＋枢纽＋现代服务业""互联网＋枢纽＋现代农业""互联网＋枢纽＋科技""互联网＋枢纽＋教育""互联网＋枢纽＋人才"等，从而形成线上线下一体化衔接。是否充分利用"互联网＋"等现代信息技术，发挥枢纽的极化辐射作用，深度影响到枢纽型经济的层次、水平和效益。通过发挥各种枢纽的聚散功能，使城市与四面八方之间形成"点、线、面、网"相辅相成、相互促进、共同发展的关系，优化资源配置，优化城市布局的智慧型经济新形态。

（三）发展枢纽经济的重要意义

当前加快发展枢纽型经济，就是要从前瞻性、战略性、全局性出发，抓开发、促开放，拓展枢纽型经济发展新空间。

1. 新时期发展枢纽建设"适得其所"

"十三五"时期是我国推动经济转型升级的闯关期和重要窗口期。转变发展方式、转换发展动力、拓展发展空间的形势十分急迫，急需在各个领域寻找突破口。从国际形势看，全球经济在深度调整中曲折复苏，新的增长动力尚未形成，新一轮科技革命和产业变革正在兴起，区域合作格局深度调整，能源格局深刻变化。从国内看，"十三五"时期是全面建成小康社会的决胜阶段，经济发展进入新常态，生产力布局、产业结构、消费及流通格局加速变化调整。

交通运输作为国民经济中基础性、先导性、服务性的产业，对经济社会的发展具有战略性、全局性影响，在新时期肩负着新使命。目前我国的交通运输发展已经到了一个新的历史阶段，逐渐从"瓶颈制约"向"基本适应"、从"跟跑新"向"引领型"转变。站在新的发展起点上，交通运输要准确把握经济发展新常态下的新形式、新要求，切实转变发展思路、方式和路径，推动交通与经济社会融合发展。枢纽经济作为一种新经济模式，是交通运输与经济社会融合的时代产物。目前，枢纽经济发展的时机已经成熟，即将在我国经济转型升级中发挥重要作用。

2. 四川发展枢纽经济的优势

"十三五"时期，长江经济带战略成为国家区域协调发展战略体系的组成部分，国家"十三五"规划将"推动长江经济带"发展作为推动区域协调发展的重要举措，进一步确立了长江经济带在我国区域发展中的战略地位。按照《长江经济带综合立体交通走廊规划（2014—2020年)》，到2020年要建成横贯东西、沟通南北、通江达海、便捷高效的长江经济带综合立体交通走廊。四川处于长江经济带上游与中游的结合部，其交通运输体系承担着"承中启西"的枢纽功能，在推进长江经济带发展的背景下，推进四川枢纽建设，发挥长江经济带的支撑引领作用都具有重要现实意义。

（四）枢纽建设对城市社会经济发展的重要性

作为一种经济聚集的空间组织形式，城市是货物流、信息流、能源流和人员流等在时空层面上的集聚与扩散。其中，城市的交通运输与其经济发展密切相关：城市经济发展与交通运输建设的相关理论与实践表明，交通运输系统是城市经济系统的重要组成部分之一，良好的交通区位优势与完善的交通运输体系能够充分实现城市内部乃至城市之间物流的集散和联通，满足城市经济的发展需求。从国内外城市的发展规律看，城市最核心的功能就是集聚与扩散，而交通枢纽以其运输的低成本、中转的高效率和通达的便捷性，具有人口、产业和各种生产要素交换的集散功能，对区域经济和城市发展的促进作用是全方位的。

1. 交通枢纽是城市经济发展模式转变的"七寸"

目前，城市经济发展的重点已经转至第三产业和创新，是否形成新的城市经济发展模式是我国经济转型升级成败的关键。第三产业和创新的四大核心要点是创新人才、信息、市场需求和要素聚集。流动性强和时间价值高是创新型人才和信息的基本特征，市场需求竞争的关键在于形成规模和满足需求的及时性，要素聚集是城市经济最重要的特征。交通枢纽是创新型人才流动和信息交流的关键点。交通能延伸市场需求的空域范围，高效的交通运输体系能提高应对市场需求变化的速度和效率，城市经济中各种生产要素汇集于交通枢纽。交通枢纽可以将创新型人才、信息、市场需求和要素集聚等有效地组织起来，提高城市经济的全要素生产率。

2. 以交通枢纽为核心打造城市经济发展模式

随着社会分工与商品交易的日益复杂化，在经济中能通过什么样的形式联结不同的分工与交易活动成为突出问题。企业依靠企业间的相互关联形成产业链条，进而组成产业合作体系，突破空间阻隔进行合作。区域经济发展的核心是扬长避短、发挥优势，而发挥优势的前提是交通将各个区域高效联通，组成区域性产业分工体系。无论是企业层面的合作还是区域性产业分工体系的构建，都需要交通运输作为支撑条件。作为交通运输体系的重要组成部分，交通枢纽是人才、信息、资金、技术等高流动性基金要素的关键配置点，对城市发展能级有决定性影响。当前要依托交通枢纽带动综合交通运输体系变革，发挥高流动性经济要素的市场价值，打造交通引领城市经济发展新模式。

二、四川省枢纽经济的发展历程及存在的问题

（一）四川省枢纽经济的发展历程、现状

1. 四川枢纽经济的发展历程

枢纽经济的发展依赖于交通枢纽、交通基础设施的发展。中华人民共和国成立以前，受地理条件与当时的建路技术水平的影响，四川的交通运输主要依靠内河航运，长江上游是全省出川物资的主要运输通道，沿长江、岷江、嘉陵江形成乐山、宜宾、泸州、南充等一批重要内河港口。

中华人民共和国成立后，四川的交通运输及其空间布局发生了巨大的变化。在铁路运输方面，1952年建成成渝铁路，1958年建成宝成铁路、内宜铁路，1965年建成川黔铁路，1970年建成成昆铁路，1973年建成襄渝铁路（过境四川）。1975—1990年，四川境内没有新建的铁路项目，铁路建设重点是干线的电气化改造，宝成铁路、襄渝铁路、成渝铁路先后完成电气化改造。此后，1992年建成宝成线复线（四川境内）、1997年建成达万铁路（四川境内）、1998年建成内昆铁路（四川境内）、2002年建成成都铁路西环线。完成电气化改造的有1991年川黔铁路、1993年成昆铁路、1999年内宜铁路、2001年达成铁路、成昆铁路。铁路干线的总里程在近十多年间没有大幅度的增长，对于铁路的投资建设主要在电气化改造、复线建设、城际铁路等方面。

在陆路交通不发达的时期，四川充分利用境内河流众多的优势，内河航运一度成为四川的主导交通运输方式。1950年四川内河货运量和货运周转量分别占全省的75%和81.6%；客运量和旅客周转量仅次于公路，占省的43.8%和12.2%。随着交通运输业的发展，虽然内河航运的地位在省内的地位与份额大幅下降，但是近年来四川不断推出加快建设内河航运的政策以及航运建设投资，2009年出台《泸州—宜宾—乐山港口群布局规划》《岷江航电开发规划》，2011年推进"四江六港"主要通道和重要港口建设，2012年颁布《关于加快长江等内河水运发展的实施意见》。截至2013年，四川省的内河航道里程数1.07万千米，含七级以上航道4026千米，四级以上航道1001千米，港口17个，其中规模以上港口6个，泊位2082个，千吨级泊位54个；长江干线川境段宜宾以下航道通行2000～3000吨级船舶，嘉陵江川境段达到四级航道标准，渠江四级以上航道标准，岷江乐山到宜宾段三级航道标准。

从20世纪90年代开始，四川掀起了公路建设热潮，高速公路从无到有，逐步代替铁路成为全省新的骨干交通网。以成都为中心，有国道主干线、省道主干线、县道、乡道等。以成都为起点或经过成都的高速公路有G5渝昆高速，联通成都—绵阳、成都—雅安等，G42沪蓉高速，联通成都—南充，G78厦蓉高速的成渝高速，G85渝昆高速等，还有川陕、川黔、川藏、成渝、成阿、巴塘等国家干线，初步形成了以成都为中心的放射状公路格局。

四川航空运输经过不断的发展，截至2016年，民用航空已启用13个机场，开通160多条国际国内航线。成都为四川省民航中心，对外空运口岸，双流国际机场是我国西部客运、货运量最大的国际航空港。

2. 四川枢纽经济的发展现状

四川省地处我国西南、长江上游，东西长1075千米，南北宽921千米，东邻重庆，南连贵州、云南，北接陕西、青海、甘肃，西靠西藏。辖区面积48.5万平方千米，占全国总面积的5.05%；辖21个市州，181个县。四川省四面环山，气候良好，资源和物产富足，历来在中国西部地区占有重要的经济地位，2016年，常住人口 8262 万，全省地区生产总值 32680.5 亿元，人均地区生产总值 39695 元，是我国的资源大省、人口大省、经济大省。

四川的地貌特征复杂多样，具有平原、丘陵、山地和高原 4 种地貌类型，地跨青藏高原、云贵高原、横断山脉、秦巴山地和四川盆地，东低西高，东部山地环绕，中间盆地，西部高原山地。就区位而言，四川虽然不靠近海岸，但是其在西部开发的地区中是重要的物流、人流、信息流通衢，是云、贵、藏、青、甘等省（自治区）经济发展的重要依托。

从交通衔接来看，四川是连接西南、西北，承接华南、华中，沟通中亚、东南亚的重要交汇点和交通走廊。近年来，四川省大力建设交通基础设施，全省综合交通体系初步形成，长期以来制约四川省经济社会发展的交通运输问题得到了明显缓解，交通运输已经进入全面建设现代化综合交通体系的新的发展阶段。因此，四川有条件成为辐射西部、面向全国、融入中国—东盟自由贸易区和世界的西部经济高地。

2017 年四川公路水路建设完成投资 1499 亿元，同比增长 14.4%。高速公路实现市州全通达。雅康高速雅泸段等 7 个项目（路段）、301 千米建成通车，全省高速公路通车总里程达到 6820 千米，甘孜藏区结束了不通高速公路的历史。全省乡镇通硬化路 99%，建制村通公路率 97%。全省乡镇和建制村通客车率达到 97% 和 83%。新改建普通国省干线公路 1996 千米，实施大中修工程 1537 千米。

内河通运里程有限。内河Ⅳ级及以上航道里程 1351 千米，港口千吨级泊位 60 余个。民用运输机场 13 个，城市轨道交通运营里程 179 千米。

2017 年四川省公路、铁路、航空和水路等运输方式完成货物周转量 2580.8 亿吨千米，比上年增长 7.3%；完成旅客周转量 1698.3 亿人千米，增长 0.7%。2017 年末实现高速公路通车里程 6820 千米；内河港口年集装箱吞吐能力 233 万标箱。

表 1　2017 年四川省公路、铁路、航空和水路运输方式完成运输量

指标	单位	绝对数	比上年增长（%）
货物周转量	亿吨千米	2580.8	7.3
公路	亿吨千米	1676.8	7.1
铁路	亿吨千米	637.0	5.2
民航	亿吨千米	11.4	8.9
水路	亿吨千米	255.6	14.8
旅客周转量	亿人千米	1698.3	0.7
公路	亿人千米	521.3	−12.8
铁路	亿人千米	318.5	5.2
民航	亿人千米	856.3	9.2
水路	亿人千米	2.2	−8.7

3. 四川交通基础设施建设展望

2018 年是改革开放 40 周年，是实施"十三五"规划承上启下最关键的一年。为此，四川省规划了以下建设目标：

公路水路交通建设确保完成投资 1300 亿元以上。建成绵西、巴陕、成彭扩容、雅康和汶马等 5 个高速公路项目，新增通车里程 300 千米以上；新开工成南扩容、马尔康至久治等项目，新开工里程确保超过 600 千米、力争达到 1000 千米。新改建普通国省干线公路 1500 千米，实施养护工程 1500 千米，路面使用性能指数（PQI）达到 82。新改建农村公路 1.6 万千米，全面实现乡乡通油路，新增通硬化路建制村 1000 个，新增通客车建制村 3000 个；建成渡改桥 75 座。综合客运枢纽项目建成 10 个，覆盖所有高铁客运站。新开工内河水运项目 4 个，嘉陵江四川段实现复航，力争全省港口集装箱吞吐量突破 100 万标箱。

此外，2018 年四川省交通领域还将进一步推进重点项目的建设工作，以四川省重点项目库的 146 个交通项目为重点，进一步发挥交通建设联席会议的机制作用，科学规划，精准布局，优质施工，全面加快重点项目建设。以长江经济带综合立体交通走廊的建设任务为依托，加快推进仁沐新、宜攀等高速公路建设，积极推进长江过江通道建设；深入实施高等级航道达标升级工程，推动长江航道川境段"三升二"加快实施。着力构建对外开放省际大通道，按照"畅通西向、突出南向、强化东向、联动北向"的思路，加快绵阳至九寨沟、宜宾至彝良、叙永至威信、巴中至汉中等项目建设，主动融入"一带一路"对外开放新格局。进一步建设城际快速路网。依照省委"多点多级支撑"的发展战略，以交通路网建设响应、衔接四大城市群及五大经济区总体规划，对已有易拥堵道路实施扩容改造，提升通行条件，推动省道城镇过境段、城市出入口改造和城际快速公路建设，加快构建五大经济区互联互通交通网络。强化交通布局规划与城市总体规划、城市交通与对外交通发展的统筹协调，加强干线公路与城市道路转换衔接，研究缓解重点城市交通拥堵问题。突出"四项重点工程"，强调交通先行的巨大支撑作用。加快成乐高速扩容、成渝经济区环线等在建项目建设，规划建设天府新区至邛崃等高速公路，不断完善天府新区现有的综合交通网络，提高保障能力。在机场建设方面，进一步扎实推进天府国际机场的建设任务，并抓好天府国际机场高速、天府国际机场至潼南高速等项目的实施，为新机场的运营提供可靠支撑。完善天府国际机场场内和场外、货运和客运综合交通运输体系，增强天府国际机场和国际空港新城辐射带动能力。推进泸州、宜宾港协同发展，完善港口集疏运系统，推动各种运输方式的无缝衔接和高效转换，有力服务自由贸易试验区建设。加强大件公路养护管理，服务重装产业发展。服务军民融合发展，抓好国防交通建设，增强交通战备保障水平。

在基层交通基础设施的建设方面，四川省在 2018 年将着力推进"四好农村路"建设。认真贯彻落实《四川省农村公路条例》，坚决打赢交通脱贫攻坚战，支撑服务乡村振兴战略。高水平办好脱贫攻坚"头等大事"。对照全面小康"两个 100%"

兜底指标，以年度脱贫摘帽贫困县和退出贫困村为重点，剩余的 53 个乡镇通乡油路全面建成，剩余的 1380 个建制村通村硬化路基本建成。整治早期通乡通村破损路面 1.2 万千米。建成贫困地区资源路、产业路、旅游路 800 千米，巩固提升精准脱贫质量。聚力决战深度贫困地区交通建设，重点督导实施好甘孜、凉山州的相关建设工作，根本改善高原藏区、大小凉山彝区交通条件。创新工作方式和手段，开展脱贫攻坚督导和定点帮扶。启动"四好农村路"建设三年攻坚行动计划，实施通乡通村硬化、路网结构提升、配套设施完善、安全生命保障、"交通旅游"融合发展等"五大工程"。坚持把农村公路管养作为主攻方向，完善县、乡、村三级管理体系，健全党委政府主导、公共财政保障、部门协同推进、督导考核的工作机制，实现"有路必养、养必到位"。坚持共建共治、群众参与，开展路域环境综合整治，建设幸福美丽乡村路。坚持客货并举，创新发展模式，鼓励开展预约、定制等农村客运服务，推动交通、邮政、快递等资源整合，完善客货运输服务体系，织密农村客运网、物流网，织牢农村公路安全网。

着力推进现代综合交通运输体系建设。研究完善行业发展战略规划。落实交通强国战略部署，开展交通强省建设战略研究，推动出台四川交通强省发展战略纲要。积极对接国家中长期交通发展规划调整，开展《交通运输中长期发展规划（2021—2035）》和系列专项规划研究，推进《四川省高速公路网规划（2018—2035年）》修编等工作。加快完善基础设施布局和功能。完成公路水路"十三五"规划中期调整，推动各种运输规划优化布局。着力打造成都国际性综合交通枢纽，进一步推进泸州至宜宾、攀枝花全国性综合交通枢纽建设，支持次区域性综合交通枢纽的建设工作。加快综合客运枢纽的建设步伐，全力提升一体化综合保障及服务功能。推进物流降本增效，加快发展多式联运、无车承运人等先进货运组织方式，鼓励支持创新"互联网"货运新业态，采用政策扶持等多种方式，培育 1 至 2 家龙头物流企业。支持建设甩挂运输联盟，规范行业安全准则，加快交通运输物流公共信息平台建设，促进道路货运行业健康稳定发展。尝试推行高速公路分时段差异化收费试点，适时引导民众出行，缓解部分拥堵路段的交通压力。完善收费公路通行费增值税电子发票开具工作，制定信息自查透明的网上自助平台。依法合并营运货车安检和综合性能检测，实现货车异地年审和驾驶员异地考核。依托宜宾、泸州港，深化与长江中下游及沿海港口合作，积极推进无水港建设，研究出台集装箱运输扶持政策，吸引西南西北适水货源入川出海。推进道路客运加快转型，推进道路客运资源整合，鼓励优势道路运输企业规模化、集约化发展。推进道路客运价格和客运站收费机制改革。加快构建与铁路、民航等相衔接的道路客运集疏运网络，积极发展旅客联程运输。试点推进定制客运、旅游直通车等服务模式创新。持续深化出租汽车行业改革，促进网约车与巡游车融合发展。升级规范汽车客运联网售票，加快电子客票应用，推进道路客运实名制管理信息化。鼓励"互联网、共享经济、交通"融合发展，规范共享单车、共享汽车有序发展。

（二）四川省枢纽经济的发展存在的问题

1. 统筹机制不畅，资金筹措渠道单一

综合运输管理的大部门制改革未能有效推进，未建立完善顺畅的统筹协调机制，各运输方式管理分割。综合交通、城市客运、现代物流、智能交通、节能环保等领域的法规政策和标准规范还不完善，各种运输方式标准不统一、不匹配。交通运输建设发展的投融资体制机制仍不完善，PPP 等新型投融资模式运用不足，市场认可度较低，资金筹措渠道较为单一。基础设施投资回报年限较长，对民间资本吸引力有限，部分地方政府违规诱导投资，致使重复建设、过度建设的情况时有发生。缺乏对民间资本投资的评估保障机制，部分项目回报率远低于预期，使投资方蒙受巨额损失。

2. 枢纽建设滞后，交通衔接缺乏统筹

枢纽运输体系建设较为滞后，不同运输方式之间缺乏有效衔接。客运联程运输、货运甩挂运输和多式联运等先进运输组织模式发展缓慢，"零距离换乘"和"无缝衔接"的理念未能得到充分落实。高铁建设进展顺利，但高铁接驳公共交通能力有限，部分车站选址缺乏统一规划，导致车站与市区距离过远，难以充分发挥高铁的区域经济带动效应。城市交通综合枢纽建设滞后，铁路系统与城市轨道交通分属不同管理部门，难以形成合力发展局面，环城周边铁路使用率较低。各层次路网之间、公路与城市道路之间衔接转换不畅。高速公路出川通道建设仍然滞后，城际高速公路网络不能充分适应区域协调发展的需要，早期建成路段的供需矛盾日益凸显，普通国省干线公路等级整体偏低。区域与区域间毗连地带，断头路现象依旧存在；长江干线航道（川境段）等级尚不能满足发展需求，航运通道建设滞后于水利枢纽建设，金沙江沿岸水坝多未设计船闸，通航能力严重受阻。

3. 区域发展不平衡，农村运力存在结构性缺陷

交通基础设施发展存在城乡差距，民族地区、革命老区、集中连片特困地区交通运输发展滞后。甘孜、阿坝两个州目前仍未通铁路，全省不通油路的乡镇达 181 个，共计 6844 个建制村，分布于三州地区。农村地区交通基本公共服务覆盖不足，仍有 20％的建制村未通客车。城乡配送和农村物流发展缓慢，农牧民出行难、物资运送难的问题仍然存在。目前，四川省农村的客货运输发展水平较低，经营主体大多为规模小、资质差、制度松散的小个体，整体的客运和物流都处于发展初期，城乡之间的客货运输水平仍存在很大的差异。在客运方面，农村地区的客运系统没有形成规律性的班次运作，且供给水平较低。而农村客运本身就存在出行的不规律性，导致客运能力呈两极化，冷线大量闲置而热线供给不足，使各类自主运营的不规范运载工具占据了大量客运市场，给交通安全造成了极大的隐患。农村地区由于经济活动不够频繁，日常货运需求较小，但在农产品收获季节货运需求就会猛增，对农村货运系统运力造成挑战。而目前，四川农村的农产品运输专业化程度低，没

有形成规律性的运输频次，运输效率和能力不能与交通需求匹配，严重阻碍了农产品的商品化和农业产业链的延伸。

4. 创新驱动不足，枢纽经济服务平台建设滞后

创新技术及人才培养模式尚处于摸索阶段，未能有效提升交通基础设施的服务质量，创新驱动力不足。生态环保、旅游融合、智慧交通领域亟待创新突破，推动交通行业转型升级。行业技术水平、实体工程质量和效益还存在提高空间。并且随着高速公路不断向盆周山区延伸，建设条件越来越复杂，技术挑战越来越大，亟待通过科技创新突破部分关键技术制约。此外，随着经济社会的发展，民众的出行需求愈发多样化，而现阶段的枢纽经济发展水平相对滞后，不同交通方式亟待整合，以搭建综合交通体系。目前，产学研结合尚处在培育期，亟待加速形成以院为主体，以市场为导向，产学研深度融合的创新驱动发展模式。现有的三级研究平台仍难以满足科研项目成果支撑的具体需求，服务平台保障能力缺失，亟待进一步健全科技创新体制机制，推动科技产业化迈出实质步伐。

5. 服务品质偏低，新技术整合能力有待提高

交通出行服务品质亟待提高，新技术整合力度有待加强。铁路快速客运网络发展缓慢，与相邻的7个省市间仅开通了至重庆、至西安的线路。现有高铁线路设计时速偏低，缺乏350千米/小时对外高铁客运大通道。铁路货运通道建设明显不足，部分基础设施尚处在培育阶段，对外出口保障能力仍存在较大提高空间。民航机场整体密度仍然偏低，部分重要机场能力不足，通用航空发展尚处于起步阶段。国际航线有待进一步拓展，国内航班密度有待提高。城市公交出行分担率仍然较低，成都市城市轨道交通初步实现成网络运营，但建设压力依旧较大，轨道交通对公共交通分担力度不足，部分有轨电车线路出现资金问题。交通运输信息化服务水平不高，综合交通运输公共信息平台和物流信息平台尚未完全建立，联网售票公路客运站覆盖范围不足。运输企业规模化、集约化经营程度不高。道路客运安全监管主体责任落实不到位，对超长客运、旅游客运、农村客运交通安全的监管仍存在盲区，行业安全监管标准化建设亟待加强。道路客运驾驶员职业化培养模式尚未建立，部分大中型客车驾驶员培训、从业资格考试和发证都存在监管漏洞。应用视频实时监控和防碰撞技术尚未普及，亟待建立客运企业全过程安全责任追溯制度。出租车、网约车监管存在盲区，服务质量有待提高。

6. 行政色彩浓厚，市场管理机制不灵活

道路客运价格形成机制有待完善，在与铁路并线运行并形成充分竞争条件的道路客运班线（农村客运除外）上，部分票价仍严格执行行政定价，缺乏市场化运营意识。在与其他运输方式形成了一定竞争条件的道路客运市场上，未能采取政府指导价原则，市场化改革进展较为缓慢。道路客运站收费机制改革进展迟缓，相关收费规则尚未完善，客运代理费和旅客站务费收费标准与客运站服务质量综合考评结

果未能挂钩，使服务质量和运营保障能力未能发挥最佳水平。

三、政策建议

（一）强化枢纽经济发展的顶层设计

枢纽经济事关国家经济建设发展的大局，是一项复杂的系统性工程，需要加强顶层设计。在国家层面研究出台枢纽经济发展指导意见，在地方层面研究编制城市枢纽经济发展规划。与此同时，根据《"十三五"现代综合交通运输体系发展规划》《四川省"十三五"综合交通运输发展规划》，在四川省的综合交通枢纽城市中选择代表性城市，开展试点示范，总结经验并做好推广工作。作为四川省的经济中心、行政中心、文化中心及交流中心，成都更须践行国家中心城市新发展理念，创新发展内陆型枢纽经济，依托优良的经济地理区位，创新内陆城市的交通、物流组织模式，强化国际铁路港、国际航空港的枢纽功能，延伸陆上、空中物流国际国内联系触角，提高枢纽经济发展的业态层次；打造全球新枢纽经济领航者，为城市永续发展拓展新空间，推动成渝城市群协同发展，提升首位城市的辐射带动能力，持续提升国家中心城市地位。

（二）建设包容开放的现代交通枢纽体系

以综合交通枢纽为载体，构建高效便捷、包容开放的现代综合交通运输体系是发展枢纽经济的基础条件。综合交通运输体系的包容性，体现在城市发展进程中由单一交通功能向多元城市功能的拓展和突破，由单纯的客、货流汇聚向人流、货流、商流、信息流、资金流等要素集聚辐射的转变。强调综合交通运输体系的开放性，要求打破不同区域、不同归属和不同交通方式"一亩三分地"的思想禁锢，将城市交通枢纽置于更宽广的纬度和全局视野下统筹规划建设，从而最大范围和最大限度地发挥交通枢纽对经济要素的资源集聚和辐射效应。包容开放的枢纽体系应当着眼于更高层次的设计思路，突出全局视角及国际视角，使枢纽经济建设能够有效融入国家"一带一路""长江经济带"等发展战略，发挥其巨大的促进作用。

（三）重点培育枢纽偏好型产业体系

发展枢纽经济的核心思想是：以交通枢纽建设为切入点，以完善的现代综合交通运输体系为依托，以高效优质的枢纽经济服务平台建设为推手，以交通枢纽偏好性产业集聚为动能，着力提升产业集聚辐射能级，优化锚固城镇空间格局，促进交通、产业和城市融合发展，为城市经济提供新动能。产业是经济之母，发展枢纽经济，关键在于打造枢纽偏好型产业体系。根据铁路、机场、港口等重要交通枢纽的技术经济特征，结合城市资源禀赋条件和发展目标导向，基于交通与产业的耦合关系甄别选出适合城市发展实际的产业目录，利用高质量、低成本的运输服务优势，吸引枢纽经济核心产业的龙头企业入驻，加快产业链条化和集聚化发展，打造交通枢纽偏好性产业集群。在培育路径和方式上，一是可以通过交通枢纽的功能拓展和技术提升盘活存量，推动传统产业转型升级；二是可以依托交通枢纽集聚各种资源要素优势，注入增量，积极培育发展特色新兴产业。例如，成都国际空港产业新城按照立足空港、结合自身、错位竞合的基本原则，着力打造临空型、智慧型和生态型三大新兴产业，重点统筹发展临空偏好性强、全球辐射广、生态涵养好的高科技及高附加值产业，积极融入全球产业分工体系。

（四）搭建高效优质的枢纽经济服务平台

深入实施创新驱动战略，以综合交通枢纽为依托打造不同功能层次的创新服务平台。一是创新运输组织模式，整合区域客货运场站、运输车辆和信息资源，构建一体化、智能化运输组织平台；二是创新枢纽运营模式，强化交通枢纽物流、商贸、生产、金融等增值服务功能，着力打造集传统贸易、电商物流、生产加工、资金交割、城市服务于一体的现代综合服务平台；三是充分利用物联网、大数据、遥感等新一代信息技术，创新"互联网＋"交通枢纽新模式，探索建立推动枢纽经济发展的智慧交通设施，推进城市精细化管理，夯实城市综合服务保障平台。构建"交通枢纽＋信息平台"，积极引入和打造"菜鸟网＋四通一达"、国家物流信息平台、信用交通网、交通出行云等运输服务平台，依托实体交通枢纽的信息化智能化运行和信息枢纽的要素集聚，实现线上线下融合联动，为枢纽经济发展提供新动力和重要支撑。

（五）建设高标准的现代枢纽功能城镇区

城镇功能区是城市经济社会发展的主要载体，高标准建设智慧人性、生态宜居、活力自信的现代枢纽功能城镇区是城市发展枢纽经济的有效途径。建设现代枢纽功能城镇区，首先要坚持以人为本的基本原则。充分考虑区域间、城市内人口流动的客观规律和现实需求，合理布局产业、休闲、娱乐、创新等城市功能空间，积极开展各项经济社会活动。其次要强化交通与产业、城市的跨界融合，以交通支撑产业发展，以产业推进城市建设，以城市建设促进产业发展，把交通、产业、城市发展有机结合起来，形成良性互动。最后要统筹协调好枢纽功能城镇区之间、城市与枢纽功能城镇区之间的关系。培育枢纽经济发展增长极，共同推动城市实现转型升级和跨越式发展。

（六）统筹协调枢纽经济建设与城市总体规划

发展枢纽经济将与经济社会诸多领域产生交集，需要全面做好规划衔接工作，特别是与城市总体规划的统筹协调。其一，同一城市可能存在多个枢纽功能型城市区，需要强化城市发展的整体性和协调性。其二，注重完善教育、娱乐、创新等城市功能，打造绿色智慧宜居的发展环境。其三，思维"留白"，规划"留白"，为城市未来的生产和生活发展留有余地。其四，着重突破区域差距、城乡差距短板，有侧重、有针对性地进行重点建设，延伸枢纽经济辐射范围。

（七）以差异化政策推动城市错位发展

不同资源禀赋、规模大小、功能层级和交通方式主导的城市，发展枢纽经济的目标思路和路径对策是不完全相同的。各城市应结合自身发展实际，因地制宜，研究制定切合城市发展实际和远景的差异化政策，包括财政扶持、税收优惠、体制创新和土地保障等一系列支持政策。同时，充分发挥自身比较优势，加强与毗邻城市的互动，实现错位发展。积极发展各种形式的交通出行手段，满足人民群众多样化的出行需求。

（八）正确处理政府与市场之间的关系

政府主导着交通基础设施的发展，而枢纽经济以交通枢纽为载体，发展枢纽经济必须重视处理好政府和市场的关系。市场在资源配置中起决定性作用，由市场主体搭建枢纽经济服务平台，运用市场规律加速交通枢纽偏好型产业集聚；发挥政府"有形"之手的作用，全面实施政府管理、招商引资、重大项目投融资模式创新，拓展强化综合交通枢纽的经济功能，宏观把控交通、产业和城市的关系。强调政府在枢纽经济建设当中的主体意识，突出"有所为而有所不为"，强化自身引导、服务能力，正确认识枢纽经济对地方发展的突出贡献，提高政府的自觉参与水平，加强行政扶持力度，做好维护市场规范的监管者角色。

（四川省统计局　西南交通大学）

四川交通强省战略研究

党的十九大报告中提出的"交通强国"为我国新时期交通运输业的发展指明了前进的方向。本课题立足交通强国的时代内涵和特征，从四川新时期深远内陆地区全方位开放的战略要求出发，以发展交通事业、建设交通强省和突出交通对四川建设现代强省的支撑作用为基本立足点，强化战略思维和全局视野，立足四川、放眼全国，对标发达国家和发达省份，研究构建交通强省战略框架体系，以交通全方位发挥交通先行官作用，为经济强省建设贡献交通力量。

一、交通及"交通强省"内涵解读

（一）交通

"山川涸落，天气下，地气上，万物交通"（《管子·度地》）。交通对社会经济的发展具有重要意义。现代意义上的交通是指人类利用运载工具，通过交通运输线路和枢纽，实现人和物的位移活动。

交通的基本构成要素包括六个方面：人、运载工具、交通运输线路、枢纽、人和物的位移活动、与位移活动相适应的装卸设备。

交通的衍生要素包括六个方面：速度、安全、舒适、目的、信息以及组织。

（二）交通强省

党的十九大报告明确提出了"交通强国"的概念，指出要加强水利、铁路、公路、水运、航空等基础设施网络建设。习近平总书记也提出要"加快形成安全、便捷、高效、绿色、经济的综合交通体系"，这些都是国家"五大发展理念"在交通运输业领域的具体落实。关于交通强国的内涵，交通运输部领导提出主要体现在"交通自身强、支撑国家强、人民获得感强"三个方面。

"交通强国"是党的十九大报告创新篇章明确提出的，"创新是引领发展的第一动力，是建设现代化经济体系的战略支撑。要瞄准世界科技前沿，强化基础研究，实现前瞻性基础研究、引领性原创成果重大突破。加强应用基础研究，拓展实施国家重大科技项目，突出关键共性技术、前沿引领技术、现代工程技术、颠覆性技术创新，为建设科技强国、质量强国、航天强国、网络强国、交通强国、数字中国、智慧社会提供有力支撑"。交通强国与现代科学技术密切相关，科学技术创新是交通强国的重要抓手。交通强国除了在铁路、公路、民航、水运及邮政各领域"强"之外，还应具备强大的综合交通实力。交通强国主要体现在如下方面：一是拥有一支专业素质高的现代交通人，包括建设、运营、管理及维护；二是速度快、安全度高、舒适度高、绿色环保的现代化交通工具占比高，各种装卸设备智能化程度高；三是建成世界级的客货综合交通体系，构建国际性、全国性和区域性的多层级客货综合交通枢纽，打造"内连外接、通天达海"的具有现代技术水准的综合运输大通道；四是具备服务于国内外客货运输便利化的综合交通信息系统，"客行其便，物畅其流"；五是培育现代化的国家交通行业治理能力，重点构建多层次、多方式的综合交通运行指挥调度系统；六是在各类交通国际组织（包括航空、铁路运输联盟、海运组织等）中拥有良好的话语权，在重要国际运输协定以及交通工具国际标准的制定中具备强大的国际影响力；七是面向未来的强大的交通工程技术、交通工具技术及运营管理技术研发队伍和基地，始终成为现代交通技术的引领者；八是交通发展战略有效支撑国家转型发展、高质量发展战略。

交通强省的内涵是在交通强国战略指引下，按照国内领先、世界一流、人民满意、有效支撑省级区域社会主义现代化建设的要求，建设具有全球视野、区域特色的交通强省。具体为：一是要自身强，交通运输综合实力国内领先；二是要强全省，交通运输有效支撑全省开放开发战略，全面完成新时期社会经济发展各项任务。

二、四川交通事业发展的四大特征

（一）通江达海的内陆开放型综合交通体系基本形成

1. 基础设施网络规模较大

截至 2017 年，以高速铁路、干线铁路、高速公路、长江航运为主骨架的综合运输大通道、快速干线交通网、一般干线交通网、城乡基础交通网、枢纽站场体系和综合交通衔接转换系统，与京津冀、长三角、粤港澳大湾区等国内重要经济圈基本实现互联互通，"八射三联"的综合交通网络初步形成。四川省铁路运营总里程达 4919 千米，位居全国第十二、西南第一，其中高速铁路营业里程达 750 千米；公路总里程达 32.5 万千米，居全国第一，其中高速公路通车里程 6820 千米，居全国第二；内河航道总里程 10540 千米，居全国第四，其中四级及以上高等级航道1532 千米，港口年吞吐能力超过 1 亿吨，集装箱年吞吐能力达 233 万标箱。拥有 12 个通航机场（另有 3 个机场在建）。全省邮路总长度（单程）29 万千米，邮政快递网点 6183 条，总体实现乡乡设所、村村通邮。

2. 内陆开放通道支撑作用显现

出川大通道 30 条（高速公路 18 条、铁路 10 条、水路 2 条），青白江国际铁路集装箱中心站已开通成都至罗兹、纽伦堡、蒂尔堡、莫斯科、布拉格、米兰以及东盟等国际海铁联运通道、"蓉欧＋"东盟国际铁路通道等 16 条国际班列线路，并率先以全口岸运行的强大优势全面构建起成都向西至欧洲腹地、向北至俄罗斯、向南至东盟的"Y"字形国际物流通道。青白江区集装箱中心站已成为亚洲最大的铁路集装箱中心站，形成覆盖全球的国际、国内物流"两张网"。双流国际机场拥有114 条国际航线，成为中西部地区唯一的航线覆盖全球五大洲、拥有最多欧洲和中东航线的机场。

3. 多层次交通枢纽建设快速推进

定位于国际综合交通枢纽，成都重点强化铁路、公路和航空的交通枢纽建设。成都是继北京、上海后中国大陆第三个获批建设双机场的城市，是国家明确的国家骨干联运枢纽城市和国际性综合交通枢纽。

强化区域次级枢纽建设，围绕成渝城市群、成德绵经济带、川南经济区、川东北经济区等重要经济区域发展，推进包括内江、宜宾、达州在内的一系列区域级综合交通枢纽的建设。

强化航运的合作，打造以长江为主通道，以岷江、嘉陵江、金沙江、渠江为骨架，以沱江、涪江为重要补充的航道体系，建成泸州、宜宾、乐山、南充、广元、广安港等 6 大航运枢纽。

（二）现代化交通运输方式发展迅速

抓住现代交通工程技术和运输技术大变革的时代机遇，四川积极提升现代化交通运输方式占比。

1. 高铁高速公路和航空发展迅速

铁路建设取得历史性突破，成绵乐、成渝高速铁路、西成客专相继建成通车，实现了高速铁路从无到有的突破。

建成或在建高速公路覆盖全省所有市（州），普通国道、省道布局更加完善，农村公路覆盖水平显著提升。四川省作为西部最大的航空市场，2013 年至 2017年，成都双流国际机场全年旅客吞吐量分别为 33444.5 万人次、3766.1 万人次、4223.9 万人次、4603.9 万人次、4980.2 万人次，继续位居全国第四、中西部第一。机场的世界排名由 2012 年的第 46 位跃升至 2016 年的第 27 位，上升 19 位。2017 年，四川以航空运输方式进出口货物占进出口总额的 61.92％，其中双流国际机场货邮吞吐量达到 64.2 万吨。根据中国民用航空局运输司发布的《我国通用航空产业发展情况》，截至 2017 年 12 月 31 日，四川省拥有 13 个运输机场（5 个已取证通用机场、11 个未取证通用机场、2 个在建通用机场和 2 个规划通用机场）。与此同时，四川省拥有各类通用航空企业和单位 19 家，通航企业数量占西部地区的

40％以上，运行超过 330 架（含民航飞行学院），飞行员超过 220 名。其中飞机数量超过 10 架的通航企业有西林凤腾、驼峰通航、三星通航、西华航空 4 家。拥有在全国具有较强竞争力的自有航空公司——四川航空（四川航空机队规模达到 134 架，公司航线总数超过 526 条，其中国内 481 条、国际 34 条、地区 11 条，通航国家 17 个，通航城市 157 个。根据对航空公司客流量、机队规模等的统计，四川航空排名全国第 8 位，在西部各个省份中排名第一）。在机场设施建设层面，四川除了已经建成以成都、德阳、广汉、绵阳为中心的通用航空运营基地外，还在筹建金堂、崇州、自贡、巴中、攀枝花等地的通用机场，并在绵阳的北川、平武和三台规划建设 3 个通用航空机场，以用于起降轻型通用飞机。

2. 运输服务能力大幅度提升

大力推进甩挂运输、多式联运等组织模式，集装箱运输能力和运输水平大幅度提升。成都国际铁路港入选国家第一批多式联运示范项目，泸州港发展成为具备百万标箱生产能力、实现铁公水联运的全国内河主要港口，宜宾港志城作业区成为功能涵盖集装箱、滚装、重大件装卸运输的综合性港口，广安港新东门作业区、南充港都京作业区、广元港红岩作业区都已基本建成并开港试运行，实现集装箱运输为零的突破。全省开通水路集装箱班轮航线近 10 条，引导企业建立全程"一次委托"、运单"一单到底"、结算"一次收取"，铁水联运、公铁联运、空铁联运发展迅速。

（三）运输服务保障能力强

1. 运输总量大

2017 年，四川全省公路客货运总量分别达到 94098 万人、158190 万吨。水运客货运总量分别为 2364 万人和 7750 万吨，中欧班列蓉欧快铁 2017 年全年开行 1012 列，位居全国首位，占中欧总班列的 23.4％（2018 年开行了 1591 列，全年开行量继续居全国第一，实现连续三年"领跑"全国）。双流机场旅客吞吐量达到 4980 万人次，其中国际地区旅客吞吐量超过 512 万人次，位列全国第四和中西部第一，2017 年，国际（地区）旅客周转量突破 500 万人次。成都至北京航线入选 2017 年全球 20 条最繁忙航线排行榜，成都是我国中西部地区唯一上榜的最繁忙航线目的地城市。2018 年 12 月 12 日双流机场旅客吞吐量突破了 5000 万人次，进一步巩固了全国航空第四城的地位。

2. 应急运输服务保障能力强

四川属于多灾地区，暴雨、泥石流、冰雪等恶劣自然灾害天气对四川社会经济发展影响较大，偶发的地震也在短时期内对人们的生产和生活造成巨大的冲击，四川拥有包括陆地交通地质灾害防治技术国家工程实验室等应急交通技术研发团队，在灾害应急交通指挥、通信、应急物流调度、多交通方式综合协调以及应急交通保障方面均处于国际一流水平。

（四）交通科技创新达到国际国内先进水平

1. 交通技术研发实力雄厚

四川拥有西南交通大学、中国中铁二局、中铁二院、眉山车辆厂、资阳车辆厂等一大批现代交通技术研发、交通工程设计以及施工的世界级平台和企业。西南交通大学拥有综合化交通运输智能化国家地方联合工程实验室以及轨道交通国家实验室（筹），后者是我国西部地区目前唯一的国家实验室（筹），在面向未来的真空管道磁悬浮交通技术研发方面走在世界前列。

四川还拥有在航空领域较为完整的优势产业集群（飞机设计、飞机制造、民航飞行学院、空管系统、四川航空等运输企业）。四川的航空产业不但体现了我国在军用飞机领域最高的技术水准，同时还是全球重要飞机制造商波音、空客以及国产大飞机 C919 的重要零部件供应商（四川有三家一级资质供应商）。

在高速移动通信、北斗通信等领域，四川也拥有在全国极具竞争实力的技术储备和企业。

2. 交通工程队伍具有国际竞争力

四川拥有包括中铁二院、中铁二局、中铁八局在内的众多在交通工程设计以及施工方面极具国际竞争力的交通工程企业。中铁二局积极响应国家"一带一路"倡议，以项目运作和实施为依托，累计新签海外合同额 50 多亿美元，承揽海外项目近 100 个。中铁二院借着国家"一带一路"倡议的东风，参与了 80% 的铁路建设项目前期规划项目，目前公司海外在建项目共计 32 个，分布于亚洲、非洲、欧洲和拉丁美洲的 20 个国家。

（五）边远地区的交通改善明显

以深度贫困地区为重点，四川连续实施了总投资 717.6 亿元的三轮甘孜州公路建设推进工程和总投资 594 亿元的两轮凉山州交通建设推进工程。统计数据显示，2013 年至 2017 年，四川藏区农村公路的覆盖范围和延伸深度进一步扩大，新增 129 个乡镇通油路，2564 个建制村通硬化路，已实现 96% 的乡镇通油路，77% 的建制村通硬化路，较 2012 年年底分别提高 22.3 个百分点和 60.9 个百分点。

三、四川交通事业发展存在的问题

与经济社会发展和人民日益增长的美好生活需要相比，四川交通事业依然存在交通运输体系不完善、交通供给效能较低、线路结构不均衡、交通绿色化信息化水平不高等问题。

（一）交通运输体系不完善

1. 公路密度较低，高等级公路占比不高

四川公路密度仅为 66.5 千米/百平方千米，位列全国第 21 位。高速公路密度仅为 1.34 千米/百平方千米，低于全国平均水平。截至 2017 年年底，全省普通公路四级及以下公路占比达 90%，等外级公路达 3.5 万千米；农村公路占比达 85%，部分县乡道技术等级较低，制约了集散功能的发挥。三州地区三级及以上公路占比仅为 8.5%，低于全省平均水平 1.5 个百分点，部分县尚未形成两个三级及以上对外公路通道。省会与周边 3 个省区尚无高速公路连通。目前，全国已有 10 个省区实现"县县通高速公路"，其中还包括贵州、宁夏等经济发展水平远低于四川的省区，而四川省还在为之不断努力。

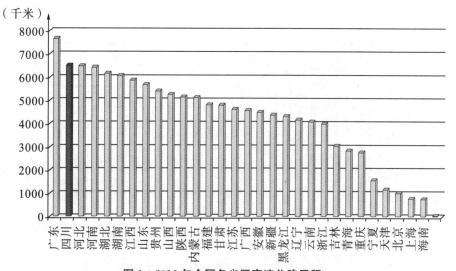

图 1 2016 年全国各省区高速公路里程

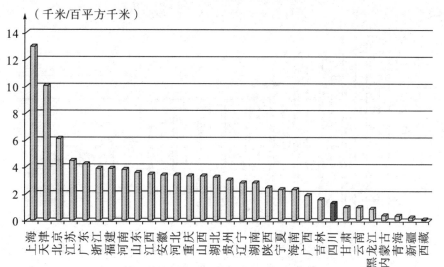

图 2 2016 年全国各省区高速公路密度

2. 高铁网络规模和运行速度全方位落后，且差距扩大

截至 2018 年 3 月，四川铁路营运里程 3976 千米，仅列全国第 15 位，落后于湖南、广西、陕西等中西部省区。铁路网络覆盖人均密度只有东部地区的 1/3、中部地区的 1/2，与四川在全国的经济地位和自身发展要求不相适应。高铁建设远远滞后于全国，差距不断拉大。目前全国已有 10 个省区高铁营运里程超过 1000 千米，全国省区即将整体进入高铁千千米时代。截至 2018 年，四川高铁里程仅 700 多千米，排名全国第 19 位，甚至不及邻省的贵州、云南。高铁里程占比仅为 12.7%，低于全国 18.5% 的平均水平。在建高铁线路等级明显偏低，市州通高铁遥遥无期。在全国规划的"八纵八横"高铁网中，四川仅有京昆、兰（西）广、沿江、包海四条通道贯穿，仅有成都、宜宾有两条以上国家高铁通道交汇。

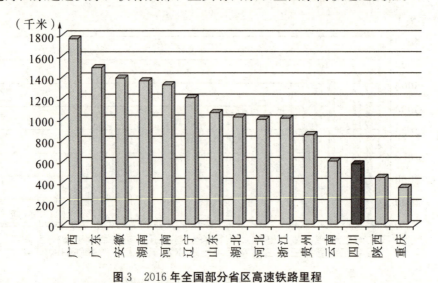

图 3　2016 年全国部分省区高速铁路里程

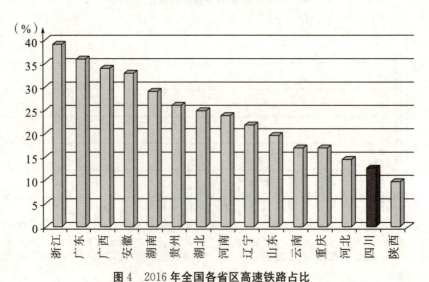

图 4　2016 年全国各省区高速铁路占比

3. 航空发展不平衡，省内干支线机场不成网

国际国内不平衡、干线支线不平衡、客运货运不平衡、航空运输和通用航空不平衡。四川民用航空机场数量虽然位居全国第二，但机场密度仅为 0.27 个/万平方千米，位居全国第 20 位。省内航空线路不成网，支线机场发展困难。

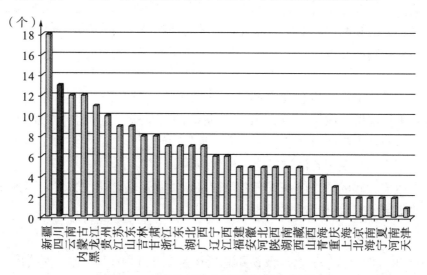

图5　2016 年全国各省区民用航空机场数

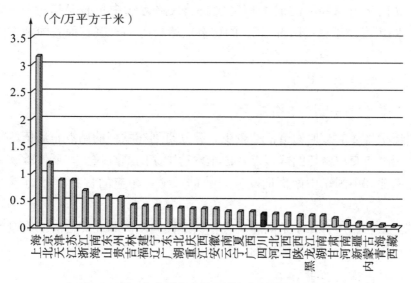

图6　2016 年全国各省区民用机场航空机场密度

（二）交通供给效能较低

1. 交通枢纽功能不完善且能级不高

四川国家级、世界级重大交通枢纽稀少，全国性综合交通枢纽数量不多。综合客运、货运枢纽以及枢纽集疏运体系建设滞后。

成都枢纽主要由公路主枢纽、铁路枢纽、航空枢纽和城市交通四大部分组成，但对比国家主要枢纽城市客运总量、货运总量、货物周转量以及旅客周转量，其中心枢纽功能并不强大。成都客运总量次于北京、广州和重庆，与天津、上海在客运总量上持平，但在公路客运量上与北京差距巨大；成都货运总量低于天津、上海和南京。从客货周转总量看，货物周转量低于北京，差距悬殊，公路运输货运周转量低于天津、上海和南京。由此可以看出，尽管成都作为整个西南地区的交通枢纽，但其中心枢纽功能并没有完全发挥，其客、货运量与其他发达城市相比还存在一定的差距。

从内河港口看，泸州和宜宾港之间的竞争远大于合作。港口基础设施建设重复，港口资源浪费。两港相距 97 千米，货源腹地重叠，竞相争夺货源而造成互相压价，航运市场无序竞争。港口刚性成本连年持续上升，两港与重庆港之间的竞合关系定位不准确，四川省港口经营规模效应弱。

各类运输方式的网络体系没有有效衔接，货物运输转化次数多，多种交通运输方式有效集成的综合性交通枢纽缺乏。

2. 现代化交通运输方式占比较低

2017 年，四川公路、水运及铁路总货运量为 171497.1 万吨，而公路运输占比超过 92％（高于全国平均近 20 个百分点），从公路运输看，集装箱货运整体占比不高，主要由于公路物流的成本相对较高。铁路运输中集装箱运量仅占 7.09％。2017 年，四川省物流总费用占 GDP 的比重依然高达 17.1％，而我国的整体水平为14.9％，美国为 7％，英国为 9％。

（三）线路结构不均衡

1. 对外通道布局不均衡

四川连接世界的交通通道依然较少。蓉欧班列在欧洲的站点布局依然较少，特别是与四川经济交往密切的区域以及位于发达国家的站点较少，要使蓉欧班列成为南亚、东南亚和中国东中南面向欧洲开放的通道，相应的货物集散通道建设依然不足。

从航空看，四川有 114 条国际航线，其中面向欧洲和北美的航线明显不足，四川需要快速缩短与发达国家之间的时空距离。

2. 出省出海大通道不畅通

目前四川西向出省通道初具规模，但线路单一，向东、向南的出省通道依然较少，与京津冀、长三角、粤港澳大湾区三大全国经济中心、全国主要经济中心城市以及北部湾经济区的快速通道没有有效建立。

3. 区域内部线路网络化不足

四川交通网络是由以成都为中心的 K 字形铁路网、以成都为中心呈放射状的高速公路网和以成都为中心的民用航线网络构成的，除了水运以外，铁路、公路、航空三个交通网络均以成都为中心呈放射状分布，主要城市之间缺少互通式的交通连接。这种单中心、放射型的交通网络结构强化了全省单核式的极核型空间结构。此外，成都越来越强大的综合交通枢纽功能与省域内次级交通枢纽的缺失也进一步固化了单核式的极核型空间结构，成都"虹吸作用"显著，区域发展差距进一步扩大。

4. 区域之间不平衡现象突出

一是与全国先进省区相比发展不平衡。省内发展条件较好的成都平原地区、川南地区，在交通建设发展上与沿海发达地区相比尚有较大差距。二是省内市州之间交通运输发展不平衡。民族地区、革命老区、集中连片特困地区交通运输发展滞后，尤其是甘孜、阿坝两州到目前为止仍未通铁路。虽然交通基础设施的差异与市州自然地理条件、人口分布、地域功能有关，但仍能在很大程度上反映出交通运输在市州之间发展的不平衡。三是城乡交通运输发展不平衡。全省不通油路的 53 个乡镇、1380 个不通硬化路的建制村全部集中在甘孜和凉山两州。城乡配送和农村物流发展缓慢，农牧民出行困难。

（四）交通绿色化信息化发展较慢

1. 绿色化水平不高

四川省新能源汽车在诸如道路优先使用权和高速路通行费价格方面并无明显的优惠政策，导致全省新能源汽车总体推广较慢，新能源运输方式在污染防控方面的作用仍未能有效体现。截至 2017 年年底，四川道路运输行业发展新能源汽车 6140 辆，其中公交车 4433 辆，出租车 250 辆，公路客运车 459 辆，载货汽车 998 辆。相比贵州，2016 年，贵州全省清洁能源、新能源公交车总量达 6682 辆，占公交车总量的 77.5%；LNG 燃料动力试点船舶已投入使用；全省普通国道、省道大中修工程路面旧料回收率达 95%，循环利用率达 70%；全省高速公路隧道节能型灯具应用整体覆盖率超过 70%。

绿色交通基础设施建设缓慢。以新能源汽车充电桩为例，全省新能源汽车充（换）电桩基础设施总量不高，覆盖范围不广，服务半径过大，离上海市充（换）电站平均服务半径 5 千米还有很大的差距。现有高速公路服务区在规划修建时基本还未考虑充（换）电站建设，大部分服务区仍未建有充（换）电设施，且电力负荷未考虑充（换）电设施的使用，造成部分服务区电力负荷、场地不能满足需求。国道、省道沿途只有传统的汽油、柴油加油站，缺乏充（换）电设施的布局规划，配套基础设施的不完善严重制约着新能源汽车的发展。

2. 信息化水平有待加强

四川交通信息化缺乏统筹规划的顶层设计。四川各个城市涉及交通信息的系统如公交系统、铁路系统、公路系统等基本上是各自独立存在的，没有建立统一的大数据平台，呈现出大网络背景下的信息孤岛模式。

（五）综合治理能力有待提升

国家层面综合运输管理的大部制改革未能有效推进，省级层面也未建立完善顺畅的多种交通协调发展、整合运行的统筹协调机制，各种运输方式管理分割，区域之间的断头路依然存在，收费站点的设置不合理，道路维护保养水平不高。在2016年公布的五年一次全国干线公路养护管理大检查中，四川普通公路和高速公路的养护水平均只列全国第20名。

交通运输建设发展的投融资体制机制仍不完善，新型投融资商业模式运用不足，资金筹措渠道较为单一。

（六）边远地区交通发展压力依然存在

贫困边远地区的交通发展相对滞后，在全面建成小康社会的决胜阶段，边远地区的交通精准扶贫是四川今后推进交通发展工作的重中之重。边远地区交通发展滞后，交通基础设施建设总量不足，基本公共服务水平不高，且地形地质条件复杂、气候和施工环境恶劣。一方面，该地区的人们对交通运输的需求日益增加，迫切需要建设交通基础设施；另一方面，在交通建设的过程中又面临很多问题。地理环境的制约使可利用建设客运站用地难以落实，交通站点建设工作任务重、面临的困难和挑战大；受自然地理条件的影响，交通站点建设施工工期短、运距长；地方财政困难，上级补助资金有限，加之土地价格及建设成本的不断上升，导致变更工程多，工程总投资难以控制。这些压力在边远地区交通建设和发展的过程中仍然存在。此外，边远地区交通通道较少，缺乏应急通道，遭遇重特大灾难性气候时，交通往往处于瘫痪状态。

四、四川交通强省战略总体要求

（一）基本思路

立足新时期国家"一带一路"倡议下新的开放战略、高质量发展以及交通强国战略要求，全面落实四川省委十一届三次全会会议精神，抓住四川内陆开放特征，以高速铁路建设为抓手，以五大系统工程建设为重点，全面提升四川交通绿色化、智能化、一体化运行水平，抓枢纽、建门户、促联通、提保障、保安全，高质量建设现代交通强省，以陆海互济、东西畅达、南北贯通的"四向八廊"战略性综合交通走廊和对外经济走廊提升四川交通—经济—人口耦合度，大力发展交通产业，将四川建设成为内陆地区一流的现代经济强省。

五大系统建设工程即：

（1）建设铁路、公路、水运、航空等基础设施网络系统，推动民用航空强枢纽，铁路发展提速度，公路网络上档次，内河航运促畅通，打造我国内陆地区一流的"内连外接、通天达海"的世界级客货综合交通网络。

（2）建设现代信息智能技术支撑的交通大数据及信息化支撑系统，使得"客行其便，物畅其流"，推动智能交通、智能物流的发展。

（3）建设与国民经济发展及货运结构相匹配的现代交通服务系统，提升货物装卸设备的现代化水平。

（4）建设一支技术实力强、运行高效的现代交通管理人才队伍，重点是构建多层次、多方式的综合交通运行指挥调度系统。

（5）建设一套特色鲜明的现代交通运输技术研发系统，尤其是强化现代轨道交通技术、现代航空技术、智能及新能源汽车方面的技术的前瞻性布局和世界领先技术的开发，有效支撑国家创新驱动战略。

（二）发展目标

第一步，到2022年，进出川高速铁路大通道、国际航空枢纽机场建设成效初显，"四向八廊"的战略性综合交通走廊和对外经济走廊初步形成，绿色化、智能化水平大幅度提升，交通对经济发展的制约基本消除。第二步，到2035年，四川通达世界、畅通全国、多运联结的铁路网、公路网、水运网、航空网以及交通信息网和物流等基础设施网络建设全面完成，交通强省建设中交通工具的现代化程度、路网的等级全面提升，现代交通工具、现代交通工程技术以及管理技术得到充分运用，四川成为现代交通强省。第三步，从2035年到21世纪中叶，国家在基本实现现代化基础上建成富强民主和谐美丽的社会主义现代化强国。这一阶段四川的交通强省更多地表现为四川交通网络体系全面融入世界交通大网络，交通组织、交通信息化水平、交通工具等都达到世界领先水平，四川真正成为交通网络强省、交通技术强省、交通管理强省和经济强省。

交通强省的基本标志为：

（1）交通网络体系有效耦合内外开放发展战略，有效融入全球以及全国交通网络体系，在全球交通网络体系中占据重要的节点，建有全国交通网络体系的重要门户和枢纽。

（2）优化交通路网等级，提升交通网络的密度，中心城市、核心城市交通路网发达。

（3）提升交通运输工具以及装卸工具现代化水平，提升交通运输管理现代化水平。

（4）具有经济高效、服务便捷的现代交通物流体系，管理高效、保障有力的交通公共服务体系，作风过硬、素质一流的交通运输人才支撑体系，基本形成创新引领、资源共享的科技支撑体系，基本建成交通运输强省。

五、对策建议

(一) 积极推进交通事业发展，高质量建设现代交通强省

1. 强化中心枢纽建设，全方位融入全国交通主干网络

积极占位国家重大交通项目，打造全国交通网络骨干网络中的重要门户、关键枢纽和核心节点。

大力推进成都国家西部综合交通枢纽成都主枢纽建设。抓住新机场建设机遇，突出打造中国西向开放的国际化航空枢纽城。要抢抓新一轮铁路特别是高铁建设的重大机遇，以蓉昆、蓉京、川藏线为建设重点，加快进出川大通道、南向开放通道、城际快线等重点铁路干线规划建设，全面提升四川高铁运行速度，加快包括着力构建内联外畅、通江达海、干支衔接、高效便捷的高铁网络。进一步优化成都高速公路路网格局。

围绕"一干多支、五区协同"大力建设次级交通枢纽，提升四川交通网络一体化运行水平。推动沿江内河港口的整合，进一步深入与长江沿线主要港口以及重要海港的合作，打造长江上游港口群。进一步强化包括乐山、宜宾、广元、达州、遂宁等城市交通次枢纽建设，提升在全国交通枢纽中的地位。围绕"一干多支"发展战略，提升东向开放战略。

2. 大力建设亚欧交通枢纽，打造内陆开放交通体系高地

大力推进青白江国际铁路集装箱亚欧门户建设，全面构建互联互通的"四向"国际物流通道。一是优化蓉欧班列的开行方案，使蓉欧班列的中线深入欧洲腹地，提升"天天蓉欧"的品质内涵。二是通过布局国外三级网点，特别是加强与德国、荷兰的合作，将欧洲服务网络延伸至末端货源集散点，完善国外揽货及物流服务网络。三是全方位提升服务品质，为企业提供高效便捷的口岸服务。四是强化国际国内合作，进一步提升铁路港集疏运的地域范围，把蓉欧班列打造成为南亚、东南亚地区以及中国东部和西部面向欧洲开放的窗口。

强化成都国际航空枢纽建设。一是进一步优化国际航线布局，尤其是深入"一带一路"优化航空布局，以成都为国内中转枢纽，加快建立至欧、美、大洋、非、亚五大洲"48＋14＋30"的国际航空客货运战略大通道建设，实现至全球门户机场"天天有航班"。二是加大国际航空货运支持力度，增强市场掌控力。紧紧稳定现有全货机运力、支持开通新的国际货运航线，支持设立货运基地航空公司，促进货代企业和航空公司聚集货源经成都中转集散。规划设立机场空侧货运航空专用货站集中发展区，重点引进国际知名货运航空公司及国内快递企业，在成都机场设立西部区域转运中心和分拨中心，促进航空中转货物的集散。三是积极推动空铁联运。

3. 以高铁建设为龙头，全面提升交通能级

积极争取全面提升新规划高铁线路以及城际铁路线的规划等级，对重要干支线进行 350 千米时速及以上标准新线建设。按照新时期"四向八廊"的规划，东向：新开工建设成南达、西渝高铁，省境内约 660 千米，两条高速时速均为 350 千米；南向：建成时速 250 千米的成贵高铁，新开工建设时速 350 千米的成自宜、渝昆高铁，省境内约 710 千米；北向：建成成都至兰州（黄胜关）铁路（时速 200 千米），新开工建设成都（黄胜关）至西宁铁路（预留时速 250 千米），省境内约 460 千米。城际铁路方面，将建成成都至蒲江、川南城际铁路内自泸段，新开工建设汉巴南铁路巴中至南充段、绵遂内城际铁路，共约 650 千米，时速均为 200 千米。四川将实现 6 至 8 小时直达京津冀、长三角、北部湾经济区和粤港澳大湾区，3 至 4 小时直达西安、郑州、武汉、贵阳、昆明等中西部经济中心城市。此外，积极探索将既有等级不高的铁路客运线发展成为高速货运，提升四川铁路货运占比及运行速度。扩大铁路集装箱运输以及公路集装箱运输占比。

提升公路尤其是高速公路、铁路与内河港口之间的衔接，积极发展多式联运。适度发展内河集装箱运输，大力发展特种航空物流，尤其是抓住新机场建设机遇，大力发展航空货运公司，促进四川航空物流事业的拓展。

4. 大力发展绿色交通，提升交通信息化水平

坚持"生态优先、绿色发展"，加快建设低消耗、低排放、低污染的绿色交通体系。积极出台四川公交绿色化行动计划，高于全国标准推动四川公交绿色化运行水平，力争 5 年内实现核心城市公交绿色化、环保化水平达到全国先进水平。强化交通节能减排。深入推进交通领域供给侧结构性改革，推广技术性节能减排，加快淘汰高能耗、高排放老旧车船，鼓励发展新能源运输装备，提升新能源车在物流、港口货运等市场的应用比例，全面降低营运车船单位运输能耗。积极推进交通行业循环经济，大力推广路面材料再生利用循环利用技术，提升道路、照明等交通基础设施的绿色化运行水平，努力建设资源节约型、环境友好型行业。

提升交通信息化水平。全面推动互联网、大数据、云计算、物联网等在交通建设、运营及管理中的深度，利用信息化提升四川交通治理水平。一是加快建立部门间、政企间、企业间信息资源互联共享推进机制，打造融入全国的智慧交通云平台，构建面向全省交通行业统一的信息系统，形成综合交通"一张图""一张网"，推动数据资源的实时交换和有效供给，提高交通信息资源的利用率。二是重点实施"互联网+"便捷交通，推动智能车牌、ETC、"一卡通"等出行信息服务系统建设，提升"北斗+车联网"在四川交通运输业及信息化物流业的重点运用，鼓励发展定制公交、网约车等"互联网+交通运输"新业态，更好地满足群众出行需要。三是加快推进"互联网+"高效物流，以智慧供应链建设为龙头着力构建物流公共信息平台，适应第三方物流、甩挂运输、多式联运等高效运输、组织模式发展需

求，推进多式联运信息互联互通。四是积极提高行业智能化治理能力。建设完善综合交通运行协同和应急指挥平台，加快推动许可证电子化、执法案件数字化，加强交通法治体系建设和运输市场管理，逐步实现行业治理能力和治理体系现代化。

5. 强化技术引领，打造世界一流交通技术研发基地和工程队伍

大力建设西部唯一国家实验室——轨道交通国家实验室（筹），重点突破包括真空管道磁悬浮、600千米磁悬浮以及400千米轮滚技术，将四川建设成为世界级现代轨道交通技术及装备产业研发基地。强化校企合作，进一步强化四川在现代交通技术创新方面的优势。

抓住新能源汽车市场爆发机遇，突出四川在新能源汽车锂电池材料、石墨烯等产业的优势，打造世界级新能源汽车电池材料基地。抓住国家重大专项机遇，积极促进军转民，将四川发展成为现代航空制造业强省。

抓住国家"一带一路"倡议和交通强国机遇，进一步发挥中铁二局、中铁二院等龙头单位的牵引作用，打造世界一流交通工程设计、施工队伍以及产业运营企业、交通走向世界的领军企业。

（二）强化交通—空间—经济发展大逻辑，以现代交通促进经济强省

1. 更好地服务国家区域发展战略

一是立足"一带一路"倡议，强化航空和蓉欧班列，将四川的交通与国家开放交通网络体系衔接，成为中国西部面向亚非欧开放的重要交通节点。

二是立足长江经济带，积极推进包括乐山、宜宾、泸州的港口建设，推动江海联运，推进沿江高铁建设，提升四川与中部和东部的交通便利度。

三是立足西部大开发，使四川交通网络体系与西部区域的交通网络体系对接，提升四川重大交通基础设施的辐射效应。

2. 全方位服务四川"四向拓展、全域开放"立体全面开放新优势的建设

以"四向拓展、全域开放"为引导："突出南向"，就是主动融入国家中新合作机制，参与中国—东盟框架合作、中国—中南半岛、孟中印缅、中巴等国际经济走廊建设，对接南亚、东南亚这个拥有23亿人口的巨大市场，拓展四川省开放型经济发展新空间。"提升东向"，就是积极参与长江经济带发展，积极推进沿江高铁规划建设步伐，拓展四川长江沿线港口与下游河港与海港的深度合作，更好地对接我国东部沿海地区和环太平洋国家的先进生产力。"深化西向"，就是要大力拓展蓉欧班列，优化释放蓉欧班列通道能力，发挥西部国际航空门户枢纽优势，推进对欧高端合作，着力打造丝绸之路经济带的重要支点。"扩大北向"，就是要服务国家外交战略，积极参与中俄蒙经济走廊建设。通过"四向拓展、全域开放"四川建设落实国家"一带一路"倡议的西部战略基地。

3. 全方位服务四川"一干多支、五区协同"区域协调发展战略

新时期四川交通建设不是简单的城市与城市之间的道路连接，而是按照"一干多支、五区协同"的区域发展新格局，全面优化区域内部的交通网络组织体系。

突出成都"主干"交通枢纽地位，进一步提升五区与成都交通的通道质量和成都对国际国内高端战略资源的集聚集成能力，特别是提升五区交通与成都天府国际机场、青白江国际铁路集装箱中心的通道水平，增强对其他区域的引领辐射带动能力，全面提升成都经济圈内部交通的公交化网络建设及运营水平。

按照"零距离换乘、无缝化衔接"要求，强化水运、铁路、公路、航空、管道等运输方式的有机衔接，加大次级交通枢纽与国际和国家级交通枢纽的通达性，在进一步优化以成都为中心的放射状网络基础之上，强化五区内部的交通网络体系组织，各区域之间以及各个区域内部要积极推进规划对接、设施互通、服务共享、市场开放，统筹交通基础设施布局，打造优势互补、协调联动、错位发展的区域发展共同体。

川南经济区要加快推进交通一体化发展，特别是加快川南城际铁路建设，提升建设标准，强化川南内河港口的整合，建成南向开放重要门户。川东北经济区要强化高铁建设的主导向，建成东向北向出川综合交通枢纽。攀西经济区要在强化与成都经济区交通对接的基础之上，提升攀西经济区战略资源通道和旅游大通道建设。甘孜、阿坝和大小凉山地区要把交通建设和全面小康、精准扶贫和旅游通道建设有效融合，高度重视重大自然灾害的应急交通网络组织和管理体系建设。

4. 推动"交通＋战略"，以交通引领产业发展和产业空间布局

（1）交通＋旅游。面向国际国内多层次旅游市场，提升旅游线路与交通线路、旅游方式与交通方式的耦合性，以旅游为导向完善相关交通线路基础设施配套，提升交通网络质量对旅游业的支撑作用。在提升旅游交通服务质量方面，推进不同运输方式的客运联程系统建设，提高联网、联程、异地和往返票务服务水平，推广设立异地城市候机楼，推进空铁联运服务，完善全国汽车租赁联网，实现一地租车、异地还车。

（2）交通＋工业。有效推动交通与产业的耦合是四川交通强省的重要内容。一方面是依据不同区域产业发展要求规划发展与市场方向和产品类型相匹配的交通运输方式以及线网，尤其是依托青白江国际铁路集装箱中心站，大力发展中欧合作产业园区，大力发展面向欧洲以及亚非的适箱工业（其产品适合利用集装箱运输的工业）。另一方面则是积极发展充分发挥重大交通项目产业效用的产业，如临空经济、临港经济（内河＋铁路港）。依托四川航空的优势，高水准规划具有国际水准的临空产业园区，大力发展航空货运，突出相关区域产业发展的临空导向性。此外，交通设备制造业应该成为四川打造经济强省的产业支撑。

（3）交通＋农业。乡村振兴战略与交通强省战略的叠加，农产品种植业和加工

业的发展与交通网络和交通方式的结合，能有效提升和扩大农业的市场，如温江园林花卉利用青白江国际铁路集装箱中心站拓展国际市场。推动发展农产品冷链物流，将农业产业园区以及交通网络节点的规划有效耦合，扩大农业市场半径和时间半径。

5. 大力推进"＋交通"发展战略，提升交通服务产业发展的能力

围绕"一干多支，五区协同"发展战略，助推全省经济副中心建设，有效联通四川各个国家级经济技术开发区、省市级产业园区，有效提升与四川社会经济空间格局、既有产业升级和市场空间拓展密切匹配的交通网络和主导交通方式。

6. 更好地服务国家交通技术现代化战略

四川在轨道交通、航空装备制造、新能源汽车等领域拥有相当强的技术研发实力，为更好地面向未来技术发展和进行国家交通技术布局，四川要突出轨道交通和航空技术发展的领先优势，推动包括轨道交通国家实验室等一批重点技术实验室的建设和发展，推动产学研一体化的现代交通产业联盟发展。进一步发挥四川在重大装备、新材料等领域的优势，发展现代装卸设备，并积极促进技术优势向产业优势的转化。

（四川省统计局　西南交通大学）

新时代四川现代产业体系构建研究

党的十九大报告提出要着力加快建设实体经济、科技创新、现代金融、人力资源协同发展的产业体系。这是我们党创造性地从要素投入角度确立的产业体系建设新目标，是扎根我国发展实践、符合经济发展规律的重大理论创新，为下一步四川构建现代产业体系指明了方向，提供了根本遵循。四川省委 2018 年经济工作暨全省金融工作会议也提出要"加快推进产业发展、构建现代产业体系，必须作为落实高质量发展要求、建设经济强省的核心任务强力推进"，进一步明确了建设现代产业体系的重要性。为此，四川必须认真贯彻落实党的十九大精神，按照省委的安排部署，加快建设现代化经济体系，实现新时代由经济大省向经济强省的跨越。本文着眼于四川产业体系的未来创新发展、转型发展、可持续发展，深入分析了新时代四川构建现代产业体系的逻辑必然、丰富内涵、现实条件，提出了构建路径和保障措施。

一、新时代四川现代产业体系构建的逻辑必然

（一）四川进入建设以高质量发展为目标的现代化经济体系阶段

习近平总书记在党的十九大报告中指出，中国特色社会主义进入了新时代，并作出了我国经济已由高速增长阶段转向高质量发展阶段的重大战略判断。当前和未来一段时期，世界正处在快速变化的历史进程之中，世界经济正在发生更深层次的变化，我国经济正处在转变发展方式、优化经济结构、转换增长动力的攻关期。建设现代化经济体系是跨越关口的迫切要求和我国发展的战略目标，是我们党在新时代对经济发展作出的总体部署和扎实安排，是应对我国社会主要矛盾新变化的迫切需要，是适应经济发展新特征新要求的主动选择，是我国经济进入高质量发展阶段的必然要求，是实现新征程新目标的必由之路。对四川而言，当前全省进入了发展方式加速转变、经济规模质量同步提升、工业化城镇化双加速、多点多极发展整体跃升、新旧动能接续转换、产业加快转型升级的历史新时期。同时，全省人口多、底子薄、发展不充分不平衡的省情没有变，全面发展压力、区域竞争压力、资源环境压力较大，各种深层次结构矛盾相互交织。因此，要实现新时代经济发展方式转变、经济结构优化、增长动力转换，最终由经济大省向经济强省的跨越，四川就必

须深刻认识省情，积极抓住历史机遇，有效应对挑战，紧紧围绕高质量发展这个核心目标，推动质量变革、效率变革、动力变革，加快构建现代化经济体系。

（二）构建现代产业体系是四川现代化经济体系建设的重要组成

习近平总书记在党的十九大报告中做出了"贯彻新发展理念，建设现代化经济体系"的全面部署。现代化经济体系是由社会经济活动各个环节、各个层面、各个领域的相互关系和内在联系构成的一个有机整体，主要由产业体系、创新体系、协调体系、开放体系、制度体系等子系统构成，反映一个国家或地区发展质量、创新能力、协调程度、开放水平、市场活力等诸多方面的现代化水平，是实现现代化的经济基础。其中，现代化产业体系是现代化经济体系的主要内涵和战略重点之一，是现代化经济体系的重要支撑。产业强则经济强，只有现代产业体系壮大、协调，现代化经济体系才有坚实的基础。进一步而言，现代化产业体系是与党的十九大报告提出的"现代化经济体系"相呼应和相适应的现代化产业体系类型，更加强调要开发质量更高的人力资源，依靠现代金融给现代化经济体系注入强劲的血流，追求自主创新能力基础上的科技创新，特别是促进实体经济、科技创新、现代金融、人力资源协同发展。对四川而言，尽管经过多年的建设发展，已经形成了门类较为齐全的产业体系，但与高质量发展要求相比，产业体系不优，供给体系处于中低端，优势产品少、企业竞争力弱、经济效益差、结构不合理，受到科技、人才的制约还比较明显，整个产业体系对经济发展的支撑作用还不足。为此，构建一个强大的现代化产业体系，做到总量大、结构优、创新能力强、质量效益好，对四川构建现代化经济体系，实现经济发展向形态更高级、分工更优化、结构更合理的阶段演进，进而为全省现代化建设打下决定性基础具有十分重要的现实意义。

二、新时代四川现代产业体系构建的丰富内涵

区别于通常意义的现代产业体系，本文所指的现代产业体系是与党的十九大报告提出的"现代经济体系"相呼应和相适应的现代产业体系类型，专指与当前我国贯彻新发展理念，建设现代经济体系相适应的产业体系，具有先进性、动态性、开放性、可持续性和以人民为中心等重要特征，着眼的是供给侧和结构性，瞄准的是提高质量、效率和效益。

（一）实体经济是建设现代产业体系的核心根基

习近平总书记指出，不论经济发展到什么时候，实体经济都是我国经济发展、在国际经济竞争中赢得主动的根基。从理论上讲，实体经济是指创造产品和提供服务的经济领域及活动，是现代产业体系的核心基础，其中现代制造业又是当前实体经济的重要组成部分，是区域及国家经济赖以发展的基础，是经济现代化及经济强国的根基，也是满足人民对美好生活需要的主要依靠。世界各国经济发展的经验表

明，当一国经济形势面临较大不确定性或进入转折期时，实体经济具有重要的支撑作用。在这方面，世界上很多国家都受过教训，如 20 世纪 90 年代初的日本经济大衰退，就与当时日本本土经济空心化、实体经济青黄不接有极大的关系，同一时期爆发的亚洲金融危机，在很大程度上也是相关国家实体经济虚弱所致。此外，实体经济的发展程度也代表了一个国家综合实力的高低。实体经济的发展规模和水平直接决定了各国的财力和地位，代表了包括话语权在内的国家实力。因此，可以说，实体经济发展事关我国建设现代化经济体系的未来及经济国际竞争力的提高，事关能否顺利实现"两个一百年"的奋斗目标。

对四川而言，必须结合自身发展实际，大力发展实体经济，要聚焦高端产业和产业高端，确立"354"现代产业体系主体框架，即做强三大优势产业、壮大五大新兴产业、培植四大新经济产业。一是要做强现代农业、电子信息、现代旅游等优势产业。擦亮农业大省的金字招牌，打造更多"川字号"知名品牌，大力促进农业与二、三产业融合发展。提升和优化电子信息产业链布局，主动承接新产品生产加工，实现产业聚合发展。促进旅游业与三次产业融合，做大、做精、做优现代旅游产业集群，打响四川旅游品牌，建设世界重要旅游目的地和旅游经济强省。二是要壮大军民融合、清洁能源、装备制造、生物医药、现代金融等新兴产业。巩固航空、航天、兵器、电子、核技术等军民融合战略基地的重要地位，发展高端防务装备、军工电子、核电装备、核医学应用等重点产业，推动军民融合协同创新和集群化发展。有序推进水电建设，适度发展太阳能和风电等可再生能源。加快通用航空、轨道交通、新能源汽车等产业发展。加快发展生物医药产业，加快推进西部金融中心建设，提升要素集聚和辐射能力。三是要大力发展大数据产业、人工智能、流量经济、共享经济等新形态。建设四川大数据共享开放平台，加快推进大数据、云计算、物联网技术向各行业融合渗透，发展大数据产业。大力发展智慧物流、智慧金融、互联网医疗和智慧办公、智慧家居等产业，促进人工智能产业发展。发挥枢纽优势，吸引重要企业在川建立区域总部、研发中心、采购中心、财务管理中心和结算中心，促进流量经济发展。推动办公空间、生产线、研发中心、专利技术成果等创新资源和供应链管理、智慧仓储、现代交通运输等流通资源共享，促进共享经济发展。

（二）科技创新是建设现代产业体系的动力引擎

创新是引领发展的第一动力，是建设现代化经济体系的战略支撑。从我国的实践来看，低成本资源和要素投入形成的驱动力明显减弱，传统比较优势日益减弱，经济发展面临动力转换关键节点，依靠增加要素投入和出口拉动的粗放型发展模式的老路行不通，发展动力必须转向创新驱动，实现创新引领发展，为构建现代产业体系打造新引擎、构建新支撑。为此，必须在推动发展的内生动力上进行根本性转变，必须依靠科技创新，以知识、技术、企业组织制度和商业模式等无形要素对现有的资本、劳动力、土地等有形要素进行重新组合，提高全要素生产率，激发现代产业发展新动力。从全球范围来看，全球科技创新进入空前密集活跃期，新一轮科技革命的深度、广度、速度和影响前所未有。大数据、人工智能、物联网、纳米材料、基因编辑技术等颠覆性技术层出不穷，科技突破转化为生产力和经济效益的周期大大缩短，新产业、新业态、新模式加速涌现。为此，世界主要国家和地区都在强化创新战略部署，力图在战略必争领域赢得一席之地，科技创新将从根本上改变全球竞争格局和国民财富的获取方式，全球进入空前的创新密集和产业变革时代，这也要求我们必须准确判断，牢牢把握，快科技创新，才能在新一轮科技和产业革命中赢得发展的主动权。

对四川而言，要促进科技创新与实体经济的协同发展，一是要优投入。既要利用好研发资金，提高资金的使用效率，又要健全重大科技创新引导基金，吸引民间资本进入，提高企业研发回报率。二是要搭平台。进一步破除高校（科研院所）与企业合作的藩篱，搭建服务科技创新的各类平台，形成整合资源、共享信息、支撑有力、服务精准的集成平台。三是要优政策。要重视政策的统一规划，健全创新政策体系，强化科技创新支持力度，营造良好的创新生态环境。

（三）现代金融是建设现代产业体系的媒介基础

金融是现代经济发展运行的核心和社会资源配置的枢纽。从理论上而言，现代金融体系有六大功能，即清算和支付、融通资金和股权细化、为在时空上实现经济资源转移提供渠道、风险管理、提供信息、解决激励问题。金融服务实体经济，要有效发挥其媒介资源配置的功能，提高金融的中介效率和分配效率。具体而言，一方面，通过吸存社会上大量闲置的资金，并将这些资金用于实体经济的生产，帮助实体经济解决资金短缺问题，从而促进实体经济的资本积累；另一方面，把社会资本从效益低的领域转向效益高的领域，为那些发展潜力大、经营效益好的企业提供充足的资金，优化社会资本的配置效率。同时，资产重组、合并还会在企业间出现存量资本，在不同的行业中存量资本能够再次优化资源配置，盘活因投资决策失误或市场需求结构转变而闲置的存量资本，提高社会资本的利用效率。从世界各国和地区的发展经验来看，金融因实体经济发展的需要而产生，并依赖于实体经济的发展，通过构建高效的金融体系可以进一步促进实体经济的发展。因此，高效的金融业能促进实体经济的健康发展。

对四川而言，促进现代金融与实体经济的协同发展，一是要促改革。要加快金融体系改革，积极打造西部金融中心，完善资本与实体经济的对接机制，引导资本向有潜力、有特色、有市场的实体经济集中。二是要拓渠道。要拓宽实体经济融资空间，增强地方金融实力，加大对中小微实体企业的支持力度。积极构建多层次资本市场。要创新实体经济的融资方式，在发挥银行信贷这一融资主渠道的同时，积极拓展商业保理、债券融资、小贷公司、互联网金融借贷、私募股权融资等业务。三是要强服务。要健全金融服务实体经济的体系，整合现有资源，创新金融服务和产品，精准对接实体经济需求，从深度和广度上提升服务水平。

（四）人力资源是建设现代产业体系的关键支撑

党的十九大报告指出，"人才是实现民族振兴、赢得国际竞争主动的战略资源"。理论上，人力资源除了数量方面的特征外还应该包括质量方面的特征，即人力资本，它指的是人的知识与技能的存量总和。作为生产力中最活跃的因素，人力资源在增强人类在生产中的能动性、提高社会生产率以及促进经济增长方式转变等方面发挥了重要作用，同时，人力资源开发程度的提升表现出较强的外部性，对其他生产要素的形成和使用效率提升等方面也有着积极的促进作用。现代产业体系的发展对人力资源有着强烈的资源依赖性，在研发阶段需要高水平技术人才，在制造阶段需要高效率技能人才，在营销阶段需要高素质经营人才。从世界各国经济发展的历程来看，一个国家的人力资源和产业体系若能相互匹配、协同发展，将会对该国的产业优化升级、经济持续发展起到巨大的推动作用。一般来说，经济发展过程也是产业结构不断调整的过程。因此，产业结构调整的速度也在一定程度上制约了经济发展的速度，而人力资本的有效供给会提高产业结构调整的速度，进而也会加快经济发展的速度，可以说，能否吸引人才、留住人才、用好人才，已成为能否构建现代产业体系的关键一环。正如习近平总书记所说的："没有人才优势，就不可能有创新优势、科技优势、产业优势。"

对四川而言，促进人力资源与实体经济的协同发展，一是要重教育。要积极推进一流大学和一流学科建设，不断完善各类职业教育和培训体系，创新人才培养方式和渠道，以培养更多不同层次的人才。二是要聚人才。一方面要吸引高端人才向四川集聚，推动重要科技项目建设、重大科技成果转化和重点科技产业发展；另一方面又要注重在实际锻炼中培育出具有改革精神、创新意识、领导能力、经营水平的企业家群体。三是优服务。健全完善收入分配政策，完善人才服务配套机制，营造尊重人才、尊重知识的良好氛围，为实体经济留住更多优秀人才。

三、新时代四川现代产业体系构建的现实基础

（一）产业发展规模持续扩大，产业整体竞争力不强

近年来，四川形成了门类较为齐全的产业体系，2017年，全省地区生产总值达36980.2亿元，位居全国第6位。服务业增加值连续6年每年跨上一个千亿级台阶，2017年达18403.4亿元，在全国较2012年提高3个位次，赶超河北、湖南、辽宁。

尽管四川产业规模不断扩大，但其与东部沿海发达省份相比仍存在较大差距。广东、江苏、山东等第一梯队省份已处在6万亿元的数量级上。同时由于四川省传统产业特别是资源型产业比重过大，总体产业技术水平仍较低，多为劳动密集的加工型企业，生产效率不高，2017年四川全员劳动生产率比全国平均水平低2.5万

元/人；缺少引领产业发展的龙头企业，入围 2017 年中国企业 500 强的四川企业仅 15 家，百亿企业 61 家，仅为广东的 1/3，浙江、山东、江苏的 1/2。"专精特新"企业数量偏少，引领新经济新产业的"独角兽"企业较为稀缺。同时由于大部分产业处于价值链的中低端，企业盈利能力较差，2017 年四川省规模以上工业企业主营业务收入利润率比全国低 1.1 个百分点。

（二）产业转型升级明显加快，层次结构有待优化

近年来，四川大力推进产业转型升级发展，着力做大增量优化存量，产业结构优化调整步伐加快。三次产业结构从 2011 年的 13.6：47.1：39.3 调整为 2017 年的 11.6：38.7：49.7，实现从"二三一"型转为"三二一"型。产业高级化趋势明显，十大军民融合高技术产业基地正加快建设，军民融合产业主营业务收入突破 3000 亿元；新经济、新业态快速发展，新动能、新增长点加快培育，非公有制经济健康发展，占地区生产总值比重达到 60.7%。以现代金融为代表的现代服务业迅速发展，金融业增加值实现 3303.3 亿元，增长 21.0%。

尽管四川产业结构加快调整升级，但产业结构不平衡问题依然突出。传统农业占比高，现代服务业占比低，第一产业占比高于全国 4 个百分点，第三产业占比低于全国 1.9 个百分点，较广东、浙江分别低 9.5 和 3 个百分点。资源型产业占比高，高新技术产业占比低，传统资源型和原材料工业、重化工业占比近 70%，高新技术产业工业总产值占规模以上工业总产值比重为 31.2%，比江苏、浙江分别低 11.5 和 11.1 个百分点。低附加值产业占比高，资本科技密集型产业占比低，规模以上工业企业主营业务收入利润率为 6.2%，低于全国 1.1 个百分点，集聚大量技术和资本的高新技术企业仅有 3571 家，而广东高达 2 万家。

（三）产业创新能力大幅提升，核心技术严重缺失

近年来，四川牢牢把握成为国家全面创新改革试验区和自由贸易试验区的历史机遇，积极实施创新驱动战略，深入推进全面创新改革试验。2016 年，科技对经济的增长贡献率达 54%，较上年提高 8 个百分点，专利授权量居全国第 9、西部第 1。国家工程实验室、重点实验室、工程技术中心、公共研发平台等总数居全国前列。科技投入逐年提高，2016 年四川 R&D 经费支出 561.4 亿元，同比增长 11.6%，总量排全国第 8 位；R&D 经费支出占地区生产总值的比重为 1.72%，较 2012 年提高 0.12 个百分点。

尽管四川科技创新能力不断增强，但自主创新能力不足、核心技术匮乏问题并未得到根本转变。以企业为主体的技术创新体系尚未形成，全省大中型企业中设有研发机构的企业和开展研发活动的企业不足 15%，工业企业 R&D 经费支出占全省研发经费支出的 46.9%，比全国低 20 个百分点左右。大部分企业没有掌握关键技术，自主知识产权较少，多为劳动密集的加工型企业，技术引进消化吸收再创新的能力不够，大多数核心高端技术还需从外部进口。2016 年 PCT（《专利合作条约》）

国际专利申请量四川仅有 527 件，而广东有 2.4 万件。

（四）产业集聚效应不断释放，产融结合有待深化

随着工业化的加快推进，全省以规模经济和外部经济"双重效应"为特征的发展趋势日益显现，一些优势产业的相互关联企业和法人机构高密度聚集、专业化分工，形成了一些配套完整的产业集群，产业竞争力不断增强。截至 2017 年年底，全省共有各类工业园区 184 个，其中，国家级新型工业化产业示范基地 16 个，营业收入超过 2000 亿元的产业园区 1 个，超过 1000 亿元的产业园区 2 个，超过 500 亿元的产业园区 12 个。产业集聚度不断提高，工业在产业园区的集中度达到 69.5%，目前，全省已成为全国重要的电子信息、装备制造、农产品加工、清洁能源等产业基地，制造业中有 5 个行业总产值占全国的比重超过 5%，这为四川从经济大省向经济强省跨越提供了有力支撑。

尽管产业发展呈现良好发展态势，但金融服务实体经济发展的功能整体较弱。金融机构惜贷现象明显，2017 年年末，四川金融机构本外币各项存款余额 7.3 万亿元，贷款余额 4.9 万亿元。资金配置和产业发展需求错位问题严重，大量资金流向房地产或在金融系统内空转，产能过剩行业占有大量资金，新兴产业、中小微型企业、民营企业的资金需求得不到有效满足，致使实体经济转型升级得不到金融供给的有效支持。同时，金融风险比较突出，部分企业杠杆率比较高，个别地方政府的隐性债务水平较高，对现代产业体系的构建和稳健运行带来了较大的隐患。

（五）产业配套设施日趋完善，有效人才支撑不足

经过西部大开发尤其是近年来大规模建设，四川产业发展的配套设施更加完善，形成了包括 7 条铁路、10 条高速公路和 1 条水运通道的 18 条进出川通道综合交通体系，综合交通总里程达到 31.4 万千米。"再造一个都江堰灌区"建设任务全面完成，农业发展条件显著改善，"天府之国"更加名副其实。能源设施加快建设，电力装机大幅上升，四川成为国家主要的清洁能源基地。

尽管产业发展配套不断夯实，但人力资源对现代化建设的支撑依旧不足，一是缺乏大量普通技能型人才，发达国家的高技能人才普遍占到技能人才总量的 40% 以上，国内沿海发达地区高技能人才在技能人才中的占比超过 30%，而四川省技能人才中超过 80% 都是初中级技能人才。二是高精尖人才较少，前十三批国家"千人计划"引进的 7000 名专家中四川仅占 262 名，数量仅为北京的 15.9%、上海的 26%。三是人才开发机制不健全，专业技术人才主要集中在科研、教育、卫生等机关事业单位，企业高层次创新人才匮乏。

四、新时代四川现代产业体系构建的实施路径

（一）坚持以实体经济为本，强化产业间的正反馈效应

以深化供给侧结构性改革为主线，进一步优化产业结构，大力推动产业迈向价值链中高端，在提升发展质量效益、壮大提升竞争优势上取得新突破。

深入推进供给侧结构性改革。分类推进去产能，严格执行国家安全、环保、能耗等法律法规和产业政策，推进煤炭、钢铁淘汰企业产能退出与置换，突出抓好改制重组和破产清算处置工作，着力破除无效供给。有效化解房地产库存，坚持房子是用来住的定位，分类调控、因城施策，构建租售并举的住房供应体系，有效化解三、四线城市商品住房和全省商业用房的库存。积极稳妥结构性去杠杆，严控地方政府隐性债务。通过债转股、增加直接融资特别是股权融资、清理"僵尸企业"、扩大企业资本金补充渠道、提高企业资金使用效率等方式推进去杠杆特别是国有企业杠杆。多策并举降成本，要落实好中央、省减税降费政策，落实加快民营经济发展措施，加快电力油气等能源体制改革，降低企业税费成本、制度性交易成本、用能成本，发展多式联运等现代物流运输组织形式，降低物流成本，减轻实体经济成本负担。全力以赴补短板，全力打好脱贫攻坚战，确保全部人口如期脱贫，加快农村道路等基础设施建设，推进教育、医疗、卫生等基本公共服务均等化，打好大气、水和土壤污染防治三大战役，严守环境质量"底线"和生态保护"红线"，实现"天更蓝、水更清、地更绿"，筑牢长江上游生态屏障。

加快推进先进制造强省建设。突出制造业特别是先进制造业在现代产业体系中的核心地位。深入实施《中国制造2025四川行动计划》，抓好高端产业和产业高端培育，做大做强七大战略性新兴产业和五大高端成长型产业，实施"卓越产业集群培育计划"，重点推进新一代信息技术、人工智能、航空航天、高端装备等领域产业技术创新，壮大一批行业领军企业，打造更多百亿企业、千亿产业、万亿集群。大力发展制造业新业态新模式。着力在数字经济、生物医药、大健康、创意经济、共享经济、现代供应链等领域形成新增长点，加快培育精准医学、人工智能、核技术应用等未来产业，创造供给侧新优势。大力推动互联网、大数据、人工智能和制造业"四位一体"深度融合，加快促进跨界新业态新模式新产品发展，形成一批具有爆发力和引领力的新增长点。加快发展服务型制造和生产性服务业。积极发展工业设计、总集成、总承包等生产性服务业，通过"互联网＋制造业＋服务""产品＋服务"的聚合裂变，培育一批服务型制造示范企业、项目和平台，推动制造业智能化、绿色化、服务化。大力发展面向制造业的信息技术服务，加快发展研发设计、科技咨询、第三方物流等第三方服务，增强对先进制造业发展的支撑能力。

大力推动传统产业转型升级。没有落后的产业，只有落后的技术。充分运用好、发挥好传统产业的比较优势，大力实施传统产业振兴计划，运用先进信息技术

改造传统产业生产工艺、制造流程、管理系统和服务体系，提供差异化个性化优质产品和服务，更好地适应和引领消费需求。着力构建现代农业产业体系、生产体系、经营体系，完善现代农业产业链，做强川酒、川茶、川菜、川果、川药、川猪等特色优势产业，大力推动一、二、三产业融合发展，大力培育休闲农业、乡村旅游、森林康养、农村电商等新产业新业态，擦亮农业大省金字招牌。着力推动白酒转型和化工、水泥重组，促进轻工、纺织、食品、医药等传统优势产业向研发、设计、营销、品牌等"微笑曲线"两端延伸，焕发新的活力。着力实施一批示范性智能制造项目，支持汽车制造、油气化工、钒钛钢铁及稀土、能源电力、饮料食品等传统优势产业，加快数字化、网络化、智能化改造，大力发展个性化定制、网络化协同、云制造，促进形成数字经济时代的新型供给能力。着力推进旅游业转型升级，下大力气推进全域旅游，进一步开发旅游新产品新业态，大力发展红色旅游，创新发展库区旅游、科学设施旅游、工业遗址（遗产）旅游，打响四川旅游品牌。同时，要统筹考虑经济发展、结构升级、社会稳定等多重因素，更加注重运用市场机制和经济手段化解过剩产能，完善淘汰企业退出机制。

积极推动产业内外开放合作。抢抓自由贸易试验区建设战略机遇，进一步深化自由贸易试验区创新改革，探索建设内陆自由贸易港，抓好贸易通关便利化一体化建设，引导航运物流、航空航天、装备制造等产业向自由贸易试验区集聚。积极推动与欧洲经济圈和亚太经济圈的高端化合作，注重引资与引技、引智相结合，突出高端产业项目引进和供应链、核心价值链招商，鼓励跨国公司在川设立先进制造基地、区域总部和研发中心等功能性机构，增强内外资企业产业关联技术和交流。积极响应"一带一路"倡议，抓好用好长江经济带建设战略机遇，广泛开展与"一带一路"沿线国家在能源资源、电子信息、装备制造等领域的合作，深化与京津冀、长江经济带省份以及成渝城市群、泛珠三角等区域合作，大力推进四川制造、四川服务"一体化"走出去，打造跨境产业链。全面优化开放合作平台，依托中捷通用航空产业等合作项目开展国际技术合作，协同开展创新研发及成果转化应用。加快中德、中法、中韩、中意等国别产业合作园区建设，打造具有示范效应和国际影响力的开放合作平台。

（二）提高科技创新能力，拓展实体经济产业链长度

深入实施科技创新工程，推动产业创新发展能力实现新突破，围绕产业链部署创新链，拓展实体经济产业链长度，积极打造国家创新驱动发展先行省。

推动军民融合深度发展。深入实施军民融合发展战略，充分发挥四川的科技创新优势和产业发展优势，积极对接军地需求，全力以赴创建国家军民融合创新示范区。健全军民融合体制机制。建立"省部军"共同参与的军民融合创新改革工作机制，建立需求对接机制，推动军地资源共享，进一步丰富融合形式、拓展融合范围、提高融合层次，加快形成全要素、多领域、高效益的军民融合深度发展格局。打造军民融合产业集群。大力实施军民融合重点创新工程，深化我省与12家军工

企业和中物院等的战略合作，实施一批军民融合产业项目，重点围绕核技术、航空航天、新一代信息技术等优势军工领域，打造成德绵国家级军民融合发展集聚区，切实发挥引领、辐射、带动作用。推进十大军民融合产业园区建设，加快推进核技术、核动力、核电装备、航空整机、航空发动机、通用航空、航天、信息安全等军民融合优势产业集群。完善军民融合配套体系。加强军民两用技术交易中心、技术转移中心建设。推进军民科技协同创新平台建设，促进军民联合实施重大科技项目攻关。建立军民融合战略和理论研究智库。加快制定出台军民融合中长期发展规划，构建全省军民融合统计指标体系。推进军民融合相关领域地方性法规立法。

强化科技力量支撑。推进前沿战略研究。锻造基础技术、核心技术、前沿技术和应用技术创新链条，集成跨学科、跨领域的优势力量，重点聚焦空间、网络、核、材料、能源、信息、生命等学科领域，系统开展一批能产生颠覆性创新技术的研究，为未来产业发展打下基础、积累原创资源。围绕信息安全及集成电路、生物技术与医药等事关全省长远发展的重点领域，部署实施重大科技专项。加快突破一批重大核心技术，掌握一批核心知识产权，开发一批战略性产品，培育发展一批战略性新兴产业。搭建创新平台载体。面向国家战略产业技术领域，谋划部署一批支撑高水平创新的重大科技基础设施，积极争取国家重大科技基础设施、国家科学中心、国家制造业创新中心、国家技术标准创新基地等在川布局和加快建设。围绕经济社会发展需求，依托全面创新改革试验区、攀西战略资源创新开发试验区、成都国家创新型城市、国家自主创新示范区建设，建设一批制造业创新中心、企业技术中心、工程（技术）研究中心、重点实验室、工程实验室、技术转化中试基地。

提升企业创新能力。大力培育创新型企业。开展"百千万创新企业"培育行动，通过经济杠杆、政策导向以及激励与约束机制，引导企业增加研发投入。鼓励企业开展技术、管理、制度和商业模式等全领域、多形式创新。支持企业牵头组织实施重大科技创新项目，鼓励大中型企业和规模以上高新技术企业建设高水平研发机构，打造一批集成化研发服务集团，实现大中型工业企业和规模以上高新技术企业研发机构全覆盖。支持中小微企业创新，鼓励企业进行对外直接投资，主动融入全球供给链和国际创新链。着力完善协同创新。实施产业协同创新行动，在优势产业、战略性新兴产业和高端成长型产业领域组建一批产业技术创新联盟，推进协同创新和联合攻关。发挥高校和科研院所的创新作用，瞄准国际科技发展前沿，持续推进前瞻性、系统性、应用性基础研发，支持高校院所与骨干企业建立研发平台和产业技术创新战略联盟，建立风险共担、利益共享长效机制。着力扩大科技开放合作，鼓励企业深化国际交流合作，充分利用全球创新资源，在更高起点上推进自主创新。

推动科技成果转化。强力保护知识产权。按照国家机构改革方案，积极推进省知识产权局重组，集中负责专利、商标和地理标志行政事务管理。积极推进中国（四川）知识产权保护中心、中国成都知识产权快速维权中心建设。构建保护知识产权举报投诉与维权援助平台。完善知识产权保护相关法律法规，强化知识产权执法力度，严厉打击侵权行为，加大侵权违法行为惩治力度。打造转移转化平台，推进国家技术转移（西南）中心、四川省知识产权公共服务平台等技术转移服务机构建设。构建科技成果信息汇交系统、技术交易网络系统。开展国家首批专利代理行业改革试点省工作，加快国家知识产权服务业集聚发展试验区、国家专利审查协作四川中心建设。打造国家重大新药专项成果转移转化试点示范基地。争取国家在川布局重大科技成果转移转化示范区。完善转移转化配套。健全科技人才激励政策，鼓励科技人才以知识产权入股、期权奖励、技术有偿转让等方式参与要素收益分配，积极推进高校、科研院所职务科技成果权属混合所有制改革试点和高校、科研院所等事业单位科研经费管理改革，充分激发科技人员积极性。推进金融科技融合，做实和引进天使投资基金、风险投资基金、产业并购基金，支持科技型企业上市、挂牌及融资，推广"盈创动力""天府知来贷""知识产权抵押融资"等科技金融服务模式和创新券补助政策，拓宽科技型企业融资渠道。

（三）强化现代金融效率，拓展实体经济产业链宽度

充分发挥金融配置资源的重要作用，推动金融回归服务实体经济本源，专注主业，全面构建与实体经济发展相适应的金融格局，全面提升金融服务质量和效率，助推现代产业高质量发展。

构建现代金融发展新格局。完善金融机构体系。积极吸引国内外知名金融机构来川设立分支机构，加快城商行、农村信用社改制，通过兼并重组、引进战略投资者优化股权结构，实现增资扩股和治理结构优化，稳步推进跨区域发展。深化四川金控改革，探索打造涵盖银行、保险、证券、信托、创投、基金、担保、小贷、融资租赁、资产管理等多种门类的金融控股集团。争取国家金融监管部门和国务院相关部门的支持，适时组建四川银行，面向全省小微企业提供专业化服务。规范发展新型金融机构和业态。支持符合条件的社会资本依法发起设立功能明确、自担风险的农村中小金融机构、金融租赁公司、消费金融公司、汽车金融公司。支持优质大型企业集团发起设立财务公司，积极向上申请推动成立资产管理公司。整合小额贷款公司、融资担保公司。规范典当行、融资租赁公司、商业保理公司、地方资产管理公司。健全金融市场体系。完善金融市场体系。打造运行规范、具有全国影响力的综合性大宗商品交易平台，推进西部碳交易中心和西部环境权益交易市场建设。搭建全省统一、集中、规范的国有产权交易平台，发展金融资产交易市场和知识产权交易市场，健全完善县（区）农村产权交易市场。健全金融配套体系。鼓励并规范发展商业保理、会计、审计、法律、咨询、资产评估、资信评级、保险经纪、保险代理等与金融核心业务密切相关的中介机构。积极争取设立针对个人或企业征信的征信公司、信用评级公司等信用服务机构。

增强金融服务实体经济能力。不断优化信贷结构。牢牢抓住银行信贷的融资主渠道作用，进一步完善政策激励和风险补偿机制，建立常态化银政企对接平台，在

地方性法人金融机构投入力度持续加强的基础上，推动开发性、政策性及全国和区域性商业银行加大信贷投放力度。着力支持全省重大项目、产业发展、乡村振兴、民生改善、生态环保等重点领域，把资金投放的重点向战略性新兴产业、现代服务业、传统产业转型升级倾斜，大力推进供应链金融、科技金融、绿色金融、消费金融、民生金融。大力发展直接融资。充分利用资本市场，重点实施规模以上企业规范化公司制改制"四年行动计划"和"五千四百计划"，推动优质上市公司通过并购重组、再融资等方式做大做强。支持大型企业集团整体上市，不断提升全市证券化率水平。扩大债券融资规模。推动发展股债结合、绿色债券、"双创"债券，鼓励以城镇基础设施、保障性住房、棚户区改造、产业园区建设等项目发行企业债券。实施保险资金入川计划。拓宽保险资金投资渠道，发挥保险资金规模大、期限长、来源较稳定的优势，鼓励和引导保险机构以债权、股权以及政府和社会资本合作等模式支持四川重大基础设施、棚户区改造、城镇化建设等民生工程和重点工程。着力降低小微企业融资成本。实施"中小微企业融资能力提升工程"，引导金融机构简化信贷服务流程、降低收费标准，清理整顿不合理金融服务收费。建设广覆盖、可持续、互助共享的普惠金融体系，加强中小微企业、"三农"金融服务，健全信贷风险补偿、融资担保体系，切实缓解融资难融资贵问题。

深入推进西部金融中心建设。打造金融产业集聚区。面向全球吸引一批世界顶级的财富管理和服务机构，大力促进各类创业投资、股权投资基金发展，积极争取全国融资租赁设备中心、商业保理试点资格和金融租赁等牌照，积极引进大数据技术、Fintech（金融科技）应用等领域的创新先锋企业，不断优化金融载体建设，形成聚集效应。打造中西部区域资本市场高地。全力推动企业境内外上市、多渠道融资，打造资本市场"四川军团"，打造天府股交中心精品工程、西部创投融资基地、财富管理基地，依托蓉欧快铁沿线及"一带一路"南线多条经济走廊，实现成都与亚欧知名资本市场在商品期货、证券、股权、债券等领域互联互通，形成中西部区域资本市场高地。打造中西部金融结算高地。积极开展新型贸易、资金结算、跨境投融资离岸交易，深化跨国公司总部外汇资金集中运营管理、人民币双向资金池等试点。积极发展电子商务结算、金融租赁、离岸贸易结算中心等。重点探索开展"一带一路"国家人民币结算业务，建立跨境金融服务平台，推动成都建设"南丝绸之路"跨境人民币结算中心城市，形成中西部金融结算高地。

打赢防范金融风险攻坚战。健全金融风险防控体系。加强党对金融工作的领导，大力支持人民银行、银保监会、证监会等中央金融监管单位在川分支机构对金融业实施专业化监管。进一步充实省和各地金融工作力量，明确地方金融监管职责。完善金融突发事件应急处置机制。强化金融监管部门、金融办、工商、公安等部门加强与协同配合，坚守不发生系统性金融风险的底线，着力防范处置突出风险点。全面梳理排查重点领域和行业风险，加强对金融创新的风险评估和管控，做到早识别、早预警、早发现和早处置。积极化解信贷风险。积极防范化解企业杠杆率过高引发的违约风险，做好"僵尸企业"退出的金融服务工作。持续推进互联网金融风险专项整治，严厉打击非法集资，落实属地责任，依法有序妥善处置一批非法集资案件，努力维护社会稳定。优化金融发展环境。充分发挥省发改委和中国人民银行成都分行的双牵头作用，加强全社会信用体系建设，大力开展信用四川建设，整合信用信息资源，建立信用信息共享平台，健全金融信用数据库信息共享机制。积极发挥金融债权人委员会作用，依法维护金融债权，加大对金融领域违法失信行为的联合惩戒和责任追究。在成都设立专司金融案件的金融法院，对全省金融案件实行集中管辖，提高金融审判专业化水平，建立公正、高效、权威的金融审判体系。持续普及宣传金融知识，增强金融消费者风险防范意识和自我保护能力。

（四）增加人力资源存量，加强实体经济产业链广度

大力推进人才优先发展，建设知识型、技能型、创新型劳动者大军，为构建现代产业体系提供强大智力支撑。

培育企业经营管理人才。实施"川商精英"培育计划、职业经理人培养计划、经营管理人才素质提升计划等人才计划，培养造就一批擅长国际化经营管理、善于开拓国际国内市场、积极承担社会责任的国内外知名的企业家和一支职业化、市场化、专业化和国际化的企业经营管理人才队伍。通过专业培训、实践锻炼、跟踪管理、择优使用和动态调整，培养造就一支职业素养高、创新意识强、熟悉国际市场和国际规则，擅长经营管理的新一代川商群体。加快引进一批产业发展紧缺急需的战略规划、资本运作、知识产权管理、项目管理、国际投资、国际商务、国际经济法律等方面的海外高层次经营管理专才。建立一批布局合理、特色鲜明、优势互补的教育培训基地，加快推动企业自办培训机构建设，统筹推进不同层次不同产业领域经营管理人才素质提升。大力弘扬和尊重企业家精神，健全职业经理人管理体制，积极鼓励企业聘用职业经理人和专业化管理团队。

打造专业技能人才队伍。加快破除事业单位人员流动壁垒，启动专业技术人才"共享"新机制。实施新型技能大军培育工程，大力发展职业技术教育，建设一批高技能人才培养基地和公共实训基地，大胆探索"半工半读""订单培养""教学工厂""现代学徒制"等人才培养新模式，培育一批高素质的专业技术人才。强化新型职业农民培育，提升一批对农业有感情、有住所的"老农"，吸引一批有乡愁、想创业的"新农"，引进一批有学历、能创新的"知农"。重点抓好能源、制造、食品、医药、现代物流、电子商务、法律、咨询、工业设计、知识产权、科技服务等重点工程和行业的人才培养开发力度。开展"四川工匠"评选活动，培育一批具有高超技能、高尚职业道德的四川工匠。

汇聚高端创新人才。根据全省产业发展需求，加快培养和引进一批高端创新人才，把四川建设成海内外高端人才汇聚高地。积极培养高端人才。加快推进与我省产业契合的国内外知名高校、科研院所和大型企业建立全面合作关系，培养造就一大批具有国际水平、全国领先的战略科技人才、科技领军人才、青年科技人才和高

水平创新团队。大力引进高端人才。深入实施"千人计划""天府高端引智计划""留学人员回国服务四川计划"、科技创新领军人才培养计划等重大人才计划项目，探索设立"四川美国硅谷招才引智工作站""四川美国硅谷高科技孵化器"以及"四川海外高层次人才创新创业大赛"等高端人才引进平台。实行"人才＋项目"的培养模式，实施更加积极的创新人才激励和吸引政策，依托重大科研、工程、产业攻关、国际科技合作等项目，加快企业创新人才集聚。

完善人才发展体制机制。着力营造人才发展环境，全面加强人才队伍建设，进一步激发人才创新创造活力。提升服务水平。构建更加完善的人才发展体系和公共人才服务体系，培育发展专业性、行业性人才市场。加强产业人才需求预测，加快人才大数据和信息管理平台建设，完善各类人才信息库，促进人才规模、结构、质量与市场需求更相适应。完善激励机制。建立以鼓励劳动和创造为根本目的的人才分配激励机制，对企业经营管理人才，实行以经营业绩为核心的多元分配机制，对专业技术人才，积极推行年薪制、协议工资制等分配形式，增强对人才的吸引力。破除职称评定的条条框框，探索建立高端领军人才申报正高级职称的直通车制度，探索在新型研发机构下放职称评审权。优化环境强保障。着力营造良好的政策制度、工作生活、人文法治和社会文化环境，打造"一站式"服务平台，在户口申办、家属随迁、子女就学、医疗保险等方面为人才广开绿灯，确保各类人才在四川有用武之地、无后顾之忧。营造良好氛围。大兴识才爱才敬才用才之风，大力弘扬劳模精神和工匠精神，营造劳动光荣的社会风尚和精益求精的敬业风气。

五、新时代四川现代产业体系构建的政策措施

（一）坚持规划引领，科学制定目标蓝图

"凡事预则立，不预则废。"深化产业体系，规划是第一道工序，其质量高低直接决定了现代产业体系的建设水平高低。因此，全省上下要树立强烈的规划意识和科学的规划理念，把规划做精做细做实，以规划编制为先导，引领全省产业发展工作上新台阶、出新成果。

（二）强化项目支撑，夯实筑牢产业基础

瞄准现代产业体系重点领域和关键环节，优先组织实施一批战略性新兴产业示范项目，统筹布局一批传统产业重大支撑项目，不断加大现代服务业重大项目建设力度，强化重大项目对产业转型升级的支撑作用。健全规划实施与项目建设的互动促进机制，强化本规划对重大产业项目布局的指导作用。加强产业项目超前研究，建立健全重大项目储备库，形成竣工一批、启动一批、储备一批的项目滚动机制。

（三）优化政策组合，提升政策协同合力

破除制约产业发展的政策障碍，消除政策歧视，创新要素供给机制，加快形成

公平、透明、普惠、精准的政策支持体系，千方百计降低市场经营主体生产运行成本。

加大财税政策支持力度。加大财政资金支持力度，重点投向制造业升级与两化融合、生产型服务业提档升级等关键领域。充分发挥财政资金的政策引导和杠杆作用，积极推广 PPP 模式，引导社会资本参与产业重大项目建设、企业技术改造和关键基础设施建设。创新财政资金扶持方式，推进专项资金改革，支持发展产业投资基金，提高财政资金使用效益。完善和落实支持创新的政府采购政策，推动产业创新产品的规模化应用。落实引进重大技术设备和装备、落实关键原材料和零部件免征进口关税及进口环节增值税等相关优惠政策，加快落实固定资产加速折旧政策。落实资源综合利用企业及产品免征或即征即退增值税等各种税收优惠政策。

完善金融支持政策。深化金融领域改革，推进直接融资，支持债券融资和股权投资，发展融资租赁，不断拓宽融资渠道，降低融资成本。鼓励各类金融机构调整信贷结构，创新金融产品和服务，提高对产业信贷的支持力度。积极发挥政策性、开发性金融和商业金融优势，加大对战略性新兴产业、未来产业、先进制造业、现代服务业等重点领域的支持力度。推动区域性股权市场规范发展，支持符合条件的企业在境内外上市融资和发债。引导创业投资、私募股权投资等支持中小微企业创新发展。鼓励符合条件的产业贷款和租赁资产开展证券化试点。探索开发适合产业发展的保险产品和服务，鼓励发展贷款保证保险和信用保险业务。积极化解部分领域的金融风险，降低企业负债率，主动释放信用违约风险。

优化土地环保政策。对符合现代产业体系建设要求的重大产业发展项目，优先安排建设用地计划指标。完善产业用地供地政策，探索实行长期租赁、先租后让、租让结合等灵活多样的供地方式，根据产业生命周期在法定有偿使用期限内合理确定产业用地有偿使用期限。深入实施节地水平和产出效益"双提升"行动，严格建设用地产业准入门槛，鼓励企业建设高标准多层厂房，提高土地利用效率。鼓励盘活土地存量，合理利用地上地下空间，推进建设用地复合利用、立体利用、综合利用。全面落实低效产业用地再开发各项政策，制定实施有利于"互联网＋"等新产业新业态的用地政策，推动土地资源高效配置，切实降低土地供应成本。实施绿色金融政策，加大对符合环保和信贷要求的企业或项目的信贷支持。实施差别化价格政策，建立节能节水减排的用电用水机制。实施企业碳汇抵扣和碳排放指标政策。

（四）提升服务能力，营造更优产业环境

顺应产业创新发展、融合发展、开放发展新趋势，更新理念、创新方式、完善机制，加快构建统一高效、开放包容、多元共治的监管体系。

发挥政府引导作用。充分发挥市场配置资源的决定性作用，更好发挥政府有效引导作用，进一步深化政府"放管服"改革，强化政府产业发展的顶层设计、宏观管理和统筹协调职能。加快转变政府职能，推动简政放权，最大限度取消、下放行政审批事项，减少对企业生产经营活动的干预，激发各类市场主体发展活力。建立产业信息披露平台，及时发布产业发展重大信息，定期发布重点产业发展白皮书，为现代产业体系发展提供有效指南。

创新审批监管方式。强化依法行政，加快完善涉及产业发展的法律法规，健全相关配套法规体系。深化行政审批制度改革，规范实施"审批清单"制度，对必须审批的简化审批程序，推行并联审批，注重事中事后监管。改革创新监管方式，强化对产业发展外部性的监管。以监管方式创新推动企业发展方式转变，引导企业采用新技术、新工艺、新装备。

提升公共服务能力。适应产业结构、形态和模式变化，推进基础设施改造升级，系统构建和完善支持现代产业体系建设的基础设施体系。加强教育、人才、物流、社会服务等公共服务体系建设，增强公共产品和服务供给。强化产业信息咨询引导，建立与专家学者和企业家的联络沟通机制，建立健全政府对现代产业体系建设的战略决策咨询制度。

（四川省统计局　四川大学）

四川省产业资本与金融资本整合路径研究

金融是现代经济的核心和实体经济的血液，缺乏实体经济支撑的金融如无本之木不可持续。在近年来宏观经济下行和经济结构调整背景下，出现了不少产业资本向金融资本套利的"脱实向虚"行为，而金融资本的逐利和避险也导致了"资金空转"等乱象的产生。产融结合作为一种金融资本与产业资本协同发展的制度，需要适当的调整才能有效配合当前供给侧结构性改革之下的区域产业发展和经济转型升级。

从四川省当前经济总量和结构数据来看，产融结合的模式与深度距离新经济、新趋势下的新要求尚有较大的帕累托改进空间。本课题组为产业高质量发展路径构建了一个理论分析框架，在此框架的基础上，结合四川省产业结构和金融结构现状，分析产业发展中的问题与瓶颈，并围绕产融结合中的政府、市场和金融三者的职能分工与制度安排提出配套的政策建议。

一、四川省产融结合的现实条件

一方面，四川省具备较好的产融结合基础。2017 年，四川省实现地区生产总值 36980.2 亿元，经济总量稳居全国第 6 名。三次产业结构为 11.6∶38.7∶49.7，以服务业为主导的现代化产业结构越加稳定，结构调整成效显著。第二产业中有 17 个制造业的专业化水平高于全国平均水平（见表 1），饮料白酒、医药等传统制造业具备较大的比较优势；经过多年培育和发展，四川省的电子信息、汽车等新兴制造业已经成为区域的新兴优势产业，在经济发展中越发重要。第三产业产值 18403.4 亿元，对经济增长的贡献率高达 53.7%，依托省内优越的旅游和文化资源禀赋支撑，住宿餐饮业已经形成了较强的优势地位（见表 2），同时，在推进"西部金融中心"建设的努力下，四川省金融业整体实力和竞争力稳步提升，2017 年四川省金融业实现增加值 3303 亿元，对全省经济贡献率为 10%，逐步成为全省经济的重要支柱产业。四川省金融业总资产和上市公司数量稳居中西部省市第一，金融机构数量众多、种类齐全（见表 3），形成了一定的多层次金融服务和金融产品供给能力，为金融有效服务实体经济水平和提高效率打造了良好基础。

表1 2016年四川省制造业分行业区位商

制造业细分行业类别	2016年从业人员平均数	区位商	排名
饮料制造业	207800	3.83	1
家具制造业	89500	2.20	2
医药制造业	122800	1.56	3
食品制造业	98400	1.39	4
非金属矿物制品业	267800	1.39	5
铁路、船舶、航空航天和其他运输设备制造业	65800	1.36	6
印刷业和记录媒介的复制	42500	1.29	7
农副食品加工业	179000	1.29	8
黑色金属冶炼及压延加工业	139500	1.28	9
其他制造业	14600	1.24	10
化学原料及化学制品制造业	194000	1.21	11
造纸及纸制品业	47300	1.12	12
化学纤维制造业	17200	1.09	13
金属制品、机械和设备修理业	5100	1.05	14
废弃资源和废旧材料回收加工业	6300	1.03	15
通用设备制造业	153100	1.02	16
专用设备制造业	115000	1.01	17
汽车制造业	147800	0.95	18
通信设备、计算机及其他电子设备制造业	281300	0.95	19
烟草制品业	5600	0.78	20
木材加工及木、竹、藤、棕、草制品业	36200	0.78	21
金属制品业	92300	0.76	22
橡胶和塑料制品业	79500	0.73	23
纺织业	94200	0.65	24
电气机械及器材制造业	129400	0.62	25
皮革、毛皮、羽毛（绒）及其制品业	56100	0.61	26
有色金属冶炼及压延加工业	36300	0.56	27
石油加工、炼焦及核燃料加工业	13700	0.47	28
仪器仪表制造业	15200	0.44	29
纺织服装、鞋、帽制造业	34600	0.24	30
文教体育用品制造业	14900	0.19	31

数据来源：WIND资讯。

其中，区位商可用就业人数、产值、业务收入、公司数量等指标得出。由于自2015年后各省市未再单独公布细分行业产值，故此处用行业从业人员年平均数来计算行业区位商，即区位商＝

$$\dfrac{某行业从业人员年平均数/地方从业人员年平均数}{该行业全部从业人员年平均数/全国从业人员年平均数},$$

下同。

表2　2017年四川省服务业主要行业区位商

服务业行业类别	2017年四川省增加值（亿元）	2017年全国增加值（亿元）	区位商
交通运输、仓储及邮电通信业	1595.80	36802.70	1.01
批发和零售业	2404.15	77743.70	0.72
住宿和餐饮业	1023.46	14594.10	1.63
金融、保险业	3303.27	65748.90	1.17
房地产业	1939.83	53850.70	0.84

数据来源：WIND资讯。

另一方面，四川省推进产融结合过程中也面临着一些问题。一是金融产业体量虽大但结构不合理。截至2016年年底，四川省当前地方法人金融机构279家，其中银行和保险机构合计263家，占比94.3%，且存在比较普遍的评级/等级较低、规模偏小情况。异地金融机构在川数量588家，主要集中在传统的证券/期货营业部（453家）、保险（84家）和银行（45家），见表3。金融业发展呈现出金融机构数量虽多但质量偏低、传统金融机构较多但新型金融机构偏少的特征。金融产业结构在一定程度上也制约了四川省的融资结构，金融改革与创新程度不足，多元化融资格局尚未形成。2017年年末，四川省债券与股票融资规模590亿元，直接融资比例仅为8%，实体经济的支撑仍主要依靠银行贷款（如图1所示）。二是产融双方合而不融，协同不足。从企业层面看，四川省"由产而融"的实践并不鲜见，如五粮液、长虹、新希望等企业集团均设立了财务公司，又如众多企业获取小贷、融资担保等金融牌照发展金融业务。然而企业的产业资本和金融资本基本呈现出平行发展态势，并未形成两者相互融合、促进的状态，且受制于产业发展及其机制、专业水平、治理等，其金融业务又难以优质发展。"由融而产"则更多地表现为简单、松散的债性合作，从区域产业层面看亦如此，金融资本很难战略性嵌入产业资本，更多地通过金融中介以短期的债权契约获取产业资本的固定收益而非资本利得，导致产业资本难以获取稳定、持续的金融支撑，而金融资本也难以分享产业资本发展可能带来的超额收益。三是产融结合重融轻产。对企业而言，部分企业"由产而融"的动力源自资本逐利，在享受金融"红利"后存在过度发展金融或资本运作的趋势，失去实业支撑，脱实向虚。对区域而言，产融结合本可促进产业链整合、优化资源配置，而产业资本的非良性发展加剧了金融资本的背离，金融资本在逐利与避险的需求之下，利用监管套利在金融体系内空转、嵌套，并最终流入地产、政府平台及资本市场等非实体经济，而产融结合的内在关联交易又会导致风险外溢与传染，为经济增长埋下隐患。值得注意的是，产业投资基金本是推进地区产融结合的有力工具，当前各省市也纷纷热衷于设立产业投资基金，但缺乏底层资产，这在一定程度上导致了区域产业资本与金融资本的背离发展。

表 3　四川省主要经济金融数据

项目	2016 年	2017 年
社会融资总规模（亿元）	6651.46	7390.84
金融业资产规模（亿元）	89288.11	—
其中：银行业（亿元）	85060.26	92800
其中：信托（亿元）	6514.78	—
证券业（亿元）	1050.44	—
保险业（亿元）	3177.41	—
银行业金融机构各项存款（余额）（亿元）	65638.43	71591.4
银行业金融机构各项贷款（余额）（亿元）	42828.13	48124.4
地方法人金融机构（家）	279	—
其中：银行机构（家）	173	174
证券业金融机构（家）	7	7
保险业金融机构（家）	90	91
信托公司（家）	2	2
资产管理公司（家）	1	—
其他金融机构（财务公司、消费金融、金融租赁）（家）	6	6
异地金融机构在川数量（家）	588	—
其中：银行业金融机构一级分行（家）	45	—
证券业机构区域总部（家）	453	482
保险公司省级分公司（家）	84	93
其他金融机构（家）	6	—
股票市价总值（万亿元）	1.34	1.50
其中：境内上市公司（A、B 股）（家）	109	115
境内上市外资股（B 股）（家）	0	0
境内上市外资股（H 股）（家）	20	22
全部保险机构保险费收入（亿元）	1712.08	1939.39
全部保险机构保险赔偿支出（亿元）	554.40	583.32
全部保险机构保险密度（元/人）	2087	2347
全部保险机构保险深度（％）	5.2	5.24

数据来源：《四川省金融产业发展报告（2017）》。

图1　2017年四川省社会融资结构

综上，四川作为经济大省，具备较好的产业发展基础和金融服务支撑，推进产融结合成为区域经济高质量发展的有效路径是趋势也是必然，但产融结合的远期目标应当是产业资本与金融资本之间的战略协同，金融资本既要能够全面服务地区产业发展实现产业增值，产业升级又将对金融发展提出更高要求，完善地区金融产业的优化布局。对特定区域而言，要结合地区产业发展特征寻找最适宜的产融结合路径，以实现金融资本与产业资本的有效整合，这又对区域中的企业、金融和政府三个主导者提出了更高的要求。

二、产融结合现有路径概述

在实践中，产融结合可以分为"由产到融"（即产业资本向金融资本扩张）和"由融到产"（即金融资本向产业资本渗透）两类，具体的结合形式又可根据观察视角的大小分为不同种类。

（一）企业层面的产融结合路径

从微观企业层面看，产融结合是产业资本发展到一定程度，寻求经营多元化、资本虚拟化从而提升资本运营效率的一种方式，是企业在产业和金融之间的转换与组合，也是产业集团做大做强的必经之路。

1."由产到融"的典型路径——产业控股金融平台

产业控股金融平台公司一般由实体企业通过内部设立或参控股方式涉足金融领域形成，金融平台可以是集团财务公司、资管公司、信托公司，也可以是金融控股公司，是产业资本实现产融结合的重要渠道。一方面，产业资本控股金融平台公司能使企业依靠金融领域丰厚的利润迅速扩张资产规模和提升市场价值，为产业提供资金支持，解决融资难、客户购买力有限、客户黏性不强等问题。另一方面，产业资本控股金融平台公司能改进金融资源的配置方式，提高资源配置的效率和水平，让金融发挥对实体经济的支撑作用。产业控股金融平台公司是"由产而融"的主要产物，在我国企业的产融结合实践中也较为常见，一些主要的产业控股金融平台公司见表4。

表4　我国主要的产业控股金融平台公司

行业	代表企业
交通运输	招商局集团，中航资本，海航，上汽，均瑶，东方航空，中远海运，东风汽车等
能源电力	中石油，国家电网，五矿集团，华能集团，中海油，国电集团，申能集团，中国神华，华电集团，中广核集团，中核工业集团，中国核建集团，大唐集团，长江三峡集团等
房地产	恒大，绿地，万达，爱建，泰禾，新湖中宝，泛海，中天城投等
信息互联网	方正集团，联想，阿里，腾讯，百度，京东，中国移动等
其他	中粮集团，万向集团，宝钢集团，美的集团，中国邮政，锦龙股份，新希望，君正集团，海尔集团，华润，中联重科，三一重工，新兴铸管，茅台集团，云南白药，杉杉股份，中化集团，中旅集团，中国黄金集团，鞍钢集团，中国铝业，华菱钢铁等

资料来源：中信建投证券研究发展部。

上述产业控股金融平台公司大多拥有银行、证券、保险、期货、基金、租赁等金融牌照，尽管与传统金融相比，与实业紧密结合发展的金融能够通过共享交易信息、市场需求和客户等来有效减低运作成本与信贷风险，但金融业的过度发展也可能导致金融与实业偏离，从而抑制整个产业集团的发展。

美国通用电气（GE）是"由产到融"的典范，其近百年的产融结合发展路径也为我国产业控股金融平台公司提供了经验借鉴。通用电气是一家多元化的全球性企业集团，集技术、制造和服务业于一体，拥有飞机发动机、动力系统、医疗设备、金融服务、家用电器等多个业务板块，业务遍及全球100多个国家和地区，销售额和利润长期居世界500强前列。通用电气以工业起家，多元化的业务布局和产融结合是其标志性商业模式，亦是全球工业企业的学习典范。通用电气最初的金融业务仅限于为小型企业提供零星的商业信贷服务，在20世纪30年代的"大萧条"中，通用电气开始涉足消费者信贷领域，为消费者提供分期付款服务以带动大型家电销售。随后随着美国经济形势与金融政策的不断变化，通用电气金融业务扩张到内部投融资、资产管理、融资租赁、房屋制造、工业贷款和个人信用卡等多个方面。20世纪80年代，通过一系列收购兼并，依靠低成本的"融资—收购—运营—出售—获取现金—再收购"路径，通用电气金融业务高速发展并成为集团主要业务之一，对集团利润贡献近40%，不断壮大的金融产业也为集团其他产业的发展提供了有力的资金支持，并显著提升了通用电气的市值。然而金融服务于集团电气工业的比例却持续下降，过度金融化使得金融与产业之间逐步发生偏离，也导致通用电气在2008年金融危机时面临了巨大风险。金融危机之后，通用电气积极调整集团结构，剥离房地产、商业贷款等非金融业务，仅保留了与集团主业相关联的飞机租赁和能源等金融业务，通过"去金融化"，通用电气重新寻找到产业与金融之间的均衡点。

通用电气用近百年的产融结合历程完美地阐述了企业产融结合的本质：产融结合是企业在产与融之间的全局性、均衡性资源配置，形成产融相互依存、促进的关系，从而获得客户、业务、资本等多方面的协同效应。对产业集团而言，产业部门的发展才是核心竞争力，企业一旦盲目追求金融业发展，容易出现资本由产业部门向金融部门转移、过分追求发展速度、盲目追求企业规模的短视行为，而金融业与实业的背离必将制约产业部门的发展。

2. "由融到产"的代表模式——金融控股公司

最初的产融结合其实是"由融到产"，指以金融资本为主导，逐步向产业资本渗透，二者相互融合发展，如花旗、摩根等金融集团，又如日本主银行制度下的主办银行模式。从国际金融业发展历史来看，金融业混业综合经营是大势所趋，金融控股公司有助于推动资源集中、平台整合和渠道共享，为企业和居民客户提供综合化、一体化、多样化的金融服务；能更好地服务和支持实体经济发展，显著提升金融体系的服务效能；其多元化的业务结构有利于企业长期稳健经营，抵御风险。近年来我国各类金融控股公司的发展也较为迅速，主要包括以央企和民营企业等产业资本控股的金融平台（即前文提到的产业控股金融平台）、以银行和非银行等金融资本主导的金融控股集团、以地方政府控股的金融集团三种形式，后两种是"由融而产"产融结合模式的微观组织形式。

（1）以金融机构为主导的金融控股集团

市场上有很多金融机构都是"由融到产"的践行者，以财务投资者的身份参股或控股多家产业公司，借助于产业发展获取资本收益。目前国内纯粹的金融控股公司有中信、平安、光大、人寿、人保、银河等。以中国平安集团的产融结合路径和模式为例。中国平安集团是目前国内为数不多的几家拥有金融全牌照的金融集团，其主要优势在于"综合金融平台"的构建。近年来，伴随着互联网的应用，以及不断与各种金融服务场景嫁接，平安集团逐步从一家金融企业向金融科技企业转型，但始终聚焦在金融服务、房产金融、医疗健康和汽车服务几个产业生态圈中，孵化了陆金所、一账通、平安好医生、平安医保等多家企业，同时通过平安创投投资了如汽车之家、云南白药、美年大健康、药明康德等产业龙头企业，借助于科技场景，依托医疗健康、汽车等产业，提升核心金融业务的综合竞争力。中国平安的产融结合模式可以总结为"融融结合"和"产融结合"两个阶段，在"融融结合"阶段，平安集团通过搭建综合金融服务平台，构建全方位的金融服务体系，使客户资源能与集团各金融业务板块有效嫁接，各业务之间能够有效联动协同。在"产融结合"阶段，围绕集团发展战略，聚焦重点产业进行孵化、投资、收并购、分拆上市等举措，不仅为标的公司和产业提供资金支持，更能充分发挥综合金融优势嫁接丰富的金融资源，提供一系列的增值服务，通过输出资本与资源整合推动标的产业的快速发展。以平安投资的美年大健康为例，2013年平安入股以前，美年大健康估值不足20亿元，战略入股后平安从资本驱动、公司治理、战略提升、产业整合等多个维度为美年提供增值服务，并嫁接协同集团旗下的医疗健康管理资源，使得美年大健康业务不断发展壮大，目前该企业估值已超300亿元，金融与企业共生共荣。

（2）以地方政府为主导的金融控股集团

地方政府主导的地方金融控股平台也是一种比较典型的"由融而产"产融结合模式的组织形态。地方金融控股平台多以"地方财政＋金融资本"形式出现，借助于地方政府的力量，通过政府划拨等手段进行资产配置，形成区域内的强强联合，所成立的地方性金融控股集团往往可以直接控制地方核心金融企业，掌握齐全的金融牌照。此外，地方政府为了提升国有金融资产的资本水平和提高区域金融业竞争力，也可以通过转型开展金融业务以寻求新的利润增长点。

表5　地方政府类金融控股集团产业布局及主要金融牌照持牌情况

集团	产业布局	金融牌照
上海国际集团有限公司	酒店、港口服务、其他实业投资等	银行、证券、保险、信托、基金、租赁、期货
广州越秀集团有限公司	房地产、金融、交通基建	银行、证券、信托、基金、租赁、期货
天津泰达投资控股有限公司	区域开发、房地产、石油套管生产、公用事业、制造业、金融、会展、旅游、酒店、物流、体育文化等	银行、证券、保险、信托、基金、租赁
重庆渝富资产经营管理集团有限公司	能源、农产品、房地产、通信、运输、传媒等	银行、证券、保险、基金、租赁
江苏省国信资产管理集团有限公司	新能源、金融、房地产、贸易、酒店旅游和社会文化事业等	银行、证券、保险、信托、租赁

资料来源：中信建投证券研究发展部。

无论是金融控股集团，还是地方政府操盘的金融控股平台，金融资本很难不依附于产业而独立存在，只有跟产业资本融合，金融资本才有客观的存在基础，才可能实现资本增值。

从企业微观层面来看，无论是"由产而融"还是"由融而产"，产融结合既是企业做大做强的重要途径，也是企业发展的必由阶段。孟庆轩（2011）将企业增长分为产能型扩张和资本化扩张两类，前者受限于各种资源硬约束，因而主要表现为线性扩张，后者可借助于参股、控股、换股和收购等资本化手段突破时间、空间和资源等约束形成非线性增长。如果企业无法通过产融结合机制转入非线性增长轨道，那么在资源约束下，其增长将是不可持续的，因此企业应当建立"产"和"融"两个增长驱动，产是企业自身的主营业务，融是资本化扩张的综合手段，产融双驱和产融平衡才是支撑经济持续增长和高质量增长的重要路径。[①]

---

① 孟庆轩. 从产融结合到产融双驱：企业的资本化扩展化扩张模式［J］. 国际经贸探索，2011（1）.

（二）产业层面的产融结合路径

从产业层面看，产融结合是资本在追逐效率的过程中以不同组织形式在产业与金融之间的流动，同样可以分为"由产而融"和"由融而产"两个方向。区域层面的产融结合远比企业复杂，但其本质是类似的，要通过有效的产业分布与资金配置，使产业具备足够的发展潜力，同时产业之间形成关联协同，实现良好的资本整合和相互促进局面。

1."由产而融"的具体形式——供应链金融

供应链金融具备产业和金融两个属性，是产业资本与金融资本跨界的融合。供应链金融是指处于产业链核心地位的企业，依托信用优势获得多渠道、低成本的资金，通过相对有效的征信系统和完善的风险防范措施，向产业链上下游客户提供融资服务，获得新的利润增长点，其实质是基于核心企业的经营战略和价值增长目标，通过归整利用真实贸易背景下的商流、物流、资金流、信息流并套嵌各类融资工具从而构建更紧密的产业链生态系统。供应链金融一般围绕 1 个核心企业和 N 个上下游中小企业展开，核心企业处于产业链条上的主导位置，自身信用评级较高，且对链条利益分配拥有足够的话语权和控制权，但核心企业又与供应链上的其他企业相互依存，因此需要为其他成员的流动性做出相应的安排，包括直接提供信用或以自身信用背书支持供应链条上的企业向金融机构等第三方融资。

供应链金融的主导方包括核心企业和金融机构两类，由核心企业主导的供应链金融主要系核心企业通过自己的金融部门帮助链条上其他企业解决流动性问题，如UPS 成立 UPSC 搭建金融平台，收购美国第一国际银行为中小企业客户提供存货质押、应收账款质押等供应链金融服务，通过金融服务获取货运权，使得供应链金融与传统主业深度结合。而由金融机构主导的供应链金融主要指银行等金融机构通过开辟供应链金融产品对供应链核心企业及其产业链关联企业进行授信。国内最早尝试的金融机构是深圳发展银行（现平安银行），开创了商业保理、仓单质押、应收账款管理、动产及货权质押等产品模式。随后招商、广发、光大、华夏、工行、中行、交行等金融机构也纷纷提出企业供应链融资的解决方案与产品。

当前我国已经具备了发展供应链金融的一些要素，如互联网和大数据的渗透、产业转型升级的发展诉求、融资租赁、保理等金融工具的发展等。据前瞻网预测，到 2020 年我国供应链金融规模可接近 15 万亿元。发展供应链金融能为中小企业解决融资困境、促进核心企业产业转型升级、为资金提供方提供隐形背书降低贷款风险等，借助于大数据，供应链金融也具备了更大的业务延展性。如果说产业集团涉足金融领域开展多元化经营系横向的"由产而融"，那么供应链金融则是纵向贯穿整个产业链的产融结合，是金融资本与实业资本的协作，有助于构筑金融机构和供应链企业互利共存、持续发展的新型产业生态。

2. "由融而产"的典型代表——产业投资基金

产业投资基金是一种针对特定产业的股权投资方式，也是产业层面"由融而产"的主要模式。根据产业基金发起主体的不同，可以分为由政府主导和由上市公司或行业龙头公司主导两类，尽管单独由金融机构主导发起的产业基金并不常见，但金融机构却是各类产业基金的重要参与者，即产业基金可以分为"政府资本＋金融"与"产业资本＋金融"两类。

（1）政府投资基金：政府资本＋金融

政府投资基金是产业投资基金中的重要构成，又可以分为政府引导基金（通常表现为 FOF 形式）、政府产业投资基金（通常以直接投资方式投向重点支持产业）和基础设施基金（通常以 PPP 形式投资于重大基础设施建设项目）。政府投资基金一方面能发挥政府资金的引导作用，吸引社会资金投入国家支持的领域和产业，充分发挥基金在贯彻产业政策、引导民间投资、稳定经济增长等方面的作用；另一方面也有助于发挥财政资金的放大效应，提高政府资金使用效率。政府主导的产业基金主要有如下三类结构。

①"母基金＋子基金"FOF 结构

政府引导基金一般采用母子基金架构，母基金层面采用平行投资构架放大杠杆优势，投资决策重点在于优选 PE 机构作为基金管理人，通过子基金投向标的企业，如图 2 所示。

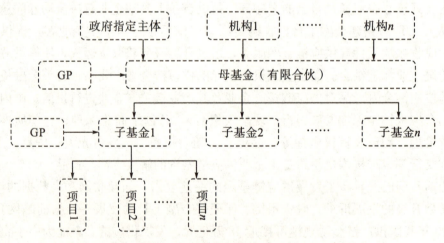

图 2 FOF 政府引导基金结构

②"国有企业牵头直投模式"典型结构

由政府指定国有企业或地方政府平台等作为基金的发起主体，以直接投资方式出资于国家或地方政府重点支持产业。基金通常采取优先劣后结构化设计，通过国有企业回购基金所持有的标的企业股权或直接由国有企业远期受让金融机构持有的基金份额而实现其他资本的退出，具体结构如图 3 所示。

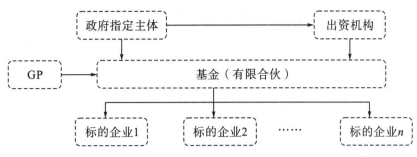

图 3　国有企业牵头直投结构

③ "PPP" 产业基金结构

随着 43 号文、87 号文等政策的推行，地方政府融资受到了进一步的约束和规范，通过政府购买变相融资的路径基本被堵死，PPP 模式开始成为一种政府融资替代路径，其中 PPP 产业基金是 PPP 融资的一种组织形式，主要用于城市基础设施、城市发展、铁路/公路/民航/旅游等项目建设。具体而言，PPP 产业基金以私募股权基金形式，通过结构化设计和杠杆效应募集资金，以股权投资或股债联动投资于地方政府纳入 PPP 框架下的项目公司，由项目公司负责 PPP 项目，政府根据协议授予项目公司一定期限的特许经营权，在基金存续期限届满时通过约定回购、份额出让或资本市场变现实现投资的退出。其具体结构与第 1、2 种模式类似，主要差异为 PPP 产业基金的资金投向主要为城市基础设施，而其他产业基金的资金投向主要为国家或地方重点支持的产业。

（2）企业主导产业投资基金：产业资本＋金融

由上市公司或行业龙头企业主导发起的产业基金也很常见。对上市公司而言，出于企业经营规模扩张、产业链整合等目的，会通过收并购等方式实现，但连续并购往往会迅速推高企业杠杆、加大企业流动性风险，同时大部分资产都需要经过一定时期的孵化与培育后方可为公司创造利润，因此上市公司更倾向于通过发起设立体外产业基金的形式去进行标的资产的收并购、产业链资源的整合等，上市公司会通过控股子公司等实质性参与或主导产业基金的投资决策，待资产培育成熟后再通过定增等方式装入上市公司体内，也借此实现产业基金的退出。产业基金可以设计成结构化或非结构化形式，以结构化为例，一般由上市公司为劣后级、金融机构为夹层（中间级）且金融机构负责优先级的募集，其结构如图 4 所示。

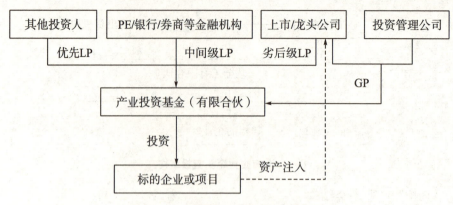

图4 企业主导的产业投资基金结构

政府主导的产业基金与企业主导的产业基金存在一定区别，前者存在更多行政色彩、能享受政策与税收方面的优惠等，后者则更倾向于企业基于自身发展的市场化行为。无论由谁主导，产业基金都是对产融结合的有益尝试。我国正处于经济结构调整、传统产业升级的重要发展阶段，产业投资基金具备聚焦新经济、政策扶持和股权融资三重属性，是促进新经济快速发展的重要工具。

从方向来看，当前我国产融结合主要是"由产到融"，过度发展金融会在一定程度上导致"脱实向需"现象的产生，因此当前的产融结合也更强调"由融到产"。但无论哪种方式，也无论哪个层面，产融结合的落脚点依然是"产"而非"融"，是以产业为支撑基础、借助于金融的杠杆效应从而促进产融双方共同生长。从产融结合实践来看，产融结合的主导者可以是企业如产业控股集团，也可以是金融如金融控股集团；可以是企业与金融共同作用如供应链金融或"企业主导产业基金"，也可以是政府与金融共同作用如"政府主导产业基金"。在不同主导者作用下，产融结合实践也体现出不同的活力与效率，那是否存在一条政府、企业和金融三者既能各自发挥职能优势又能共同作用的路径呢？

三、分析框架构建

（一）产融结合的基本逻辑

如前所述，根据主导力量的不同，产融结合可以分为市场主导、政府主导和金融机构主导三种模式，其代表国家分别为美国、韩国、日本和德国。不同主体主导下的产融结合模式各有优劣，也在一段时期内成为推动国家经济增长和产业发展的重要路径。我国在不同经济发展阶段，既历经了政府主导模式也尝试过银行主导模式。随着社会主义市场经济的不断发展以及金融市场的不断完善，近年来不断推进的供给侧结构性改革明确了政府引导、市场主导的基本方向，但无论哪种力量占优势，其他两种力量依然是不可忽略的补充和协同因素，尤其是对区域经济发展而言，产融结合更应当是地方政府、产业与金融三个主体职能之间的均衡，只有政府、企业和金融三位一体、分工协同才最具效率。

如何实现三大主体之间职能的均衡呢？产融结合的根基是"产"，也为区域经济发展指明了方向，政府需要依靠区域产业发展，从而提升区域经济实力，促进区域经济高质量发展，企业需要产业发展提升自己的竞争力，金融需要依靠产业发展获取资本收益。因此，尽管各自的利益动机有所不同，但三大主体在产业发展这个目的上是一致的，三者将共同作用以提升产业竞争力，这也是本报告的主要观点：区域经济高质量发展的路径即产业竞争力提升的路径，而只有政府、企业和金融三位一体、分工协同，才能有效增强区域产业竞争力，才是最有效的产融结合路径。

（二）分析框架

1. 迈克尔·波特的钻石体系

迈克尔·波特的竞争理论搭建了一个产业竞争力分析的基本框架，不仅适用于国家层面，区域乃至企业也可以援引参考。钻石体系剖析了竞争优势源自四大关键要素（如图5所示），同时机会和政府也是影响产业竞争力的重要因素。这些要素的特质相互独立，又系统地组织成一个互动的体系，要素之间会互相强化、限制或形成产业竞争优势的消长，任一缺失都会形成产业发展的短板甚至加速整个产业竞争力的丧失。据此可进一步分析区域产业是否具备发展潜力/竞争优势，以及当前面临哪些发展短板。

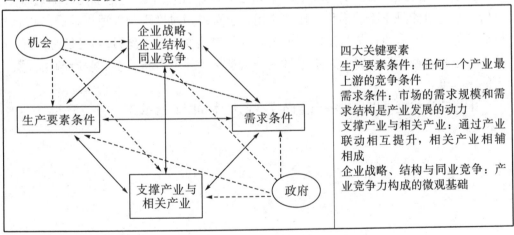

图5 波特的钻石体系

2. 基于钻石体系的三维空间模型构建

钻石体系给出了影响竞争优势的关键要素，而不同要素缺陷的应对措施也有所不同。根据产业发展要素主导力量的不同，笔者将迈克尔·波特搭建的产业竞争力分析钻石体系框架进一步规整为三个维度。

第一个维度为要素维度。生产要素包括人力、土地、资本、天然资源、基础设施等,有些是自然生成的,有些可以主动创造,天然的要素资源是产业竞争优势的重要基础,但对大多数优势产业而言,被创造的生产要素更重要。由于对既定区域而言,人力、土地和基础设施等要素的差异不大,因此在分析四川省产业现状时,生产要素被简化为天然资源和资本两大类。

第二个维度为产业结构/产业生命周期,主要包括钻石体系中的支撑产业与相关产业、需求条件和企业战略、结构与同业竞争这三类要素。尽管在波特的分析中,这三类要素特质独立,但在本报告分析框架下均可视为在产业链的范畴之中,相关产业和支撑产业多指产业链的上游产业,市场需求条件系产业链的下游产业,企业的战略、结构与竞争状态则主要指本产业所面临的产业环境,这与贝恩等学者的SCP产业分析框架中对S(即产业结构)的分析逻辑一致。同时,产业生命周期是指从初创到衰退具有阶段性和共同规律性的厂商行为的改变过程。大量研究表明,在产业早期,随着需求的上升,进入者数量增加,在产业中后期厂商数量将逐渐减少并稳定在相对固定的水平。由此,在产业演变过程中,市场结构也在不断变化,产业结构和产业生命周期之间存在着紧密的联系。因此,我们将这三类要素概括为产业结构/产业生命周期维度。①

第三个维度为技术创新和制度优势,与钻石体系中的机会和政府两大要素相对应。机会要素相对独立,但又是影响甚至改变整个产业格局的重要因素,如科学发明、技术创新、危机爆发或战争等;政府会以产业政策、政府购买等多种形式直接或间接地影响产业发展,更与其他要素相互关联。在产业创造竞争优势的过程中,政府的角色可能是正面的强化、促进作用,也可能因过度干预而适得其反。政府和机会相对于产业竞争优势打造的其他要素既相对独立,又千丝万缕,其对产业发展的影响也具有两面性,因此在本报告的分析框架中,笔者将机会和政府两类要素纳入同一维度。

上述三个维度可以构成一个空间模型,具体如图6所示。②

---

① 在美国哈佛大学产业经济学家贝恩等人建立的SCP产业分析框架中,S指行业结构,主要指外部各种环境的变化对企业所在行业可能的影响,包括行业竞争的变化、产品需求的变化、细分市场的变化和营销策略的变化等。这与本报告的维度划分逻辑基本一致。

② 卦限是笛卡尔坐标体系中象限在三维空间的对应术语,用于空间解析几何的坐标系统。

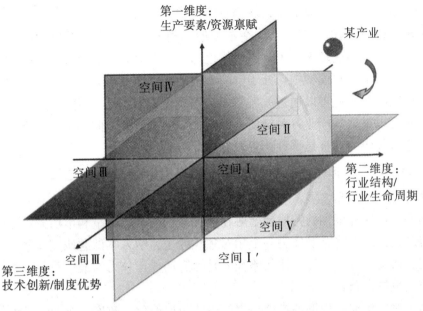

第一维度：
生产要素/资源禀赋

某产业

空间Ⅳ

空间Ⅱ

空间Ⅲ

空间Ⅰ

第二维度：
行业结构/
行业生命周期

空间Ⅴ

空间Ⅲ′

空间Ⅰ′

第三维度：
技术创新/制度优势

三个维度方向释义

要素维度：该轴意味着要素的丰富程度，箭头朝上表明要素丰富。

产业维度：该轴意味着产业结构的分散集聚程度或产业生命周期，箭头朝向表明产业结构较集聚或产业周期相对成熟。

技术/制度维度：该轴意味着能够促进产业正向发展的技术创新或在政府主导下的能促进产业正向发展的制度优势。

图 6　基于钻石体系的三维空间模型

三个维度轴相交于空间原点，并将整个产业切分为八个空间，坐标将确定某产业在空间中的特定位置。以（要素维度，产业维度，技术/制度维度）作为坐标定位，处于空间Ⅰ的产业可以用（＋，＋，＋）表示，处于空间Ⅳ中的产业可以用（＋，－，＋）表示。其中，"＋"表明要素相对丰富/产业相对成熟/技术或制度比较先进，"－"反之，因此，空间Ⅰ到空间Ⅳ中的要素维度均为"＋"。同理，当要素维度为"－"时，也对应 4 个卦限，为方便对应，可分别用空间Ⅰ′到空间Ⅳ′表示。八个产业空间孰优孰劣取决于各个维度及其方向如何影响产业竞争优势。

对要素资源而言，尽管迈克尔·波特认为"不虞匮乏的生产要素可能会反向抑制竞争优势，而不能提供正向的激励作用。因为企业在面对不良的生产环境时，才会激励出应变的战略和创新，进而持续竞争成功"[①]，但在拥有丰富的要素资源即要素维度为"＋"时，产业会更容易获得竞争优势。

对产业要素而言，初创期的产业结构相对分散，过于分散的产业组织难以形成显著优势。而伴随着产业演变、集聚，大部分市场份额由少数几家企业占有，产业组织规模化时即产业维度为"＋"时，能有效降低生产成本，同时享有部分对市场

①　迈克尔·波特. 国家竞争优势（上）[M]. 北京：中信出版社，2007：67.

价格的主导权。此时产业更容易获得竞争优势。[①]

对技术创新/制度优势而言，在本模型的相关定义中已经明确是能促进产业正向发展的技术或制度环境，因此当该维度为"＋"时，产业更容易获得竞争优势。

综上，在本空间模型中，处于空间Ⅰ中的相关产业更容易具备竞争优势，本身就位于该空间的产业可以通过放大其中一些维度以获得更多优势。[②] 而处于其他空间的产业可以根据其产业各关键要素的现状判断其所处空间，根据该空间位置判断其获取竞争优势的短板是哪种要素，并据此应对。

（三）政府、市场与金融在三维空间模型中的职能与定位

随着经济的不断发展，金融的地位与作用越加显著，其既是政府的工具，又是市场的构成，这种模糊的特质使金融在连接与均衡政府力量和市场力量之间存在天然优势。因此笔者将金融作为一个相对独立的主体纳入本课题研究框架，并认为唯有政府、市场、金融三位一体的路径才是提升产业竞争力的最佳路径，也即促进产业高质量发展的路径。

通过对三维空间模型各维度要素的主体予以简化，政府、企业与金融的位置呼之欲出，如图7所示。对简化的要素维度而言，天然资源为外生要素，独立于三大主体，而资本要素中的金融资本是支撑产业做大做强，实现非线性增长的重要资源，其主导者为金融。在产业维度方面，其主要要素为产业结构、产业周期和市场需求等产业环境，而根据不同产业环境制定发展战略的主导主体是企业自身。在技术/制度维度方面，其主导主体是政府，制度要素如产业政策等主要依靠政府颁布，而从经济学角度出发，由于技术创新的研发成本和研发成功与否的不确定性很高，同时研发成功后的技术更具有明显的正外部性，理性企业往往不愿意去做"第一个吃螃蟹"的人，因此最佳主导者为政府。[③] 但政府主要对技术创新、科研等提供支持，而非替代企业去搞创新，因为创新最终的来源者和实施者仍是企业。

---

① 值得注意的是，经济学中认为完全竞争的市场是最富有效率的，但一方面现实中的市场往往是不完全的，在某个区域产业集聚意味着对整个市场的主导能力，如果完全竞争，那么每个区域都是同质的，谁也不比谁有优势，因此对一个区域而言，要获得产业竞争优势，区域内产业需相对集聚；另一方面，我们也并未限制竞争，竞争并不意味着市场一定要有多个参与者，而更倾向于是其他参与者可以随时进入的一种机制，也从而让当前处于优势地位的厂商保持危机感与创新意识。事实上，完全的垄断和完全竞争一样富有效率。

② 当然这个优势并非是无限放大的，一个理论的最优位置应当取决于三要素的均衡，但本文主要讨论改进方向而非最优路径，故此处不展开讨论。

③ 尽管现实中，对行业格局有重要影响的创新往往是由企业主导完成的。

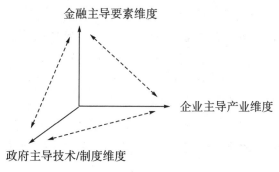

图7　简化的三维空间模型

值得注意的是，金融、企业和政府只是在某个维度中的主导方，而非唯一主体，实际上三大主体在三个维度中对要素的作用是相互交织的。结合钻石体系的四大关键要素，在明确各个维度的主导方和参与方的基础之上可进一步界定各个空间中政府、企业与金融的定位和职能。

企业是产业资本的经营者，对产业维度上的相关要素起主导作用。伴随着生命周期的演进，企业应通过战略扩张促进产业集聚、对支撑产业和相关产业予以梳理并主导产业链条的整合、从供给侧出发梳理细分市场并提供符合市场需求的产品。同时，企业也是要素维度和技术/制度维度的重要参与者，就要素维度而言，企业具有生产经验熟练的工人、技能等，可以通过课程或培训等方式为产业发展储备人力要素；就技术/制度维度而言，企业是生产技术的重要创新者和实施者，为迎合甚至引领市场需求提供重要保障。

政府是制度的主导者和提供者，也是其他要素的引导者和参与者。[①] 无论是在钻石体系中，还是各经济学派里，政府角色是最富有争议的，波特在《竞争论》一书中明确指出："政府的角色是间接引导，而非直接干预。"[②] 政府所扮演的角色应当是传递、引导并丰富钻石体系的其他要素，而非直接介入整个过程。

金融最基本的职能是为产业发展提供资金的融通，因此金融是资本要素的主导者。同时，金融的本质是"以资金的形式跨越时间空间，实现资源的优化配置，寻求最大收益"，因此金融不只是资金提供者，更是资本的经营者。为了获取更高的收益，金融会通过创新多元化的金融产品主动参与产业的发展进程，实现产融结合，协助企业扩张，协助企业进行产业链整合，当企业经营不善时，金融会予以监督或者"用脚投票"；金融还是政府制定产业政策中的重要引导甚至干预对象，因此金融也是政府调控产业的工具；同时，金融是各种创新金融工具的提供者，能为需求市场提供消费手段，甚至改变其消费模式，为产业拓展下游需求市场。

综上，政府、企业、金融的职能相互交织，但其主要职能应当围绕空间模型中

---

① 此处参与是指市场化的参与，而非直接干预。

② 迈克尔·波特. 竞争论 [M]. 北京：中信出版社，2009：171.

的主导维度轴展开，企业是产业资本经营者，主导产业维度；金融是金融资本经营者，主导要素维度；政府是制度提供者，传递、引导并丰富钻石体系的其他要素，为产业提供适宜的发展环境。在三方主要定位和职能不动摇的情况下，以多种角色和手段影响其他要素，三大主体多种职能均衡下的发展路径，即在政府引导下的产融结合发展路径才是产业发展的最优路径。

四、四川省相关产业的产融结合路径分析及政策建议

（一）产融结合的三种典型模式

基于本课题分析框架，只有政府、企业和金融三位一体、分工协同，才能有效增强区域产业竞争力，才是最有效的产融结合路径。任一力量的缺失都不利于产业发展。当前比较具有代表性的负面情形可以归纳为"松散的金融""懈怠的政府""消失的企业"三类形态。本部分将结合四川省相关产业发展现状与问题对这三类形态分别予以阐述，并结合本课题研究框架提出改进的产融整合路径。

1. 松散的金融——以白酒产业为例

"松散的金融"即产业发展主要由企业和政府主导，金融也是其中的参与者，但以一种相对简单、松散的形式参与产业的发展。

（1）白酒产业发展现状

自 2007 年起，川酒产量全国占比便稳居白酒产业首位，经过多年发展，产业优势明显。2017 年，在四川省政府关于推进白酒产业供给侧结构性改革和加快转型升级的重要战略举措下，川酒整体优势进一步提升。2017 年全国白酒产量1198.06 万千升，完成销售收入 5654.42 亿元，其中四川省规模以上白酒企业达348 家，白酒产量 372.4 万千升，占全国产量的 31%；完成销售收入 2257.2 亿元，占全国销售收入的 40%；实现净利润 263.5 亿元（如图 8 所示）。

图 8 2007—2017 年四川白酒产量全国占比

四川白酒产业具备明显的区位优势。四川位于"中国白酒金三角"，是地球同

纬度地区最适合酿造优质纯正蒸馏酒的生态区，气候、水源、土壤三位一体的天然生态环境为酿制纯正优质白酒提供了得天独厚、不可复制的环境。四川除了是中国白酒最大的产地之外，还是众多名优白酒聚集地，占全国名酒的35%。基于得天独厚的区位优势和众多名优白酒的品牌优势，四川省是我国发展白酒产业最为理想的地区。

（2）白酒产业发展存在的问题

尽管四川的白酒产业在全国领先，但近年来也面临较大的发展瓶颈问题，川酒市场份额不断被蚕食、整体实力下降，还存在产业链集中度不高（上游原酒企业小散乱）、与其他产业协同不足（白酒文化名镇建设不足、未与文旅产业形成协同）以及资本市场借力不足（名酒企现金流充沛，极少通过资本市场运作）等问题。[①]如何强优势、补短板，进一步巩固扩大"川酒"品牌效应和整体实力，充分发挥白酒产业的辐射带动作用，是四川省深入推进白酒产业供给侧结构性改革的重要内容。

①高端白酒品牌价值需聚焦挖掘

从品牌价值来看，川酒拥有众多高端白酒品牌。以一线名优白酒五粮液为例，根据中国名牌资产评估有限公司、R&F睿富全球排行榜，五粮液品牌价值近1000亿元，连续23年稳居中国白酒制造类第一。然而无论是市场份额还是品牌认可度，五粮液都落后于同为一线白酒系列的名酒茅台。[②]五粮液大量布局中低端市场，在一定阶段扩大了市场占有率，但品牌价值却不断被稀释。近年来，在高端白酒引领白酒行业结构性增长的历史机遇中，五粮液通过优化产品结构、整合产业资源，取得了一些业绩，但其与茅台还存在较大差距，高端品牌价值有待进一步挖掘。

②白酒产业与其他产业协同不足

中国十大名酒多发源自小镇[③]，特有的酒产业与小镇文旅产业相结合也是近年来白酒文化名镇的一个重要发展方向。2016年首批入选中国特色小镇的白酒小镇中就有茅台镇、杏花村镇和泸州市纳溪区大渡口镇。然而，尽管拥有众多白酒小镇，拥有独特的白酒文化和丰富的旅游资源，但川酒名镇的市场知名度依然较低。以同被纳入特色小镇的宜宾翠屏区李庄镇为例，其是中国历史文化名镇之一，而宜宾同样为名酒五粮液产地，拥有数万口上至明初古窖下至几十年不等的地穴式发酵窖池，形成独有的"十里酒城"规模。两地相距仅二十千米，但产业发展相对独立，产业之间的协同程度较低，特色小镇的建设仍在起步阶段。

---

① 四川拥有五粮液、泸州老窖、舍得和水井坊4家上市白酒企业，2017年年末总市值4385亿元，仅为贵州茅台总市值的1/2。

② 2002年年初，五粮液市值180亿元，是茅台的2倍；而2017年年末，五粮液市值3032亿元，仅为茅台的1/3。2002—2008年，茅台追赶五粮液；2008—2012年，二者并驾齐驱；2012年之后，茅台一骑绝尘。十年之间中国白酒龙头地位更替，五粮液作为一线高端白酒，在品牌价值和资本市场上却始终难以追及茅台，在很大程度上受其产品战略拖累。

③ 如贵州茅台酒和茅台镇、陕西西凤酒和柳林镇、山西汾酒和杏花村镇、安徽古井贡酒和古井镇、江苏洋河大曲和洋河镇、贵州董酒和董公寺镇等。

③产业大而不聚、强而不精，资本市场借力不足

截至 2017 年，四川省规模以上白酒企业 348 家，而根据《四川省白酒生产企业名录》，2017 年四川省登记在册的白酒生产企业共有 2030 家，产业整体发展大而不聚、强而不精，呈现出"小、散、乱"格局。同时，白酒企业现金流充裕①、盈利能力较强，企业发展主要源自内生增长，很少通过债券融资或增发股票等形式在资本市场再融资，在"舒适圈"内待得太久，资本市场运作程度还远远不够。

结合上述分析，四川白酒产业位于本文的分析框架下的第Ⅰ空间，但在金融主导的要素维度中，白酒产业还存在较大提升空间。从政府、企业和金融三大主体在当前推动白酒产业发展中的现有举措来看，政府层面给予了足够重视，在政策和战略方面予以了积极布局和支持；行业自发组建了酒业协会和产业联盟等；金融机构与白酒产业也存在一定的合作，但多为松散的、简单的信贷关系。政府、市场（企业）和金融之间未能形成协同协作关系。政府和企业的联盟缺乏金融机构专业化的资本运营，产融结合成效缓慢。金融或许不是白酒企业的主要融资渠道，但可以作为其做大做强的重要手段，白酒企业依靠产品经营和资本经营两条腿走路，有助于加速产业整合与集聚，以达到优化产业结构和产业升级的目的。因此，对白酒产业而言，最好的产融结合路径是从整个产业链出发，"政府搭台，企业和金融共同唱戏"，搭建集政府、市场和金融三位于一体的协同发展模式。

2. 懈怠的政府——以矿泉水资源产业为例

"懈怠的政府"指产业发展主要由企业和金融主导，政府未过多关注和参与产业的发展。

（1）矿泉水产业发展现状

水是最典型的快消品，人体结构决定了对饮用水的刚性需求。在软饮料市场上，消费者习惯的升级带来消费偏好的转变，瓶装水逐渐抢占高糖高热饮料市场，而其中又以健康、自然为特征的天然矿泉水最符合消费升级趋势，具备更高的附加价值与市场前景。在欧洲、北美、日本、韩国等国家，天然矿泉水均为主要饮用水来源，尽管我国矿泉水资源丰富，但人均年消费不足 5 升，远远落后于欧美发达国家，还存在巨大的开发潜力与市场空间。从需求端来看，矿泉水行业面临千亿级市场，2002 年到 2016 年我国瓶装水销售规模由 234 亿元跃升至 1600 多亿元，CAGR 为 14.8%，是全球平均增速的 2 倍以上。在收入提升、消费升级等背景下，"健康饮水"将成为未来瓶装水尤其是天然矿泉水市场持续增长的核心驱动力。

四川省具备优质的水源与便捷的物流，拥有较明显的区位优势。我国矿泉水年开采总量约 1000 万吨，年产规模 10 万吨以上的大型企业仅在广东、四川、云南和吉林等地，四川包装饮用水产量在全国排名第二，仅次于广东。同时水源地决定了

---

① 截至 2017 年年末，20 家上市白酒企业中有 13 家货币资金高于 10 亿元，其中茅台、五粮液的货币资金更是高达 878 亿元和 406 亿元。

瓶装水的品质，是决定矿泉水价值高低的核心因素，四川地处青藏高原向四川盆地的过渡带，有形成天然矿泉水水源的地层岩性和地质构造条件，水质中含有丰富的矿物质成分。在独特的地理位置与地质条件下，四川省内具备丰富的矿泉水资源，经省国土资源部门专家鉴定合格的矿泉水水源有100多处，其中不乏以什邡为代表的国内顶级优质水源地。

同时，我国大部分矿泉水水源位于东北、西北及西南地区，但是矿泉水的主要消费者则位于我国南部及东部，水源地与主要消费者市场之间的距离需要庞大且具有成本效益的物流网络。四川除自身拥有较为丰富和优质的矿泉水资源外，同时背靠中国最高端的矿泉水水源地西藏，作为西南地区的交通枢纽和"一带一路"重要地带，相对于其他西部矿泉水资源省市，四川拥有更便捷的交通基础与物流网络，能够更有效地扩大产品半径，具备坚实的产业发展基础。

（2）矿泉水产业发展问题

产业区域特征显著，尚未建立起辐射全国的优势品牌。瓶装水行业有一条"500千米"的经验理论，即市场距离水源地的运输半径一旦超过500千米，过于高昂的运输成本会侵蚀水企盈利，天然矿泉水生产企业必须在原产地灌装，如果需要在全国范围内送货，高昂的物流成本必将导致入不敷出。据统计，渠道商与物流环节占据整个瓶装水产业链60%左右的价值，这也从侧面反映出矿泉水厂商具有较强的区域性特征。四川最大的矿泉水提供商为四川蓝剑饮品集团，其冰川时代矿泉水水源被评为"中国优质矿泉水水源"，常年稳坐西南地区矿泉水市场占有率头把交椅，但矿泉水产品异质性不强、差异程度较小，产品竞争主要依靠品牌的市场影响力。2016年蓝剑瓶装水全国市场占有率仅为1.4%，受产品运输半径及市场营销影响，其品牌价值感知打造不足，在全国范围的影响力仍相对缺乏。

表6　2016年我国主要瓶装水品牌市场占有率

瓶装水品牌	产品类型	水源地	2016年瓶装水市场占有率
怡宝	纯净水	自来水	9.6%
农夫山泉	矿泉水	浙江千岛湖、吉林长白山、四川峨眉山等八大优质水源基地	8.7%
康师傅	矿物质水	自来水	6.5%
娃哈哈	纯净水	自来水	6.1%
冰露	矿物质水	自来水	5.4%
景田百岁山	矿泉水	罗浮山脉自然保护区	2.6%
蓝剑	矿泉水	四川什邡	1.4%
益力	矿泉水	惠州市龙门县龙田镇王宾村、深圳市西丽镇红花岭和石岩镇狮子山、羊台山	1.4%
恒大冰泉	矿泉水	长白山	1.3%

数据来源：Euromonitor、天风证券。

结合上述分析，四川矿泉水产业具备良好的发展基础，属于本报告分析框架下的第Ⅱ空间，自然资源相对丰富，行业集中度仍相对较低，且鲜有政府参与，金融的参与也仍然处于初期阶段。要持续扩大产业竞争优势，需要企业联合金融资本和政府，加强对矿泉水产业三大维度中的关键要素的提升，包括对矿泉水水源地的整合，推广"川水"品牌，布局面向全国尤其是面向东部发达地区的物流和销售渠道等。

3. 消失的企业——以地方政府产业引导基金为例

"消失的企业"即政府和金融搭台，但本应唱戏的企业却鲜能参与其中，尽管这种产融结合并非针对某个具体行业，但常常出现在新兴产业领域中，空有产融结合之"壳"，却缺乏底层资产之"实"，最典型的表现是近年来在各地发展颇为热闹的产业引导基金。

（1）地方政府产业引导基金的发展现状

政府产业引导基金是产业升级的助推器，是观测产业政策的重要风向标。如前所述，地方政府产业引导基金一般由地方政府发起，将服务于政府的高科技创新、科研成果转化、产业发展战略作为设立和运作的目标，拥有政府牵头、社会各方参与的运作机制，其明显特征是政府主导、享受政策与税收方面的优惠。政府引导基金的资金来源主要为财政预算内投资、中央和地方各类专项建设基金及其他财政性资金，通过引导基金发挥财政资金的杠杆放大作用，实现对产业的扶持。

政府产业引导基金是当前政府基金的重要组成部分，自 2015 年以来，我国各省市政府产业引导基金呈现爆发式增长。据清科统计数据，2009—2018 年 4 月我国共成立政府引导基金 1746 只，总目标规模 11.15 万亿元，其中政府产业引导基金 798 只，目标规模 6.13 万亿元，基金类别构成如图 9 所示，地市级基金数量最多，省级基金规模最大，国家级基金单只规模最大。

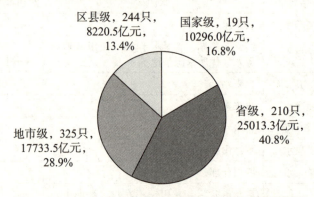

图 9　2009—2018 年 4 月我国政府产业引导基金类别概况

从各省市成立的政府产业引导基金的区域分布来看，除集中在北京、长三角、珠三角等传统经济带，还形成了一条贯穿西东的"投资带"，主要是长江经济带相关省份。区域经济强省充分利用政府产业投资基金的带动作用支持本省产业转型升级，以实现经济动能转换中的"弯道超车"。自 2015 年四川省成立首批产业发展投资引导基金以来，截至 2018 年 4 月，四川省共成立 48 只产业引导基金，居全国第 5 位。目前四川省吸收政府产业投资基金约 8.6 亿美元左右，仅次于北京和广东，位居全国第三位，这也进一步促进了四川省战略新兴产业的发展和创新能力的提升，在全国城市双创指数排名中，成都位列第四名，仅次于北京、上海、深圳（如图 10 所示）。

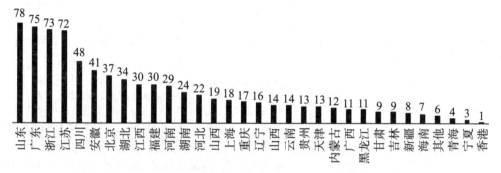

图 10　截至 2018 年 4 月我国各省政府产业引导基金数量分布

（2）四川省政府产业引导基金的发展现状

①较好地发挥了产业引导作用

自 2015 年成立省级产业投资引导基金以来，四川省财政资金杠杆作用明显放大、较好地发挥了产业引导职能并带动区域产业投资。

财政杠杆明显放大。据四川省财政厅报道，截至 2017 年年底，省级财政发起设立和参股设立各类产业发展投资引导基金 20 只，基金规模 1036 亿元，其中财政出资 129.2 亿元，撬动 8 倍的财政杠杆。项目投资超过 25 亿元，撬动约 250 亿元社会资金，较好地实现了财政资金的引导放大作用。

产业引导作用初显。截至 2017 年年底，按照省委省政府确定的五大成长型高端产业和七大战略性新兴产业方向，省级产业投资引导基金已累计储备收集项目 1300 余个，重点推进项目 160 余个，逐步显示出行业引领、带动和示范效应。对区域产业发展的带动作用也逐渐显现，省级财政通过与地方区域产业投资平台共同投资以带动区域相关产业发展，完成绵阳、德阳、自贡、宜宾、泸州等区域性子基金设立，总规模达到 47 亿元，初步实现对全省优质资源的有效覆盖；与银行等金融机构达成投贷联动合作协议等方式，引领带动区域发展成效初显。

②直投模式更具效率，产业引导基金体系逐渐成形

根据《四川省省级产业发展投资引导基金管理办法》，四川省投资基金主要采用股权方式直接投资项目（企业），一般不设立子基金，即"直投直建"模式（结构参考报告前文中的"国企牵头直投模式"）。与"母子基金"的管理模式（结构参考报告前文中的"FOF 基金模式"）相比，直投模式能够按照省委省政府确定的重

点产业更有针对性地去促进支持产业发展，政府部门的参与也更加深入，更能彰显政府作用；同时有效控制风险，避免基金层层设立在投资决策、运营管理中可能出现的问题。

在地方政府与各职能部门的带动与引领下，目前四川省产业引导基金已经初具体系，涵盖军民融合、科技成果转化、新兴产业和高端成长型产业、交通建设等重点领域，详见表7。

表7　四川省17只政府产业引导基金的投资领域及方向

政府产业引导基金	主管部门	投资领域或方向
四川省集成电路和信息安全产业投资基金	省经济和信息化委	支持信息安全、集成电路技术研发及科技成果转化，推动信息安全产品国产化替代战略实施
四川省中小企业发展基金	省经济和信息化委	重点投向为四川省"双七双五"产业、《中国制造2025四川行动计划》、战略性新兴产业、高端成长型产业"成链配套"服务的中小企业；"专精特新"中小企业；现代物流、金融服务、信息服务、商务服务等生产性服务型中小企业；支持地方金融服务平台发展建设
四川旅游产业投资基金	省旅游发展委	四川境内的旅游景区打造、旅游新业态开发、旅游基础设施建设以及旅游全产业链的延伸开发，特别是尚未开发且具有潜力的优质旅游资源
四川省PPP投资引导基金	财政厅	支持基础设施、城市公用、环境保护等重点领域
四川省川商返乡兴业投资基金	省投资促进局	支持传统产业转型升级，促进优势产业、新兴产业、高端成长型产业、新兴先导型服务业等发展，以及适合中小企业投资并促进就业的产业项目
四川省新兴产业创业投资引导基金	省发展改革委	支持新兴产业初创期、成长期企业发展
四川省创新创业投资引导基金	科技厅	支持以大学生、科研人员等群体为主的创业创新发展，推动实施"大众创业、万众创新"战略实施
四川省健康养老产业投资基金	省卫生计生委	支持特需医疗服务、多元化健康服务、老年医疗保健服务、健康体检及咨询服务、健康保险服务、互联网医疗服务、健康教育服务、关联产业服务等领域
四川省电子商务产业发展基金	商务厅	投向省内电子商务平台和企业、创新型电子商务、农村电子商务、基于电子商务平台产业链上的各类电商服务
四川省文化产业投资基金	省委宣传部、文化厅	支持具有四川历史记忆、地域特色、民族特点、文化底蕴，能够扩大四川影响力的项目，带动社会资本参与文艺精品创作生产、传播及营销等
四川省知识产权运营基金	省知识产权局	投向高价值专利池（专利组合）培育和运营平台建设、购买或促进核心技术专利转化及产业化、高精尖技术成果转化等
四川省军民融合产业发展基金	省国防科工办	支持军民融合产业发展

续表7

政府产业引导基金	主管部门	投资领域或方向
四川省科技成果转化投资引导基金	科技厅	支持重大科技成果转移化
四川海特航空创业投资基金	省发展改革委	航空航天及相关延伸领域的战略性新兴产业和高新技术改造提升传统产业领域，具备原始创新、集成创新或消化吸收再创新属性且处于初创期、早中期的创新企业
四川雅惠新材料创业投资基金	省经济和信息化委	支持新材料产业中处于初创期、早中期的创新型中小型企业
四川天河生物医药产业创业投资基金	科技厅	我省战略性新兴产业生物医药等行业
四川虹云电子信息创业投资基金	科技厅	智能终端价值提升的基础软硬件、新型智能

资料来源：四川省财政厅。

③基金投资领域有所交叉、落地率待提升

从四川省产业引导基金体系来看，当前产业基金可能存在一些问题，要从以下方面加以避免。

一方面要避免各层级、各类别基金野蛮生长。根据基金发起人级别差异，产业引导基金又可以分为国家级、省级、地市级和区县级等。同时，根据投向和产业支持重点不同，产业基金主题也存在差异。但不同级别发起人设立的产业基金投资领域存在交叉重复，同时不同主题的产业投资基金的投资领域界定也存在模糊地带。

以四川省当前各类 FOF 基金为例，根据清科私募通数据库[①]，截至 2018 年 4 月，四川省共注册 48 只产业基金，其中省级产业基金 12 只，地市级 21 只，区县级基金 15 只，详见表 8。部分基金之间存在主题交叉、层级重复等现象，如四川省政府设立省级军民融合基金，成都市及其辖区内高新区也分别设立了同一主题基金；又如同为省级文化产业基金，旅游文化与文化产业、文艺精品在基金主题上又存在一定交叉。

表 8　四川省 48 只政府产业引导基金的投资领域及方向

基金简称	基金级别	基金简称	基金级别
四川军民融合基金	省级	四川产业发展投资基金	省级
成都市军民融合基金	地市级	成都产业引导基金	地市级
成都高新区军民融合产业发展基金	区县级	遂宁市产业发展基金	地市级

① 清科私募通关于政府引导基金的记录并不完整，无法代表真实发展情况，但由于基金信息披露不完整、可获得渠道较少，该数据库是目前相对完整的基金数据库之一，能在一定程度上勾勒出区域基金发展现状。

续表8

基金简称	基金级别	基金简称	基金级别
四川国企改革基金	省级	绵阳产业引导金	地市级
四川省科技成果转化金	省级	广元智慧城市产业发展基金	地市级
成都知识产权运营基金	地市级	成都发展基金	地市级
广安高新技术发展基金	地市级	四川秦巴山区母基金	地市级
巴中市科技创新基金	地市级	雅安市产业发展引导基金	地市级
四川省农业发展基金	省级	成都前海母基金	地市级
成都乡村振兴发展基金	地市级	泸州市引导基金	地市级
五粮液乡村振兴基金	地市级	天府国际城母基金	地市级
新都前海农行绿色基金	区县级	德阳市发展基金	地市级
浦银新都绿色基金	区县级	攀枝花钒钛基金	地市级
浦江耕地质量提升基金	地市级	成都高新区产业基金	区县级
四川集安基金	省级	中德浦江发展引导基金	区县级
川商返乡兴业股权投资基金	省级	自流井区产业基金	区县级
四川新兴产业引导基金	省级	涪城产业发展引导基金	区县级
新兴创投（亚商创投一期）	地市级	温江区引导基金	区县级
天府新区新兴高端基金	区县级	金牛产业基金	区县级
四川电子商务发展基金	省级	甘孜教育扶贫基金	区县级
四川旅游文化产业基金	省级	甘孜卫生扶贫基金	区县级
四川文化产业基金	省级	甘孜扶贫小贷基金	区县级
成都音乐文化基金	地市级	甘孜贫困村扶贫基金	区县级
文艺精品基金	省级	成都（中古）生物基金	区县级

　　另一方面要避免形成基金规模竞争。仍以表8为例，上述48只基金目标规模逾5300亿元，但清科统计的已募规模仅为42亿元。以四川省财政厅相关数据来看，目前省级产业发展投资引导基金跟踪项目总数1300多个，投资总需求超过1280亿元，完成投资决策和签订协议项目77个，已投和拟投金额126亿元，四川省财政厅官网也曾注明，截至2017年年底20只政府产业引导基金已实现项目投资25亿元。尽管较难对数据口径予以核实，但上述数据均表明，当前基金落地率偏低。各级政府应当结合区域产业发展需求予以设置，避免形成空泛的基金规模竞争。

　　④基金主题空泛模糊，与底层资产结合度待提升

　　从表8的产业发展投资基金可以看到，一众地级市均设立了产业基金，但由于部分基金架构宽泛、主题不明确，同时缺乏底层资产，很多基金空有目标规模，实

际募集到位以及实际投放的资金远低于其规模。

以本课题组所接触的某区县拟筹备设立的健康产业基金为例，政府部门在设置基金的过程中经过了长时间的调研、与金融机构和高校的专家进行了多次研讨与论证，并组织专人和团队负责基金筹备工作，基金设立细节丰富，募投管退逻辑清晰，并较好地协同政府各部门的具体职能，切实参与基金设立。但该基金设置也存在一定的任意性，在未明确基金主题和投资方向的前提下，先设定目标基金数量与规模，如要在五年内成立基金 50 只、目标规模 200 亿元等。同时，基金架构重融轻产，对政府各部门的职能、金融机构的职能等进行了较为清晰的界定，对金融产品的应用场景也提出了很多设想，但基金构架始终未将相关企业纳入基金设立，未对企业的职能和定位予以界定，也没有明确的底层项目，因此基金设立始终停留在"融"的层面。

结合上述分析，地方政府产业引导基金是地方政府促进产业升级的助推器，与企业主导的产业基金不同，政府引导基金能够更多地发挥政府的职能与作用，但企业所成立的产业基金往往会基于特定的项目去成立，是一种自下而上的产融结合方式。政府产业引导基金更倾向于自上而下的引导，这跟引导基金是产业政策的风向标有一定关联，但最终也需要落实到产业之中才能充分发挥引导基金对产业的引导作用。

（二）产融结合的优化路径

1. 搭建"产业+金融+政府"职能融合的优化路径

从当前我国部分产融结合实践以及四川省部分产业发展现状可知，在产业资本与金融资本的整合中，往往是政府、企业和金融中某一方或两方的组合，很少能有路径可以对三方职能予以融合。本文指出区域经济高质量发展的路径即产业竞争力提升的路径，产业竞争力受生产要素、市场需求、产业支持、政府等六大要素影响，在本报告的三维空间模型中我们将影响产业竞争力的六大要素根据主导者不同区分为三个维度，任一维度的缺失都将不利于产业竞争优势的培育，只有政府、企业和金融三位一体、分工协同，才能有效增强区域产业竞争力。

如何实现三大主体之间职能的融合与均衡呢？当前产融结合实践多为"产业+金融"和"政府+金融"，是否存在一条"产业+金融+政府"的可行路径？三大主体是否存在职能融合的基础？在该路径中如何界定各方职能呢？

（1）三大主体殊"求"同"途"

诉求与利益存在分歧，因而三大主体在产融结合中存在矛盾与抵触。产业方将利润最大化作为其行动目标，根本路径是增加企业产品竞争力以获取更高的市场份额；政府不以营利为目的，其多元化的目标可以"政绩"概括，而政府行为最直观的度量指标是地方经济增长，能促进经济高质量、可持续增长的产业结构是其根本路径依赖；金融的目标也并非单一的，企业要追求效率，国家要传递国家意志，在配置金融资源时既要投向高资本收益的领域，又要投向政府指定的领域，"产业＋金融"的合作基础是出于共同的利益诉求，"政府＋金融"的合作基础是将金融作为政策落地工具。因此要实现产业、金融和政府的合作，需要先从不一致的利益诉求之中找到共通之处，尽管三者所求各异，但都指向"产业发展"这一条实现途径。

对地方政府而言，有竞争力的产业是支持地方经济可持续增长的基石与根源，更是提升经济质量增长、引领经济发展新常态的关键。对金融而言，有竞争力的产业是金融的投资对象，既能创造高额的资本回报，又能有效支持区域实体经济增长。企业是产业发展的微观单位，多个企业组织构成产业，企业追求利益的行为则促进产业发展，企业自身发展与产业发展的路径高度一致。

因此，尽管三大主体的诉求各有差异，但产业发展是三者在追求不同目标时共通的必经之途，三者之间的职能融合也由此存在根本的合作基础。

（2）"产业＋金融＋政府"路径中的职能界定

本文在三维空间模型部分对企业、金融和政府的主导职能已予以概括，指出企业是产业资本经营者，主导产业维度；金融是金融资本经营者，主导（资本）要素维度；政府是制度主导者，传递、引导并丰富其他要素，为产业提供适宜的发展环境。三大主体在各自的职能界定之下具体应该做什么？又该怎么做？

企业主导产业维度。产业维度的要素构成包括支撑产业与相关产业（即产业链）、结构与同业竞争（即市场结构）、需求条件和企业战略（即供给侧）三类要素。从产业链来看，关联效应高的产业容易通过关联效应影响促进产业发展与经济进步[①]，区域往往会优先发展关联效应高的产业，从而优化有限资源的配置。因此，企业尤其是处于产业链核心地位的企业要主动寻求产业链的优化整合，增强企业在所处链条中的关联效应，而上下贯通的完整的产业链条亦能够有效提升企业经营效率，有效构筑企业的场景与生态。如果说产业链是纵向的结构优化，市场结构则是横向的资源整合，常以产业集中度表示，极端表现为"垄断"。某企业的产业集中度越高，企业规模越大，产品市场越大，企业的竞争力也越强。因此企业往往也有横向并购的冲动，借助于收并购等资本化手段突破时间、空间和资源等约束形成非线性增长，实现产能和市场份额的扩张。决定企业市场份额的关键是产品，即企业战略与市场需求，企业要制定符合市场需求的产品战略，要从供给侧出发通过提高生产工艺、技术研发等手段实现产品结构的调整。因此，对主导产业维度的企业而言，核心职能与关键行为都应当围绕产业开展，充分发挥企业在产业资本经营中的专业优势，挖掘市场需求并围绕主业寻求横向扩张与上下游的资源整合。

---

① Hirschman A O. The Strategy of Economic Development［M］. Yale University Press，1958. 赫希曼于1958 年提出了关联效应理论与最有效次序理论，指出产业关联效应即产业由于投入、产出或生产技术等变化引起其前向或后向关联部门对应的变化，关联效应越高的产业越容易通过关联效应的影响促进产业发展与经济进步。

金融应当主导资本维度。此处用"应当"二字是为了强调金融在资源配置时的意志。如前所述，金融在与产业方和与政府方合作时，多作为一个工具或手段，因此往往与企业保持一种松散的、简单的债性合作，甚至在行政手段约束之下与企业合作，而行政约束下的金融无法完全覆盖或深入参与产业发展。金融作为资本经营者，应该主动发挥自身在资本输出、资本运作、风险管理等方面的专业优势，参与产业发展，通过并购贷款、产业基金、股权投资等方式协助企业扩张与整合，主动围绕产业发展场景创新金融工具与消费手段，挖掘消费金融等，通过为企业提供一系列增值服务，深入参与企业的发展。

政府主导制度维度。本文指出，在模型中，政府的职能应当是间接引导而非直接干预，其角色应当是传递、引导并丰富钻石体系的其他要素，而非直接介入整个过程，因此政府应当围绕产业发展中的制度缺失和要素缺失提供改善手段。由于资源具有稀缺性，产业发展本来就是一种不平衡发展战略，政府在改善产业环境时需要首先明确区域产业引导和发展方向，并完善政策体系，给予配套的政策支持。但政策支持并非直接去干预资源的配置，而是通过间接手段予以引导，如提供税收优惠以招商引资、打造基础设施以完善要素流通的必要条件、优化人才引进手段以保证产业所需的人力资源、鼓励技术创新、发展科研教育等。同时，政府也可以通过市场化的手段如参控股、资本运作等方式共同参与产业发展。此外，政府还应当实施有效的监管，包括问责、绩效考核等，设置正确的产业导向、政府行为导向等。

2. 三维空间模型中的产融结合优化路径分析

前文分别描述了"松散的金融""懈怠的政府""消失的企业"这三类产融结合模式，尽管产业、金融和政府的利益诉求并不一致，但可以通过以产业发展为基础的三类主体共同参与的产业基金对三者的职能予以有效融合。

（1）以产业链整合为基础的"产业＋基金＋政府引导基金"

在这类模式之中，产业代表产业资本，基金代表金融资本方，也代表组织形式，政府作为产业投资基金的LP通过引导基金参与产业发展，详见图11。这类模式适宜的产业有如下特征：产业尚未高度垄断，存在具备产业运营能力的企业和众多中小企业，具有较多整合机会；产业符合国家产业政策导向并能通过资源资金整合提升产业价值（如图11所示）。

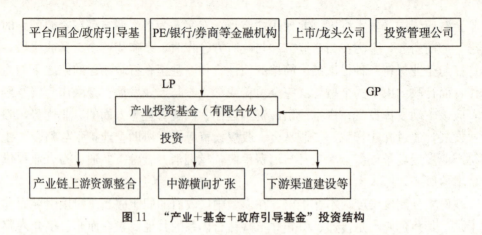

图11　"产业＋基金＋政府引导基金"投资结构

企业是产业资本的运营方，在产业投资方面拥有专业的眼光与知识，产业发展无法离开产业资本运营方而存在。产业方的重心在于围绕实业及公司市场地位，实现"上、中、下游三大方向的产业链纵向延伸战略"。为了获得更大的竞争优势，企业不仅要寻求规模的扩张，还要寻求结构的优化和效率的提升，因此必须围绕产业链上、中、下游寻求产业链延伸。寻找适宜的资源和标的资产，通过收并购、参控股等形式获取更大的协同效应和关联效应，通过向下游C端延伸，围绕供给侧结合市场环境变化提供更符合需求端变化的产品，同时，C端也是最接近大数据和互联网的地方，是利用高新技术更新产业的最重要切入口。通过产业链的上下延伸形成一个产业闭环和产业生态，是未来产业发展的重要方向，也是产业竞争优势培育的重要前提。标的资产筛选、产品战略选择和商业模式的打造，是产业资本方在产融结合中需要解决的重要内容。围绕上述内容，产业资本方应当从产业发展角度出发去设置标的选取标准、论证业务投资的基本逻辑、研发生产技术与产品、提供专业的运营和管理团队等。

金融是金融资本的运营方，拥有丰富和创新的金融工具，为产业发展提供包括融资、投资和营销、管理等在内的综合金融服务。在产业方进行上下游拓展时会出现很多产融结合机遇，金融应当主要围绕产业方战略拓展中的产融结合机遇提供积极的、紧密的、全面的综合金融服务。投资标的资产时企业往往拥有较大的资金需求，金融一般是该资金的供给方，通过对外募集、直投等多元方式参与投资；同时金融在投资决策和资本运营方面具有专业性，能够协助产业方共同推进项目的筛选、立项，调和组织实施，并能予以投后监督、管理、投资收益分配等，能辅导投资标的按照上市公司要求规范运作并通过IPO等方式退出；此外，金融还能够嫁接大数据、机构客户与个人客户等资源，并结合资源属性和产品属性提供符合产品使用场景的金融产品，为产业资本从C端捆绑客户资源。

地方政府是国家产业政策的执行者，常以FOF或直投形式促进地方产业发展。但政府部门的优势在于部门职能的协同组织和对要素的引导支持，而非对产业资本和金融资本的运营。因此，除非政府指定平台公司或国有企业进行相关产业的实业经营，否则并不建议政府直接控股投资并运营某具体产业。地方政府的利益诉求是发展地方产业而非从产业发展中盈利，因此地方政府可通过政府引导基金、指定平台或国有企业作为政府代言人的方式参股产业基金，发挥政府的要素引导职能。近年来，私募基金开始拉拢政府引导基金，一方面政府引导基金也需要下沉到产业投资之中；另一方面政府引导基金能引导各要素资源向产业聚集，对产业的引导堪比加速器。政府引导基金一般不以盈利为目的，因此在退出和利益分配方面会适当让利于社会资本，这也为引导资源和资金提供了一定的吸引力。此外，政府引导基金除了释放发展产业的基金信号之外，还能够依靠政府各部门的上下组织与协调，为产业发展提供具备正外部性的良好制度与要素环境。

三大主体分别主导一个要素维度并发挥其职能优势，共同引导产业从资源聚集到资金聚集再到产业融合，最终到产业重塑。

（2）四川省相关产业的优化路径案例

上述三个主体在各自发挥作用的同时又相互联系，金融在政府和产业（市场）之间发挥着纽带与平滑作用，能有效缓解甚至化解其他主体之间的矛盾。同时根据区域产业特征和国家产业发展战略的不同，三者之间的主导力量也是动态变化的。结合本文提出的三维空间模型，产业处于不同的空间时，其主导力量也并非一成不变的，仍以前文中提到的三类典型模式为例。

以川酒为代表的"松散的金融"，产业发展主要由企业和政府主导，金融以一种相对简单、松散的形式参与其中，其优化路径应当是在政府引导与支持下，围绕白酒产业链条中的产融结合机遇，加大金融机构与白酒产业之间的密切合作，以进一步扩大产业优势。白酒产业上游中最重要的原材料为原酒，原酒具有地域依赖性与时间价值性，具备较强的金融属性；中游重在生产工艺提升与产能扩张；下游重在品牌打造、渠道铺设与营销。依靠川酒产业的资源、人才、资本和技术等优势，四川省白酒产业在产业链条的三个环节中均具备较好的产融结合发力点。在产业链上游可以运用供应链金融和原酒基金等金融工具，促进原酒资源的整合与价值彰显；在产业生产环节可以通过参与生产企业之间的收并购、混改等促进白酒厂商的横向扩张；在销售环节可以利用综合金融机构的资金实力与综合金融资源等铺设构造新的营销渠道。当前四川省政府、企业和金融三者在白酒产业发展中的定位职能和优化路径分别见表9和图12。

表9 四川省政府、企业与金融三者在白酒产业发展中的职能边界分析

角色	职能边界	现有举措	痛点	改进方向
政府	宏观层面的决策者 大政府：通过行政手段创造产业发展所需环境，根据产业发展痛点制定发展规划、提供配套政策支持	打造白酒金三角出台促进产业结构优化、升级转型的相关规划政策	头痛医头脚痛医脚，产业规划缺乏系统性 未充分发挥产业协同效应	结合产业链上下游制定产业发展规划 充分考虑产业之间的协同发展，白酒产业与旅游文化产业等充分协同，产产结合、产城结合
	中观层面的引导者 大政府、小市场：介于政府与市场之间，为产业资本和金融资本聚集创造土壤，提供产业发展必要的要素保障	政府、白酒协会和企业开展合作搭建产学研平台，培养酒业人才	平台建设在起步阶段，功能缺失 平台建设中金融资本缺位	为平台建设提供必要的财政支持 引入金融资本，与政府和企业共同搭建集项目投融资、技术研发、产权交易、销售流通等功能于一体的多功能产业发展平台
	微观层面的参与者 小政府、大市场：以市场化手段运营政府资本	牵头组建四川发展纯粮原酒股权投资基金 牵头组建川酒集团整合中小酒企	行政支持充分，市场化参与不足 相比政企金协作，更倾向于通过政府平台单打独斗	通过设立产业引导基金、混改等方式，引导各方力量向产业上下游重点发展领域聚集 依托产业方发挥经营管理优势，依靠金融机构发挥资本运作优势，强化资本运作，管资本而非管资产
企业	生产者 白酒企业的核心竞争力是高品质、差异化、紧随消费趋势的产品，既要传承，也要创新	聚焦核心品牌紧随消费研发新产品 加强流程监控，规范生产行为与产品质量	核心品牌仍处于追赶阶段 创新蹭热度、爆发增长点如何转为持久增长点 上游行业分散，质量难统一	结合营销策略，聚焦核心产品品牌打造与价值挖掘 坚持市场导向，围绕供给侧研发新产品，联动上游产业，整合资源，从原料、生产基地、制作工艺、生产流程等多方位把控
	经营管理者 从战略和管理角度规划渠道模式、共同营造良好的行业环境以及采用多种方式运营企业资本最大化生产利润	开始将渠道力建设作为重要抓手制定行业标准/规范 部分酒企布局金融	分销渠道管理混乱，对终端掌控力不强 现金流丰富，投资渠道单一，多用于购买银行理财 通过参控股金融企业作为提高资金利用水平的手段，金融和产业之间的协同性不强	物流条件的成熟与消费模式升级可支撑企业更多依靠电商、线下直营店等模式提高对终端的掌控力 加强与金融机构的多层次合作，为资本获利打通更多渠道 通过混改等引入金融机构，改善公司治理，提升竞争水平，依托金融机构的资本运营优势，加强金融业务对白酒主业的产业支撑和协同

续表9

角色	职能边界	现有举措	痛点	改进方向
金融	投资者 作为金融资本经营者,通过金融产品、金融市场和金融体系有效配置金融资源,最大化资本收益	以基金、供应链金融创新模式助力酒企融资 为白酒企业打造白酒类金融等投资产品	债性融资为主,产品单一,参与面窄,收益率低,参与力度较松散倾向于财务投资者,短期获益后退出	由松散、被动的合作向紧密、主动、多方位的合作转变 整合金融机构的资源和信息等优势,由财务投资者向战略投资者转变
	监督者 对企业经营管理等起监督管理职责	基于与酒企的债性融资业务合作	姿态被动,倾向"用脚投票"	加深与企业的股性等合作,充分发挥其风险监管优势

因此,结合白酒产融结合机遇及各方职能定位,重新构建三方协同下的产融结合路径,如图12所示。

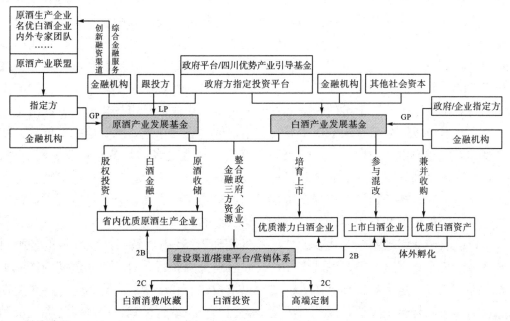

描述路径:

政府指定平台方发起设立优势产业引导母基金,投向原酒和白酒两大发展基金,原酒基金的主要业务是对省内优质原酒生产企业的资源进行整合,一方面进行原酒收储;另一方面对优质企业进行股权投资,并通过白酒金融为原酒企业提供便捷多元的融资服务。白酒产业基金的主要业务为白酒企业的股权投资和资产收并购,参与酒企混改或在体外收并购孵化资产,培育优质潜力的白酒企业上市。此外,政府、企业和金融三方可整合各自资源搭建平台,由政府牵头,企业对原有销售渠道予以整合,金融嫁接其客户市场等。平台既面向企业又面向消费者,搭建一套可以贯穿共享的营销渠道,同时通过电商和直营店方式为消费者提供白酒消费、收藏和投资等功能。最终目的是从采购到生产再到销售和消费环节,能够充分发挥三方的比较优势,充分融合促进产业升级。

图12 基于白酒全产业链的产融结合路径构建示意图

以饮用水为代表的"懈怠的政府",产业发展由企业主导,政府参与较少,金融的参与程度也不深。面临行业的消费升级发展机遇,仍应从产业链中寻找发力点。与白酒产业不同,矿泉水产业链较短,无须深加工,其核心为上游水源地与下游渠道。上游优质水源地的稀缺是矿泉水行业的天然护城河,跑马圈地成为国内矿泉水企业的重要扩展手段,包括对水源地的收购以及对既有品牌的收购整合以扩大规模效应。[①] 下游销售渠道扩张需做好品牌建设与市场推广、开发具备定价优势和低成本的新渠道,这是攫取市场份额的关键。规模效应与渠道多元化增强了矿泉水产业的盈利能力,而品牌差异化与品牌效应是产业竞争制胜的关键。纵观矿泉水产业链,产融结合体现在掌控优质水源地、加强品牌建设、提高渠道渗透能力与提升物流水平几个方面,拥有上述优势的企业将享受行业护城河效应带来的高收益。四川省矿泉水产业具备良好的基础,要持续扩大产业优势,需要企业、金融和政府共同推动。对上游水源地的拓展中,四川背靠青藏高原众多优质水源地,交通运输方面也具备比较优势,除整合四川省境内的优质水源外还可以协同西藏政府利用双方优势共同打造西南知名矿泉水品牌。因此,政府作为产业层面的规划者,可从产业政策制定、政府层面的战略协作等方面推进水源地资源的开发和利用。[②] 企业和金融则可以通过设立产业基金收购水源地和整合中小水品牌,在控制足够优质的资源和产能的同时,提高区域产业集中度,打造更强劲的区域经营主体,使其与当前市场上的竞争对手抗衡。下游的品牌建设与渠道推广更倾向于市场化行为,应由企业主导。政府可以对公众意识予以引导,包括水的种类与功能、水源地的宣传片、物流基础设施建设以及面向"一带一路"的推广。金融更多的是参与企业公司治理,企业可以拓展拥有广大受众的金融机构作为关键客户(KA),甚至可以借助于全国性综合型金融机构的延伸性布局全国市场。在渠道建设方面,企业还应当尽量拓展线上电商销售渠道和直销渠道,减少传统渠道商对利润的挤压等。

以政府产业引导基金为代表的"消失的企业",其中以新兴产业领域的各类引导基金最为常见。这一类产融结合往往是政府与金融先行,对处于初创期的产业予以引导和培育。这类产融结合模式往往会更重视政府和金融的主导力量,但企业在前期的参与同样至关重要,因此对于这一类型的产融结合模式,应当注意在上层基金架构设计中连同产业资本共同参与,并明确政府、企业和金融三方的合作分工。在地方产业引导基金中,第一要明确的是基金主题,明确和细化基金的投向;第二要明确基金的原则,坚持"政府引导、市场运作,科学决策、防范风险";第三要设计好基金的架构,完善基金治理,同时还要制定完整的投资策略,要有明确的募

---

① 根据中国产业信息统计数据,全国通过省级鉴定的矿泉水水源共4117处,规模以上矿泉水企业200多家。由于大部分矿泉水企业受运输半径影响,产业表现出一定的区域局限性,也导致当前矿泉水品牌的行业相对分散,2016年CR3仅为25%,远低于发达国家的成熟市场,行业集中度也存在较大提升空间。

② 西藏、黑龙江和贵州等地区已出台相关政策,如《西藏自治区天然饮用水产业发展规划》《黑龙江饮料制造产业(链)发展实施方案》,对其地方矿泉水资源予以开发利用,四川省政府尚未出台相关产业规划。

投管退逻辑；第四还需完善考核机制。随着基金主题的不同或合作对手的不同，基金的架构、投资决策和考核等机制都可以灵活机动。在基金架构方面，政府以财政资金出资发挥引导职能、放大财政杠杆，在一定程度上为拟发展产业提供产业支持政策，让利社会资本。金融分为两类：一类负责资金募集，一般为银行等金融机构，引导、聚集社会资金并投向实业；另一类负责基金管理，在募投管退上发挥专业职能。产业资本要负责投资标的的寻求、筛选等，同时为投资决策和经营管理提供智力、经验等专业支持。

（3）三维空间模型中的四川省产业分布及其优化方向

根据前文中的三维空间模型，本部分根据区域产业发展现状列出了主要产业的空间分布，并参照上述三类产融模式优化路径简析了主要产业的优化方向。

在三维空间产业分析框架下，本部分整理了四川省主要产业的空间分布，同时结合政府、企业、金融三大主体的定位和职能，结合前文中的基于产业链的"产业＋金融＋政府"优化路径，提出产业发展的主要策略，具体见表10。

表10　四川省产业空间分布及提升策略

所属空间	主要特征	产业提升方向
空间Ⅰ （＋，＋，＋）	代表产业：白酒酿造。要素和资源优势突出，行业成熟稳定或高速增长，技术领先，制度完善	一是产业内的企业本身需要改革，包括完善治理结构、提升经营战略和加强资本运作；二是政府引导需要一定的调整，包括尝试国有企业混改、鼓励行业整合和适度简政放权；三是金融应加强适应性与引导性，主要是坚持绿色金融、提供并购工具和调整信贷投向结构
空间Ⅱ （＋，＋，－）	代表产业：钒钛冶金。要素和资源优势突出，行业较为成熟，产业链完整，技术落后，制度需完善	一是政府应在基础科研上给予更大支持，包括科研结合平台搭建与经费投入、技术研发和设备补贴等；二是企业在应用技术提升上应有压力和动力，包括加大技术研发投入、市场化引进人才和进行技术并购等；三是金融机构应更多地提供技术改造融资，包括技术改造及项目贷款、融资租赁和并购工具等
空间Ⅲ （＋，－，＋）	代表产业：食品饮料、茶叶生产加工。要素和资源优势突出，行业发展不成熟，产业集中度较低，技术成熟，制度完善	产业突出问题在"小散乱"：小是企业规模小，缺乏大中型企业；散是企业数量过多，同质化无序竞争；乱是治理结构和经营管理乱，存在环保和安全等问题。改进措施：一是政府着力解决"散"和"乱"，包括强化法制规范执行、市场秩序维护及鼓励市场化优胜劣汰；二是行业内企业须主攻"小"和"乱"，包括主动进行联营兼并重组、改善企业治理结构和优化经营战略；三是金融同时协助治理"小散乱"，通过信贷结构调整、并购融资和绿色金融等，以金融资源配置导向促进产业结构优化调整

续表10

所属空间	主要特征	产业提升方向
空间IV （＋，－，－）	代表产业：饮用水、中医药、文化旅游。要素和资源优势突出，行业发展不成熟，产业集中度较低，技术落后，制度需完善	产业共性问题：一是行业集中度低，缺乏标杆企业；二是技术创新能力和制度供给不足。产业提升方向：一是政府做好顶层设计，包括产业规划和政策、配套财税措施和行业并购整合的引导等；二是行业内企业应内涵式和外延式发展并重，包括完善治理结构和经营管理水平、通过兼并收购以产业集中实现规模效应；三是金融机构应配合重资本投入需求，更多地从中长期项目贷款、并购工具、资产证券化产品方面入手
空间I′ （－，＋，＋）	代表产业：汽车制造。要素和资源相对匮乏，行业较成熟，产业形成集聚效应，技术成熟，制度完善	产业提升方向在于升级转型：一是政府可调整投资促进方向，包括重点支持新能源整车及配套厂商，鼓励上游锂矿资源整合和支持锂化工等配套产业；二是产业内企业应逐步换挡升级，包括加快燃油汽车升级换代，大力发展新能源汽车技术研发与生产；三是金融应适应行业发展趋势，包括重点提供技术改造融资、设备融资租赁和支持重大产业项目贷款
卦限II′ （－，＋，－）	代表产业：家具制造。要素和资源相对匮乏，行业较为成熟，产业链完整，技术落后，制度需完善。	产业问题在于企业安于现状，面临替代和衰退风险。改进方向：一是政府适度加大产业引导和支持，包括搭建智能家居合作平台、鼓励市场竞争和制定转型升级支持政策等；二是行业内企业需居安思危尽快转型提升，包括顺应行业趋势发展智能家居、与物联网等企业跨界合作等；三是金融机构应调整结构加强引导，包括支持重资本投入及技术并购融资、收缩传统企业支持转型创新企业信贷等
卦限III′ （－，－，＋）	代表产业：IT产业。要素和资源匮乏，行业发展不成熟，产业集中度较低，有一定技术，制度重视	一是政府需加大基础投入和产业引导，包括重点企业的重点扶持育、科研转换能力的培养、人才和技术的引进政策等；二是金融应结合企业生命周期合理安排融资结构，包括初创期的创投和风投产品、成长期的项目信贷和成熟期的并购工具等
卦限IV′ （－，－，－）	代表产业：农业。三大维度均不占显著优势	一是政府应有所取舍，包括更多地确保涉及民生的基础产业、适度支持弱势产业中细分产业结构性机会等；二是金融更需市场化和专业化，包括注意分离财政和金融职能界限、提高对细分产业专业化程度防范风险等

　　简言之，当确定了产业所属空间卦限后，以向第I空间移动为优化方向，各方主导力量各司其职、补短扬长，共同促进产业优化发展。

　　（三）产融结合发展路径中的相关建议

　　产融结合是基于特定区域的政策引导与产业特征下的产业资本与金融资本协同发展的模式，在政府之手与市场之手协同互补之下为经济的高质量增长提供持续动力。基于前述四川省产融结合中的"重融轻产""金融结构待优化""产业协同不足"等问题，结合本课题相关分析，提出如下建议：

　　第一，明确产融结合的本质、目的与意义，强化对产融结合的认识。产融结合的本质是对资源的组合与配置，其目的是提升产业竞争力，产融结合可以有效提升企业和产业竞争力，推动实业和金融的协调发展，有利于提升风险管理水平，能更好地传导宏观调控政策并促进创新创业，但并非所有地方、所有产业都适合产融结合，产融结合应当基于地方经济和产业具体情况推进，以产融结合促进产业发展，"要到有鱼的地方去撒网、到有草的地方去放羊"，产融结合不能离开"产"而空谈"融"，最终落脚点仍应在"产"。尤其是结合当前四川省经济发展阶段和结构，还是需要强调资源禀赋和突出比较优势，做到扬长避短和错位竞争，切忌人云亦云和一哄而上。

第二，从全产业链去构造一个富有竞争力的产业体系是区域实现经济高质量发展的有效路径。产业竞争力的打造需考虑产业链、产业协同等因素，要深化产业链的垂直整合，加强产业集聚获取规模经济；要打造辐射和带动力强的产业集群，加强与关联产业的协同。基于对区域产业发展现状的梳理，为处于不同发展空间（卦限）的产业指明优化方向，优化产业布局，为构建富有竞争力的产业体系夯实实业基础。优势产业一定不是由一个或者几个微观企业主体构成的，它必然是由产业链上下游诸多环节上相互协同并竞争的企业集群构成的，产业层面需要制定适宜的企业战略和治理结构，金融层面需要结合产业结构和特征提供有效的金融服务，政府层面需要协同产业提供要素支撑和制度规则服务。

第三，从产业链梳理实体产业与金融产业之间的结合点，将产业链金融作为实现产融结合的主要路径。金融机构以产业链核心企业为依托、以产业发展需求为支撑，针对产业链的各个环节、围绕产业结构现状和生命周期，设计个性化、标准化的金融服务产品，为整个产业链上的所有企业提供综合金融服务方案，提升金融服务实体经济的水平和效率。尤其在综合性金融产品提供方面，一定要结合产业特诊和发展需求，以创新为手段，综合资产定价、资产证券化、期权、结构化等技术，综合债权、夹层、股权等混合产品，以"'融资'＋'融资'"深度嵌入产业发展。

第四，政府可通过主导政策、制度等措施以及平台搭建、微观市场参与等辅助手段在产业竞争优势培养中发挥引导职能。政府是制度的主导者和提供者，也是其他要素的引导者和参与者，其职能发挥不在于大小，而在于效率。无论是在钻石体系中，还是各经济学派里，政府角色是最富有争议的，而基于竞争模型框架，"政府的角色是间接引导，而非直接干预"[1]，政府的首要任务是创造一个要素发展的良好环境，传递、引导并丰富产业竞争体系的其他要素，而非直接介入整个要素配置的过程。因此，地方政府应当首先梳理地方产业发展，并针对产业发展中所面临的问题给予相应的解决办法，如规范行业标准、实施税收优惠、提高外地企业准入门槛、鼓励创新、引进人才等。同时，由政府搭建或牵头组建平台如产业协会、联盟、产权交易所等，或由政府与企业、金融共同设立公司、基金等，在引导要素集聚的同时以市场化手段运营国有资本，分享产业优化升级带来的红利。另外，在当前"国民共进"指导原则下，也应充分考虑利用地方国资控股的国有企业资本实

---

① 迈克尔·波特. 竞争论［M］. 刘宁，等译. 北京：中信出版社，2009：171.

力、所有制优势等，一方面实现对民营企业的混改投资，与其市场化机制和效率优势结合，共同发展地方产业；另一方面也充分发挥国有资本对地方产业的有效引导和支持，实现国有资产保值增值。

第五，企业是产业资本的经营者，从产业发展层面做好"产业＋"。企业以利润最大化为目标，产融结合是企业实现跨越式发展做大做强的重要途径，企业应当根据产业及自身发展做好产业维度的"加法"：产品是其核心竞争力，要聚焦核心产品的品牌打造、提高生产工艺和技术水平、根据产业环境制定经营战略、完善公司治理、借助于资本市场通过收并购等路径做大企业规模与市场份额，同时结合消费模式升级、大数据等机会对产业格局进行及时调整。

第六，金融机构是产业链金融的主导者，从要素维度做好"金融＋"，进一步优化区域金融结构、完善区域金融市场体系建设。区域金融市场的发展是区域产业发展的重要保障，既要从规模上做大区域金融机构数量（包括银信证保、基金、期货、租赁等），也要从结构上完善金融市场层次、创新金融产品，从全产业链为企业发展提供综合金融服务，使区域金融产业与区域产业业务协同、战略协同，互相促进。

产融结合的最高境界是职能的融合。政府、产业和金融三大主体相关职能的发挥也并非只局限于各自的主导维度内，各类要素系统地组织成一个互动体系，且三大主体对各要素的影响亦相互交织。但在不改变各主体主要定位和职能的情况下，围绕产业链上下游的产融结合机遇，以提高产业竞争优势为目的，建立以政府引导为主、企业和金融紧密结合，多种职能均衡发展的路径才是产业高质量发展的最优路径。

（四川省统计局　西南财经大学）

四川城乡融合发展思路和路径

党的十九大提出建立健全城乡融合发展体制机制和政策体系，这是党中央在总结历史发展经验的基础上，着眼于当前城乡关系实际和未来新型城乡关系发展趋势作出的重大战略部署。四川地处西部内陆，是传统农业大省，城乡二元结构特征明显，要在过去 10 多年推进城乡统筹的基础上探索新时代城乡融合发展，需要学习借鉴相关理论和实践经验，并从经济融合、要素融合、空间融合、社会融合、生态融合"五个融合"的多维视角去审视和把握目前所处的阶段性特征，据此选择适宜的发展思路、发展目标和遵循路径，积极破解重点难点问题，努力走出一条具有四川特色、天府样板、西部示范的城乡融合发展新路子。

一、四川城乡融合发展历程和阶段特征

相关研究表明，人类社会的城乡发展历史，总体表现为"原野集聚→乡村定居→孕育城市→城乡分化→城乡对立→城乡融合"的演进过程。这当中，城乡融合是城乡发展的理想状态，是城乡关系发展的高级阶段。从内涵上讲，城乡融合既有微观又有宏观，既有静态又有动态，既有内部又有外部，既有时间又有空间的因素影响，是一个包含经济融合、要素融合、空间融合、社会融合、生态融合的综合系统。

（一）发展的基本历程

四川地处西部内陆，是传统农业大省，乡村面积大、农村人口多、乡村建制多、农业比重高、农民收入水平低，长期以来城乡发展不平衡，区域差异性较大，直到 21 世纪初城乡二元特征仍然十分突出，主要表现为"三个反差明显"：一是城乡居民收入反差明显。1978 年城乡居民收入分别为 338 元、127 元，收入比为 2.66：1；到 2003 年城乡居民收入分别为 7042 元、2230 元，收入比为 3.16：1，差距有所扩大。二是工农业发展水平反差明显。1980 到 2003 年之间第一产业增加值的增长率几乎都没有超过 6%，而第二产业特别是工业增加值的增长率基本上都接近或超过两位数（见表 1）。三是城乡面貌反差明显。城市建设日新月异，城镇化率不断提高，2003 年达 30.1%；而农村多年面貌依旧，基础设施和公共服务设施明显滞后。这些反差成为影响四川经济社会全面发展的障碍。

表1 1980—2003年四川第一、二产业增加值增速

年份	第一产业增加值增速（％）	第二产业增加值增速（％）
1980	4.0	9.7
1985	4.3	18.0
1990	6.9	9.5
1995	5.5	11.5
2000	2.3	8.2
2001	5.7	10.2
2002	5.6	11.9
2003	5.1	15.2

数据来源：《四川统计年鉴2017》。

从2003年起，四川以成都市为试点，开始探索统筹城乡发展道路。2007年，成都市获国务院批准设立统筹城乡综合配套改革试验区，提出了实施城乡规划建设、产业发展、市场体系、基础设施、公共服务、管理体制的"六个一体化"，向破除城乡二元体制机制障碍的"深水区"迈进。在抓好成都试验区建设的基础上，全省确定自贡、德阳、广元3个省级试点，积极推广"成都经验"，并结合灾后重建经验，提出"新农村综合体"建设模式，作为统筹城乡发展的有力抓手，在全省推开。

党的十八大以来，四川稳步实施"五个统筹"，着力深化"五项改革"，着力打破城乡分割的二元结构。

"五个统筹"：一是统筹城乡规划，优化城乡空间布局。协调推进城镇化和新农村建设。二是围绕产业园区、产业集聚、产业新城三个层次，推进产城融合发展，避免缺乏产业和人口支撑的"城镇空心化"。三是推进城乡基础设施一体规划、建设、管理、运营，统筹配置城乡公共资源，积极推进新型农村社区建设，着力提高城镇综合承载能力。四是建立健全城乡统一的就业、教育、卫生、文化等公共服务机制。五是统筹城乡社会管理，创新城乡基层治理机制，在全省15个县实施了乡镇基本财力保障机制建设试点。

"五项改革"：一是深化户籍制度改革，除成都市外，全面放开大中小城市、小城镇落户限制，推行流动人口居住证制度。二是探索农村产权制度改革，全面开展农村产权确权登记颁证，在全省89个县开展了土地承包经营权确权登记工作试点，探索建立农村产权交易所。三是推进社会保障制度改革，逐步消除城乡户籍制度附带的福利差异，从2013年开始四川省打破城乡养老保险户籍限制，实现省内自由转移接续。四是推动土地制度改革，规范开展城乡建设用地增减挂钩和土地综合整治，在成都、自贡、德阳和广元等市开展农村集体经营性建设用地流转试点。五是创新农村金融服务，大力发展村镇银行、小额贷款公司、农村资金互助社等新型农

村金融组织。经过 10 多年的探索实践，四川从城乡混杂阶段过渡到了城乡分野阶段，初步形成了从城乡统筹向城乡融合的框架体系。

（二）当前的主要问题

四川城乡融合发展到今天，既有成效也有差距，既有优势也有短板，既有突破也有掣肘，从经济融合、要素融合、空间融合、社会融合、生态融合"五个融合"方面看，当前发展中呈现出的阶段性问题仍然突出。

一是从经济融合看，存在农业现代化水平不高这条"短腿"。城乡经济发展不平衡、不充分的问题仍然突出，农业现代化仍然较为滞后。据统计，全省农业常住人口人均农林牧渔增加值仅为 10412.9 元，在全国排第 19 位。产业类型上，农村以种养业为主，与城市产业互动少、融合低、层次浅，仍处于初级阶段，跨区域、跨城乡互动发展的产业占比少。农村一、二、三产业融合发展不足，农业的多种功能还没有得到充分开发。农产品加工率在 40% 左右，比全国平均水平低 7 个百分点，仅为发达国家的一半；2017 年农产品加工业产值与农业产值比仅为 1.9∶1，远低于江苏的 2.7∶1。农业基础上，全省农业有效灌溉面积 4220 万亩，有效灌溉率仅为 46.2%，为全国平均水平的 2/3；高标准农田 2496 万亩，仅占耕地面积的 24.7%。主要农作物耕播收综合机械化水平不到 55%，比全国平均水平低 9 个百分点。生产经营上，全省近 70% 的耕地还处于分散传统经营状态，适度规模经营比重不高，农业科技贡献率只有 57%。全省第一产业劳动生产率为 4282.8 元/人，仅为第二、第三产业劳动生产率的 30.0% 和 23.3%。农业品牌上，在《2018 中国农业产业化龙头企业 500 强排行榜》中，四川仅有 19 家企业入围，而山东有 59 家、河南有 29 家。农产品商品化率不足 60%，在《2017 中国百强农产品区域公用品牌》中，只有四川泡菜、攀枝花芒果、新津黄辣丁 3 个品牌入围。服务体系上，农产品冷链物流服务体系发展严重滞后，果蔬、肉类、水产品冷链流通率仅为 18%、33% 和 30%，流通腐损率分别为 18%、11%、10%，远高于发达国家流通腐损率 5% 的水平。

二是从要素融合看，存在城乡要素双向流动不畅这个"梗阻"。要素价格扭曲和市场分割现象仍然存在，人才、资金、土地等要素还未在城乡间实现充分的双向自由流动，农村市场经济发展进程远落后于城市。劳动力流动上，农村劳动力、农村人才处于流出状态，2017 年全省农村劳动力转移输出 2504.9 万人，占总量的 59.7%，在家务农的教育程度在初中及以下的占 95%，农村劳动力素质整体不高。同时，城市人才、技术要素流入农村的路径还没有完全打通，大学生、退伍军人等的返乡下乡创业就业缺乏在医疗、社保、住房等方面的针对性扶持政策，农民职业化缺乏生产经营、社会福利、退休养老等保障体系。根据调研统计，近 5 年县域输出大中专学生超过 4 万人，毕业返乡从事农业农村工作的仅占 15.3%。此外，农民进城门槛较高，在住房、就医、教育等方面难以享受与城市居民同等的待遇，有效融入城市的成本较高。资金流通上，农村金融市场培育和发展滞后，农村金融主体总体单一，主要以农村信用社为主，村镇银行、资金互助社等新型农村金融机构数量不足。农村资金外流严重，县域存贷比占不到50%。由于农业的弱质性特征，现有金融产品与农业产业链、价值链延伸的匹配程度还不高，城市资本进入农业农村领域的积极性依然不高。2017年全省"三农"贷款余额16048亿元，增长5.6%，余额占全部贷款的33.5%，增速较全部贷款低7.3个百分点。土地流转上，农村集体产权制度改革滞后，各类资源资产的产权主体模糊，集体经营性资产闲置的现象普遍存在，农村产权流转交易平台运行不规范、机制不健全，农村承包地、宅基地、集体建设用地没有有效盘活。全省集体产权制度改革仅在温江区等6个县试点开展，其余县（市、区）还处于清产核资阶段。以对南江县的调查所反映的情况为例，全县目前闲置的山坪塘70个、学校67个，闲置率分别为17%、20%；农村宅基地和住房闲置比为12%，承包地撂荒比为10%。这些情况表明，全省城乡融合发展要素配置不合理，各类资源要素流动不畅通、流向不合理、分配不平衡、利用不充分。

三是从空间融合看，存在现代城镇体系与新农村建设双向对接不灵这个"瓶颈"。城乡空间布局仍比较分散，新型城镇化、新农村建设都面临一些瓶颈制约。城乡规划部门分隔、条块分散、各自为政的情况较为普遍。很多地方规划没有注重城乡一体化，片面注重县城及周边区域的规划发展，对镇（乡）村发展缺乏统筹考虑，造成了场镇建设混乱、村内建房无序等情况。据调查，有的县在编制城乡发展规划时，各自为政，发展产业的地方没有规划交通、生态环境保护区，却规划发展高耗能产业。规划缺乏权威性、强制性，规划管理机构人员缺乏。有的地方在建设时不尊重规划，不落实规划，使规划成了一纸空文。城镇化水平仍然较低与半城镇化问题突出并存。2017年全省人口城镇化率突破50%的临界点，城镇化由"极化"阶段转入"极化"与"扩散"并重的发展阶段，但依然低于全国平均水平，与广东、江苏、浙江三省70%的城镇化率差距更大。同时，半城镇化问题突出。2017年全省户籍人口城镇化率低于常住人口城镇化率16.5个百分点，有近1100万农民工还游移于城乡之间没有稳定下来。轻视场镇建设的情况普遍存在。很多地方重视县城和新村建设，忽略了对场镇建设的投入，造成场镇建设长期处于空档期，很多场镇还停留在20年前的水平。农村人居环境脏乱差问题严重。截至目前，全省还有33个乡镇、564个建制村未通硬化路，有224个乡镇、9155个建制村未通客车。全省有的农村地区供水设施简陋，还有12.5万贫困群众未彻底解决安全饮水问题。农村垃圾污水设施建设运行管护相对滞后，农村污水有效处理的村不到10%；农村厕所改造任务艰巨，很多地方近10年新建的房屋也未配套卫生厕所。全省农村还有土坯房266万户未改造，农民离住上质量安全、功能分区合理的"好房子"还有较大差距。

四是从社会融合看，存在城乡公共服务和社会治理水平差距过大这个"短板"。城乡居民收入差距大，教育、医疗、社会保障等基本公共服务供给数量和质量不均等、不均衡，社会治理体系还不健全。农民收入呈现"一放缓两拉大"趋势。农民收入增速回落放缓，增幅从 2012 年的 14.2％下降到 2017 年的 9.1％；绝对值与全国比从 2012 年的 959 元拉大到 2017 年的 1250 元，与城镇比从 2012 年的 13306 元拉大到 2017 年的 18500 元，且有继续拉大的趋势。农村社会保障程度有待提高。城市集聚了大量的卫生资源，而农村配置的比例较少。农村每千农业人口乡镇卫生院卫生人员 1.8 人，其中中高级职称仅占 19.9％，每千农业人口床位 2.1 张，床位数仅为全省总量的 25.9％。城乡医保和养老方面，新农合政策范围内报销比例仅为 60％，报销药仅三四百种，远低于城镇职工的两千多种，80％的农民养老金选择的是最低档 100 元/年，而城镇职工养老金为 2200 元/月。城乡义务教育差距大。全省农村义务教育长期投入相对不足，农村小学生、初中生人均教育经费均大幅低于城市，农村基础教育的用房、图书及运动场地和设施远不及城市水平。同时农村师资队伍不稳定，流动性较高，一定程度上影响了教育质量的提高。2017 年，农村中小学专任教师本科及以上学历仅为 51％，低于城市 22.6 个百分点。城乡公共文化服务差距大。2016 年全省城乡文化事业费投入比为 65.5：34.5，农村人均文化经费投入 33 元，仅为城市的一半左右。目前，全省还有 27.6％的乡镇综合文化站未达标，17.7％的村没有村文化活动室。农村公共文化服务还存在形式陈旧、内容单调等问题，文化下乡的覆盖范围、组织频次、服务内容距农民需求有较大差距。脱贫攻坚的任务依然艰巨。目前，全省尚有贫困县 83 个，贫困村 9064 个，农村贫困人口 272 万。贫困地区公共设施历史欠账多，社会事业发展滞后，大骨节病、包虫病（棘球蚴病）等地方病多发，生态环境脆弱、产业培育难度大等问题突出，脱贫攻坚任务依然艰巨繁重。城乡一体化的治理较为薄弱。大中城市近郊区很多村庄常住人口剧增，特大城市周边村庄的人口密度甚至高于市区。农民"上楼"成为常态，需要积极推行城镇社区化管理模式，但农村原有的管理体制还存在，还处在没有并轨的阶段。农民组织化程度低，通过村民自治机制组织农民难度加大，存在村民自治流于形式、村规民约仅限于喊口号的问题，城乡一体化治理体制机制创新不足，实践探索不够。

五是从生态融合看，存在农村生态保护和环境治理力度不够大这个"弱项"。人民群众反映突出的生态环境治理问题仍然突出。污染问题依然严重。受特殊自然条件、产业结构和产业布局以及机动车保有量快速增长等因素的影响，全省大气环境质量持续改善的压力非常大。全省仍有 15 个城市环境空气质量年均值未全面达标，十大主要河流水质达标率仅为 67.7％，达标率总体偏低。87 个国考水质断面仍有 2 个劣 V 类水断面未消除。部分县级集中式饮用水水源地还需要整治，乡镇集中式饮用水水源地水质达标率低。城镇环境治理能力不足。全省 21 个市（州）均存在管网雨污合流现象，部分城市污水处理厂处理工艺落后，提标改造滞后，212 个已建成的城市和县城生活污水处理厂正常运行率仅为 58.5％，城市黑臭水体问题突出，"垃圾围城"问题日益严峻。农村面源污染问题突出。全省仅有 28％的乡镇配套建设了生活污水设施，乡镇污水处理厂（站）基本执行国家一级 B 标，处理后出水水质仍为劣 V 类。农村生活垃圾收集设施与收运设备落后，清运能力不足，存量垃圾治理难度大。农村畜禽养殖散养比例占 60%，50% 的畜禽养殖废弃物未得到资源化利用和无害化处理。

二、新时代四川推进城乡融合的总体思路

（一）重大意义

进入新时代，四川步入推进高质量发展、开启现代化建设新征程的重要阶段，这也是四川推进城乡融合、全面构筑发展新优势的关键阶段。四川推进城乡融合发展，条件具备、时机成熟、正当其时。

一是从经济社会发展阶段看，四川推进城乡融合发展是必然选择。根据国际经验，当一个地区人均生产总值为 5000～10000 美元，一产比重接近或低于 10%，三产比重超过 40%，城镇化率超过 50%，标志着这个地区进入城乡融合时期，其重要发展趋势是经济发展与资源环境进入协调期、城乡要素流动进入加速期、城乡功能优化进入提升期。这是决定未来城乡关系的关键时期。目前，四川人均地区生产总值接近 8000 美元，第一产业占比 10% 左右，第三产业比重接近 50%，常住人口城镇化率超过 50%，这意味着四川城乡关系正在发生积极的变化，城镇的辐射带动能力、要素聚集能力、文化整合传承能力都不断增强，城乡居民从基本小康型向全面小康型升级，城乡关系从互动联系向融合共进发展。在这个新阶段，应把城乡融合作为重大战略，才能适应新形势的需要，推动治蜀兴川各项改革再上新台阶。

二是从建设现代化经济强省看，四川推进城乡融合发展是内在要求。四川省第十一次党代会提出，建设经济强省是决定四川未来前途的历史使命，必须推动全省产业核心竞争力、城市整体竞争力、区域综合竞争力全面提升，做到经济总量大、经济结构优、创新能力强、质量效益好，实现经济发展向形态更高级、分工更优化、结构更合理的阶段演进。建设经济强省，就是要推进城乡融合发展，不断优化农业农村发展空间格局，创新农业农村发展体制机制，有效释放农业农村生产力，全面增强农业农村发展的内生动力，从根本上改变农业弱势地位，促进农村全面发展和繁荣，为四川省早日建成现代化经济强省做出贡献。

三是从实施乡村振兴战略看，推进城乡融合发展是现实需要。习近平总书记在中央农村工作会议上首次提出乡村振兴要走城乡融合发展、共同富裕、质量兴农、乡村绿色发展、乡村文化兴盛、乡村善治、中国特色减贫"七条道路"。这明确了实施乡村振兴战略的清晰路径，构成了中国特色社会主义乡村振兴道路的具体内涵。其中城乡融合起着引领性的重要作用。乡村振兴不是封闭的，不能只局限在乡村内部，必须有城乡两端双重资源的集合和集成，既有农村内部资源的激活集聚，

也有城市外部资源的整合进入。通过城乡融合实现互利共赢是乡村振兴战略的基本要求，不管是要素融合、产业融合，还是空间融合，构建城乡一体融合发展的体制机制都是关键的制度支撑。

（二）基本思路

推进城乡融合发展是一项长期战略任务，需要保持历史定力，明确发展思路。未来一个时期，四川推进城乡融合发展的基本思路是：坚持以习近平新时代中国特色社会主义思想为指导，全面贯彻党的十九大精神和习近平总书记关于城乡融合发展的战略思想，牢固树立新发展理念，落实高质量发展要求，紧扣"1245"部署（"1245"部署，即围绕一条主线、坚持双轮驱动、处理四大关系、推进五个融合），把实施乡村振兴战略作为重中之重，加快形成工农互促、城乡互补、全面融合、共同繁荣的新型工农城乡关系，开创经济社会城乡共建、发展成果城乡共享的新局面，努力走出一条四川特色、天府样板、西部示范的城乡融合发展新路子。

一是围绕一条主线——建立、健全和优化城乡融合发展体制机制和政策体系。着力打破阻碍城乡协同发展的制度安排，促进城乡之间的深度融合，强化对城乡融合的制度性供给。进一步深化各项制度改革，尤其是在推进农村集体产权制度改革、农民市民化以及补齐农村居民基本公共服务和社会保障短板等方面推出"创新版""加强版"的改革措施，为城乡融合发展创造良好的制度环境。

二是坚持双轮驱动——新型城镇化和乡村振兴战略。既顺应新型城镇化趋势，发挥新型城镇化对乡村振兴和农业农村现代化的带动作用，鼓励务工经商的农民向城市集聚，加快农业转移人口市民化的进程，又适应逆城镇化的趋势，鼓励城市的人才、资本和消费"上山下乡"，参与乡村振兴，还积极引导进城创业就业的青年农民和企业家回乡创业，引导城市的年轻人和农村的年轻人同心协力来振兴乡村，从根本上改变农村要素净流出的状况，实现新型城镇化与乡村振兴的互促共进。

三是处理四大关系——政府与市场的关系、发展与保护的关系、试点与推广的关系、当前与长远的关系。第一，在政府与市场关系上，既要发挥政府主导作用，统筹做好规划引领、政策支持、要素投入、强化服务等工作，又要利用市场机制力量，真正激发主体、激活要素，推动城乡要素平等交换，统筹解决好城乡发展各自面临的重点任务。第二，在发展与保护关系上，树立保护环境、保护生态、保护文化第一的思想，坚决防止各种力量对资源掠夺式开发而产生的生态问题、防止城市文明对乡村文明的侵蚀。第三，在试点与推广关系上，循序渐进，科学把握多样性、差异性、区域性特征，根据我国不同地区的自然条件、资源禀赋和发展基础开展试点试验，同时注重通过鼓励改革创新激发内生活力，创造出的试点经验成果能够推广辐射到更大的范围。第四，在当前与长远关系上，充分认识到工业化和城镇化还在继续发展、农村人口还要不断进城、城乡经济社会结构还在不断变化，所采取的措施不能只顾及当前和短期见效，在实践中不宜设立过于机械的推进速度指标，尊重经济社会发展规律，对于尚未明确或条件不成熟的建设项目可以将空间留出，待条件成熟后再继续建设。

五是推进五个融合——经济融合、要素融合、空间融合、社会融合、生态融合。第一，经济融合增动力。城乡经济融合是城乡融合发展的核心所在，推进城乡经济融合发展不是将城市创造的财富直接转移到乡村区域，而是要通过政策要素供给增强乡村经济发展的内生动力。第二，要素融合强支撑。加快建立城乡统一的要素市场，完善城乡资源自由流动的通道和途径，统筹、整合、利用城乡的优势资源。第三，空间融合显特色。调整和优化城乡空间格局，打通城乡空间割裂的行政壁垒，在空间上有效地整合城乡基础设施、服务设施、生态环境等各类资源，实现定位清晰、功能互补、衔接协调的城乡空间体系。第四，社会融合惠民生。围绕让乡村生活更美好的理念，立足补缺补短补软的目标导向，因地制宜、因村施策推动乡村基本公共服务均等化。第五，生态融合美环境。彻底改变重城轻乡、忽视乡村环境问题的倾向，从以往的城乡梯度污染向城乡生态环境互促互补转化。

（三）阶段目标

按照分步走的思想，对接四川建设现代化的战略安排，分三个阶段确定发展目标。

一是到 2020 年，全省城乡统一的社会保障制度体系基本建立，城乡要素双向开放格局基本形成，城乡在基础设施建设、基本公共服务方面的差距进一步缩小，城乡融合的制度框架和政策体系得到进一步完善。

二是到 2035 年，在全面建成小康社会的基础上，城乡融合取得决定性进展，城乡在规划布局、要素配置、产业发展、公共服务、生态保护等方面基本实现相互融合和共同发展，努力打造科技创新水平高、三次产业融合深、服务体系建设优、生态环境特而美的城乡融合四川样板。

三是到 2050 年，城乡全面融合，城乡物质文明、政治文明、精神文明、社会文明、生态文明全面提升，美丽城镇与美丽乡村交相辉映、美丽山川与美丽人居有机结合，城乡居民实现共同富裕，农业强、农村美、农民富全面实现。

三、新时代四川推进城乡融合的实施路径

根据前面的分析，四川要在充分借鉴相关理论和实践经验，牢牢把握经济融合、要素融合、空间融合、社会融合、生态融合"五个融合"方向的基础上，按照总体思路和阶段目标安排，切实盯住重点难点问题，选择推进城乡融合发展的实施路径。

（一）以一、二、三产业融合为重点，构建与整体产业转型升级互促共进的"双融合"现代产业体系，形成城乡互动的产业发展新格局

目前，虽然四川省农业占地区生产总值的比重持续下降，但农业和其他产业之

间的关联度在持续增加，产业跨界融合趋势不断增强。要以农业为基本依托和核心，围绕农业延伸出的农产品加工业以及各类专业流通服务组织，在农业的基础上导流出诸如观光农业、休闲农业等新业态，推进一、二、三产业实现有效融合，提高资本回报率，平衡各产业在产业价值链所处的位置，实现三次产业在融合发展中同步升级、同步增值、同步受益。

一是合理调整城乡产业布局。建立健全引导城市产业、消费、要素向农村流动的政策体系，推动城乡互动、产业融合。要将资源型产品开发、农业初级产品加工和一些劳动密集型产业更多地布局到广大农村，降低生产成本、增加农村就业机会、活跃农村经济。

二是促进城乡一、二、三产业"大融合"。现代农业发展并不仅仅是整体产业转型的结果，同时还是产业转型升级的主要推动力量。四川作为农业大省，不仅粮食和农业占比高，而且整体产业结构也深深地打上了农业的烙印。2017年，四川农产品后加工领域的食品饮料工业增加值占工业增加值比重达到16%，与农业投入品密切相关的装备制造业占比也很高。因此，促进四川省城乡产业发展必须对农业农村发展的新需求做出足够的反应，围绕农业规模化、机械化需求，重点发展覆盖全产业链的新型农机制造业；围绕生态宜居、绿色发展的需求，大力发展农村农业环保产业；适应日益多元化的农业服务需求，重点发展多层次的农业现代服务业，同时加快推进"互联网＋农业"，大力发展数字农业、农村电子商务和基于互联网的涉农新业态新模式，促进城乡一、二、三产业大融合，构建包容农业农村发展的现代产业体系。

三是促进农村一、二、三产业"小融合"。随着农业规模化、企业化水平的提高，传统上由农民直接承担的生产环节会越来越多地从农业生产过程中分离出来，发展成为独立的涉农部门，其中与农业生产关联度较高的产业，会集中分布在乡村周边的小城市和小城镇。因此，要对农业和农村居民的新需求做出反应，通过积极引导工商资本下乡回乡，以小城镇为依托，围绕周边地区农业生产和农民生活的新需要，结合新一代互联网技术、生物技术的普及和应用，加快农业产业链的业态创新和商业模式创新，完善乡村便农便民服务体系。要对城市和城市居民的新需求做出反应，立足乡村特有的农业景观、自然风光、乡土文化，按照特色化、绿色化、品牌化、个性化、小批量、便利化的方向，高起点发展绿色优质农产品生产和加工业，大力发展休闲农业、观光农业和创意农业，拓展农业的多种功能，回归自然，安顿乡愁，不断满足人们对健康安全农产品的需求。

四是优化现代农业主体功能和产业布局。只有形成城乡合理的产业分工布局，才能提供有效供给，满足城乡居民的消费需求，为城乡融合提供必要的经济条件，让乡村振兴具有源源不断的内生动力。落实农业功能区制度，建立农业生产力布局制度，将农业发展区域细化为优化发展区、适度发展区、保护发展区，明确"四区四基地"优先发展区域，形成空间优化、布局合理、环境友好、生态稳定的现代农业主体功能区。坚持农业强省目标，统筹编制现代农业发展规划，明确发展定位和主攻方向，强化保障措施和支持政策，形成主业突出、特色鲜明、集约高效的现代农业发展格局。完善农业产业化发展制度，立足资源禀赋和区位条件，构建全省农业产业优势互补、错位布局、产销对路、竞相发展的空间结构。探索建立农业产业城乡互通、区域互融、跨区跨界的融合发展机制，打通现代农业发展行政区划壁垒和体制机制障碍，促进农业产业成片成带发展。

五是建立新产业新业态融合发展机制。拓展农业功能，培育发展休闲农业、乡村旅游、森林康养、文化创意、电子商务、农村服务业等新产业新业态，推动建立多种业态互相融合、多元发展机制。推动"农业＋旅游"产业，深入实施休闲农业提升工程、乡村旅游富民行动和"千村万户""千村万景"旅游富民计划，推进现代农业基地景区化建设，打造一批农业主题公园和休闲农庄，创建认定一批省级示范农业主题公园和省级示范休闲农庄，争创一批全国休闲农业和乡村旅游示范县市、中国美丽休闲乡村，促进休闲农业和乡村旅游提档升级发展。充分挖掘蜀水文化潜力，持续推进水利风景区建设与管理，开展河湖公园试点。推动"农业＋康养"产业，优化森林康养产业布局，形成环成都平原、秦巴山区、攀西地区、乌蒙山区森林康养集聚区，加快建设全国森林康养目的地和森林康养产业大省。推动"农业＋文创"产业，深入挖掘农业农村文化元素，打造创意农产品、创意农业景观、创意农业活动，打造农村民俗文创产品，建设民族风情小镇和特色美丽村庄。

（二）依靠改革破解障碍，全面激活市场、激活要素、激活主体，形成要素双向互动的体制机制新格局

目前来看，主要是要强化"人地钱"等要素供给，打通各类要素留在农村、流向农村的制度通道，打破要素从城市向农村流动的体制和机制障碍，借鉴武汉"三乡工程"的经验，充分考虑四川省乡村的差异性和发展走势分化特征，发挥市场驱动和政府补位的比较优势，积极引导劳动力、土地、资本等生产要素在城乡之间合理流动，加快推动城市资本、人才向乡村集聚，进一步盘活土地资源，改变农村资源"洼地"现状，实现城乡要素双向融合和优化配置。

一是推进多层多级转移农村人口。20世纪90年代以来，四川农村转移人口一直以省外转移为主，近年来省内转移占比逐步增加。2017年，全省农民工总量为2162万，在省内流动的和跨省流动的各占50%。顺应农村人口流动的趋势，在继续促进农村人口向省外转移的同时，应重点推动农村人口向成渝城市群核心圈集聚。集中解决农民工在城市落户难问题，开展利用集体建设用地建租赁房的试点，创造条件合法合规地让进城务工的农民在城市体面地待下去，提高户籍城镇化率。

二是畅通各类人才返乡下乡渠道。过去，由于城乡二元结构长期存在，城乡居民收入差距较大，农村优秀人才单向流向城市、流向非农产业，因此关于"人"的问题，关键是处理好"留下来"和"引回来"的问题。需要重点研究乡村教师、医生等人才留不住的原因和留得住的条件，推行"岗编适度分离"新机制，引导教

育、卫生、农业等行业专业技术人员向基层流动，健全乡村教师、医生、农技员的补充、发展、关爱等制度，出台工资、职称等扶持政策，提高乡村教师、医生、农技员岗位吸引力。同时，研究吸引城市大中专毕业生、退伍军人、科技人员、企业经营者、新乡贤等各类人才流向农村的机制，建立和打通各类人才进入乡村的制度安排。完善新型农村经营人才扶持政策，整合培训机构，加大培训投入，开展示范创建评选活动。加快完善创业就业人员的社保、住房、教育、医疗等保障机制，鼓励有条件的地方设立返乡下乡创业就业基金，引导人才带着项目、资金和技术返乡，高起点发展现代农业、乡村旅游等产业，提高乡村人口的社会流动能力和社会流动性。

三是加大城乡融合的金融支持力度。积极创新农村金融服务机制，在农村地区加快设立农村合作金融机构以及民营银行、村镇银行等，增加农村金融服务机构的数量，扩大农村金融服务规模和覆盖面，同时结合互联网金融等方式，加快发展新型农村金融组织，推动普惠金融发展，构建多层次、广覆盖、适度竞争的农村金融体系，推动更多资本投入乡村发展。完善银行、担保、保险等金融机构和企业的合作机制，鼓励符合条件的涉农企业发行直接债务融资工具，支持符合条件的农村金融机构发行专项金融债权。农村金融服务机构要加大对农民工返乡创业的信贷支持力度，要明确将"取之于农"的存款按照一定投放比例"用之于农"。积极拓展农户小额信用贷款、农村信用卡业务，大力推广农户、小微企业联保贷款，进一步推进小额创业贷款发放工作，解决"三农"融资难、融资贵问题。实施农村土地承包经营权确权颁证，开展农村土地承包经营权、林权、宅基地质押贷款，增加农民财产性收入。建立农民信用体系，将农民就业生活的微观行为转化成可计量的信用程度，为农民贷款申请和发放提供可靠的依据，进而降低门槛并提高授信额度。

四是深化农村产权制度改革。土地是农村经济社会发展的核心。然而快速的工业化、城镇化让耕地分散、细碎、小规模，利用率较低。因此，关于"地"的问题，关键是深化农村产权制度改革，建立健全土地要素城乡平等交换机制，盘活农业生产用地和建设用地，全面激活农村各种资源，尽快打通"资源变资产、资产变资本"的渠道，为城市资本、人才和技术进入农村创造条件，释放农村土地制度改革红利。推进承包地"三权"分置，落实集体所有权、稳定农户承包权、放活土地经营权，推广"农业共营制"，引导土地经营权入股经营和再入股经营，发展多种形式适度规模经营。探索推进农村土地承包经营权、农村宅基地使用权、林地承包经营权和集体收益分配权（简称"四权"）自愿有偿退出机制，建立健全农地退出的法律法规和补偿机制，完善农村集体成员资格认定和退出的法律法规，推动农户节约使用和有序退出闲置宅基地，试点农民对集体资产股份有偿退出权，构建合理的农地退出利益补偿机制，促进农村集体建设用地的有效开发和优化利用。深入开展集体资产清产核资和股份量化，推进集体经济组织成员和集体资产股权"双固化"，规范发展股份经济合作社等新型集体经济组织，强化农村集体"统"的功能，鼓励采取自主开发、合资合作等多种方式，有效盘活集体资产资源，推进集体资产资源的统一开发利用。

（三）全面优化地理空间结构，充分发挥县城和小城镇的重要纽带作用，形成城乡空间高度匹配新格局

目前，由于城市的辐射带动效应，四川省城中村、城乡接合部很大程度上已基本与城市核心区融为一体，而因为产业及要素阻隔，更为广袤且偏远的农村地区却很难与城市形成真正的空间融合。城乡融合若要实现真正的空间融合，需要科学的空间布局及配套的交通等建设。

一是进一步强化"多规合一"。针对目前存在的各类规划自成体系、内容冲突、缺乏衔接等问题，需要充分考虑人口迁移、产业发展、基础设施、公共服务等多方因素，打破行政区域限制，搞好规划之间、行政区划与经济区划之间的衔接协调，按照功能定位导向、相互衔接编制、要素协调一致、综合集成实施等原则，促进城市总体规划、乡村建设规划、土地利用总体规划、环境保护规划、经济和社会发展规划等有机衔接，着力推进全省城乡规划布局一体化。

二是大力发展区域中心城市。有序发展特大城市，促进生产要素的灵活流动和重组，在区域尺度上对特大城市过分集中的功能进行有机疏解。强化区域中心城市的交通枢纽功能、商贸物流功能和金融中心功能，壮大城市规模，增强辐射带动能力，充分发挥其对城市群发展的核心引领作用。着重提高南充、泸州和绵阳等城市的发展质量，加快发展自贡、攀枝花、达州、内江、宜宾和遂宁等城市，重点培育乐山、德阳、西昌、巴中、广元、资阳、眉山、广安和雅安等城市。

三是做强做优县城功能。提高中小城市人口吸纳与服务功能，围绕加快发展四大城市群，尽快培育发展一批经济基础较好、人口规模较大、资源环境承载力较强的县城，充分发挥其对城市群发展的重要支撑作用。成都平原城市群的县城要注重提升发展质量，成都周边县城要加强与中心城市发展的统筹规划与功能配套，逐步发展成为卫星城；川南城市群的县城要注重壮大规模，川东北城市群的县城要注重分工协作，攀西城市群和川西北生态经济区的县城要注重提升服务能力。

四是推进小城镇和中心村建设。与大城市相比，小城镇由于与乡村的空间距离较近，具有很好的益乡性；与村庄相比，小城镇作为农业分工深化的产物会得到加强"充实"，更容易形成聚集效应。加快发展一批中心镇，主动承接主城疏散人口和农村转移人口，发挥其人口集聚、要素集聚、商品集散、交通物流、社会服务、文化发展等功能。加快发展一批特色镇，各镇确定1~2个特色优势产业，形成农业配套型、历史文化型、旅游休闲型、商贸物流型、工业加工型、建设工程型等一批特色功能突出的小城镇。推进偏远、分散、小型的自然村的合并，引导农民向中心村集中，及时跟进生产生活服务和社会事业发展。在小城镇和中心村的规划和建设中，注重保持村镇的历史风貌，避免风格同质化和形态高楼化。继续坚持做美特色村落，建好"四好"幸福美丽新村。

（四）在关键领域发挥政策支撑作用，加快推进城乡公共服务均等化，形成城乡居民高质量生活新格局

城乡差距最直观的是公共服务差距。以治理有效为基础，健全城乡公共服务均等体制机制，促进城乡基础设施和公共服务均等化、标准化、优质化，在幼有所育、学有所教、劳有所得、病有所医、老有所养、住有所居、弱有所扶上有所突破。

一是坚决打好打赢脱贫攻坚战。围绕"核心是精准、关键在落实、保持可持续"的思路，盯紧最困难的地方、瞄准最困难的群体、扭住最需解决的问题，把提高脱贫质量放在首位，下足"绣花"功夫，通过"六个精准""五个一批"措施，在基础设施扶贫、产业扶贫、健康扶贫、教育扶贫和制度扶贫上聚焦发力，强化基层一线人才支撑，加大政策支持力度。聚焦交通、住房、产业、就业等13个方面重点问题，在脱贫攻坚期内稳定实现贫困人口"两不愁、三保障"，稳定实现贫困地区基本公共服务主要指标接近全国平均水平，推动各项政策措施与现行标准相匹配。聚力深度贫困。围绕脱贫目标分年度推进深度贫困县脱贫攻坚实施方案，针对藏区彝区深度贫困县不同致贫原因和脱贫需求，因地制宜制定帮扶举措，妥善处理凉山自发搬迁贫困人口扶贫盲区问题。坚持精准发力。

二是促进农村人口增收渠道拓宽和就业支撑体系完善。就业是民生之本，是增收最可靠的保障，是保障和改善民生的头等大事。加快建立健全城乡劳动者平等就业制度，完善职业培训、就业服务、劳动维权"三位一体"的工作机制，引导农村劳动力就地就近和异地转移就业。加大返乡下乡创新创业基地建设力度，设立返乡下乡创业基金，鼓励各地出台市场准入、财政支持、金融服务、用地用电等方面的优惠政策，支持返乡下乡创业就业，拓展乡村功能、形态和商业模式。依托现代农业产业融合示范园区、工业园区等，盘活闲置土地、厂房等资产资源，实施职业技能提升行动，开展返乡农民初创培训、创业辅导、创业提升培训。加强基层就业创业社会保障平台建设，提供就业信息、创业指导、优惠政策享受等一站式服务。实施农民创新创业行动、农村青年创业富民行动，支持返乡农民发展新产业新业态。建立农业转移人口市民化奖励机制，保护外出务工经商农民的土地承包经营权、宅基地使用权、集体收益分配权等财产权利。深入实施农民增收书记县长负责制。

三是健全城乡教育均衡化发展机制。党的十九大报告指出，"建设教育强国是中华民族伟大复兴的基础工程，必须把教育事业放在优先位置，加快教育现代化，办好人民满意的教育"。当前农村教育资源配置还不够均衡，要加强城乡一体化的教育规划，优化教育布局。全面落实农村义务教育经费保障各项政策，大力发展农村学前教育、职业教育，加强农村中职学校基础能力建设。按照就近入学的原则，进一步完善以常住人口为准的教育服务体系，按照人口动态监测情况布局教育资源，建立城乡统一、重在农村的义务教育经费保障机制，并通过财政拨款、设备添置和教师配置等向农村学校倾斜。强化乡村教师"一专多能"本土化培养，积极推

动优质教师资源在城乡的合理流动。

四是加强农民社会保障平等化体系建设。农村社会保障问题关系到农村改革的进一步深化和农村经济的可持续发展，关系到整个国民经济的协调发展和社会的长治久安。要按照兜底线、织密网、建机制的原则，完善城乡养老、医疗保险制度，畅通养老、医疗保险转移接续渠道。完善以最低生活保障、特困人员供养、受灾人员救助以及医疗、教育、住房、就业和临时救助为主体，以社会力量参与为补充的社会救助制度体系，健全完善社会救助制度机制。积极推进全民参保计划，引导城乡居民积极参加基本养老和基本医疗保险，提升城乡基础养老金、福利养老金、农村低保、城乡居民基本医疗保险等"四项"社会保障水平。进一步完善城乡居民基本医疗保险制度，继续提高政府补助标准，做好职工基本医疗保险、城乡居民基本医疗保险、大病医疗保险和医疗救助制度衔接，扩大异地就医直接结算覆盖范围，推进"互联网＋"益民服务，方便城乡居民看病就医。

五是推进乡村文化建设。习近平总书记指出："农村精神文明建设很重要，物质变精神、精神变物质是辩证法的观点，实施乡村振兴战略要物质文明和精神文明一起抓，特别要注重提升农民精神风貌。"现阶段，百姓的"好日子"已经由以前的"物质生活好起来"逐步向"文化生活乐起来"转变，必须以乡村文化建设提升农民精神风貌，走乡村文化兴盛之路。实施乡村文化塑造行动，传承优秀传统文化蕴含的思想观念、人文精神、道德规范，积极倡导尊老爱幼、邻里团结、遵纪守法的良好乡风民俗。加快建立乡村优秀文化遗产保护传承机制，加大对传统村落、乡土建筑和民族特色村镇保护力度，按照一村一策、一户一策进行保护修缮，抢救保护乡村优秀文化遗产，挖掘农耕文化、林盘文化、南方丝绸之路文化、三国文化、民族文化、红色文化、茶马古道文化等，坚持保护与开发有机结合，打造推出一批特色鲜明、风格各异的精品文化遗产旅游景区、景点和线路。鼓励城市对乡村进行文化帮扶，推进城乡结对子、种文化。鼓励文艺工作者深入农村，积极创作反映新时代乡村振兴实践的优秀文艺作品。增加农村文化供给总量，积极开展全民阅读、经典诵读、文化科技卫生"三下乡"、戏曲进乡村等群众性文化活动。

六是完善城乡基础设施网络。加强城乡交通物流设施建设。推进城乡客运服务一体化，推动城市公共交通线路向城市周边延伸，加快县、乡、村三级客运站点建设，实现具备条件的建制村客运全覆盖，稳步提升运营安全水平。推进县乡道改善提升、渡口改桥、安防设施等专项工程实施，不断提升农村公路服务保障能力。加快"农村四好路"建设，大力实施通乡油路、通村硬化路工程，引导具备条件的地区推进建制村联网路和村内通组路建设。加快构建农村物流基础设施骨干网络，鼓励商贸、邮政、供销、运输等企业加大在农村地区的设施网络布局。加快完善农村物流基础设施末端网络，推动县级仓储配送中心、农村物流快递公共取送点等建设，打通农村物流"最后一公里"，鼓励有条件的地区建设面向农村的共同配送中心。完善水利基础设施网络。实施水利大提升行动，推进灌区渠系配套与节水改造，解决农田灌溉"最后一公里"问题，大力发展高效节水灌溉，全面推广管道灌溉、微灌、喷灌以及水肥一体化灌溉技术，促进节水，减缓面源污染。有序推进大中型水利工程建设，建成武引二期灌区、毗河供水一期等大型灌区工程，开工建设向家坝灌区一期、亭子口灌区等重大引调水项目，构建五横六纵调水补水骨干网络。积极推行全域供水，健全农村饮水安全工程建设和运行管护体系，推进城乡供水一体化和农村饮水安全工程规模化标准化建设，进一步提高农村集中供水率、自来水普及率、供水保证率、水质达标率。加强信息基础设施建设。以大数据、云计算和物联网等现代通信技术为支撑，大力推进畜禽水产养殖、农产品加工储运、农机装备等基础设施信息化改造。加快农村宽带网络和第四代移动通信网络覆盖步伐，大力推进"宽带乡村"、行政村通宽带、"视听乡村"等工程，扩大光纤宽带网络对农村的有效覆盖，实现光纤到村。完善村、县相关数据采集、传输、共享基础设施，建立健全数据采集、应用、服务体系，加快推进涉农数据资源整合和共享开放，强化农业资源要素数据的综合利用，全面提升生产智能化、经营网络化、管理高效化、服务便捷化能力和水平。推进农村信用信息数据库建设。

七是完善城乡社区治理。持续改善城乡公共服务供给体系的政策导向和运营效率，增强群众的获得感。要以新型社区为载体，推动乡村面貌、自然环境等有形要素和文化特色、价值观念等无形要素深度融合、良性互动，加快构建村（社区）自治组织、社会组织和新型农民等有机统一、协同配合的生活共同体，形成以党建为引领、自治为基础、法治为保证、德治为支撑的乡村治理体系。推动农村社会治理创新。健全自治、法治、德治相结合的乡村治理体系，培养造就一支懂农业、爱农村、爱农民的"三农"工作队伍。加强党对"三农"工作的领导，加强基层党建，建设法治型党组织。规范完善村民自治组织和集体经济组织运行机制，深化以村民会议、村民代表会议、议事协商为主要形式的民主决策。推行综合网络化服务管理模式，促进乡村治理精细化。加强乡风文明建设。深入开展社会主义核心价值观宣传教育，推动习近平新时代中国特色社会主义思想深入人心。提高农民文明素质和农村社会文明程度，焕发乡风文明新气象。利用农村极具特色的民俗乡情、历史积淀等文化资源，保护弘扬优秀传统文化，大力发展乡村文化产业，丰富村民精神生活。

（五）健全生态文明建设的体制机制，着力提供更多的优质生态产品，形成人与自然和谐共存的新格局

牢固树立绿水青山就是金山银山的理念，坚持生态优先、绿色发展，统筹城乡发展要加强城市与乡村的生态链接，以乡村良好的生态环境为城市提供多样的生态服务，城市要变得更生态、更绿色、更宜居，乡村应该在基础硬件上加大投入，统筹推进山水林田湖草系统治理，加快转变农村生产生活方式，从而再造和谐的城乡生态，实现城市与乡村的生态融合。

一是建设城乡融合发展的生态治理体系。城市与农村生态环境是相互补充、互

为依存的唇齿关系，要改变原有以城市为中心的条块分割式治理模式，才能实现城乡生态环境的良性互动。因此，要不断调整公共政策着力点，整治农村人居环境，推动生态资源在城乡之间均衡化配置、合理化分布，促使城乡居民更加公平便利地获得公共产品，城乡生态建设差距不断缩小。推进城乡环保投入均衡、城乡环保设施同步发展、城乡共担污染治理责任、城乡环境治理能力协同促进，尤其在政策上要加强对农村生态治理的倾斜和下沉。完善城乡生态治理联动制度，在环境信息、环境执法、环境突发事件处理上，实行城乡联防联控联治联动，在协同融合中实现城乡环境质量同步提升。

二是强化农村生态环境系统保护制度。加快实施长江上游干旱河谷生态治理等重要生态系统保护和修复重大工程，优化生态安全屏障体系。开展国土绿化行动，推进荒漠化、石漠化、水土流失综合治理，强化湿地保护和恢复，加强地质灾害防治。继续实施天然林二期、退牧还草、严重退化草地与鼠荒地沙化草地综合治理、草原防灾减灾等工程和草原生态补助奖励政策。扩大轮作休耕试点，健全耕地草原森林河流湖泊休养生息制度，建立市场化、多元化生态补偿机制。按中央部署设立自然生态监管机构，完善生态环境管理制度，加强对城乡各类污染排放的监督管理。在干旱河谷地区全面实施以水利建设为主，林业、农业等措施综合配套的水利生态脱贫工程，将干旱河谷地区尽快提升为生态良好区、产业优势区。

三是开展农村人居环境整治行动。统筹城乡发展，统筹生产生活生态，以建设美丽宜居村庄为导向，以农村垃圾、污水治理和村容村貌提升为主攻方向，加快补齐农村人居环境突出短板。全面提升村容村貌水平，突出抓好农村垃圾治理、污水处理和厕所改造"三大革命"。加快推进农村生活垃圾治理，建立农村生活垃圾全面治理逐县验收制度，大力推进农村生活垃圾分类，全面推行"户集、村收、镇运、县处理"城乡环卫一体化模式，到2020年，实现全省所有行政村垃圾处理率100%。稳步推进农村生活污水治理，以乡镇政府驻地和人口规模较大的中心村为重点，分类确定排放标准，制定奖补政策，确保到2035年全部实现农村污水有效处理。推进厕所革命，明确分类建设管控要求，到2020年全面完成农村厕所改造。坚持建管并重，积极探索适合农村特点的垃圾、污水运营管理体制机制。

（四川省统计局　四川省宏观经济学会）

四川省乡村振兴路径研究

实施乡村振兴战略是我们党站在中国特色社会主义进入新时代历史方位下新的"三农"工作方略。四川省在深化农村改革和新农村建设方面，进行了诸多开创性的改革创新，并取得了一系列在全国具有领先性的改革成果，全省农业农村快速发展。四川省在推进乡村振兴的过程中，必须要进一步深化对乡村振兴的认识，要坚持有所为有所不为，加强顶层制度设计，强化产业支撑，培育壮大新型农业经营主体，推进科技创新，在坚持"一核多元"的基础上充分发挥"新乡贤"的作用，创新性地走出四川特色乡村振兴道路。

一、乡村振兴的内涵、要义

党的十九大报告提出了七大战略，乡村振兴战略是其中之一。这是决胜全面建成小康社会、全面建设社会主义现代化强国的一项重大战略任务，是以习近平同志为核心的党中央对"三农"工作做出的一个新的战略部署、提出的一个新的要求。

（一）乡村振兴是社会主义新农村的全面升级

乡村振兴战略是一个战略转型，是新农村建设行动的提升和全面升级。党的十六届五中全会提出新农村建设时，当时的二十字方针是"生产发展、生活宽裕、乡风文明、村容整洁、管理民主"。党的十九大提出乡村振兴战略的目标任务是"产业兴旺、生态宜居、乡风文明、治理有效、生活富裕"。无论从哪方面讲，乡村振兴战略都比我们前期进行的新农村建设有了更高的要求：产业兴旺代替了生产发展，突出了农村一、二、三产业融合发展以及产业发展的重要性；生态宜居蕴含了人与自然之间和谐共生的关系，替代了村容整洁，是"绿水青山就是金山银山"理念在乡村建设中的具体体现；乡风文明提法不变，但在实践中必然有所深化；治理有效替代了管理民主，强调治理体制与结构的改革、完善及治理效率，突出了基层农民群众的主动参与；生活富裕代替了生活宽裕，体现了农民长效增收机制需进一步完善。乡村是否得到了振兴，要看农业强不强、农民富不富、农村美不美，农业是否成了有奔头的产业，农民是否成了有吸引力的职业，农村是否成了安居乐业的美丽家园。

（二）乡村振兴更加强调体制机制和政策问题

改革创新是乡村振兴的引擎和动力源。实施乡村振兴战略，必须大力推进体制机制创新，强化乡村振兴制度性供给，激活主体、要素和市场的活力，提升农村的市场化程度，激发参与乡村振兴的各类主体的有序奋斗，让广大农民最大限度地分享改革红利，并实现乡村整体的振兴。乡村振兴战略要求深化农村改革，无论是在土地制度上，还是在农村集体产权制度的改革上，要有进一步的深化和完善，在乡村振兴的机制上要对项目的立项机制、投入机制、评价机制、激励机制进行精准施策，真正能实现质量变革、效率变革、动力变革。要用活用好相关政策，要全面激活市场、要素和主体，打通渠道，切实做到在要素配置上优先满足，在财政投入上优先保障，在公共服务上优先安排，在人才配备上优先考虑，让广大农民最大限度地分享改革红利，给现代农业农村的发展不断注入新的活力。

（三）乡村振兴更加强调城乡融合而非城乡统筹

乡村振兴战略是在深刻认识城乡关系、变化趋势和城乡发展规律的基础上提出的重大战略。如何让城乡居民共享经济社会发展成果，党的十九大报告中特别提到"建立健全城乡融合发展体制机制和政策体系"。城市有城市的特点，乡村有乡村的特点，两者并存共荣共生；以往的城乡统筹是政府单一主导，而城乡融合是市场的决定性作用和政府宏观调控的共同推动。同全国一样，四川当前最大的发展不平衡仍然是城乡发展不平衡，必须要通过城乡融合加以解决。在新农村建设中我们曾经非常重视城乡统筹，在一些地方也确实取得了令人瞩目的成绩，但也有一些地方不尊重乡村发展规律，乃至把乡村资源统筹到了城里，还出现了大拆大建的情况。而城乡融合发展就是要尊重乡村发展规律，要在乡村振兴中重视一、二、三产业融合，形成看得见山，望得见水，记得住乡愁。要按照生产可行性、技术先进性、经济合理性、生态安全性和法律合规性实施乡村振兴战略。

（四）乡村振兴更加强调农业农村现代化建设

党的十九大报告指出要加快推进农业农村现代化，这是党的文件中首次提及农村现代化，这不仅仅是增加了两个字，还是发展理念的提升。农业农村现代化是我国现代化的重要组成部分，且比单一的农业现代化涵盖的范围更加宽广。乡村振兴战略不是局限于农业现代化，而是扩大到了农村经济、政治、文化、社会、生态等各方面。加快推进农业农村现代化，是实施乡村振兴战略的基本目标。这一思想的创新性在于，在强调农业现代化的基础上，明确提出农村现代化的建设内容和发展目标要求。这就是说乡村振兴要实现的现代化是多维度的、立体的、交叉的现代化，既有物的现代化，也有人的现代化，既有物质层面的现代化，也有精神层面的现代化。提出农业农村现代化这一创新思想的重大意义在于，把农村现代化纳入社会主义现代化国家建设体系，使现代化建设的内涵更全面、更科学。

二、四川乡村振兴面临的基础条件与难点分析

(一) 四川乡村振兴战略的基础条件

四川第三次全国农业普查结果显示，近 10 年来尤其是党的十八大以来，在习近平新时代中国特色社会主义思想指引下，在党中央、国务院的坚强正确领导下，四川农业现代化进程明显加快，农村面貌和环境大幅改善，农民生活水平显著提高，为决胜全面建成小康社会和实施乡村振兴战略奠定了坚实基础。

1. 全省农业现代化进程明显加快

一是农业综合生产能力显著增强。2016 年全省粮食总产量为 348.35 亿千克，比 2006 年增产 62.4 亿千克，增 21.8%，粮食综合生产能力跃上新台阶，为国家粮食安全贡献了力量。全省肉类总产量稳居全国第 3 位，水产品总产量由第 14 位上升至第 13 位。主要经济作物油料、蔬菜、水果、茶叶等保持较高产量水平，为保障大宗农产品基本供给奠定了坚实基础。二是农田水利条件持续改善。四川第三次全国农业普查结果显示，全省农田水利条件明显改善，抵御自然灾害的能力增强。2016 年年末，全省能够正常使用的机电井和排灌站分别为 77.07 万眼、2.98 万个，占全国的 11.7%、7.1%，能够正常使用的灌溉用水塘和水库数量合计 41.74 万个，占全国的 12.0%。2016 年实际耕种的耕地中能灌溉的耕地面积 2854.31 千公顷，占实际耕种耕地面积的比重达到了 54.1%，夯实了农业生产基础。三是农业机械化水平稳步提升。农业机械拥有量较快增长，广泛应用，极大地提高了农业劳动生产率。2016 年年末，全省拖拉机 18.44 万台，比 2006 年增长 80.8%；排灌动力机械 193.58 万台，增长 2.3 倍；机动脱粒机 231.13 万台，增长 17.2%；联合收割机 3.19 万台，增长 4.3 倍。三大粮食作物机械化水平有所提升，机耕、机播和机收的比重分别达到 41.9%、3.5% 和 27.9%。四是设施农业快速发展。大棚、温室等农业设施较快增长，改变了农业生产的时空分布，满足了人民日益增长的多样化需求。2016 年年末，全省温室占地面积 5.95 千公顷，比 2006 年增长 12.0 倍，大棚占地面积 28.17 千公顷，增长 2.1 倍。五是新型农业经营主体大量涌现。2016 年年末，全省农业经营单位达到 10.09 万个，比 2006 年增长 4.9 倍。农民专业合作社几乎从无到有，快速发展，提高了农业生产经营的组织化程度。2016 年年末以农业生产经营或服务为主的农民合作社达到 3.71 万个。六是农业适度规模经营稳步推进。2016 年，耕地规模化耕种面积占全部实际耕地耕种面积的比重为 9.2%。其中，规模农业经营户所占比重为 3.1%；农业经营单位所占比重为 6.1%。规模化养殖生猪存栏占全省生猪存栏总数的比重为 35.1%，家禽存栏占比达到 42.6%。水产规模化养殖面积占水产养殖面积的 69.5%。

2. 全省农村面貌和环境大幅改善

一是乡、村组织数量减少。四川第三次全国农业普查结果显示，随着城镇化进程的加快推进，乡、村组织数量减少。2016 年年末全省有乡镇 4298 个，比 2006 年减少 2.3%；村委会和涉农居委会 50268 个，减少 1.1%；自然村 38.52 万个，减少 0.9%。二是农村基础设施建设大幅改善。2016 年年末，在乡镇地域范围内，有火车站的乡镇占 5.3%，有码头的乡镇占 9.8%，有高速公路出入口的占 11.4%。全省 99.3% 的村通公路，比 2006 年提高了 6.5 个百分点；进村主要道路为水泥路面的村占 85.0%，比 2006 年提高了 65.1 个百分点；村内主要道路为水泥路面的村占 82.6%，比 2006 年提高了 71.5 个百分点；村内主要道路有路灯的村比重为 16.7%，比 2006 年提高了 14.2 个百分点。45.9% 的村通天然气，比全国平均水平高 34.0 个百分点；98.7% 的村通电话，比 2006 年提高了 4.9 个百分点；84.0% 的村安装了有线电视，比 2006 年提高了 23.0 个百分点；有 84.4% 的村通宽带互联网。有 71.4% 的村生活垃圾集中处理或部分集中处理，比 2006 年提高了 66.8 个百分点。三是农村基本社会服务明显进步。2016 年年末，全省 96.6% 的乡镇有图书馆、文化站，比 2006 年提高了 40.6 个百分点；10.2% 的乡镇有体育场馆，比 2006 年提高了 4.6 个百分点；52.5% 的乡镇有公园及休闲健身广场，比 2006 年提高了 47.0 个百分点；93.6% 的乡镇有幼儿园、托儿所；98.8% 的乡镇有小学，比 2006 年提高了 0.8 个百分点。有农民业余文化组织的村比重为 32.6%，比 2006 年提高了 25.0 个百分点。85.4% 的村有卫生室，比全国高 3.5 个百分点，比 2006 年提高了 17.6 个百分点。四是农村新产业新业态蓬勃发展。2016 年全省 6.7% 的村开展旅游接待，比全国高 1.8 个百分点，比 2006 年提高了 2.7 个百分点。农村电商从无到有，2016 年全省有 15.0% 的村有电子商务配送站点，有 2808 户规模农业经营户和 4199 个农业经营单位通过电子商务销售农产品。规模农业经营户和农业经营单位从事设施农业的分别有 20116 户和 8325 个，从事循环农业生产的分别有 11255 户和 7944 个，从事工厂化生产的分别有 869 户和 1455 个。大量返乡下乡人员在农村创业创新，为农村发展增添了新的活力。

3. 全省农民生活水平显著提高

一是农民收入持续快速增长。城乡住户调查结果显示，2015 年全省农村居民人均可支配收入首次突破万元大关，2016 年达到了 11203 元，比 2012 年增长 50.8%，年均增长 10.8%；比同期全国农村居民人均可支配收入平均增速快 0.6 个百分点，比同期全省城镇居民可支配收入增速快 2.0 个百分点，实现了农民增收"两个高于"（高于全国农民收入增速、高于全省城镇居民收入增速）的目标。城乡居民收入差距逐步缩小，2016 年城乡居民人均可支配收入比为 2.53：1（农村居民收入为 1），比 2012 年下降了 0.19。农村居民恩格尔系数为 38.1%，比 2012 年下降了 8.7 个百分点，农民生活水平不断提高。二是农民住房条件改善。四川第三次全国农业普查结果显示，2016 年年末全省 99.1％的农户拥有自己的住房。其中，拥有 2 处或 2 处以上住房的农户所占比重为 12.2％，比 2006 年提高了 8.8 个百分点。拥有商品房的农户达到 215.64 万户，占全部农户的比重为 11.9％，比全国高 3.2 个百分点，而 10 年前很少有农户购买商品房。有 47.7％的农户住房为砖混结构，比 2006 年提高了 15.4 个百分点；钢筋混凝土结构的占 10.6％，比 2006 年提高了 6.9 个百分点。

（二）四川乡村振兴面临的重点难点

实施乡村振兴战略是一项长期的艰巨任务，需要破解多方面的难题。当前，四川在实施乡村振兴战略的过程中，仍然面临着以下诸多重点和难点问题。

1. 现代农业发展不充分不平衡

乡村振兴归根结底是发展问题，产业兴旺是乡村振兴的根本。近年来，四川省农业生产稳定发展，2017 年，四川省第一产业增加值 4282.8 亿元，占地区生产总值的比重为 11.6％。四川省是农业大省，但离农业强省还有较大差距，总体而言，全省现代农业发展总体水平不高，农业内部融合以及一、二、三产业融合不充分。

从市场竞争能力看，农业整体竞争力不强。农业标准化程度较低，安全、放心的高品质农产品数量较少，市场竞争力不足，"川字号"农产品品牌影响力总体有限。全省主要农产品中优质特色产品比重不高、发展不快、品质不优，绿色、有机、无公害以及特色专用农产品更是产量低、总量少。四川一些经多年发展已有较大规模的特色农产品，则存在"量大质低、有品无牌"的突出问题，"多的不好、好的不多"现象突出，蔬菜、畜禽、中药材、水产等大类中很多特色农产品尚未形成自己的品牌。四川省地理标志认证产品数量虽然全国第一，但普遍存在品牌不响、价值偏低的情况。除白酒具有一定国际、国内影响力外，"川字号"特色农产品获得国家级名优品牌的不多，品牌在全国范围内的影响力不强，农产品区域公共品牌前百强中四川仅占据 3 个，具有规模优势的川茶也只有"蒙顶山茶"入围 2017 年中国茶叶区域公用品牌价值十强榜，与农业大省的地位极不相称。

从全省第一产业的构成看，全省农业、林业、牧业、渔业及农林牧渔服务业的比值从 2013 年的 52：3：40：3：2 调整为 2017 年的 58：4：33：3：2，依然存在种植业比重偏大，林业、牧业、渔业和服务业比重偏低的问题，特别是产业价值巨大的农林牧渔服务业发展缓慢，占比较低，严重阻碍了农业结构优化调整步伐和农业产业的内部融合。

从一、二、三产业融合看，全省一、二、三产融合的程度较低、融合不紧密、层次较浅、附加值不高。全省农业发展本身不强，产业增值溢值能力弱，农业功能发挥不充分，农业结构、发展动力仍有待提升。四川省农业新产业新业态发展相对滞后，农业多功能拓展不足。以农产品加工业为例，全省农产品加工业总体规模偏小，精深加工农产品少，农产品产地初加工、产地冷链配套建设滞后。全省农产品初加工率仅为 49.5%，全省农产品加工业与农业产值比为 1.8∶1，而在农产品加工业产业规模排名全国第一的山东省，这一比值已达 3.75∶1；全省农产品加工占全国规模的 5%，但仅为山东的 1/3，河南的 1/2。

从农产品结构看，四川省农产品结构调整滞后于社会需求的变化。目前，四川省农业低端供给过剩与中高端有效供给不足并存，农产品特色优势挖掘不足与简单扩大发展规模并存。以粮食为例，四川是全国 13 个粮食主产省之一，但常年要从省外调入 250 万吨优质稻谷，占省内产量的 40% 以上，粮食生产能力不强与结构不优并存；全省水稻平均产量高，却没有叫得响的品牌，省内大型超市的粮食货架被大量外来品牌稻米占据。"优质农产品不能卖出优价、调结构导致卖难"的现象时有发生，地区间的产业趋同，而区域性特色产品发展较慢，受短期利益驱动，部分地区仍然不能结合自身优势进行调整，没有充分凸显特色，盲目跟风、行为短期化等现象依然存在。同时，随着种子、化肥、农药、农膜、机械作业、排灌、土地租金、劳动力等生产成本的快速攀升，生产成本的增加快于产出的增加，全省农业已进入生产高成本时代。

表 1   2011—2015 年四川主要农作物成本收益变化情况

单位：元

项目	水稻（每亩）		小麦（每亩）		玉米（每亩）		油菜（每亩）	
	2011 年	2015 年	2011 年	2015 年	2011 年	2015 年	2011 年	2015 年
产值合计	1274.8	1337.1	551.6	619.2	981.4	1008.1	724.2	889.6
总成本	826.2	1166.5	688.7	1039.7	790.9	1189.5	684.7	1110.1
生产成本	733.5	1053.4	600.6	936.8	708	1085.5	605.2	1017.2
土地成本	92.7	113.1	88.1	103	82.9	104	79.6	92.9
净利润	448.6	170.6	−137.1	−420.5	190.5	−181.4	39.4	−220.6
成本净利润	54.3	14.6	−19.9	−40.5	24.0	−15.3	5.8	−19.6

2. 人才不足特别是新型农业经营主体发展不足

一是人力资本不足问题突出。人才是最为活跃、最为关键的因素。要实现乡村全面振兴，就必须培育造就一批有文化、懂技术、会管理、善经营、爱农村的实用型人才。从实际情况来看，目前四川乡村人才短缺十分严重。四川是劳动力输出大省，除了成都平原外，绝大多数农村地区的青壮年劳动力大量外出务工，到 2017 年年底，全省转移输出农村劳动力达到 2504.9 万人，占乡村人口总数的比重高达 58.4%。而且农村人口典型的非均衡流动态势仍在发展，流失的都是乡村"优质"甚至是"精英"资源，留下的都是老弱妇孺，务农劳动力"老龄化"甚至"高龄化"不断加剧，"谁来种地"成为越来越普遍的挑战性矛盾。虽然农民工返乡和城里人下乡的城乡人口对流机制正在形成，但现实中表现出显著的区域差异，在大多数传统农区和贫困地区，农村内部优质人才流失矛盾仍在加重，农村外部优秀人才的进入还面临诸多障碍，乡村振兴普遍面临经营人才、技术人才、管理人才严重不足的困扰。更为重要的是，乡村人才的缺失对于乡村衰退的影响是全面性和系统性的，直接关系到乡村振兴的基础性支撑。

二是新型农业经营主体发展不足。以专业大户、家庭农场主、农民专业合作社、农业企业等为代表的新型农业经营主体是发展现代农业的主力军，也是实施乡村振兴战略的重要力量。从总体上来看，四川新型农业经营主体普遍实力不强，规模档次不高，存在"小、弱、散"的通病，辐射带动作用不大。从农业产业化龙头企业看，全省农产品加工业规模仅占全国的5%，中小型加工企业占比大，拥有省级以上技术中心的农产品加工企业仅占6.3%，大型农业产业化龙头企业数量不足。全省农产品加工率为40%左右，低于全国7个百分点，仅为发达国家的一半；而且，农产品加工品八成为初加工，产品精深加工率低于20%，精深加工能力不强。以《农民日报》发布的《2018农业产业化龙头企业500强排行榜》《2018农民合作社300强排行榜》为例，农业产业化龙头企业主要参考营业收入和利润，入围企业最多的省是山东省，共有80家企业入围，而四川只有23家企业入围；农民合作社主要参考营业收入、利润、入社农户数等3个数据，虽然四川入围合作社最多，共有42家合作社入围，但排名最高的只有第19名。

3. 农业适度规模经营难度较大

一是四川土地适度规模经营的水平较低。到2016年年底，全省家庭承包耕地流转面积占比为33.8%，比全国水平35.1%低1.3个百分点。四川土地适度规模经营的质量不高，农村许多耕地为亲戚邻里之间代耕代种，具有经济意义的适度规模经营占比低，单个经营主体30亩及其以上的面积仅有1365.9万亩，只占承包耕地总面积的23.5%。根据四川省第三次全国农业普查，作为农业产业融合的主体，2016年全省1666.12万户农业经营户中，规模农业经营户仅有13.51万户，仅占0.81%（远远低于全国的1.92%）。四川省在人多地少和劳动力大量外出的双重影响下土地流转率低于全国平均水平，这主要有两个方面的原因：一方面是耕地细碎分散，土地资源等分散化、细碎化的特征明显，而且坡耕地面积比重高，平原仅占7.7%，山地丘陵地难以实施机械化耕种，土地流转因收益偏低而难以实现；另一方面是普惠性的补贴政策固化，离乡不离土的行为造成一些农户宁愿粗放经营甚至将土地抛荒也不愿流转。因此，四川的土地资源特征和普惠式政策的交互作用，使小农固化的问题更为突出，通过土地流转实现适度规模经营的难度相对更大。

二是农村土地抛荒撂荒现象值得关注。随着四川劳务经济的发展，全省每年有大量农民离开农村、离开土地，人口大量迁移，农村土地撂荒，大量农房、宅基地常年闲置。由于投入不足，一些农田水利设施年久失修，种地没有保障。特别是近几年农村退耕还林后，靠山林地的耕地退化，杂草丛生，农户耕作吃力，加之农户承包耕地零星、分散、偏远，不便管理，有的只能放弃耕作。加之现行法规政策都未涉及对农户撂荒农村土地的制约措施，除了教育、引导和无偿帮助承包农户种好地外，对弃耕农户目前还没有合法有效的法制手段和措施。大量的农房和宅基地闲置是一个很大的浪费，利用起来就是一笔很大的财富。从四川省 2017 年城镇居民和农村居民财产净收入对比看，农村居民收入不论从绝对量和相对量来看，都有很大的提升空间（如图 1 所示）。

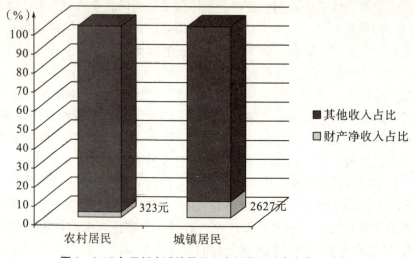

图1　2017 年四川省城镇居民和农村居民财产净收入对比

4. 农业科技支撑力度不足

一是农业科技有效供给有待进一步提升。2017 年，四川省农业科技进步贡献率达 58％，比全国平均水平高 0.5 个百分点，农业科技创新能力居全国前列。但从总体上看，全省农业科技供给数量、质量和效率远不能满足新时代社会经济的发展需求，主要表现为：重点领域突破性、重大成果少，跟跑性、一般成果多；产前、产后及生态环境修复与保护等成果少，产中成果多；综合性、配套系列技术成果少，单项技术成果多；农业技术创新的靶向性不强，基于用户导向的技术成果偏少，成果不接地气；农业高新技术、基础研究和应用基础研究水平不高，前瞻性技术储备不够，解决瓶颈问题的核心技术不强；科技支撑格局与四川省五大经济区自然地理特征不协调，"川字号"特色优势农产品关键技术成果少，全产业链技术体系建设不足，难以支撑品牌影响力提升。

二是技术链和产业链的协同能力有待进一步提高。技术链与产业链的有效耦合程度不够，技术链对产业链的"双螺旋"支撑体系尚未完全形成，产业链和技术链的协同效益不能有效发挥。产业链和技术链协同在产业上中游过于集中，产业中下游协同能力不足，支撑农业全产业链的技术链发展不完备，导致产业链竞争乏力。围绕农业全产业链的农业科技创新服务体系亟待完善，需要创新支撑现代农业产业链、技术链的技术服务模式和商业模式。农业企业创新能力薄弱，尚未真正成为技术创新主体，阻碍了技术链和产业链的有效合理衔接。农业科技成果推广转化力度有待进一步增强，农业科技成果应用不充分，成果转化平台数量不足，科技服务体系不健全，成果推广转化呈现区域性不平衡。

三是农业科技管理体制有待进一步优化。知识产权和农业科技成果使用、处置、收益等管理制度尚不能适应新时代的需求，农业科技人员创新创业的内在动力尚未得到有效激发，改革创新意识有待加强；多主体协调统一和分工明确的推进机制不够得力，影响了多样化科研创新分工合作和跨域合作与协同、联合攻关能力发挥和集成配套技术体系创新能力的提升；科技力量尚未得到有效整合，资源共享、联合协作的新格局尚未形成，不能有效地促进创新主体之间的横向联系、协调和不同区域的农业科研单位之间联合攻关，服务产业发展的集成创新缺乏。全省科研人员积极性普遍不高，存在干多干少一个样的问题，大锅饭现象明显。

5. 农业基础设施建设相对滞后

四川山区、丘陵占比高，平原占比小，农业基础设施建设因较强的财政依赖而总体上进展相对滞后，交通、水利等基础设施对农业农村发展的制约明显。全省农业基础设施薄弱、农业物质装备水平较低的状况没有根本改变，农田有效灌溉率、主要农作物机械化水平和高标准农田比重都不高，"靠天吃饭、靠牛犁田、靠人种地"的粗放经营模式在全省农业生产中仍占较大比重。全省70%的土地还处在传统分散经营状态，农业有效灌溉面积4220万亩，有效灌溉率仅为46.2%，为全国平均水平的2/3；高标准农田共2496万亩，仅占全省耕地面积的24.7%，还有58.2%的耕地未实现有效灌溉；主要农作物综合机械化水平比全国平均水平低9个百分点，种植业和养殖业标准化生产水平远低于全国平均水平。全省农产品冷链物流服务体系发展严重滞后，果蔬、肉类、水产品冷链流通率仅为18%、33%和30%，流通腐损率分别为18%、11%、10%，远高于发达国家流通腐损率5%的水平。

从投入看，四川省整体发展水平与东部地区差距仍然较大，财政实力不强，对政府财政投入的过度依赖使投资不足成为普遍性矛盾，而投资方式的体制缺陷更使这一矛盾进一步放大。即使近年贫困地区大量扶贫资金进入农业农村领域，但主要是投向生活性基础设施和住房改造，农田基础设施建设滞后的矛盾仍然未得到有效改善。从社会资本看，目前社会资本进入农业的门槛依然较高，对资本下乡的土地、金融、用工等方面的服务仍十分薄弱，资本下乡面临用地难、融资难、用工难等突出问题。已有农业3P项目主要集中在污水、垃圾处理等方面，很少进入农田基础设施建设领域。

6. 乡村社会治理存在隐患

由于显著的城乡差距，四川省农村居民在经济发展、社会安全、文化教育、医疗卫生、扶弱济贫等方面的诉求日益增多，而乡村基础设施建设并不完善，缺乏完整的乡镇治理体系，难以满足农村居民的需求。现阶段快速的城镇化进程客观上加大了农村地区社会治理的难度，大量农村人口外出打工，形成了庞大的农村留守群体。随着农村人口外流的不断增加，乡村精英流失、新乡贤缺失，自我社会修复和调适的能力降低，依靠激发农民群众内生动力化解各种矛盾的难度显著加大，新村建设、产业发展、精准扶贫，几乎所有"三农"工作都需要自上而下动员外部资源大规模进入推动，这种外部性高成本治理模式不仅增大了乡村发展的被动依赖性，而且在一定程度上削弱了乡村内生社会的功能。

在城乡开放度不断扩大的条件下，农民工返乡和城里人下乡的规模也在同步增长，农村社会的封闭性不断被打破，农村利益主体呈现出多元化特征，农村熟人社会的特征趋于弱化。在此背景下，农村内部的资源争夺加剧，利益冲突增多，传统治理模式和治理机制受到冲击。因此，迫切需要通过创新治理模式提高乡村治理效率，降低乡村治理成本。

7. 农业发展的生态环境压力依然较大

一是发展与保护的冲突依然突出。四川是全国重要的生态功能区，共有 56 个国家重点生态功能区县（市），而且多数山区、少数民族地区和贫困地区位于生态关键区或者生态脆弱区，"富饶的贫困"的特征十分明显，推进经济增长的发展需求与生态环境的保护压力并存，保护与发展的冲突将难以回避。如果在推进乡村振兴中仍然维系短期化战略，单纯追求引进大项目进行过度开发，则不仅会造成区域内的生态恶化，而且会对更大范围内的生态环境构成不利影响。因此，四川的乡村振兴必须把生态振兴置于更加重要的战略地位，必须探寻破解加快乡村发展与强化生态保护这一矛盾的有效路径。

二是资源环境超载问题突出。尽管四川省农业发展方式的转变取得了长足进步，但从本质上讲大多数还是依靠拼资源拼消耗实现数量增长，自然资源和环境容量已经接近警戒红线，长期积累的环境欠账亟待解决，倒逼全省加快转变农业生产方式，缓解农业资源环境要素压力，加快发展资源节约型、环境友好型农业，走高质量绿色发展道路。2012 年以来，全省化肥总施用量基本维持在 250 万吨左右，基本实现了化肥使用量"零增长"的目标，但全省化肥使用强度依然比较高，达到了 370 千克/公顷。当前，全省农业种养脱节的现状难以在短时间内扭转，秸秆综合利用率不高、产品开发与价值挖掘不够的问题仍未得到根本解决，畜禽粪便资源化利用的任务仍很艰巨，残留农膜回收机制还不够完善、覆盖面窄，土壤重金属等污染治理受到资金、技术等多方面的制约，持续推进治理的难度不小。

三、国外乡村振兴的经验与启示

乡村振兴是经济社会发展到一定阶段后必须实施的一个战略。英国、美国、日本和韩国等国家根据本国的发展情况，先后实施乡村振兴战略，其在实施过程中的一些做法和经验，对四川实施乡村振兴战略具有一定的启示。

（一）欧美推进乡村振兴的主要做法

欧美国家在工业化和城市化快速推进的过程中，依然存在乡村发展滞后于城市，农村居民收入增长滞后于城市居民收入增长的不协调现象。以美国为例，20世纪40年代，美国非农业人口与农业人口可支配收入比为1.66，50年代扩大到2.00，不仅城乡居民收入差距在扩大，而且城乡基础设施建设、公共服务方面也存在巨大差异。为此，美国通过发展农业规模经营，鼓励农民发展农业以外的经济，加大对农民的直接经济补贴，加强农村路、水、电和市场等基础设施及教育、文化、卫生等社会事业建设，为农村发展和缩小城乡差距提供了保障；同时，针对农民职业技能薄弱的状况，实施了旨在提高农民技能和素质的"工读课程计划"。这一系列措施改善了美国乡村的发展条件，提升了乡村发展价值，推动了乡村快速发展。

20世纪60年代中期，法国及一些欧洲发达国家的大都市出现了繁荣城市与落后乡村并存的现象。一方面，大都市人口拥挤，住房、交通、环境等条件不断恶化，城市发展的成本不断提高，"城市病"日趋严重；另一方面，大都市周边存在着辽阔的农村，这些农村不仅可以吸纳都市人口和企业，还可以缓解"城市病"，但由于基础设施、公共服务等发展滞后，这些农村的价值均未能很好地体现。为此，国家专门制定了大都市周边地区乡村发展计划。例如，巴黎对中心区征收"拥挤税"，对从中心区搬迁至郊区且占地500平方米以上的工程，政府给予60%的搬迁补偿费；同时确定了"保护旧市区，重建副中心，发展新城镇，爱护自然村"的方针，由农业区、林业区、自然保护区和中小城镇组成乡村绿化带，加强农村基础设施建设和社会事业建设，实现乡村生活方式城市化，使乡村拥有和城市同等的生活条件。英国以保持乡村活力与可持续性为目标，重视乡村规划和建设，鼓励乡村采取多样化的特色发展模式。英国加大对自然景观地区的保护力度，制定严格的乡村保护法，支持公众加入乡村地区建设，建设乡村公园，划定乡村公共通道。2000年，英国出台"英格兰乡村发展计划"，加强对土地、水、空气和土壤环境问题的监督管理；2007年，加强乡村环境保护，大力扶持乡村企业发展，创建有活力和特色的乡村社区；2011年，英国政府设立乡村政策办公室，在发展基础设施、提供公共服务等方面拥有较宽松的自主决策权。

（二）日本、韩国推进乡村振兴的主要做法

日本、韩国与中国相邻，文化相通，因此，这两个国家在工业化、城市化进程中有关乡村振兴的经验，对中国乡村振兴更具参考意义。日本和韩国都属于经济分布空间和人口分布空间极度失衡的国家，这两国的乡村地域在科学进行国土开发、平衡分布产业和人口、缓解"大城市病"、缩小城乡发展差距以及生态环境保护等方面没能得到充分的体现。为此，日本在20世纪60年代通过国土开发计划等综合手段提升乡村发展价值和促进乡村振兴。1962年，日本制定了第一个全国综合开发计划；1977年，日本政府在第三次全国综合开发计划中进一步提出调整工业布局,大力发展中小城市,开发落后地区,解决工业及人口过密和过疏的矛盾。除此之外,为推动乡村产业发展,日本政府不断加大对乡村的财政投入。在1967—1979年第二次新农村建设期间,日本政府加大了"补助金农政"的实施力度,紧接着于1979年开始推动"一村一品"运动,要求每个地方的乡村根据自身条件和优势,发展一种或几种有特色、在一定销售半径内名列前茅的拳头产品。这些产品实行了错位竞争战略,从而大大提高了各村的竞争优势,促进了乡村可持续发展。韩国为缩小城乡差距、提升乡村发展价值,于1970年发起了旨在缩小城乡发展差距的"新村运动",将新村建设引导到一家一户办不成、私人不愿意办的公共产品建设上,修建了村民会馆、敬老院、读书室、运动场、娱乐场、青少年活动中心等农村文化设施。经过几十年的"新村运动",韩国基本实现了城乡经济协调发展。

(三) 主要启示

国外发达国家乡村振兴战略的实施情况及其经验给四川提供了以下启示:

一是立足国情。在进行乡村规划和建设时,应从当地自然环境、资源禀赋、经济水平、制度环境、人文历史和发展机遇等方面加以考虑。美国和英国以立法为主,采取温和、渐进的方式,对乡村进行规划和建设;韩国力求政府主导的形式,采取激进的发展方式,促进乡村整体发展。尽管各国的发展道路略有不同,但在尊重农民主体地位、发挥政府扶持功能、改善农民生产条件上是一致的。

二是准确定位主体。明确政府与乡村内部的职能界限,双方在各自职责范围内密切协作,共同促进农村繁荣,同时明确农民为乡村建设主体,切实发挥政府主导作用,通过各种措施发挥农民积极性。政府既不能越位,也不能缺位。

三是注重基础设施建设。这些国家都十分重视完善基础设施,乡村社区普遍建有学校、医院、图书馆、博物馆、公园、教堂、广场以及菜场、购物中心等商业区,还建有运动场供居民休闲锻炼,社区的基础设施能够满足居民的日常生活需要,保证老人有去处,小孩有地方玩,闲人有书看。

四是注重一、二、三产业融合,尤其重视发展乡村旅游业。没有产业发展就没有就业,这样的乡村也就无法振兴。英国、美国、韩国等发达国家普遍重视一、二、三产业融合发展,尤其注重发展乡村旅游业,在乡村规划与建设中,充分注重对自然人文资源的保护和利用,利用生态文化优势,培育生态经济理念,保持自然的原真性,变生态资源为生态效益,大力发展休闲农业和乡村旅游业,把乡村打造成为都市的"后花园",把农业打造成旅游农业,把农田改造为景观农业,把农产品升级为旅游纪念品,以生态项目提升居民生活环境,提高其收入。

五是注重乡村振兴的制度保障建设。在乡村振兴战略的实施中,注重规划各项制度配套建设,在政策、资金、制度等方面为其提供大力支持。

六是鼓励公众参与。在英国、美国和韩国的乡村振兴战略中,公众不仅可以在规划阶段参与,还可以通过座谈会、规划展示论证等多种方式参与规划的前期研究。为了鼓励公众参与,各国均十分注重公众参与的法律权威性,为公众参与提供了法律保障，没有经过公众论证的规划得不到主管部门的审批。公众在规划执行和建设阶段积极履行监督责任，必要时可以对不合乎规划要求的行为进行申诉。

总之，国外在乡村振兴中有很多的奇招妙计，如韩国的休闲农业的周末型农场、"观光农园"；日本的生态交流型旅游；欧洲的乡野农庄型的"民宿农庄""度假农庄"、露营农场，适应欧洲居民习俗的骑马农场、教学农场、探索农场和狩猎农场等；法国的普罗斯旺鲜花主题型乡村度假胜地；澳大利亚的葡萄酒庄型乡村产业与乡村旅游等，既可以作为衍生品的开发地，又具有丰富的观光旅游价值。这些经验值得四川在乡村振兴战略实施、特色小镇建设中吸收和借鉴。

四、四川乡村振兴的基本原则与应注意的问题

（一）推进四川乡村振兴的基本原则

1. 明确战略目标

明确乡村振兴的目标是实现乡村振兴的关键点，只有目标明晰，才能够正确制定发展战略，合理规划发展模式，不断接近目标，真正实现乡村振兴。四川乡村振兴的目标就是要实现农村产业现代化，推动农村经济发展，使得现代化的科技、现代化的理念以及现代化的生产方式在农村扎根。只有这样，才能从根本上解决四川省区域发展不均衡问题，才能推动全省社会经济全面发展。

2. 落实总体要求

要清晰认知，乡村振兴不是简单的经济振兴，不是单单带动农村经济发展，提高农村居民生活水平，而是从多个方面改善农村生活环境。乡村振兴的总体要求包括产业兴旺、生态宜居、乡风文明、治理有效、生活富裕。因此，不仅要让农村富起来，让农村产业不断发展壮大，还要改善农村的生活环境，改变脏乱差现状，防止农村现代化污染，打造宜居的农村环境。

3. 抓住关键要素

实现乡村振兴首先要明确乡村振兴的发展要素，明确如何利用乡村现有生产要素，这样就能在减少财政投入的同时加快发展步伐。农村想要得到发展就要从以下三方面进行改革：培养人才以及充分利用劳动力，促进农村土地的有效利用，为乡村振兴提供财务支持。其中，人才的培养包括农村村干部的培养、高科技人才的培养和创业人才的培养。农村土地为集体所有制，这在一定程度上限制了土地的作用，因此，采用合适的政策促进农村土地流转有着重要意义。

4. 聚焦关键难题

目前，农村发展落后的主要矛盾就是农村富余劳动力过多以及农村产业结构单一的问题。要解决这一问题，就要实现农村与城市发展融合。农村的劳动力要到城

市中去，城市的生产资料也要到农村中来，双方实现优势互补，不断融合，只有这样，才能不断缩小城乡差距，同时加快农村发展速度，推动城市化进程。

（二）四川乡村振兴应注意的几个问题

1. 乡村振兴需要农村与城市双轮驱动

乡村振兴与推进城镇化不是非此即彼的关系，而是互促共进、相辅相成的关系，实现乡村和城市的融合。2012—2017 年，四川省城镇化率提高到 50.79％，而全省城乡居民收入比从 2.72∶1 逐步下降 2.51∶1，四川省的实践证明实施乡村振兴战略与推进新型城镇化是相互融合的（如图 2 所示）。一方面，乡村振兴不在于乡村是否变成了城市，而在于农村和城市居民的生产生活水平和人居环境的差别是否缩小和逐步消除；也不在于村民是否变成了市民，而在于城乡户籍所附带的公共福利是否平等，城乡公共服务是否均等化。四川应该逐步建立相对公平公正的公共服务制度，让农民工市民化、农民市民化、城镇居民和农村居民平等地享受社会保障和公共服务，实现"用农村人的生活方式，享受城里人的生活品质"。另一方面，乡村振兴要大力发展观光农业、休闲农业，其主要目标群体是城市居民。通过乡村振兴，未来的乡村就会成为城里人向往的地方，乡村也许会成为农村人的公园、城里人的田园、旅居者的桃花源。针对四川农村人口比重较大、城镇承载力较弱的省情，既要放开政策、打破城乡阻隔，推进人口转移型的城镇化，又要解放思想、敢于实践，积极探索农村人口就近就地城镇化，构建县城、城镇与农村新型社区梯度适中、协调发展的就地城镇化体系。

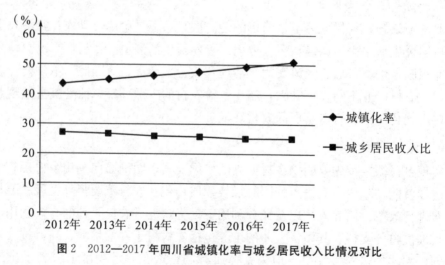

图 2　2012—2017 年四川省城镇化率与城乡居民收入比情况对比

2. 乡村振兴要有所为有所不为

乡村振兴战略实施的基本地点在乡村。四川省乡村地域辽阔，乡村类型多样复杂，乡村与乡村之间差异很大，各地必须实行统筹规划、分类推进，在追求粮食安全、产业效益、生态环境建设保护上进行理性选择。要遵循乡村发展的内在规律，避免脱离现实条件。经济基础好的地区，在振兴乡村的步伐上、力度上可以走得快一点。如在成都平原和一些大城市郊区的农村，乡村振兴的重点是高位求进，引领示范。而经济欠发达地区则应稳步推进，切忌盲目追求速度，搞成乡村建设大跃进。全省的粮食主产区要重点加强粮食综合生产能力建设，确保粮食安全。在四川省重要农产品生产区的丘陵地区、盆周山区和攀西地区，把地方特色农业做强做亮，建立健全绿色低碳循环发展的经济体系，不断发展新产业新业态，拓展农业产业链、价值链、供应链，大力提高农业现代化水平，推进农村一、二、三产业融合发展，提高产业发展效益。在不适宜大规模发展农业产业的川西高原区域，要有计划有步骤地退出农业商品化生产，加强生态环境建设保护，着力解决突出的环境问题，保护性开发农业的多功能性，推进农业可持续发展，建设美丽特色乡村。目前，四川省部分地区在推进乡村振兴中违背发展规律，过于注重人居环境和村容村貌的改进，由于缺乏经济基础，即使新建了一批光鲜亮丽的楼宇和绿化工程，也只能发挥有限的功能。

3. 乡村振兴要对新农村建设已取得的成效进行提升

乡村振兴战略是融合了坚持与创新的政策框架体系，是对新农村建设的全面升级。因此，推动四川乡村振兴战略，必须坚持中央及省委的改革部署和重大政策措施，如幸福美丽新村、"四好村"创建和"小组微生"模式等，在现有基础上进行提升。乡村振兴战略是以社会主义新农村建设为基础，但又不能是社会主义新农村建设的简单修补，必须从顶层设计上全面协调考虑。再如，"小组微生"模式源于成都的创新，已经成为一种具有普遍意义的成功模式，这种模式既适宜于平原，也适宜于丘陵和山区；既适宜于新建聚居点，也适宜于改造旧村落，具有广泛的适应性。

4. 乡村振兴要做好顶层设计和规划

乡村振兴要做好顶层设计和规划。要研究制定四川省乡村振兴的系统规划、长远规划，建议制定《四川省乡村振兴条例》，从法律法规上固化乡村振兴中一些好的经验和必要的投入保障。乡村振兴规划不能一哄而上，要充分论证，并聘请专业机构或个人从事长期的陪伴式的乡村振兴战略规划服务。要制定好全省乡村振兴的战术，从组织机构设置、人才队伍建设、建设工程布局、乡村振兴模式、乡村振兴格局等战术环节，深入细致地推进全省农业和农村发展。从具体村落上看，四川乡村具有显著的多维度层次差异性，大部分乡村都属于自然状态，农民的生产和生活混为一体。因此要精准施策，应结合各地实际，分析层次差异，制定本土化的"乡村振兴战略"。充分体现不同地方的乡土风格特色，不能套用。不同村落可以有依靠特色农产品、手工艺品的"一村一品"模式，实现特色资源价值化；也可以有农业庄园、休闲农业的带动模式，以景观文化为主线，依托农田、山林、建筑、河湖等风光吸引游客，集资源利用、生态保护和旅游观光于一体，带动农民就业增收，促进农村经济发展。

五、加快推进四川乡村振兴的路径考量

(一) 强化乡村振兴的产业支撑

一是加快推进农业高质量发展。实施乡村振兴战略的过程中必须提高农业发展质量，实现农业大省向农业强省的跨越。"没有落后的产业，只有落后的产品"，发展新产业新业态必须要注重同传统产业的结合。应当依托全省丰富的农业资源，以地理标志保护产品等为重点，走"一县一业"和"一村一品"的特色产业发展道路，围绕特色优势产业实施寻优推进及错位发展战略，做大做强具有优势和特色的水果、蔬菜、茶叶、木本油料、食用菌、中药材、烟叶、蚕桑、木竹等产业，寻优推进，错位发展，加快形成具有市场竞争力的优势特色产业体系。要依据乡村的资源优势、区位优势和发展过程中积累的其他比较优势，确定各地的主导产业，形成能够充分利用自身资源并符合市场需要的产业结构。

二是推进一、二、三产业融合发展。推进农业生产功能向以生产功能为基础的农业服务功能拓展，深入挖掘农业生态环境和文化价值。特别是加快发展那些承载乡村功能、能够容纳更多年轻人就业的产业，为农民持续稳定增收提供更加坚实的农村产业支撑。大力发展农产品加工业，促进农产品储藏保鲜、筛选分级、清洗烘干、包装贴牌等产地初加工，推动农产品及加工副产物综合利用。实施全省休闲农业和乡村旅游提升工程，加强休闲旅游标准制定和宣传贯彻，开展示范县、美丽休闲乡村、特色魅力小镇、精品景点线路、重要农业文化遗产等宣传推介工作。促进特色集群化发展，建设现代农业产业园。加快打造集现代农业、休闲旅游、田园社区于一体的特色小镇和田园综合体。大力发展农产品电子商务，完善仓储物流设施，重点打造一批设施齐备的仓储物流基地。以现代化农业生产为基础，深度挖掘农业生态价值，积极扶持创建农业主题公园。

三是大力发展品牌农业。品牌农产品一般可实现农产品溢价 20%～30%，因此要以品牌建设为切入点，以"三品一标"认证为抓手，以强化品牌的产业链纵向引领能力为重点，加快建立农业品牌发展的支持政策，不断壮大农业品牌规模，加快制定和完善一批农产品质量标准，建立健全农产品品牌发展激励机制，打造若干个在世界上有影响力的农产品品牌，培育一批在全国叫得响、过得硬、有影响力的农业品牌，全方位提升"川字号"农产品知名度和美誉度，摆脱"有产品无品牌、有品牌无产品"的双重困境。加强特色农产品品牌的统筹规划，将各地特色农产品品牌发展、品牌企业发展等编制到全省特色品种保护发展规划中。整合资源打造区域公共品牌，改变小品牌各自为政的局面，形成规模优势，不断提高四川省特色农产品品牌市场占有率。加强农产品质量安全追溯和检验检测体系建设，加强品牌质量管控，强化执法监管，为品牌健康成长营造良好环境。

（二）培育和壮大新型农业经营主体

一是积极发展培育多种类型的农业经营主体。鼓励龙头企业、农户、家庭农场和合作社通过股份合作等方式，建立紧密型经济利益共同体。依托家庭农场、专业合作社、农业龙头企业等新型农业经营主体，创新公私合营、企业经营、集体经营、入股经营等农业经营方式，促进提升农业经营的规模效率和范围经济。积极培育多元化产业融合主体，发挥供销社为农服务专业化优势，构建农业社会化服务体系，推广"农业龙头企业（专业合作社、农业科技协会等）＋种养基地＋农户"模式，建立多形式利益联结机制。通过"规模化经营＋规模化服务"，提高农业整体竞争力、抗风险能力和综合产出率。

二是探索创新规模经营模式。四川不能简单地走大规模集中土地的产业发展道路，要重视适度规模经营引领，并以此为基础，培育更加稳定、更加理性的适度规模经营主体。以四川独有的特色优势产业为发展重点，突出区域差异，坚持小而特、小而精、小而优，以"小群体、大规模"的模式，不要片面追求集中连片的大规模化。针对分散、细碎的耕地分布格局和以山地、丘陵为主的地形地貌特征，加强高标准农田建设，因地制宜推行入股、托管、联耕联营等多种方式，着力推广中小型农机具，着力发展生产性服务业、健全社会化服务体系，主要以"小群体""小集中"加"强服务"的方式实现适度规模，创新具有四川特色的现代农业发展模式。

三是实现小农户与现代农业的有效衔接。四川农业的特点决定了小农户是农业发展中的重要载体且在较长时间内保持不变，发展型小农将逐步成长为四川省现代农业发展中的重要主体。所以在乡村振兴的产业发展过程中，四川要及时校正已有的产业支持政策，无论是在直接的产业扶持、基础设施改造还是农业服务体系建设方面，都应该更加精准地瞄准小农户，特别是发展型小农的实际需求，确保利益，推动其与现代农业的有效融合。要健全农业社会化服务体系，实现小农户和现代农业发展的有机衔接。

四是做好乡村振兴的人才梯队建设。要健全农村人才激励政策，建立农业农村各类人才的激励、培训、认定等机制，鼓励返乡创业人员和社会各界人士投身于乡村振兴实业，培育一批以家庭农场主、种养大户、农民合作社骨干为重点的，有文化、懂技术、会经营、立志扎根农村的新型职业农民；深入推进大专院校与农业农村对口衔接，促进科技成果转化，提高村民科技水平；在省内外认定一批涉农培训基地，加强教育培训师资库的建设；培育造就一支四川省特色的懂农业、爱农村、爱农民的"三农"工作队伍。

（三）利用好两个"三权分置"改革的成果

一是要全面激活农村土地资源。新形势下农村改革的主线仍然是处理好农民与土地的关系。从增加农民财产性收入出发，统筹推进农村土地制度改革，积极开展好承包地和宅基地两个"三权分置"改革。对于承包地，要调整完善对集体所有权、农户承包权、土地经营权的赋权，防止土地摞荒、地租过快上涨；加速推动土地流转，盘活农村土地资源，鼓励和引导城市资本下乡、返乡农民工创业，发展多种形式的适度规模经营，防止乡村的衰败与土地摞荒。对于宅基地，探索宅基地所有权、资格权、使用权"三权分置"，落实宅基地集体所有权，保障宅基地农户资格权，适度放活宅基地和农民房屋使用权。鼓励各地结合发展乡村旅游、新产业新业态，结合下乡返乡创新创业等先行先试，在实践中探索盘活利用闲置宅基地和农房增加农民财产性收入的办法，加快形成可推广可复制的经验。

二是完善土地流转的制度保障。无论是承包地还是宅基地"三权分置"，其核心就是要增强经营权或租赁使用权的稳定性、流通性，发挥其担保融资功能。"三权分置"制度的设计必须为保护农民长远利益设定强制性规定，落实集体所有权要求流转利益的分配，体现集体成员共同的利益与作为成员之一的流转农户之间的公平。流转方农户的利益不仅要考虑流转时的利益，更要关注其利益的动态调整和持续保障。同时，辅之以相应的统一合同范本及政府相关部门备案审查制度，强化对农民利益和流转秩序的维护。

（四）通过科技创新路径高效振兴乡村

一是要强化农业科技自主创新。按照习近平总书记提出的面向世界农业科技前沿、面向国家重大需求、面向现代农业建设主战场"三个面向"的要求，加快推进农业科技创新，为乡村振兴提供科技支撑。不断改善全省农业科技创新基础条件，在现代种业、农机装备、农业信息化、农业资源环境、农业高新技术等领域，力争获得一批原创性科技成果和关键技术产品。加快建设一批国家级的农业科技创新平台、创新基地、创新团队和创新人才，占领农业科技创新制高点。要紧盯质量导向，紧抓农业科技创新方向和重点，在确保产量的同时，更要着力推进绿色、优质、高效、安全生产，加快发展新模式、新方法，着力培育突破性新品种、关键共性技术和重大科技成果。满足绿色需求，推进乡村大气、水、土壤污染防治技术研究，探索生态循环的模式；同时要在藏粮于地和藏粮于技上面进行科技攻关，优化农业绿色发展的格局。

二是深化农业科技体制改革。增强协同创新，加快全省农业科技创新联盟建设，从大科学、大科技角度加大科技资源整合力度，减少农业科研工作单打独斗的现象，分区域开展乡村振兴综合解决方案。要加快推进公益类科研院所改革，创新管理方式，改革人事制度和考核评价体系，提升院所科技创新水平和科技服务能力。同时要深化农业科技体制机制改革，充分激发科研人员创新创业积极性。特别要加强激励科技人员创新、扶持企业创新发展、增加创新研发投入、培育新型经营主体、促进科技金融结合、深化农业科技体制改革等方面政策的制定，加大政策的落地执行力度。

（五）强化农业农村基础设施建设

一是优化农业基础设施投建模式。改善农业基础设施是推进产业振兴的基础支撑，对四川省而言，要有效增强基础设施对乡村振兴的支撑能力。要整合政府投资项目资源。在加大农业基础设施建设投入力度的基础上，整合相关资源，改变涉农项目投入小而散的格局，破解"短板"效应，尤其是要以机构改革为契机强化农业基础设施建设的聚合效应。要拓展基础设施投资渠道、充分利用国家开发银行、中国农业发展银行等在农业基础设施建设领域的政策性贷款，并强化PPP、先建后补等模式引导社会资本和新型农业经营投资兴建、改造提升农业基础设施，形成财政、金融和社会资本共同参与农业基础设施建设的新格局。要不断创新基础设施建设模式。转变以招拍挂为主的基础设施建设模式，对于技术含量、资金额度不大的适合自主建设的项目赋予集体经济组织和新型农业经营主体建设申报资格，采取村民自建等方式调动农民群众的参与积极性，提高建设效率，降低建设成本，增强建设内容的实用性。

二是创建多元化乡村振兴投融资机制。建立财政资金、金融资本、产业资本与农民自有资金多渠道投入的乡村振兴投融资机制，提高财政资金使用效率，同时为社会资本参与建设提供有效路径和合理回报。探索灵活高效的财政资金投入机制。鼓励财政与社会资本共同建立产业发展基金、专项奖励基金、投资风险基金等，引入市场化运行机制，提高财政资金使用效率。同时，建立涉农资金统筹整合长效机制，总结推广贫困县统筹整合使用财政涉农资金试点经验和财政资金"五补五改"模式，并建立市县多投入、省级多补助的激励机制。激励工商资本合理参与乡村建设，构建社会资本支持乡村建设的长效机制，对长期投入的企业和组织给予更精准的财政奖补、贷款贴息和配套项目投入支持，支持工商企业为乡村振兴提供综合性解决方案。提高农民投资内生动力，在改善农村生产生活环境的基础上，充分利用专业合作社、集体经济组织等平台和载体，增强农民参与投资乡村振兴的内生动力。

（六）在坚持"一核多元"的基础上充分发挥"新乡贤"的作用

一是探索完善新型乡村治理体系。随着城乡人口、资源要素流动的进一步深化，四川农村原有的封闭性社会结构必然会进一步改变，由此必须建立与之相适应的新的开放型乡村治理机制。要加强基层党建，针对部分基层党组织较为薄弱的短板，健全以村党组织为核心，村民委员会、村务监督委员会、集体经济组织、社会组织广泛参与的"一核多元"治理架构，构建党建带动村级各类组织建设的协同治理机制。要不断强化村民自治。应加强农民自治意识和自治能力培育，构建村民公共事务全程参与的自治平台。此外，要大力推进政经分离，同时把城乡人口双向流动和混合居住的前瞻性因素纳入乡村治理结构，协调平衡本地村民和"外来村民"的利益诉求，促进社区和谐、共同发展。要深化农村法治。建立健全农村基层权力规范化运行机制，推行村级组织"小微权力清单"制度，推进法律援助进村、法律顾问进村，大力培育培养村民的法治意识、法治理念和法治精神，破解农业农村领域有法不依、执法不严的现象。

二是注重发挥"新乡贤"在乡村治理中的作用。乡贤文化是中华优秀传统文化的重要组成部分，我国古代就有"文官告老还乡，武将解甲归田"的传统。要重视新乡贤在乡村振兴中的作用，继承中国传统的乡贤文化，让官员、知识分子和工商界人士"告老还乡"，发挥新乡贤文化在促进乡村治理中的引领功能、践行功能和示范功能，促进人力资源从乡村流出再返回乡村。四川省在发挥新乡贤作用方面有很多典型，如达州市开江县甘棠镇转洞桥村的退休教师梁尤堂在村里开办了甘棠镇阳光国学幼儿园，以国学为特色内容免费培育村上的娃娃；再如从达川区人大常委会退休的吴传全返回花石岩担任村党支部书记，带领全村脱贫奔小康。从实际情况看，目前四川省乡贤回归的渠道还不够多，还面临诸如住房、用地、养老等现实障碍，这在很大程度上制约了他们回乡的可能性、积极性。要建立"告老还乡"制度，提高离退休返乡者的养老待遇和医疗保障以及生活服务方面的保障，解决"还乡者"的后顾之忧，鼓励更多离退休者"还乡"。要开展乡贤回归试点，鼓励乡贤资源较丰富、乡村人才流出较多的地方开展乡贤回归试点示范，如建立"乡贤工作室"，梳理摸清乡贤回归意愿，完善政策措施，做好对接服务，把现代乡贤引回来，为乡村振兴注入活力。地方政府要大力鼓励、表彰新乡贤以不同方式参加家乡建设，参与乡村治理，助推创新创业，引领文明乡风，不断增强新乡贤的个人价值感、事业成就感和社会责任感。建立返乡者为乡村办实事公开公示制度，项目、资金等全程公开，接受监督，防止其中可能出现的"利益交换"。

（七）构建生态发展的新引擎

一是推进农业生产方式变革。要改变过去以"大水、大肥、大药"来换取高产的方式，在全省农产品优势产区、核心产区和品牌基地，加快普及一批先进适用绿色农业技术，推动绿色生产方式落地生根。采取总量控制与强度控制相结合的办法，通过有机肥、生物农药替代及合理轮作，推动化肥、农药使用总量和强度持续下降，使之逐步稳定在安全合理的适宜区间。针对不同地区、不同农作物，分地区、分农产品、分阶段梯次推进化肥、农药实行减量，加快新肥料、新农药和高效机械的推广应用。建立一批不同类型的化肥、农药减量增效示范区，支持农民和新兴经营主体积造有机肥，促进就地还田利用。

二是加快发展农业废弃物综合利用。实施种养业废弃物资源化利用、无害化处理区域示范工程，科学利用和处理农业废弃物，健全和完善种植业与养殖业之间的生态循环体系。按照农牧结合、种养平衡的原则，科学规划布局畜禽养殖，实施种养结合循环农业示范工程，引导以市场化运作为主的生态循环农业建设，实现种养有效结合。加强关键技术、装备和产业体系的衔接配套，总结和推广一批成熟的种养结合有效模式。

三是构建以生态重建为指向的绿色化可持续发展模式。要重点探索创新生态产业化机制，除了以生态化提升和优化种养业之外，还必须大力发展生态旅游、生态康养等新的业态，实现生态型产业融合。与此同时，应着力打造生态优质农产品品牌，通过品牌塑造和营销将生态优势转变为经济优势，实现从绿水青山到金山银山的成功蜕变。进一步探索创新和拓展生态补偿的领域及范围，重点完善饮用水源保护区生态补偿机制、森林生态效益补偿机制、湿地生态效益补偿机制，大力推进碳汇交易、水权交易、排污权交易等，形成生态补偿的良性运行机制，强化内在的生态环境保护动力和重点生态功能区的均衡发展能力。

（四川省统计局　四川省农业科学院）

四川省农业农村现代化发展研究

一、引言

2017 年，中央一号文件把农业农村现代化的地位提到了前所未有的高度，明确指出要把"乡村振兴，产业兴旺"作为工作重点。习近平总书记对四川"三农"工作多次作出专门指示，为四川农业农村现代化指明了方向，根据一号文件精神和习近平总书记指出的方向，我们要认真摸清和分析四川农业农村现代化的基础，找准制约四川农业农村现代化的瓶颈，探讨攻坚克难的办法，为全国农业农村现代化提供四川答卷。

农业现代化是应用现代科学技术，提高生产资料技术装备水平，调整农业产业结构，农业内部分工不断加深，专业化协作不断精细，农业全要素生产率不断提高的过程。农村现代化是农村工业化、城镇化、信息化有机统一的过程，它涵盖农村、农业、农民三个方面，是农村整体的现代化，主要包括农村经济、政治、文化、生态和农民自身现代化五个方面的内容。因此，农业和农村现代化有着密不可分的关系。农业现代化是农村现代化的基础，它为农村现代化提供物质保障和人力资源支撑（农业现代化分离出来的剩余劳动力为农村城镇化、工业化提供合格劳动者）；农村现代化又是农业现代化的体现，并反过来进一步促进农业现代化。可见，农业现代化和农村现代化应统筹兼顾，通盘考虑，协调推进。

二、四川农业农村现代化的发展基础

（一）四川农业发展成效明显

1. 产业结构不断优化

"十二五"以来，四川省委省政府始终保持发展定力，主动适应把握引领经济发展新常态，取得了显著成效。2017 年，全省实现地区生产总值 36980.2 亿元，由全国第 8 位升至第 6 位，三次产业结构比重由 14：47.8：38.2 转变为 11.6：

38.7∶49.7，产业结构实现了"二三一"向"三二一"的优化。① 全省农业以"转方式、调结构"为主线，着力于规模化和集约化建设，推动农村经济快速发展，生产总量不断扩大，2017年，农、林、牧、渔业总产值达6963.78亿元，年均增长6%，农、林、牧、渔四大产业持续增长，其中，林业和渔业生产形势良好，分别以年均10.8%和8.5%的速度保持增长，占农、林、牧、渔总产值的比重不断提高，推动了四川省农业产业结构不断优化。②

2. 农业发展特色显著

近年来，全省各地强化政策引导、项目扶持，以现代农业产业化基地建设为抓手，以科技、机制创新为动力，推进马铃薯、蔬菜、油菜、中药材等十大特色优势产业集群发展，形成了具有较强市场竞争力的农业产业体系，十大特色优势农业已成为四川农村经济和农民增收的主导产业。整体来看，特色优势农业的种植规模不断扩大，产量（除花卉产业外）稳步提升，2011年到2016年，种植面积由6204万亩增加到6956.35万亩，增加12.12%；产量由4812.2万吨增加至5822.5万吨，年均增长3.89%。特色产业布局更加优化，进一步向带状、块状集聚发展，基本形成了川西600万亩"稻菜"轮作产业带、盆周200万亩高山蔬菜产业带、500万亩名优绿茶产业带、川南300万亩早春蔬菜带、长江中下游500万亩柑橘产业带、龙门山脉100万亩猕猴桃产业带、川中100万亩柠檬产业带，集中发展区不断壮大。③

3. 农产品加工业产值持续增加

农产品加工业规模不断扩大，2016年，全省规模以上农产品加工企业达3943家，农产品加工业实现产值11301.8亿元，年均增长7.11%，位居全国第六位；产销衔接保持良好，重点行业亮点突出，2016年全省规模以上农产品加工企业完成销售额10924亿元，年均增长7%，产销率保持在97%左右，白酒、畜禽、泡菜、饮料、乳制品等农产加工品产销稳居全国前列，其中，泡菜作为四川最具特色的主导农产品，其产量和产值在全国稳居第一。农产品加工企业投资力度不断加大，2015年，农产品加工业累计完成投资910.45亿元，其中农产品加工业技改累计完成投资676.8亿元，较好地增强了加工业的发展后劲，2016年全省农产品加工业产值与农业产值之比由1.51∶1增加到1.69∶1，农产品增值能力明显提高。④

4. 涉农新产业新业态蓬勃发展

随着科技的进步和人们生活需求的不断变化，农业转型升级迎来了重大机遇。乡村旅游、休闲农业和农村电子商务方兴未艾，成为农业增效、农民增收、农村繁

---

① 资料来源：四川统计局《2017年四川省国民经济和社会发展公报》。
② 资料来源：中共四川省委农村工作委员会《2017年四川农业农村基本情况》。
③ 资料来源：根据历年《四川农村统计年鉴》《四川农业农村基本情况》相关数据整理所得。
④ 资料来源：根据历年《四川农业农村基本情况》相关数据整理所得。

荣的新亮点。

乡村旅游势头良好，全省初步形成了城市郊游型、景区带动型、特色村寨型、历史文化型、休闲农业型5种乡村旅游类型和环城市天府农家、川西藏羌风情、川东北苏区新貌、川南古村古镇、攀西阳光生态五大乡村旅游板块。截止到2016年年底，全省建成了8个全国休闲农业与乡村旅游示范点，28个全国农业旅游示范点，11个全国特色景观旅游名镇（村），34个省级乡村旅游示范县（市/区），392个省级乡村旅游示范乡（镇）村，全省乡村旅游特色化、规模化、品牌化方向发展成效显著，成为四川省旅游业的一大亮点和新的经济增长点，促进农民增收致富。2011—2016年，全省乡村旅游实现的总收入由626.4亿元增长至2058亿元，年均增长27%，全省农民人均旅游纯收入由283.93元增加至912.2元；截止到2016年年底，全省5万余个行政村中发展乡村旅游的村超过5000个，占全省行政村总数的10%，带动800余万农民直接或间接受益，带动社会收入1970亿元。①

"互联网＋农业"方兴未艾，农村物流网络覆盖不断拓宽，电子商务如日中天。2014年，四川被列为全国首批8个电子商务进农村综合示范省份之一，通过开展一系列综合示范工作，2016年四川共有37个国家级电子商务进农村综合示范县（市），居全国第一；建成省级电子商务进农村综合示范点20个，县级电商综合服务中心115个，覆盖率达63%，乡（镇）电商综合服务站1640个，覆盖率达36.1%，村级服务终端5807个，覆盖率达12.4%，物流配送网络覆盖全省50%以上的乡村。2016年四川实现农村网络零售额456.8亿元，占第一产业产值的比重达11.6%，累计支持2万余人开设网店实现创业，农村电商产业链直接创造就业岗位13.9万个，帮助大量农村青年、返乡农民工、留守妇女实现就地就业。

5. 产业基地建设扎实推进

标准化、规模化的产业基地是发展现代农业的基础、抓手和载体。近年来，在坚持市场导向、区域合理分工等原则下，四川省现代农业产业基地建设成效显著。"十二五"期间，四川省完成了两轮现代农业林业畜牧业重点县培育工作，全省共建成60个现代农业产业基地强县、40个林业产业强县、40个现代畜牧业重点县；建成国家级现代农业示范区13片，现代农业万亩亿元示范区1100片，其中，60个农业重点县共建成769片示范区，占全省的69.9%，粮经复合现代农业产业基地1000万亩；建成现代林业"万亩林亿元钱"示范区48片，现代林业产业基地2295万亩，其中，40个现代林业重点县共建成1153万亩，占全省的50.23%；建成畜禽标准化养殖小区23354个。为了加快实现农业现代化，同步实现小康目标的要求，2016年四川省启动了新一轮现代农业林业畜牧业重点县建设，正在建设现代农业示范市县21个，现代农业重点县33个；新建现代林业示范县10个，现代林业重点县30个，新建林业产业基地233万亩，累计建成2528万亩；建设现代畜

---

① 资料来源：根据历年《四川农村年鉴》相关数据整理所得，下同，不再一一注明。

牧业重点县 26 个，新改扩建畜禽标准化养殖小区 2025 个，累计建成 25479 个。

6. 农业科技支撑不断提升

自 2010 年四川开展农业科技园区试点建设以来，全省共有国家级农业科技园区 9 个（乐山、广安、雅安、宜宾、南充、自贡、绵阳、遂宁、巴中），省级农业科技园区 93 个，累计建成核心区面积 35.4 万亩，示范区面积 332 万亩，辐射面积 587.4 万亩；园区完成 40 余万平方米的科技开发、技术培训等配套设施建设，拥有内资企业 752 家、外资 5 家、中外合资 5 家。农业科技园区依托 80 余家省内外科研机构和高等院校，深入开展新品种、新技术、新模式和新机制示范，累计引进示范新品种 1666 个、示范推进新技术 819 项，推广应用新模式 265 种，开发新产品 565 个，培训技术人员及农民近 179 余万人，带动园区内茶叶、畜禽、花木、果蔬、中药材、林竹和酿酒等主导产业提质发展。

（二）四川农村现代化曙光初现

1. 农村生活管网不断完善

农村饮用水问题得到初步缓解。"十二五"期间四川省圆满完成农村饮水安全工程，累计建成农村供水工程 8.7 万处，集中供水能力达 288.61 万吨，累计解决 418.11 万农村人口安全饮水问题，建成水质监测中心 179 处，水质保障能力得到有效提升，农村饮水安全工作获得水利部绩效考核"三连优"。2016 年编制完成《四川省农村饮水安全巩固提升工程"十三五"规划》，全省扎实推进圆满完成省委省政府下达的目标任务。截至 2016 年年底，四川省农村集中供水率达 77%，自来水普及率达 67%，均比上年提高 1.5%；水质达标率较上年提升 5.61%，达 59.6%，城镇自来水管网覆盖行政村比例达 36%。

农村低电压问题全面解决。"十二五"以来，全省以农村水电增效扩容、小水电代燃料、水电新农村电气化和农村电网改造四大项目为重要抓手，积极推进"民生水电""平安水电""和谐水电""绿色水电"四个项目的建设，农村电力建设取得显著成效。2015 年全面完成无电地区电力建设通电目标任务，解决 14.03 万户、6238 万人用电问题，无电地区电网建设总体滞后局面得到改善；2016 年，全省农村水电增容改造项目已完工 276 个（全省共需完成 700 余个水电增容改造项目），改造后装机容量达 62.09 万千瓦，年均发电量达 32.69 亿千瓦·时；积极推进农村电网改造升级，全面解决了农村低电压问题，大面积消除了线路对地距离不够、电杆强度不足等安全隐患，降损节能效果显著，农网安全经济运行和农村供电保障能力显著提升。2016 年，农网供电可靠率达 99.76%，综合供电电压合格率达 99.5%，比 2011 年上涨 2 个百分点，农村电网综合线损率降至 6.22%，城乡居民生活用电量由 340.812 亿千瓦·时提高到 392.721 亿千瓦·时。

农民"出行难"问题得到有效缓解。农村公路建设不断完善，农村路网服务能力显著提升。2016 年为落实交通运输部《关于推进"四好农村路"建设》，四川全面启动"四好农村路"建设工作，2016年继续加大投资力度，初步形成了以县城为中心，覆盖乡、村的农村公路网络。全省农村公路总里程达29.7万千米，实现97.6%的乡（镇）通硬化路、99.7%的建制村通公路和95.2%的建制村通硬化路，有效缓解了农民群众"出行难"问题。农村公路养护水平逐步提升，全省95%以上的乡镇建立了交通管理站，除阿坝州外，全省所有县（市区）实现机械化养护中心全覆盖，县（乡）道重要节点超限监测站（点）全覆盖；农村公路列养率达100%，优、良、中等路列养比例达65%。

农村通信工程建设卓有成效。2011年以来，四川持续推进"自然村通电话""行政村通宽带""农村中小学通宽带"工程建设，全省农村信息化水平显著提升。"十二五"期间，全省累计完成17759个行政村通宽带，11833个自然村通电话，实现自然村全部通电话，616个农村中小学通宽带。2016年全省继续沿用"分片包干"形式推进行政村通宽带工程建设，全年完成2500个行政村民生通信工程任务，全省行政村通宽带比例达91%。

环卫设施建设有序推进。"十二五"期间，全省农村环境综合整治工作共安排项目617个，总投资19.9亿元，涉及21个市（州），616个建制村，2464个行政村，受益人口517万。综合整治项目已建成农村生活污水处理设施3260套，处理能力达25.9万吨/日；建设截污网管575.72千米，农村生活垃圾中转站75座，非规模化畜禽粪便综合利用与处置设施30805座。"十三五"期间全省以农村生活垃圾和农村污水治理为工作重点，积极实施农村废弃物处理攻坚行动，2016年全省安排城乡环境综合治理专项资金1.8亿元，在全省10个县的100个村开展生活农村污水处理试点（含3个国家试点），完成1000个行政村的生活垃圾收集设施建设和转运设备配置任务，建立和完善农村生活垃圾"户分类、村收集、镇（乡）运输、县处理"机制，农村生活垃圾得到有效处理，农村生活环境得到有效改善。

2. 社会事业和公共服务业持续发展

农村教育投入力度持续加大。近年来，四川以深化教育改革为突破，以增加投入为保障，以队伍建设为关键，推进农村教育事业更好发展。2016年全省累计建成农村幼儿园9780所，在园幼儿185.85万人，专任教师（含园长）7.08万人；有农村小学5199所，校舍面积2772.1万平方米，在校学生420.19万人，专任教师24.77万人，师生比为1∶16.97；农村初中学校3380所，校舍面积2712.89万平方米，在校学生180.24万人，专任教师15.03万人，师生比为1∶11.99。通过推进县（市、区）域内义务教育学校校长、教师交流轮岗，实现域内教师资源均衡配置；提高农村学校教师补贴占基础性绩效工资的比重、改革中小学教师职称评审制度等措施，鼓励优秀师资向农村流动，推动农村中小学教师队伍建设。

公共文化基础设施提档升级。全省已基本建成以县级公共文化设施为枢纽，乡级公共文化设施为骨干，村级文化公共设施为基础的农村基层公共文化服务体系，共有县级公共图书馆180个，文化馆185个，乡（镇）综合文化站4318个，村文化室 33872 个，建成文化共享工程基层点 5.2 万个，构建了全国战线最长，网点最多的基层文化公共设施网络体系。基层文化人才队伍建设不断加强，乡（镇、街道）党委宣传员、宣传干事和乡（镇）综合文化站专职人员基本配齐，每个乡（镇）综合文化站至少有 1～2 名专职人员。同时积极引导优秀文化人才向农村基层流动，组建文化志愿者协会和团队 200 余支，有文化志愿者 5.3 万余名，形成了专兼结合的基层文化工作队伍。

医疗保障体系不断完善。2016 年年底，全省新型农村合作医疗参合率达 99.69%，人均政府补助标准提高到 420 元；新农合报销政策不断优化，住院费用政策范围内报销比例达 77.15%，实际补偿比例达 65.18%。省内异地就医及时结算全面实现，跨省就医的即时结报也取得了新进展，与陕西、贵州开通了新农合异地就医结算。推动基层落实首诊职责，转变基层医疗卫生服务模式，全省 183 个县（市、区）全面开展家庭医生签约服务，建档立卡贫困人口家庭医生签约率达 100%。

基本民生保障不断加强。2016 年四川将农村低保补助纳入民生工程任务，保障农村低保对象 357 万人，累计月人均补助水平 162 元。将全省符合特困供养条件的 48.6 万人全部纳入供养计划，截至 2016 年年底，全省共有农村特困人员供养服务机构 2686 所，床位 30.5 万张，工作人员 13949 人，集中供养率达 52%。四川通过采取村级主办、政府扶持的方式，充分整合农村闲置资源，新（改）建农村养老服务设施，发展农村居家养老、农村社区养老等多种服务，有效地满足了农村老年人，特别是空巢老人、留守老人在生活、健身、娱乐及精神慰藉等方面的需求。截至 2016 年年底，全省已建成农村幸福院 5070 个、农村社区日间照料中心 1783 个，农村居家养老服务覆盖率达 50%。

3. 生态文明持续提升

农业投入减量增效显著，农业面源污染得到有效治理。四川省围绕"提"（提升耕地质量）、"推"（推广科学施肥技术）、"替"（有机肥替代化肥）、"统"（统防统治）、"防"（绿色防控）、"购"（政府购买植保公共服务）、"准"（精准施药），推进化肥减量增效、农药减量控害，2016 年全省主要农作物化肥利用率增长至 36%，化肥施用量在全国率先实现零增长；主要农作物绿色防控技术覆盖率增长至 25.8%，专业化统防统治覆盖率达 36%，农药利用率达 38.2%，农药施用量实现负增长。

农业废弃物资源化利用水平不断提升。坚持农用为先，深入推进秸秆肥料化、饲料化、能源化利用，通过重点实施秸秆还田、秸秆养畜和秸秆食用菌转化利用等示范工程，全省秸秆综合利用率达 82.6%，成都、德阳、绵阳等重点地区的秸秆综合利用率达 90% 以上。大力推进以农牧结合、种养循环、生态消纳为主的畜禽粪污综合利用模式，努力构建畜禽粪污综合利用产业体系，2016 年全省规模化养殖场畜禽粪便综合利用率达 62%，畜禽养殖场配套建设废弃物处理利用设施比例达 79.4%。

农业资源保护力度加大。以农田生态保护和质量提升为重点，大力开展地力培肥及耕地退化治理示范，重点推广秸秆还田、增施有机肥、种植绿肥、酸化土壤改良等技术，建立耕地保护与提升万亩示范区，项目区秸秆还田率达 95% 以上，减少化肥施用量 10%，增施有机肥，耕地土壤有机质明显提高，土壤理化性质逐步改善，耕地质量有效改善。开展农田保护建设工程，2016 年全省新建成高标准农田 581 万亩，累计建成 3163 万亩。深化水污染治理，加大天然林、草原生态保护和退耕还林力度。2016 年全省地表水质稳中趋好，国家考核断面中优良水质断面比例增长至 72.4%，劣 V 类水质断面比例降至 5.7%，水质恶化得以遏制；草原植被覆盖率达 84.7%，森林覆盖率达 36.2%。

4. 乡村文明建设扎实推进

移风易俗扎实推进。全省各村依据当地实际情况，通过逐户走访、召开村民大会了解民意，编制完善各地村规民俗，内容涵盖人情往来、环境保护、邻里矛盾处理、公共基础设施维护、乡村民间借贷及子女养老等问题，针对失信者建立相应的处罚制约机制。以村规民约为载体，以村规民约墙和宣传手册为途径，改善原有民风村貌。当前，农村的红白喜事"瘦"了下来，邻里矛盾纠纷大大减少，乱堆乱放、乱扔垃圾等不文明现象也有极大的改善，优良的社会风气正在村庄里形成。

三、四川农业农村现代化发展存在的问题

（一）农业现代化问题突出

1. 制度瓶颈制约，要素配合不佳

当农村土地确权颁证完成以后，其他农业生产要素的权益制度跟进滞后，造成要素间的制度适配性低，以至于农业要素边际生产率、边际收益率和规模效益增长率长期停滞或反反复复。

2. 名优特产品多而不精，特而不强

近年来，四川持续做大做强川茶、川药、川果、川猪等特色优势产业，农产品品牌培育成效较为显著，2016 年全省累计培育"三品一标"农产品 5276 个，但都是墙内开花墙内香，能走出四川走向世界的知名品牌几乎没有。以川茶为例，四川作为中国乃至世界种植、制作、饮用茶叶的起源地之一，茶文化源远流长。但目前业界和消费者认同的川茶品牌比较少，全国十大茶叶品牌中川茶只有蒙顶山茶入围，但其知名度和影响力远不如西湖龙井、洞庭湖碧螺春等。"竹叶青""眉山毛峰"等省内知名品牌处于全国"二流"或者在"一、二流"间沉浮。四川省茶叶注册商标多、品牌多，但杂、乱、散的现象十分突出，有较大市场份额的知名品牌欠缺。

3. 一、二、三产业融合仍处于初级发展阶段

农业与工业融合关系不紧密：全省规模以上的农产品加工企业有 3943 家，除少数加工企业重视技术创新外，大多数企业存在创新能力弱、科技投入不足、加工技术落后等问题，这导致四川省初加工产品、低档次产品多，而高附加值的深加工产品比较少，进而导致四川农产品增值能力不足，2016 年全省农产品加工业产值与农业产值之间的比例为 1.69∶1，而全国农产品加工产值与农业产值之间的比例为 2.2∶1。

农业多功能开发层次有限：当前四川省拓展的农业功能多以旅游观光为主，而对于四川独有的巴蜀农耕文化、多民族风情等资源与农业的融合开发明显不足。

农业与互联网融合不深：区域发展的不均衡阻碍了四川省农村电子商务的全面推进，乡镇物流体系不完善、覆盖率低，特别是边远山区居住分散、运输距离长、物流车辆返空率高等问题导致农村物流成本高，制约电子商务进村入户。同时，四川省冷藏物流和品牌识别的高成本制约了农产品的下行发展。

4. 农业产业科技支撑不足

农业产业化是建立在现代高新技术基础上的，技术是农业产业化的生命与活力所在。课题组通过测算发现，2008 年以后，四川省农业科技进步开始振荡下行，课题组通过对衡量技术进步的指标全要素生产率进行测算，结果表明 2008 年以前，技术进步率呈上升趋势，此后开始振荡下行。其中，2012 年开始了新一轮的下行小周期，科技进步率由 0.733 下降至 2015 年的 0.611，技术进步的下降导致产业链增速放缓，两者合力制约了农业产业化发展质量的提升，使得四川省农业产业化发展乏力。

(二) 农村现代化建设滞后

1. 农村环境问题依旧严峻

农村饮用水水源水质保障不足：全省农村饮用水水源水质达标率仅为 81.6%，远远低于 21 个市州所在地集中式饮用水达标率 99.2%；农村环卫基础设施建设滞后，当前，全省已建成乡镇污水处理厂 2010 个，4661 个乡（镇、街道）中 80% 均没有集中污水处理设施，已建成的乡镇污水处理设施普遍没有正常运行，多数乡镇污水管网不配套，乡镇污水处理能力明显不足；尽管四川成为全国首个农村生活垃圾治理验收省份，但是垃圾集中处理站点设施明显不够，偏远贫穷地方甚至是空白，有的地方设施建好但并未有效使用。

农业污染问题不容乐观：四川是农业大省，农业面源污染对水质影响最为严重，全省农业污染负荷占全部污染负荷的比重达 30%～40%，部分地区达 70%。

土壤环境质量堪忧：全省土壤总的超标率为 28.7%，耕地超标率为 34.3%，镉污染超标率为 20.8%，超过全国平均水平；从污染分布情况来看，攀西地区、成都平原、川南地区等区域的土壤污染问题较为突出。

2. 乡村文明建设有待加强

农村婚嫁陋习亟待革除：近年来"天价彩礼"愈演愈烈，彩礼攀比之风盛行，因婚致贫已成为严重的社会问题，这种现象在四川省边少穷等地方尤为突出。虽然政府试行出台了彩礼指标标准，给高额彩礼画红线，但这只是一种引导行为，并非强制措施，难以达到预期效果。

人文环境面临严峻形势：调研中发现，四川省农民的文化娱乐方式单一，都倾向于打麻将，更有甚者，有的村庄黑彩盛行，因赌致贫、债台高筑引发民间借贷纠纷不断，甚者引发自杀、拐卖儿童等社会问题；乡村家族和宗族势力活动猖獗，村霸横行；个别乡村还存在利用封建迷信思想、巫术敛财骗钱现象，邪教和非法活动泛滥，严重损害乡村精神文明。

生活习惯急需纠正：调研中发现，部分乡镇农民随地吐痰、小孩随地大小便、乱扔垃圾的情况比较严重，由于村上的垃圾收集点较远，农户就把垃圾扔在房前屋后或是路边。

3. 农村公共产品严重不足

农村教育资源缺失且不均，城乡之间、区域之间教育发展水平、师资队伍状况、办学条件差距较大，民族地区教育总发展水平仍然偏低。2016年农村小学设施设备配置仅为城市的65.7%，小学、初中配备的本科以上的师资比例分别比城市低11.7%、6.2%；农村医疗卫生发展滞后，医疗卫生人才匮乏，少数民族地区尤为严重。以凉山州为例，每千人口卫技人员、执业（助理）医师、注册护士、专业公卫人员仅占全省平均水平的61.83%、55.86%、62.96%和38.1%；城乡社会保障差距较大，如农民在新农合政策范围内药物报销仅三四百种，城镇职工却多达两千种，80%农民养老金选择的是100元/月，而城镇职工是2200元/月。

（三）农业现代化单兵突进，农村现代化裹足不前

在农业现代化过程中，农田水利、现代产业园区、基地、高标准农田等农业生产基础设施水平明显高于水电气讯、环卫设施、文化、医疗等公共服务设施建设；农业现代化在实现农业生产高效率的过程中与农村生态文明发生冲突，农药化肥的减控措施虽有成效，但前期污染遗留问题仍比较突出，大棚农业的突起加剧了四川省农田"白色污染"；农业产业化、规模化生产，使四川省农村劳动力就业形势发生了巨大变化，剩余劳动力主要流入传统大中城市，对农村城镇化、工业化人才需求造成釜底抽薪之势，农村留守人群文化认同感弱，难以找到心理归属和精神皈依。

四、四川农业农村现代化发展的对策

（一）推进农业农村产业更好发展

1. 继续探索制度创新，持续释放制度红利

过去我们主要着眼于土地要素流动的体制机制创新，忽略了农业全要素流动的体制机制创新，形成"单兵突进"，缺乏与全要素流动相匹配的体制机制。今后一段时间要着力完善农业发明专利保护制度，着力构建农业新技术的有偿引进、使用管理制度，着力落实省委省政府的人才引进制度，着力创新包括土地在内的农业全要素合理流动的市场制度，让制度创新与科技进步共同推动四川省农业全要素生产力的大幅提升。

2. 强化科技创新驱动，增强产业化发展后劲

必须集中科技人才，加大科技投入，尽快取得突破性进展。通过整合科研院所、高等院校等科技资源，组建技术创新团队，打造科技创新平台，加快农业科技创新体系建设，建议由省农业厅、农科院、四川农业大学联合编制四川省畜农良种研发规划和农地轮耕休耕办法。

3. 做优做强名优特产品，提高农业核心竞争力

在保持优势特色产业发展规模只增不减的情况下，在产品优质上大做文章，做到原料优质、生产工艺优质，由政府牵头指导龙头企业推进生产基地建设，实现原料标准化生产，优化生产工艺，严控生产流程，充分挖掘产品的历史、文化、工艺等价值，在此基础上讲好品牌故事、写好品牌剧本、演好优特高效大戏，真正做到人无我有，人有我精，人精我超。

4. 大力发展农产品加工业，延长产业链

坚持依托农业、立足农村、惠及农民的方针，鼓励新型经营主体推进农业内外联动，延伸产业链、打造供应链、提升价值链，把现代产业发展理念和组织方式引入农业，推动农业产前、产中、产后一体化发展；鼓励种养企业和优势、特色农产品产区积极发展农业生产资料供给、技术与市场信息咨询、农产品产地初加工和农村特色加工业，推进农业发展方式转变。

5. 充分挖掘农业功能，培育新型业态

全力发展休闲农业，打造形式多样、特色鲜明的农家乐、休闲农庄、休闲农业园区等乡村旅游休闲产品，强化休闲农业和乡村旅游标准化、品牌化、网络化试点示范。推进"文化＋农业"，大力发展创意农业，依托四川省独有的巴蜀农耕文化、蜀绣、扎染等民间手工艺、多民族风情等资源，打造历史、地域、民族和文化特色鲜明的特色旅游村镇；因地制宜发展农田艺术景观、农业主体公园。

继续实施"互联网＋"现代农业行动计划，大力发展农村电子商务，借助于互联网龙头企业，强化电子商务进村综合示范政策扶持，引导知名电子商务企业打造农产品电子商务平台，鼓励建设省级云计算和大数据平台、市级农产品实体体验店、县级电商服务运营中心和村级电商服务站；探索搭建电商产业园，引导新型农业经营主体发展农产品电商，鼓励发展农业生产资料网上直销。

6. 积极探索智慧农业，大力推广物联网技术

首先，四川可以借助于大数据，通过建立多层次农业物联网公共服务平台来指导大规模生产，大力发展精准农业，加快四川由农业大省向农业强省的转变。其次，加大农产品冷链物流体系建设，除了加大冷库建设力度外，还要着力突破全程冷链技术，着重解决"最后一公里"难题。

（二）加大农村现代化建设力度

1. 以农村生态环境保护制度为基础，推动农村生态文明建设

让"绿水青山就是金山银山"变为绿色农业的行动指南。进一步完善"河长制"，治理河流污染；借鉴"河长制"试点推动"寨主制"，防止滥砍滥伐，使事有人做、责有人负、益有人享。

2. 以绿色发展为保障，支撑农村生态文明建设

实现农业生产资料的绿色化，严格制定农资质量安全标准；实现农业生产技术的绿色化，继续推广科学施肥、防虫防控等绿色技术，提高化肥利用率，减少农药使用量；实现农业废弃物资源化，秸秆肥料化、饲料化、能源化利用；大力推广以农牧结合、种养循环、生态消纳、沼气处理为主的畜禽养殖污染利用模式；逐步开展易降解塑料的示范推广和塑料薄膜代替品的应用，加快建立废旧农膜回收体系，减少"白色污染"；坚持点面结合，推进耕地重金属污染治理，在重点典型地区开展产地土壤污染源监测和以农耕、农艺措施为主的防控效果试验，强化农业面源污染防治。

3. 以人居环境治理为抓手，提升农村生态文明建设

继续贯彻落实《农村人居环境整治三年行动方案》，突出抓好农村垃圾治理、污水治理和厕所改造"三大革命"。加大乡村环境综合治理专项资金投入，尽快完成全省行政村的生活垃圾收集设施建设和转运设备配置，建立和完善农村生活垃圾"户分类、村收集、镇运输、县处理"机制，实现对生活垃圾的有效治理；稳步推进农村生活污水治理，加快乡镇集中污水处理场站的建设，完善乡村污水管网配套；分类确定排放标准，严格制定奖惩制度。

4. 大力倡导文明新风，推进移风易俗工作

政府要出台系列实施细则，村镇两委要负起主体责任，在充分调研的基础上，指导各村因地制宜制定《遏制婚丧事宜高额礼金和铺张浪费之风的实施细则》等系

列移风易俗准则；善于利用各方力量，因地制宜汇聚各方智慧，激活民间组织的主动性和积极性。除大力发展红白理事会等民间组织外，还可以借助于乡贤的力量，开展移风易俗工作，将这部分人组织起来成立乡贤会，发挥示范引领作用。

5. 以文化活动为载体，掀起新生活运动

针对部分地区存在的封建迷信、黄赌毒等陋习，依托"村村通、乡镇综合文化站、农家书屋"等文化惠民工程，开展农村文化艺术节、乡村坝坝宴、农民读书节和广场舞等群众喜欢的文体活动，引导农民戒掉赌博等陋习，养成文明健康的生活习惯。依据当地实际情况完善村规民俗，内容尽可能地涵盖人情往来、环境保护、邻里矛盾处理、公共基础设施维护、民间借贷和子女养老等多方面的内容，针对失信、失言、失当行为建立相应的惩罚机制，促进村民举止文明。

（三）强化政府引导，推进农业农村融合发展

第一，由省政府出台农业农村融合发展政策，对农业、农村现代化此消彼长相互抵触的方面加以制约，引导二者兼融并包、互促互进，比如出台农业、农村谁污染谁治理条例。

第二，财政支农资金在农业农村两个领域要明确切块分配，不能相互挤占。

第三，支持农业青壮年剩余劳动力就地转化为农村城镇化、工业化人才，为此，政府要为这些人设立再就业教育培训基金。

（四川省统计局　四川师范大学）

四川农村产业振兴研究

产业兴旺是乡村振兴的根本和重点。优化农业结构、延长农业产业链、提升农业竞争力，发展农村新产业、新业态，培育农村发展新动能，促进农村一、二、三产业融合发展，是繁荣农村经济、增加农民收入、实现农业现代化、实现乡村振兴的根本出路和重要举措。本文针对四川农村产业发展中存在的问题和困难，提出推进四川农村产业融合、促进农村产业振兴的建议和思路。

一、四川农村产业发展现状

（一）农业生产稳步发展

一是农业经济总量进一步扩大。四川农、林、牧、渔业增加值从2012年的3297.2亿元增至2017年的4369.2亿元，年均增长4.0%。

二是内部结构优化调整。从产业内部结构看，农业占农、林、牧、渔业的比重从2012年的58.1%增至2017年的64.6%，林业比重从2012年的3.2%增至2017年的3.5%，渔业比重从2012年的3.1%增至2017年的3.3%，农、林、牧、渔服务业比重从2012年的1.6%增至2017年的2.0%，而畜牧业比重则从2012年的34.0%降至2017年的26.6%（见表1）。

表1 2012—2017年四川农、林、牧、渔业增加值变化情况

单位：亿元

年份	2012	2013	2014	2015	2016	2017
农林牧渔业增加值	3297.2	3425.6	3594.2	3745.3	4000.2	4369.2
农业	1915.5	2011.5	2130.4	2296.7	2390.7	2823.6
林业	104.1	123.3	134.7	131.7	139.7	152.7
牧业	1122.4	1121.3	1144.3	1121.9	1258.7	1162.0
渔业	103.8	112.5	121.6	127.0	134.9	144.5
服务业	51.3	56.9	63.1	68.0	76.1	86.4

数据来源：四川省统计局《农业经济再上台阶　农村发展活力增强——党的十八大以来四川经济社会发展成就系列之二》（统计报告［2017］第071期）、《2017年全省"三农"超额完成年度目标任务——2017年四川农业农村经济运行形势分析》（统计分析［2018］第006期）。

三是特色效益农业较快发展。2012—2017 年，油料、蔬菜、中草药材、水果、茶叶等特色效益农业产量的增长幅度均高于全国平均水平。此外，马铃薯、蚕桑等优势特色效益农业的种植面积和产量以及白酒、畜禽、泡菜等优势农产加工品产销居全国前列。

表 2　2012—2017 年四川特色效益农业发展情况

单位：万吨

年份	2012	2013	2014	2015	2016	2017
油料	286.6	290.4	300.8	307.6	313.8	323.5
蔬菜	3764.7	3910.7	4069.3	4240.8	4388.6	4513.4
中草药材	41.3	40.4	42.3	43.9	45.9	50.5
水果	821.6	840.1	884.5	934.2	979.2	1023.2
茶叶	20.9	22.0	23.4	24.8	26.8	28.3

数据来源：四川省统计局《农业经济再上台阶　农村发展活力增强——党的十八大以来四川经济社会发展成就系列之二》(统计报告［2017］第 071 期)、《2017 年全省"三农"超额完成年度目标任务——2017 年四川农业农村经济运行形势分析》(统计分析［2018］第 006 期)。

(二) 要素聚集趋势向好

一是土地流转加速。四川在全国率先提出以放活土地经营权为重点的新时期农村改革主攻方向。截至 2017 年年底，四川全省农村土地确权登记率达 92.9％，家庭承包耕地流转总面积的 2136.4 万亩，占全省耕地总面积的 36.7％。其中，四川流转土地以出租和转包为主，出租和转包面积分别为 1070.5 万亩和 665.5 万亩，占流转总面积的 50.1％和 31.2％，其余流转土地方式为股份合作、转让和互换，土地股份合作发展速度较快，2017 年同比增长 12.3％；流转土地去向以农户为主，2017 年流向农户的土地面积超过 952 万亩；流向合作社的面积为 494.6 万亩，同比增长 17.5％，增速最快。[①]

二是资金保障趋好。四川不断创新农业农村投入方式，通过成立农业担保机构、设立农业产业发展投资引导基金、支持农民合作社开展资产收益扶贫试点等方式，吸引金融和社会资本更多地投向农业。2018 年，成都首批乡村振兴重大项目中，财政投资项目额仅为 707.2 亿元，占总投资的 19.7％；而社会投资额高达 1967.9 亿元，占总投资的 54.8％。[②] 眉山市设立专项资金支持农业产业园区发展，每年安排不少于 1 亿元财政资金，整合涉农项目资金 12.3 亿元，引进业主投入 52 亿元。广元市通过搭建农业园区创业平台，吸引 1200 多名农民工返乡市民下乡创业，携资 13 亿多元投入园区融合发展；还通过创新财政支农资金投入方式和"政

---

① 四川农村土地"三权分置"基本形成　流转超过 2100 万亩［EB/OL］. 央广网，2018－01－29.
② 四川成都集中开工 128 个乡村振兴项目［N］. 四川日报，2018－03－30.

银保"合作模式，建立财政投入与涉农信贷、农业保险联动机制，撬动各类资金投入园区 31 亿元。例如江油市 2016 年投入涉农资金 6.7 亿元，占当年全市财政总支出 18.2%，其中现代农业产业综合示范园区投入资金 2.9 亿元；同时建立总额 3000 万元的财政风险担保基金，开展农村流转土地收益保证贷款和农村产权抵押贷款 250 笔、总金额 8660 万元。[①]

（三）产业基地扎实推进

截至 2016 年年底，全省已推进三轮现代农业畜牧业重点县建设，建成国家级现代农（林）业园区 33 个、省级现代农（林）业园区 55 个、现代农业万亩亿元示范区 1100 个、粮经复合现代农业产业基地 1000 余万亩、现代林业产业基地 2500 余万亩。四川基本形成以成都、眉山为重点的川西 600 万亩"稻菜"轮作产业带，以雅安、乐山、宜宾等为重点的川西南 300 万亩名优绿茶产业带，以广西、绵阳、德阳为重点的龙门山脉 60 万亩优质猕猴桃产业带，川中 100 万余亩柠檬、攀西 50 万亩芒果、会理 30 万亩石榴、盐源 30 万亩苹果等特色产业集中区。

（四）产业化组织不断壮大

一是新型经营主体发展迅速。2012—2016 年，四川农业龙头企业由 8506 家增至 8873 家；农民专合组织由 3.24 万个增至 7.4 万个；家庭农场由 0.6 万个增至 3.4 万个。据四川省农业厅初步统计，2017 年年底，全省龙头企业、农民合作社、家庭农场分别增至 1 万家、8.8 万家、4.4 万家以上。[②]

二是产业化组织带动能力有所增强。2012—2016 年，四川产业化组织带动农户数由 1240 万户增至 2008 万户，产业化组织带动面由 62% 增加到 65%，助农人均增收由 1258 元增加至 2015 年的 1897 元。例如：2016 年江油市各类农村新型经营主体带动农户 7.5 万户、产业基地 32 万亩，实现商品创收 15 亿元、户均增收 1 万元；2016 年平昌县培育农业龙头企业 67 家，发展专合社 129 个、家庭农场 218 个，实现加工产值 4.65 亿元；农民年人均纯收入新增 1200 元以上，辐射带动全县 46 个贫困村 1.83 万贫困人口实现脱贫。[③]

三是产业化合作经营模式持续创新。经过多年的实践，四川各地区根据实际情况探索出"公司＋农户""公司＋基地＋农户""公司＋合作组织＋农户""公司＋合作组织＋基地＋农户""公司＋农户＋村委会""公司＋合作组织＋超市＋农户""公司＋家庭农场＋合作社＋政府""科研院所＋公司＋基地＋农户"等多种农业产业化合作经营模式，强化新型经营主体和农民的利益联结，让农民既有农民的身

———————————

① 四川省现代农业产业融合示范园区暨粮食生产功能区和重要农产品生产保护区建设现场会交流材料，2017 年 8 月。

② 四川：发力供给侧　擦亮农业大省金字招牌 [N]. 四川日报，2018-01-15.

③ 四川省现代农业产业融合示范园区暨粮食生产功能区和重要农产品生产保护区建设现场会交流材料，2017 年 8 月。

份，又有股东、工人或服务人员的身份；既有种养生产环节的收益，又有加工销售环节的收益；既有土地流转租金收益、土地入股分红，又有劳务收入收益，从而实现了农民持续增收，实现了农民身份及收益渠道的多元化。例如，德阳明润农业采用"公司＋加盟商＋基地＋农户"的经营模式，根据加盟商或农户的具体情况，为他们量身定做合适的种植品种、种植规模，全程提供技术服务，产品统一回收，以"百菇鲜"品牌统一销售，带动农户共同致富。到 2016 年年末，眉山市培育农业产业化龙头企业 230 个，农民合作社、家庭农场、专业大户 1223 个，发展电商平台和电商经营主体 216 个。2016 年广元市培育各类新型农村经营主体 5256 个，助推3.5 万户贫困群众脱贫。到 2016 年末，江油市以"名师带徒"新模式培育新型职业农民 856 人，龙头企业 55 家、年经营销售收入达 32 亿元，家庭农场 435 个，农民专业合作社 431 个。①

（五）产业竞争力有所提升

一是技术创新助推农产品品质改善。许多农村新型经营主体运用先进技术提升生产效率，运用生态循环农业科技，推广种养循环、立体农业、轮种间作、节水节肥节药、废物综合利用等多种生态循环农业模式，推动绿色农业、生态农业发展，促进农产品品质改善，提升农产品竞争力。例如江油市发展"猪—沼—菜（果、粮油）"50 万亩，"稻—鸭""稻—渔"等稻田综合种养 3 万亩，林菌、林药、林花、林禽等复合经济 2 万亩。德阳市明润农业已建成一条年产 2000 吨珍稀食用菌智能化生产线，以及一个秸秆综合处理中心；凭借在国内处于领先地位的食用菌工厂化全自动生产线和菌渣循环利用技术，生产的羊肚菌、猪肚菇、鸡㙡菌、鲍鱼菇、黑木耳、黄花菜、芦笋等各类农产品，真正实现了"绿色、有机"，并取得农产品有机认证。德阳原野有机牧场将牛粪经沼气处理后用于发电和燃料供给，并用沼液浇灌牧草、沼渣培养蚯蚓土，再用蚯蚓土种植牧草，实现了种养循环，生产的鲜乳获得"中国有机产品"认证。德阳市旌阳区嘉佳种养专业合作社将生猪养殖与黄花种植结合，形成"猪—沼—黄花菜"农业生态循环模式。

二是农产品质量安全水平提高。四川率先在全国建成省级农产品质量安全追溯管理信息平台，农产品监测合格率稳定在 97％以上。

三是产品品牌竞争力增强。截至 2017 年年底，全省累计有效期内的"三品一标"农产品达到 5467 个，稳居全国前列，蒙顶山茶跻身中国茶叶区域十大公用品牌，天府浓茶、四川泡菜、郫县豆瓣等品牌影响力日益增强。

（六）三产融合快速推进

一是三产融合基地建设成效显著。四川省将农业融合示范园区建设作为改革载

---

① 四川省现代农业产业融合示范园区暨粮食生产功能区和重要农产品生产保护区建设现场会交流材料，2017 年 8 月。

体和平台，截至 2017 年年底，已创建 230 个现代农业产业融合示范园区、中国泡菜城等 3 个国家现代农业产业园。眉山市打造晚熟柑橘、优质奶产品、优质枇杷、名优水产繁育、高端设施葡萄五大农产品基地，提高农业供给质量。眉山市成功推进柑橘产业 100 公里走廊、100 万亩基地、100 亿元产值"三百工程"；建设 4 条跨区域产业带，柑橘面积达到 91 万亩，其中晚熟柑橘 48 万亩；建成柑橘初加工设施 182 个，成为"全国晚熟柑橘优势区"。眉山市以仁寿县为中心，发展集种植、采摘、旅游观光于一体的枇杷基地 20 万亩，开发枇杷深加工新产品，建成"中国枇杷之乡"，"福仁缘"枇杷汁销量全国第一。以东坡区为中心，建成水产种苗标准化繁育基地 12 个、休闲渔业基地 14 个，年鱼种繁育量达 100 亿尾，成为中国西部名优水产种苗生产基地。以洪雅县为中心，建成标准化奶牛饲养场 12 个，引进发展蒙牛、新希望、菊乐等龙头企业，乳制品年产量达 30 万吨，奶牛存栏量、奶产量居全省第一；以彭山区为中心，推广美人指、紫地球、巨玫瑰等高端品种和棚栽避雨、智能控制、物联网生产等先进技术，建成设施葡萄基地 6 万亩，获得国家地理标志保护产品称号，70% 以上进入高端消费市场。[①]

二是农产品加工业优势突出。四川农产品加工业是四川优势产业之一。2017年，酒、饮料和精制茶制造业增加值占规模以上工业增加值的 7.4%，对规模以上工业增长的贡献率为 11.8%；农副食品加工业增加值占规模以上工业增加值的5.7%，对规模以上工业增长的贡献率为 5.4%。针对农产品加工、储藏、运输中的难题，各地引入冷藏保鲜、清洗分级线、烘干设备、冻干设备、打粉制粒生产线、包装线等设施。例如江油市到 2016 年年末建成保鲜冷藏库 257 座、冷藏能力达到 2.23 万吨，烘干房 71 座、烘干能力达到 1200 吨，基本实现园区 20% 的农产品错峰销售。

三是观光农业、休闲农业、康养农业等新业态新经济亮点频现。截至 2017 年，全省共创建全国休闲农业和乡村旅游示范市县 19 个，建成农业主题公园 440 个、美丽休闲乡村 1400 个，认定省级示范休闲农庄 300 个、农业主题公园 80 个。2017年，休闲农业与乡村旅游综合经营性收入 1320 亿元，占全国的 1/5，带动 1290 万农民就业，助力全省农民人均增收 94 元。

二、四川农村产业发展中存在的问题

（一）产业综合竞争力还需增强

一是农产品加工业发展总体水平较低。四川是农业大省，但除酒业外，四川农产品多为中端或中低端产品，农副产品制造业、食品加工业等产业市场占有率不

---

① 四川省现代农业产业融合示范园区暨粮食生产功能区和重要农产品生产保护区建设现场会交流材料，2017 年 8 月。

高。目前，全省农产品加工业与农业产值比为 1.8∶1，低于全国 2.2∶1 的平均水平，也远低于农产品加工业产业规模排名全国第一的山东省，其比值为 3.75∶1。[①]国外发达国家农产品加工率普遍达 80% 以上，而四川仅为 50% 左右。

二是休闲农业等业态同构化现象突出。目前，四川休闲农业基本以果蔬采摘为主，发展模式和服务功能单一，经营方式雷同，同质同构现象比较突出，不能满足市场多元化、高端化消费需求。

三是龙头企业和四川制造品牌竞争力较弱。川酒、川猪、川茶、川果、川药、川竹等品质都较好，但品牌知名度不高、竞争力不强、市场占有率较低。从川酒看，2017 年四川最大的白酒企业五粮液主营业务收入 301.9 亿元，仅相当于贵州茅台主营业务收入的 51.9%；从川猪看，中国冷鲜肉十大品牌中，四川高金居第 9 位，火腿肠十大品牌中，四川美好居第 3 位；从川茶看，《2017 年中国茶叶区域公用品牌价值排行榜》显示，四川蒙顶山茶居全国第 9 位；从川果看，《2016 中国果品区域公用品牌价值榜》显示，四川安岳柠檬居全国第 14 位。

四是现代农业区域发展不平衡。受地理区位、地形地貌、资源环境等因素的影响，四川现代农业产业基地、新型经营主体发展主要集中在平原地区，而丘陵、山区、高原发展不足。

（二）生产要素集聚动力仍不够强劲

一是土地使用约束不容忽视。调研发现，在土地方面主要存在以下几个问题：（1）土地成本高。四川丘陵、山地和高原面积占全省辖区面积的 95%，近 60% 的耕地集中在丘区，耕地面积小且较为分散，同时，有些农民改变土地用途，推高了土地流转价格，使得生产经营成本较高。（2）土地租期不稳定。例如，德阳原野有机牧场的土地租期只余 8 年，由于存在农民坐地起价或收回土地的毁约风险，企业不敢大量投入资金，影响企业持续发展。（3）建设用地指标受限。《国土资源部、农业部关于进一步支持设施农业健康发展的通知》（国土资发〔2014〕127 号）规定，对设施农业用地按农用地管理，对附属设施和配套设施用地规模进行合理控制，其中，进行工厂化作物栽培的，附属设施用地规模原则上控制在项目用地规模的 5% 以内；规模化畜禽养殖和水产养殖的附属设施用地规模原则上控制在项目用地规模的 7% 以内。德阳原野有机牧场、明润农业、昊阳农业等龙头企业普遍反映其生产经营和办公用房建设比例仅占 6% 左右，远不能满足企业发展需求。

二是融资难问题依旧突出。农业产业化组织资金投入大、回收周期长。由于流转的土地不能作为贷款抵押物，同时，由于农村征信体系、担保体系、金融体系等仍不完善，金融机构基于风险考虑惜贷现象仍然较为突出，融资难仍是大多数经营主体发展的主要制约因素。例如德阳原野有机牧场自 2014 年成立公司以来，截至 2017 年年末累计投入资金 1200 万元，仅获得 280 万元政策扶持贷款，由于农业投

① 推动农产品加工业高质量发展 四川亮"三板斧"助力乡村振兴［N］. 四川日报，2018-04-17.

入见效缓慢，公司2014—2016年持续亏损，直到2017年才实现38万元微利，该公司的资金主要依靠大股东从其投资的工业企业中赚取的利润支撑。

三是新型农业生产经营人才严重缺乏。一方面，随着城镇化和工业化进程的不断推进，农村劳动力大量外流，妇女与老人成为农业生产的主力，农村劳动力老龄化、低素质化现象突出，即使农民工回流，也是回流至大城市，而非农村。另一方面，由于农村生活环境、生活质量、公共服务相对较差，同时，农业市场风险、自然风险大，农业经营性、财产性收入低，对人才的吸引力不足，造成了职业农民、技术人才、管理人才的严重缺乏。

（三）新型经营主体带动力尚显薄弱

一是新型农业经营主体仍然缺乏。第三次全国农业普查结果显示，2016年四川以农业生产经营或服务为主的农民合作社仅有3.7万个，仅占在工商注册的农民合作社的48.9%，新型经营主体依然较为缺乏，农业经营规模户和经营单位偏少。

二是新型农业经营主体与农户的利益联结机制缺乏稳定性。在各类新型经营主体中，龙头企业对农户的带动力最强，但企业和农户间利益联结关系松散、合作方式简单、稳定性较差现象仍比较普遍。此外，新型经营主体与农户间"有组织无合作"、部分合作社和家庭农场"空壳化"问题、农户违约风险等问题仍较为突出。例如，在订单农业经营模式中农户违约行为普遍存在，一旦外部市场价格高于产业组织的价格时，很多农民会倾向违约并把产品交售给其他市场个体。

（四）先进技术开发应用不足

一是科技支撑能力不能满足农业发展需求。目前四川省农业科技支撑能力虽然得到了较大发展，但仍然不能较好地满足农业发展的需求，主要表现在现阶段四川省农业科技成果虽多，但成果的质量和结构都存在问题。质量问题主要表现在一般性成果多，而增长、增收效果十分显著，有突破性的成果却不多。结构问题主要是农作物成果多、畜牧业成果少；粮食作物类成果多、经济作物类成果少；生产类成果多、加工类成果少。

二是农业机械化水平待提高。受四川地理环境的影响，四川农业机械化生产水平长期滞后，对适应四川地理条件的农机、加工等设施设备的研发不足。2016年，四川有农业设施131.6万个，较上年增加了3.1万个，增长2.4%。但设施占地面积和设施实际使用面积仅分别增长了0.6%和0.7%。

三是绿色生产技术应用有限。农业废弃物资源转化利用率低，农用塑料薄膜回收不完全、农药有效利用率不足40%，秸秆、畜禽污染物等废弃物的处理手段还比较有限。

（五）社会化服务发展水平低

一是信息化服务建设滞后。前沿科技、市场供求、病虫害及气象预报等信息对农业的产业化发展至关重要，但由于部门、行业之间信息沟通渠道不畅，农业信息化人才短缺，农村网络基础设施建设滞后，使农产品信息市场发展滞后，信息咨询、信息服务等不能满足农户的需求，农产品滞销等现象较为突出。

二是全生产链社会化服务缺乏。从前期播种、中期管理，到后期收获和销售，农业生产全产业链需要大量的社会化服务。但目前代耕代收、农技推广、农机作业、烘干储藏、产品营销等各项专业的社会化服务均较为缺乏。

（六）政策支持引导尚待完善

一是基础设施建设相对薄弱。农村产业融合发展，需要互联互通的基础设施和高效的公共服务。但四川省许多农村地区供水、供电、供气条件差，道路、网络通信、仓储物流设施落后，涉农公共服务供给不足。龙头企业通常在县城或场镇等交通便利的地方选址，但部分家庭农场或专业合作社地处乡村，生产生活必需的基础设施较差。例如，德阳市旌阳区嘉佳种养专业合作社属于家庭农场模式，养殖生猪200头左右，种植黄花40亩，其所处的村庄没有通车的道路和供电设施，该合作社花费了30万元自建了一条3千米长、2.3米宽的公路，同时还花费了10万元接入供电线路，落后的基础设施及公共服务加大了经营成本，一定程度上阻碍了合作社的发展。该合作社2015年投资8万元购买西南大学早熟黄花专利和种苗，直到2017年才培植出分株种苗和鲜黄花，收回投资。

二是科技创新激励机制不健全。农业技术具有易模仿、难保护的特征，使部分农业技术创新难以进行认定和评估，也使得政府的相关补贴和奖励措施不到位和不足，同时，农业科技成果转化的利益分配和利益保障机制不健全，在一定程度上影响了科技创新主体的积极性，阻碍了农业技术的创新和发展。

（七）农产品供给侧与消费侧衔接不畅

四川农产品供给与消费存在脱节现象，有的地方农产品在丰收年也不能及时进入消费市场，供需不匹配、丰收伤农现象时有发生。比如，2017年甘孜、阿坝的苹果和攀枝花的西红柿，2018年凉山的洋葱，获得大丰收的同时也出现了大滞销，大量农产品烂在地里，大批农民丰收不增收，甚至出现丰收年减收的情况，既影响了农业产业发展，也影响了农民群众的生活。

三、推进四川农村产业振兴的几点建议

四川是传统农业大省，要实现四川农村产业振兴，就要立足四川省情，以保障农产品供给、提高农民生活水平、实现乡村振兴为目标，坚持以农为本、改革创新、绿色发展、融合发展的原则，优化农业结构，发展现代农业，大力发展新产业新业态，打造高水平的农产品电子商务平台，促进农村一、二、三产业融合发展，构建有四川特色的农村产业体系，实现四川农村产业兴旺。

（一）深化农村土地制度改革，保障农村产业发展需要

继续深化农村土地制度改革，通过农村宅基地制度改革、完善农村土地流转制度、土地整理等途径，解决农村新型经营主体的合理用地需求。一是参照工业企业招商引资政策，对经营主体实行低地租优惠，凭借租赁凭据，政府给予经营主体土地补贴，降低经营主体的土地成本。二是对农村产业发展项目建设用地给予倾斜，增加生产经营和办公用房等相关建设用地指标，同时进一步完善设施农用地政策和管理办法，适当提高设施农用地规模，切实保障各经营主体合理用地需要。三是延长土地转包期限，同时完善租赁农地风险防范机制，规范土地租赁合同，明确各方违约责任，保障农户和各经营主体的合法权益。

（二）加强基础设施建设，提高农业综合生产能力

一是继续加强农村土地整治和农田水利基础设施建设，改造提升中低产田，全力推进高标准农田建设。二是加快推进农业机械化，特别是要研发和推广适合四川地理环境的农机产品和设备，发展农机专合社。三是加快完善农产品流通配套服务设施，加快建设农业物联网等信息化基础设施建设，减少农业科技创新、成果转化、农技推广、农民培训与农业生产等环节的信息不对称现象。四是加快完善农村水、电、路、通信、网络等基础设施，加快完善休闲农业和乡村旅游停车场、游客接待中心等配套设施。

（三）加大财税金融支持，破解产业发展资金难题

一是对新型经营主体加大税收优惠，特别是对从事涉农电商、休闲农业、智慧农业、生物农业、设施农业、创意农业等新业态新模式的企业和农村创新创业的小微企业要加大优惠力度。二是进一步加大对农村农业的财政投入，加大对新型经营主体的生产、研发等方面的奖励和补贴，通过设立农村产业融合发展投资基金，带动社会资本投向农村产业领域。三是进一步发展农村金融，建议探索研究允许土地承包经营权进行贷款抵押的相关政策，完善农业信贷担保体系、农业政策性保险体系，建立农业风险投资基金，解决农村融资难、融资贵的问题。四是各地区要根据实际情况，因地制宜，制定适合各地区发展的惠农政策，特别是山区、高原等发展农业规模经营较为困难的地区，要加大财政转移支付力度，把农村产业发展政策与扶贫政策结合起来。

（四）强化人才科技支撑，夯实农村产业发展基础

在科技支撑方面，一是要鼓励农业科技创新，特别是要鼓励农业科研院所与各经营主体加强联系，研究满足市场需求的农产品，加大成果转化率。二是完善农业科技创新激励机制，加大科技创新支持力度，对易模仿的农业生产技术，可采用政府购买技术的手段来补偿技术创新，也可按照推广面积，以奖代补。三是建立健全农业科技创新成果转化的利益分配和保障机制，破除科技创新成果转化的机制体制障碍，激发科技创新主体的创新活力，根据农业科技成果转化的特殊性，研究出台

农业科技成果转化的特殊政策和专门条例。

在人才支撑方面，一是要培育新型职业农民，进一步完善农村生产经营人才的培育政策和扶持政策，加强农村职业教育，鼓励大中专毕业生到农村创业，想方设法留住年轻人，吸引年轻人务农，同时使留守老人和妇女转型成为职业农民，培育高素质、高收入、受尊重的"绿领"阶层。二是以新思路建设新时期新型乡村基层管理队伍，创新体制机制，引导鼓励大学毕业生到基层工作、退休干部和知识分子告老还乡，推进多种形式的挂职和志愿者服务，综合发挥基层党组织、农村社区、新时代新乡贤的作用，形成多元多层新型农村基层管理队伍。三是发展农业科技研发与推广队伍，将农业新技术、新成果应用于现代农业发展。

（五）培育新型经营主体，打造紧密的利益联结机制

一是重点培育一批技术含量高、竞争力强、带动力强的农业现代化龙头企业，发挥企业家整合资源优势，加快建立完善农产品质量、安全、生产等标准体系，带动农户提高生产标准，提升产品品质。二是积极培育专合社、家庭农场等多种形式的新型农业经营主体，组织农民进行专业化生产、规模化经营，提高对农户的带动力。三是在大力发展订单农业的同时增加股份合作等紧密型利益联结机制，强化利益联结，稳定土地流转关系，减少农民违约风险，打造企业与农民风险共担、互利共赢的利益联结机制。四是强化企业社会责任，将其对农民的带动力与政策扶持力度挂钩，引导和激励企业发展带动力强、社会效益高的新业态。

（六）发展农业社会化服务，满足全产业链发展需求

大力开展农技推广、农机作业、抗旱排涝、产品营销、农资配送、信息服务等各项生产性服务，完善从耕种、田间管理到机械化收获、农产品运输等专业化、标准化、全程化的社会化服务功能，满足经营主体全产业链社会化服务需求；同时也为分散经营的农户提供更优质的服务，预留足够的发展空间。

（七）鼓励新业态新模式发展，培育产业振兴新动能

一是大力发展休闲农业、乡村旅游、森林康养、创意农业、农村电商、农业服务超市等新产业新业态，将乡村旅游、森林康养打造成四川全域旅游的特色品牌。二是做大做强做优川茶、川竹、川菜、川猪、川药等优势农业，打造地域品牌。以制定标准、降低农残、提升品质、控制播种面积、增强文化底蕴为抓手，促进川茶产业提档升级。以绿色生态、创意设计、拓展应用领域为指引，促进竹文化、竹旅游与竹工业的融合发展。

（八）打造高水平农产品电子商务平台，有效连通农业供给侧与消费侧

政府要高度重视农业供给与消费的有效衔接，花大力气打通农业供给侧与消费侧的连接通道，使之成为四川农业发展和乡村振兴的重要抓手。建议由政府主导，加强与知名商务企业的协商谈判，引进社会资本和全国知名电子商务品牌，政府适当补贴，集中资源，打造统一的四川农产品电子商务平台。要依托四川丰富的农产

品资源、充足的电子科技人才、完善的产业体系，在"农业＋互联网"方面抢占先机、高位起步、技术先进、人才汇聚、服务优良、管理完善，力争以较短的时间将四川农产品电子商务平台打造成为在全国影响力最大、覆盖范围最广的全国性农产品电子商务平台。

（四川省统计局　四川师范大学）

四川省农业绿色发展问题与政策建议

农业绿色发展是农业全产业链的绿色化，涵盖了农产品生产、储运、加工、销售各环节以及农业资源的有效利用与环境保护。推进农业绿色发展，确保"舌尖上的安全"，是经济高质量发展与农业可持续发展的核心基础，是实现乡村振兴与农业现代化的根本路径，是新时代实施健康中国战略和实现美丽中国目标的重要抓手。

一、四川省农业绿色发展成效

（一）农业化学投入品减量化取得实质性进展

化肥施用量（折纯量）和施用强度连续 5 年实现负增长。2012—2017 年，化肥施用量（折纯量）从 253 万吨减少到 249 万吨，减少 1.58%；化肥施用强度从 261.99 千克/公顷减少到 255.41 千克/公顷，减少 2.51%。

农药使用量和使用强度连续 6 年实现负增长，但 2017 年有所反弹。2010—2016 年，农药使用量从 62184 吨减少到 58038 吨，累计减少 4146 吨，减少 6.67%；农药使用强度从 6.56 千克/公顷减少到 5.97 千克/公顷，减少 8.99%。主要农作物绿色防控技术覆盖率达到 27%，主要农作物专业化统防统治覆盖率达到 37%。

农膜使用量和使用强度在连续十多年增长后近两年有所减少。2017 年农膜使用量为 12.79 万吨，比 2016 年减少 0.45 万吨，减少 3.5%；农膜使用强度为 13.11 千克/公顷，比 2016 年减少 0.53 千克/公顷，减少 4.0%。

（二）农业生产基地规模化建设速度不断加快

截至 2017 年，全省累计认定无公害农产品产地 380 多万公顷，占耕地面积的 56.7%；建设绿色食品原料标准化生产基地 58 万公顷，有机农产品基地 11 万公顷；不断完善省级农业地方标准体系，现行省级有效农业地方标准达 799 项，涵盖种养殖主要产品，覆盖产前、产中和产后全过程。推进标准化生产，着力推进 33 个现代农业、26 个现代畜牧业重点县，以及 21 个现代农业示范市县、13 个国家现代农业示范区建设，创建省市县现代农业融合示范园区 200 个。目前，农业产业化生产基地已覆盖 21 个市（州）、115 个县（市、区），建成粮经复合产业基地 60 多万公顷；累计创建部省级畜禽养殖标准化示范场 906 个，部级水产健康养殖示范场 284 个，水库生态养殖 7 万公顷，稻渔综合种养 18 万公顷。加快培育新型农业经营主体，家庭农场发展到 38750 家，农民合作社增到 86173 个。

（三）农产品品牌绿色化取得明显成效

针对川内农产品品牌"小、散、乱、弱"等普遍问题，通过实施品牌建设"五大工程"，打造了一批川粮、川菜、川茶、川果、川药、川猪等"川字号"知名农业品牌。截至 2017 年，全省累计有效期内的"三品一标"农产品达到 5467 个，其中无公害农产品 3893 个，绿色食品 1310 个，有机农产品 110 个，农产品地理标志 154 个，还建立了 5 个省级农产品地理标志核心保护区，培育了"天府龙芽""四川泡菜" 2 个省级大区域公共品牌，打造了竹叶青、郫县豆瓣、通威鱼等一大批企业品牌。通过"川字号"农业品牌建设，农产品质量安全水平明显提高。全省果茶菜、肉蛋奶、蜂蜜、鱼等大宗农产品例行监测总体合格率 99.2%，快速抽检合格率 99.98%。

（四）农业废弃物资源化利用水平大幅度提升

按照"以种带养、以养促种、种养结合、循环利用"的原则，大力推广"生态养殖＋沼气＋绿色种植"生态模式，深入推进畜禽粪污、农作物秸秆等农业废弃物资源化利用，有效控制了农业面源污染，农作物秸秆综合利用水平稳步提升，2017 年畜禽粪污综合利用率达到 62%，废旧农膜回收利用率已接近 80%，主要产粮大县和果菜茶主产区农药包装废弃物回收率达到 39%。

（五）农村人居与生态环境状况不断改善

积极推进农村社区生态宜居建设、农村环境连片整治、标准化规模养殖、秸秆综合利用、农村沼气和农村饮水安全工程建设，加强生态村镇、美丽乡村创建和农村传统文化保护，农村人居环境逐步得到改善。2017 年农村自来水普及率、农村卫生厕所普及率分别达到 75% 和 92.3%。

深入开展绿化全川行动，持续实施天然林保护、退耕还林等工程。2017 年全省森林面积达到 1792.75 万公顷，森林蓄积量 18.61 亿立方米，森林覆盖率 38.03%，自然湿地保护率达到 55%，林业自然保护区 167 个，总面积 8.3 万平方千米。

（六）农业绿色发展的新业态不断涌现

适应居民消费高端化、多元化的市场需求，积极开发农业的生产、生活、生态、示范功能，推进一、二、三产业深度融合，"农业＋旅游""农业＋互联网"、休闲农业、创意农业、会展农业、智慧农业等新业态不断涌现，为农业绿色发展注入新动能。

二、四川省农业绿色发展存在的问题

(一) 农业绿色发展的意识还不强

长期以来，资源消耗较多、环境破坏严重的传统、粗放、低效的经济发展方式已经根深蒂固，向现代、集约、高效的农业绿色发展转型存在一定的思想障碍。从领导干部来看，一些领导干部仍然固守追求 GDP 的发展理念，对农业绿色发展的总体认知程度不高，还没有树立正确的资源环境价值观。一些地方政府为了招商引资，对引进的企业在土地、水电、税收等方面给予了诸多政策优惠，但引进的农产品加工企业除了对当地在 GDP 和税收方面有所贡献外，对当地初级农产品的消化利用、当地农民就业和增收并没有更多实质性的贡献；对引进的企业是否会存在环境污染的重视程度不够，导致近年来环境污染问题频发，对人民生活、食品安全甚至生命安全造成了严重威胁。从生产者来看，农户对自己食用的农产品在种养过程中不施用化肥和农药，而对用于市场销售的农产品大量施用化肥和农药，甚至是高毒农药；从消费者来看，由于对健康绿色食品概念的认知还不是十分明确，绿色消费理念尚未形成，加之消费者自身对产品质量难以鉴别，导致优质农产品的市场容量有限，也难以体现绿色农产品的优质优价。

(二) 化学投入品减量的基础还不牢

各市州化肥施用量的增减水平存在一定差异，2015 年化肥施用量增加的有 6个市州，2016 年增加到 9 个。全省常年化肥施用量在 250 万吨左右，虽然 2017 年化肥施用强度降低到 255.41 千克/公顷，但比国际公认的 225 千克/公顷化肥施用安全上限高出 30.41 千克/公顷，是世界平均水平的 2.13 倍。2010—2016 年全省农药使用量连续 6 年减少，但 2017 年大幅反弹，使用量比 2016 年增加 1916 万吨，增幅为 3.3%。全省农药常年使用量在 6 万吨左右，使用强度为 6～6.5 千克/公顷，已经接近 7 千克/公顷的国际警戒线水平。由于施用方式落后，化肥和农药当季利用率分别仅为 30%～35%，远低于发达国家平均水平。

(三) 农业废弃物资源化利用的手段还不多

目前在农业废弃物资源化利用方面，重堵轻疏现象较为普遍，对畜禽污染物的防治主要依靠禁养区划定、强制关闭或搬迁，但也带来了养殖户失业、污染转移等一系列新问题。对于秸秆禁烧，有些地方主要采取人盯人战术，行政成本极高，但依然屡禁不止，根本原因还是没有找到适合当地资源化利用的出路。农业废弃物资源化利用具有很强的正外部性，但由于畜禽粪污收集、运输的成本高、难度大，在政府没有足够补贴的情况下，企业的积极性不高。同时，畜禽粪污资源化利用的激励措施（沼气发电上网、有机肥生产、使用补贴等）也没有得到很好的落实。

（四）农产品质量安全监管难度大

目前，对农产品质量安全在生产和流通领域属于分段式监管，生产环节由农业部门监管，适用于《农产品质量安全法》；而进入流通领域的农产品由市场监管部门监管，适用于《食品安全法》。对同一农产品的分段式监管，既增加了监管成本，又增加了监管难度。农产品质量安全是食品安全的重要源头，但由于《农产品质量安全法》与《食品安全法》缺乏有效衔接，且处罚力度相差极大，难以从源头上管控农产品的质量安全。源头管不好，对加工、流通、餐饮的监管再严格也将事倍功半。

（五）绿色农业经营主体还不够强

虽然新型农业经营主体发展迅速，但数量太少，体量太小，尤其是农业社会化服务体系还不健全，村一级的农业社会化服务力量十分薄弱，具有社会化服务职能的农民合作社少，农民参与度低，合作社服务覆盖面窄，远远不能满足农户对社会化服务的需要。而且相当比例的合作社还存在着农户被合作现象，合作社并没有真正起到对农户的带动作用。总体来看，农业绿色发展的规模效应还不足，农产品精深加工能力发展滞后，产业发展层次偏低，产业化的中介组织不够发达，龙头企业和基地以及农户之间衔接不紧密，农业企业的社会化服务力量基本上没有建立起来，自我服务、为农服务能力弱。

（六）农业绿色发展的投入力度还不够大

在投入环节上，生产、营销、环境方面均需要投入，但生产环节的投入多，环境治理、农产品商品化处理和储藏等方面的投入少，特别是在农业面源污染、城镇污染治理、工业"三废"达标排放等方面需要大量资金。在项目管理上，存在重建轻管现象，项目建设标准偏低，地方财政配套压力大，项目建好后难以达到设计目标。在投入来源上，农业、发改、财政、国土、水务等多个部门都有涉农资金，虽然地方进行了整合，但由于项目要求标准不同，项目投入额度和建设重点不一，难以从顶层设计上对资金进行整合，难以实现资源共享、达到共同促进农业绿色发展的目的。

三、四川省农业绿色发展的政策建议

推动农业绿色发展，观念是先导、技术是关键、制度是保障、发展方式是杠杆。基于四川省农业绿色发展存在的问题，建议树立新的观念、研用新的技术、健全新的制度、构建新的发展方式，推动四川省农业绿色发展。

（一）引导形成"绿色兴农"理念，解决农业绿色发展的观念问题

实现四川省农业绿色发展，首先要解决观念问题，推动各类涉农主体树立和强化"绿色兴农"理念，充分认识到农业绿色发展是涉农部门，乃至党政领导新的关

键政绩指标，是农户新的增收手段，是农业企业和专业合作社新的利润增长点，是涉农科研机构新的研究领域和方向，是农产品消费者新的提高生活质量的需要。把农业绿色发展摆在生态文明建设全局的突出位置，是乡村振兴战略的重要遵循。

一是要加强宣传引导，营造舆论氛围。通过宣传部署、调研检查等形式，强化落实"推进农业绿色发展"的战略部署，通过电视、报刊、互联网、新媒体，尤其是涉农媒体，做好农业绿色发展有关政策的系列解读、系列报道，引导形成人人知晓、人人关注农业绿色发展的氛围。

二是要发挥试点单位的示范带动效应，增强"绿色致富"观念。加大对农业绿色发展成效的宣传报道，尤其加强对农户、农业企业通过绿色发展致富增收的宣传报道，增强示范效应，引导全体农户和农业企业自觉增强"绿色致富"的观念。

三是推动绿色消费成为农产品消费的时尚。充分利用各类展会及赛事，加大对绿色农产品的宣传推介力度，让消费者增强对绿色农产品的质量、安全、健康等方面的认识，引导农产品绿色消费的新时尚，提高全民绿色消费意识。

（二）加大农业科技创新力度，解决农业绿色发展的技术问题

一是财政投入向农业绿色发展相关研究项目倾斜。实施农业绿色发展核心技术攻关工程，扶持一批重大科研项目，集中力量攻克与农业绿色发展最密切、相关度最高的技术难关。

第一，实施耕地质量保护提升行动。四川省现有耕地 673.54 万公顷，人均0.08 公顷，低于全国平均水平，且中低产田土占耕地面积的七成以上，耕地土壤重金属点位超标率达到 34.3%。耕地质量不高和污染严重对食品安全造成了严重威胁。建议对全省土壤污染状况进行调查，全面掌握全省土壤环境状况；加强对土壤污染源头的监管，重点监管、整治或关闭污染严重的企业；通过合理使用农药、化肥和有机肥，调整耕作管理制度以及作物品种，种植一些特殊植物，如不进入食物链的植物，或利用某些植物对重金属的超累积性进行植物提取，来改善重金属污染的土壤；结合高标准基本农田建设，整合相关项目，加大政策扶持与投入力度，由农业部门与环保、国土、畜牧、农机、农村能源等相关部门密切配合，集成推广秸秆粉碎还田、畜禽粪便无害化处理还田、沼液沼渣还田、增施有机肥以及占用耕地耕作层剥离再利用等耕地质量提升的技术与措施，改善土壤理化环境。加大对吸收土壤重金属的新品种的研发补贴，加大对土壤重金属污染治理新技术、新产品的研发和推广补贴。尽快制定并出台《四川省土壤污染防治条例》，为土壤污染防治提供法律保护。在对未污染土壤实施优先保护的前提下，加大财政投入力度，进行对已污染土壤治理与修复的重大技术攻关，采取多种措施和手段对已污染土壤进行治理和修复，逐步建立土壤污染综合治理体系。

第二，实施农业废弃物资源化利用提升行动。四川每年畜禽粪污量约 4730 万吨，农作物秸秆资源总量约 4640 万吨，但有效处理和利用率不高，这已成为困扰种养业健康发展的重大瓶颈和农村环境面源污染的主要来源之一。充分开发和利用

这些"放错了地方的资源"是推进农业绿色发展和建设美丽乡村的重要抓手。建议坚持政府支持、企业主体、市场化运作的方针，以沼气和生物天然气为主要处理方向，以就地就近用于农村能源和农用有机肥为主要使用方向，培育新主体、新业态、新产业，引导社会资本参与有机肥、新能源等的技术开发与产业发展，推动养殖过程清洁化、粪污处理资源化、产品利用生态化，构建产业化发展、市场化经营、科学化管理和社会化服务的畜禽粪污资源化利用新格局。鉴于秸秆和畜禽粪污收集运输成本高、难度大，建议加大对秸秆和畜禽粪污收集运输的财政补贴力度，调动社会资本的积极性，形成畜禽粪污收集、存储、运输、处理和综合利用全产业链的有机衔接。

第三，实施村庄环境绿色整治提升行动。建议开展村庄整治提升"百千万工程"，结合乡村振兴战略，加大村庄环境整治力度，形成"百村典型、千村示范、万村整治"的村庄环境治理新格局。制定村庄环境绿色整治提升三年行动计划，重点整治生活垃圾、生活污水、乱堆乱放、农业废弃物、河道沟塘，对村庄道路沿线、空闲地域、房前屋后、公共场所等进行有效绿化。建设和完善农村集中居住区的污水处理设施；开展"零垃圾行动"，逐步建立垃圾强制分类制度和治理机制，全面改善村庄人居环境和设施条件，不断提升公共服务水平，努力形成环境优美、生态宜居、特色鲜明的乡村面貌。

二是增强农业绿色发展科研项目的协同性。整合运用好川内高等院校、科研院所、基层农业技术推广机构、农业企业等农业科技研发团队，充分发挥不同类型、不同层次科研机构的各自所长，共同研发新技术、新装备、新产品，解决推进农业绿色发展中面临的突出技术难题。加强科技创新联盟建设，搭建"农业绿色发展科技研讨会"等学术交流平台，增强农业科学研究的统筹力度，发挥协同效应，形成研发合力，以"集团军作战"思维打赢农业绿色发展核心技术攻坚战。

三是助力产学研结合，加快先进技术推广。加强科研机构、农业企业、绿色农业示范点的互动，鼓励科研机构将农业企业、绿色农业示范点作为试验基地，鼓励科研院所科研人员以技术专利入股参与农业生产，分享绿色生产效益，提高先进的技术进行试验和推广的效率。

（三）改革完善体制机制，解决制约农业绿色发展的制度性问题

一是建立农业绿色发展试点带动机制，加快推进农业绿色发展。建议在全省范围内尽早设立"农业绿色发展试点县""农业绿色发展试点企业"，将综合试点与分类试点相结合，明确试点要求和配套扶持政策，同时鼓励各市县区设置层层试点，以点带面带动农业绿色发展尽早起步、快速推进。

二是增强农产品监管的协同机制，切实提高农产品质量安全。第一，严把源头关。鉴于分散种植和分散养殖的监管难度大，建议以合作社为重点，强化合作社的连带责任，以合作社名义生产的问题农产品严禁市场销售，以便形成合作社成员之间的相互监督机制。深入开展农资打假、农（兽）药残留、非法添加等违法行为的

专项整治行动，从源头上把好食品安全关。第二，严把市场准入关。建议在农产品生产基地、龙头企业、乡镇监管站设置农产品质量监测点，在农产品批发市场、农贸市场设置快速检测室，对进入市场的食用农产品进行严格检测，做到抽检的经常化。第三，鉴于农产品生产、加工、流通各环节存在的相关部门职责的条块分割问题，建议改革农产品质量安全的分段式监督管理体制，形成"从种子到舌尖"一体化的监管体系。修订或废止《农产品质量安全法》，将其相关内容纳入《食品安全法》，统一处罚标准，形成倒逼机制，严格产地准出和产地追溯制度，保持食品安全监管制度的一致性、完整性、科学性，确保源头上的农产品质量安全。第四，贯彻"四个最严"的要求，强化地方政府的属地管理责任，落实生产经营者的主体责任，从严惩处违法违规行为。

三是完善农业绿色发展的投入机制。第一，在原有农业补贴的基础上，加大对农业绿色发展项目的补贴力度。继续实施对绿色农业生产、部分农产品销售价格的补贴制度，加大对绿色农业技术研发等涉农产业的投入力度。第二，鼓励和激励金融机构把支持农业绿色发展作为绿色金融的重要组成部分，通过绿色信贷、绿色保险等推动农业绿色发展，同时鼓励和引导社会资本参与农业绿色生产，为农业绿色发展注入更多资金与活力。第三，加大对农业产业化龙头企业、农民专业合作社、家庭农场等新型农业经营主体建设与培育的投入力度。通过培育农业新型经营主体，能够加快推进农业适度规模经营和农业产业化发展，并能通过农业生产的标准化和利用先进技术，控制和减少农业面源污染。笔者在四川什邡市和富顺县调研时了解到，农业龙头企业的发展对防治农业面源污染有非常积极的作用。一是可以集中处理废水、废气以及畜禽粪污。比如什邡泡菜厂使用了生物污水处理系统；什邡昊阳农业通过先进的天然气灭菌技术，达到量产后，可以为附近3000多户种植黄背木耳的农户提供菌包，减少3000多根烧煤的烟囱，进而减少酸雨量；富顺德康集团通过"公司＋家庭农场"的运营模式，带动了460户以上种猪家庭农场致富，间接带动了2000户农户增收，家庭农场年收入能达到20万～30万元。猪场产生的粪便通过沼气发酵和干湿分离，沼渣（液）还田，形成种养循环一体化，减少了农业废弃物的排放和污染。二是通过对农业龙头企业产品质量，尤其是农残的控制，能够带动农户提高生产标准。第四，加大"三支队伍"建设与培育的投入力度，加强新型职业农民队伍、农村专业人才队伍和"三农"干部队伍的建设和培育，为农业绿色发展和乡村振兴奠定坚实的人才基础。

四是开展农业绿色发展年度评价。建议尽快建立农业绿色发展的评价考核机制，将农业绿色发展指数作为政绩考核的重要指标。

（四）培育农业发展新业态，解决农业发展方式滞后的问题

推进农业绿色发展需要探索新的发展方式。一是推动农业生产由投入密集型向技术密集型转变，提高农业生产技术，强化公益性农业技术推广服务的激励机制。二是推动农业生产由产量导向向品质导向转变，通过打造"三品一标"，实施农产

品品牌化，不断提升农产品的附加值。三是推动农业生产由粗放式向集约式转变，大力扶持和推广循环经济，促进农业废弃物的资源化利用。四是推动农业由孤立发展向一、二、三产业融合发展转变，通过加大农产品精深加工力度，推动农业发展与食品、饲料等工业发展相结合，形成"工农双链"的有机结合；通过大力发展智慧农业、共享农业、休闲农业、创意农业、康养农业、小镇经济、民宿经济等新业态，打造大地景观化、园区景观化、一村一景化，构建"乡村野趣、田园乐趣、农家情趣"和"好看、好吃、好心情"的全域乡村旅游新格局，实现"农旅双链"的深度融合。五是推动农业生产由封闭式向开放式转变，继续实施"互联网＋现代农业"行动，大力发展农产品电子商务，让农产品产得出来，销得出去。同时积极鼓励各类生产经营实体投入农业生产，让各类新的资源投得进来，共同培育农业新业态，不断激活和释放农业发展的新活力。

（四川省统计局　西南财经大学）

四川先进制造业高质量发展
的现状、问题及对策研究①

2018 年 1—4 月，课题组实地走访了成德绵全省先进制造业引领区内的核心支撑企业、省级地方主管部门、地方政府参与运营的公共服务平台、以高校为依托的协同创新平台、省级部门主管的行业协会等 20 余家企事业单位②，以深入了解掌握先进制造业核心微观主体的实际运行情况。同时，基于四川及北京、上海、重庆、浙江、天津等地的统计数据进行分析，研判全省先进制造业的发展趋势和定位，为四川先进制造业高质量发展提出对策思考。

一、当前全省先进制造业高质量发展的四个新特征

目前工信部、各省对先进制造业还没有一个统一的界定和划分，因为各自辖区的细分产业基础不同。一个一致的认识是：相较于传统制造业，先进制造业主攻的是产业价值链的高端和高端产业。鉴于此，本文的"先进制造业"既包括资金门槛和技术门槛"双高"的传统先进制造业，也包括新科技革命条件下综合运用机械、电子、信息技术、先进材料和管理科学等多个领域高新技术成果的新兴制造业。

结合《四川省"十三五"发展规划》"三、（二）突破发展先进制造业"一节中涉及的产业以及省十一届三次全会提出要重点培育和大力发展的电子信息、装备制造、先进材料等五大万亿级支柱产业、数字经济，本文将先进制造业主要锁定在电子信息、高端装备制造、航空航天、先进材料、生物医药、核技术及新能源六大领域的相关产业。这些产业具有绿色、低碳、高效的特点，是未来制造业的重点竞争领域。

---

① 成德绵三地集聚了全省 7 成以上的先进制造业工业产值和国家级企业技术中心，是四川先进制造业的引领区。鉴于此，笔者将调查和研究的重点放在了成德绵三地，同时也兼顾了宜宾、雅安、南充等其他市州的面上情况，点、面结合，以对全省先进制造业的高质量发展情况形成一个深度、广度兼顾的全面把握。最后，笔者将调研到的全省先进制造业高质量发展现状进一步凝练为"四个新特征"，以更好地理解和把握当前全省先进制造业高质量发展的态势。

② 含省经信委战略性新兴产业处、省经信委大数据产业处、省经信委汽车处、成都市新经济委、德阳市经信委、绵阳市科技城管委会、省战略性新兴产业促进会、成都市两家代表性新经济企业（民营）、二重、东汽、宏华石油、明日宇航、英杰电气、烯碳科技、长虹、九洲、新晨动力、绵阳国家级军民两用技术交易中心等。

高质量发展是《2018 年国务院政府工作报告》首次提出的新表述，表明我国经济由高速增长阶段转向高质量发展阶段。它要求全要素生产率的全面提高，产业结构、市场结构等加快升级，整体经济均衡发展。[①] 具体到先进制造业，高质量发展应涵括以下内容：在兼顾合理经济增长速度的前提下，核心支撑性企业创新能力及创新效率全面提高并引领本行业生产力水平和市场竞争力不断提高、引领区域产业发展方式转变和结构升级、引领区域整体经济以合理的增速可持续发展。

（一）动能进一步壮大，但仍需加快发展

1. 先进制造业快速发展壮大

从产业发展增速上看，2017 年航空、航天及设备制造业、电子及通信设备制造业、信息化学品制造业等高端制造业的工业增加值增速分别比全省规模以上平均水平高 0.2%、13.7%、10.1%。从产业占比看，高端装备、节能环保等五大高端成长型产业增加值占规模以上工业的比重约为 6.0%，比 2016 年提高 1.0 个百分点；七大优势产业占规模以上工业的比重为 81.5%，比 2016 年提高 3.6 个百分点；高技术制造业增加值占制造业的比重为 15.4%，同比提高 1.3 个百分点。从行业上看，新型、智能化、自动化设备以及高端电子信息产品引领创新发展，如铁路机车车辆及动车组制造增加值增长 76.0%，环境监测专用仪器仪表制造增加值增长 42.3%（见表 1）。

表 1 2017 年四川部分行业或新产品增速情况

行业名称		增速（%）
高精尖行业	其他航空、航天器制造	92.6
	铁路机车车辆及动车组制造	76.0
	环境监测专用仪器仪表制造	42.3
	城市轨道交通设备制造	41.1
	生物药品制造	31.4
	口腔科用设备及器具制造	27.2
	模具制造	23.4

---

① 何凡，闫雨昕，叶晓芳. 新表述：今年政府工作报告里有这些"首次提出" [EB/OL]. https://www.thepaper. cn/newsDetail _ forward _ 2018826（2018−03−05）；赵昌文. 推进我国经济实现高质量发展 [J]. 学习时报，2017−12−25 (A1).

续表1

	行业名称	增速（％）
新产品	数控金属成形机床	166.7
	光伏电池	84.3
	城市轨道车辆	64.2
	移动通信基站设备	60.0
	集成电路	57.9
	平板显示器	46.8
	新能源汽车	31.6

数据来源：《四川统计分析》2018年第4期。

2. 传统支柱性先进制造业迈向价值链高端压力大

实地调研的10多家企业中，各级国有企业和民营企业各占一半。调研发现，成德绵全省先进制造业引领区内如高端装备制造等传统支柱性先进制造业发展受困，呈现出规模、核心关键技术和经营发展能力对产业高端化升级支撑"三不足"的局面，产业迈向价值链高端压力较大。

国有企业主要存在经营管理体制方面的三个制约。首先，国有企业高管容易把企业的战略性投资带向"一味守成"和"过度投资"两个极端，对企业后续的经营发展带来不可估量的破坏性影响。东汽、二重是典型代表。其次，国有企业内部管理流程冗长烦琐，效率低下，不能适应快速变化、高度不确定的外部市场环境。其中一个重要的原因便是原来高度组织化的国有制造企业的管理模式不能快速响应"互联网＋"模式下的市场需求。长虹一位高管讲"现在的转型非常难，像在高速行驶的汽车上换底盘"。最后，国有企业的单通道晋升模式和薪酬制度设计激励不足导致骨干人才流失加剧，成为民营企业的"黄埔军校"。《瞭望》周刊在2016年12月25日报道的各级国有企业遭遇到的骨干人才流失加剧问题在此次课题组调研到的各级国有企业中仍然存在。二重核电设备线的技术骨干甚至集体流失到了经营对手的阵营，给企业造成了巨大的沉没成本和重置成本。几十年来员工队伍基本稳定的东汽近几年的员工流失率也达到了5％，且都是工龄在5年以上的核心技术人才，极大地拖滞了行业关键核心技术的研发进程。

民营企业主要存在营商环境方面的三项制约。首先，有一半的民营企业在抱怨国内市场竞争不平等。这些民营企业中有2/3掌握了一定的核心技术，从属于市场竞争不充分的行业，主要抱怨行业国有"大哥大"对国内市场和资源的垄断性把控。另外1/3的民营企业的生产制造基于引进国外技术，从属于市场竞争激烈的行业，主要抱怨外资企业的大量涌入给自身生产经营带来的巨大冲击。其次，企业普遍认为承兑汇票的存在对企业极不公平。一方面，政府同意银行开立承兑汇票，同意承兑汇票在企业间流通，但企业在税收等事业单位中又不能用，增加了企业的资金压力；另一方面，承兑汇票背书关系复杂，还有到期不能承兑的风险，容易引起企业资金链断裂的多米诺骨牌式连锁反应，导致地下钱庄兴起。最后，企业生产经营成本居高不下。用气方面，直供气企业户数偏少且天然气供应量不足，一般企业用气价格较高，极大地增加了企业负担。用电方面，尽管部分企业已纳入直购电试点范围，但每度优惠电价仅0.02元左右，降成本作用有限。用工方面，劳动力成本不断上升，企业自动化改造、机器换人存在资金投入大、门槛高等问题。此外，部分企业订单状况不理想，融资困难现象依然存在，停产半停产企业增多。

3. 新兴引领性先进制造业急需加快推进

从经济指标看，全省先进制造业所涵盖的六大领域在规模上还有很大的扩展空间。2017年，全省的优势产业电子信息产业全年工业总产值4972.2亿元，在六大领域中的占比达到56.9%，虽然比上年提高了2.3个百分点，但离全省要努力奋斗的万亿级体量还有很大差距。在航空航天产业，全省具有较强的科研实力和完整的产业链，有望冲击万亿产业，但2017年在六大领域的产值占比只有1%，主营业务增速和利润总额增速也均有不同幅度的下降。在核技术及新能源产业，在川央企东方电气旗下的东汽、东电、东锅和东方风电在生产规模、技术实力和起步时间等方面都有先发优势，但2017年这两个板块业务在主营业务收入增速和利润总额增速两个方面下滑严重，对全省先进制造业的支撑非常薄弱，在六大领域中产值只占了0.3%。在生物医药领域，规模占比也没有超过20%，总产值增速、主营业务增速和出口交货值都还有很大的提升空间（见表2）。

表2 2017年规模以上工业领域高新技术产业六大领域分布及增速

六大领域	分布（%）				增速（%）			
	工业总产值	主营业务收入	利润总额	出口交货值	工业总产值	主营业务收入	利润总额	出口交货值
电子信息	56.9	53.8	35.2	90.8	18.8	14.9	28.6	38.3
高端装备制造	12.3	12.5	14.6	5.8	10.0	−3.6	131.9	43.1
航空航天	1.0	1.1	2.3	0.8	−8.8	−6.6	−4.5	17.2
先进材料	12.6	14.3	15.7	1.9	10.6	17.8	35.0	15.9
生物医药	16.8	18.1	33.4	0.7	1.0	2.0	24.3	0.7
核技术及新能源	0.3	0.3	−1.2	0.0	−29.3	−4.8	−24.5	—

数据来源：《四川统计分析》2018年第24期。

从调研情况看，四川先进材料产业已有一定数量的核心企业，技术能力国内领先，但产业布局分散，新兴领域产业化进程推进缓慢，规模支撑和产业带动能力不足，以企业为核心的产业集群还未形成。在新能源汽车产业，多数企业仍处于建厂投产或研发阶段，基本上未实现量产市场化，有"等靠要"思想，零部件及配套设施也才刚刚进入萌芽阶段。[①] 在大数据、5G、机器人等先进制造领域，成熟的创业人才急缺，成长后劲和引领力不足。

（二）全省先进制造业产业集中度高与区域明显分化并存

1. 全省先进制造业产业集中度高

从工业总产值规模来看，成都、绵阳和德阳仍位居前三，分别实现工业总产值6321.8亿元、1599.5亿元和1077.6亿元，成德绵三地的工业总产值占了全省高新技术产业产值的65.1%，集中度较2016年提高3.6个百分点。从国家级企业技术中心的分布看，2017年全省有15个市（州）拥有国家级企业技术中心，成德绵三地有53个，占全省总量的72.6%，其中成都市有53个，占全省总量的52.1%。从高新技术规模以上工业企业数来看，成都市有1113个，占44.4%。

2. 全省先进制造业发展区域分化明显

从高技术工业总产值增速来看，2017年达州以48%位居第一，雅安和南充增速在30%以上，巴中、遂宁、成都、宜宾、广安、德阳和绵阳均有10%以上的增长。从推进思路看，成都先人一步，主动适应当前制造业高端化发展的新趋势和新特点，政策制定正在探索从"给优惠"向"给机会"转变、从"配菜"向"点菜"转变。从实地调研看，成德绵地区内部也在分化，德阳、绵阳的核心龙头先进制造企业普遍反映，企业急需的基层技术骨干、中高级领军技术及管理人才招留困难，因为距离成都太近。从创新投入看，研发投入集中在成都平原经济区的大型企业现象突出，创新能力分化问题比较突出。[②]

（三）产业协同创新生态建设起步早，但新问题不断

1. 龙头企业带动型先进制造产业集群发展取向明显

在四川省，仅占企业总数8%左右的规模以上企业创造了全省9成以上的工业增加值。2005年以来，省委、省政府及相关职能部门多次出台相关文件[③]，推动全省重点产业、优势产业加快形成"龙头带动、系统配套、链条延展再到产业集聚、集约发展、协同发展、创新发展"的共生共荣生态。市州龙头企业带动型产业集群发展趋向明显，形成了德阳重型装备产业集群、绵阳数字家电产业集群、成都集成电路产业集群、宜宾白酒产业集群等一批在全省甚至全国范围内有一定规模和影响力的产业集群。《四川省"十三五"工业发展规划》也把突破发展先进制造业的路

---

① 基于对资阳、绵阳重点汽车企业的调研。
② 资料来源：《四川统计分析》2018年第13期。
③ 如川府发〔2007〕27号《四川省培育大企业大集团工作实施意见》、川经〔2008〕184号《四川省经济委员会关于实施大企业大集团"两个带动工程"的意见》、川府发〔2010〕21号《四川省人民政府关于推进大企业大集团加快发展的意见》（有效期5年）、川府发〔2017〕37号《四川省培育大企业大集团工作实施意见》等。

径定位为：培育形成新的龙头企业，打造一批有竞争力的产业集群。彭清华书记在省十一届三次全会上的讲话中也指出，要加快打造一批具有国际领先水平和区域辐射带动力的现代产业集群。

2. 以大企业为主导的先进制造产业联盟"形式大于内容"

各级政府推动政、产、学、研组建产业联盟的目的是推动各相关主体积极开展技术交流、项目合作、打通产业链关键环节、拓展发展空间、提高产业竞争力等。截至2016年3月，单挂靠在省经信委、省能源局的省级产业联盟就有30余家，涵盖了航空航天、燃机、信息安全、节能环保、智能家电、军民融合、绿色制造、机器人、清洁能源等全省"十三五"时期重点推进的高端成长型产业。调研发现，9成以上的产业联盟理事长无心、无意也无力组织联盟活动，联盟"开展技术交流、项目合作、打通产业链关键环节、拓展发展空间、提高产业竞争力"等初衷能够落地的少之又少。原因有二：一方面，产业联盟为非法人机构，无法单独开列账户和收取会费，活动费用均由牵头企业垫付，理事长单位资金压力大；另一方面，联盟成员单位之间缺乏有效的利益分享风险共担机制。[①]

3. 以集群联动为主导的先进制造产业协作网络"新旧接续断档"

德阳、绵阳等一批高度倚重少数龙头企业带动的先进制造产业集群因为龙头企业的发展受困而使相当一部分协作配套中小企业急速衰落甚至倒闭，在区域内呈现出旧的产业协作网络局部坍塌的局面。成都的先进制造业也面临着显示度高的领军企业缺乏、创业层级低、洞见能力差、资本密度低、生态圈能级弱等挑战。[②]

4. 跨区域、跨领域先进制造产业生态网络"协作机制缺位"

自2013年四川省委、省政府强力推进航空与燃机、节能环保等五大高端成长型产业以来，全省基于重大产业支撑项目支撑高质量发展的推进思路日趋清晰和固化。调研发现，全省在推进先进制造业的高质量发展中，各市州从战略布局到具体执行都缺乏一套以产业共生发展为核心的协作机制，跨区域产业生态网络"形式大于内容"。比如，以以成德绵为核心的航空整机高端制造产业发展和以成都为中心的"1244"式轨道交通产业发展为例，省委、省政府基于各地的产业优势进行的顶层设计非常明晰，市州层面在推进中相互打架的情况并不少见。

（四）四类先进制造企业"突围"实践值得关注

1. 船头朝外，深耕国际市场

调研发现，一部分掌握一定核心技术的先进制造民营企业开始转向海外市场，发展势头良好，并带动周边中小企业集聚发展，形成规模不等的特色产业集群。这

---

① 以上关于产业联盟作用发挥的判断都是省战略性产业促进会负责人、几个重点产业联盟的理事长单位在访谈中的观点，原因分析是课题组基于访谈进行的梳理。

② 基于2018年4月23日与成都新经济委的座谈。

部分民营企业大致可以分为两类：一类是所处行业由传统国有"大哥大"把控国内市场、资源和节奏，企业必须另辟蹊径进行"突围"，一类是所处行业竞争激烈，企业不愿参与低层次的竞争。

2. 细分市场，专注高端

这类企业在成立之初就确定了"自主创新"的发展路线，不做低成本、低利润的产品，而是专注于产业链高端和高端产业，致力于在若干细分领域打破国外垄断，使得"四川造"成为"品质"的代表。这类企业的经验主要有：搭好团队，找准并细分市场，专注地把技术创新做到极致，坚持"技术创新"（驱动轮）和"客户需求"（转向轮）两轮驱动。调研中，这类企业总量和占比都还较少，在全省的标杆效应亟待加强。

3. 以利益为纽带，打造"共生共荣"产业生态

调研发现，和大多数传统的制造业龙头企业不同，处于新兴产业的龙头企业会比较积极地呼吁发挥产业联盟合力、推动形成"共生共荣"的产业生态。这类企业通常具有行业内领先的核心技术，但急需将核心技术产业化和市场化。推动的方式主要有两种：着力通过联合实施政府重大项目，促进成员单位之间资源的有效配置和整合；创新商业模式，比如以联盟的名义，发起设立"基于服务平台、面向行业和大众的服务产品开发"的行业专项创新孵化基金，或与其他相关行业的龙头企业签订战略合作框架协议，推动优势资源创新结合，实现跨越发展。

4. 主动适应新趋势和新特点，建立新的解决机制

调研发现，德阳和绵阳的一些大中型先进制造核心企业开始把部分研发场所搬到成都，以暂时缓解招人难的问题，给后期通过企业文化留住人才创造更大的空间，同时加快推进向基于新信息技术的"制造＋服务"的转型，以谋求占据价值链高端和产业高端的主动权；也有一些民营企业通过并购（比如宏华石油）归入产业高度关联的特大型央管企业旗下，进一步提升了经营管理水平和市场开拓能力。

二、当前全省先进制造业高质量发展亟待做实的两大动力洼地

（一）本源动力洼地：体制机制改革急需加快深入推进

1. 制造类国有企业机制体制改革推进比较缓慢

国有经济是全省先进制造业高质量发展的重要组成部分。2016 年 3 月 24 日，四川省出台《关于省属国有企业发展混合所有制经济的意见》。目前全省在企业党建、项目合作、功能界定、员工持股、董事会管理及资产交易等方面已经制定了一系列混改配套制度，为国有企业与非国有资本合作等提供了操作指引，并取得了一

定的成效。① 但从实际调研和相关文档分析看，当前全省的国有企业混改主要集中在第三产业，制造类国有企业混改的"样本"还比较少。而且，现有的制造类国有企业混改"样本"的路径与成效仍需时间检验。

此外，四川属三线建设时期的重要西部省份，境内分布有大量的央属制造类国有企业。在新的经济发展形势下，转型升级面临着诸多挑战，混改对于这些在川央企保值增值、做强做优具有重大意义，但这些在川央企当下也还处于一个中央、省、地"三不管"的"盲区"。

制造业高质量发展在企业层面主要体现为企业发展动力、方式和路径的高阶化，对营商环境也相应地提出了更高的要求。行政性垄断妨碍了市场统一和公平竞争，影响民营企业的营商信心和活力。面对行政性垄断，地方政府的"帮扶突围"活动创新性不足。比如仍然把关注重点放在单一企业局部创新环境改善、技术改造、工业项目和投资规模，对"开放型经济""协同对外作战"的战略谋划和体制机制配套不足。

2. 区域协同发展推进机制体系建设仍需加大力度

先进制造业的高质量发展既是某个区域的重点任务，更是全省上下共同联动的战略重要性任务，需要全省各区域间不断健全协同发展推进机制体系，以不断扩大统筹空间，缩小区域差距、增强经济和其他方面关系的协调性。目前，全省各区域间"一亩三分地"的思维还未得到根本破除，在区域合作最关键的产业分工、资源共享、生态统筹、利益均衡等方面，其局限性仍比较明显。成德绵作为全省先进制造业引领区，在成德绵一体化发展、成德同城化发展、成德绵协同创新共同体建设、"一干多支"的经济协同发展机制建设和利益分享机制建设等方面的改革探索步调和力度急需加快、加大。

（二）内生动力洼地：新型创新基底急需加快夯实

1. 人力资本基底需要加快更新、做实

先进制造业相较于传统制造业在生产效率、技术水平、质量管理体系、经营水平等方面都提出了更高的要求，对人力资本的需求更强调"专业化、高精尖缺导向和多层次协同"。当前，全省先进制造业高质量发展所需要的"工匠型技能人才""高精尖缺"方向的顶尖领军人才、成熟的创业型人才和团队、高水平的管理人才、测评培训等新型生产性服务业专业人才总体数量不足、质量不高、供给与需求匹配精准度不高、跨界跨区域融合不够，直接掣肘了全省及成德绵先进制造核心引领区制造企业的转型升级、新兴产业的发展潜力和不同产业间融合裂变效应的释放。

---

① 截至 2017 年 4 月 30 日，在四川省级国家出资企业已经完成登记的 1060 户企业中，混合所有制企业有 537 户，比例超过 50%。其中二级企业混合面为 24%，三级企业混合面为 43%，四级企业混合面为 57%，五级企业混合面为 78%，六级企业混合面为 86%。资料来源：新华网四川频道，http://www.sc.xinhuanet.com/content/2018－03/08/c_1122506057.htm.

2. 核心技术急需加快突破

无论是传统支柱性先进制造业，还是新兴引领性先进制造业，其核心技术都是全省先进制造业高质量发展的关键。但是，当前全省大部分先进制造业核心支撑企业产业层次相对落后，整体自主创新能力有待进一步提高。2017年全省国家级技术中心企业中高技术制造业企业仅占24.7%，新能源汽车、大数据、数字消费等市场前景较好的产业还没有国家级企业技术中心，这会影响这些产业的长远发展。

全省先进制造业中的传统支柱性产业主要采用"引进—消化吸收—再创新"追赶路径，关键技术突破不足、新兴领域的关键技术掌握不足。分析原因，主要表现在：一是长期以来全省遵循的"从部署科研项目到技术研发突破，再到产品产业创新"的线性支持模式，导致创新资源要素在产业链各个环节上分散投入现象严重，重点、关键领域迟迟无法实现整体突破发展。二是对"提升基础研究和科技基础设施的战略领先地位"思考不足、重视不够。围绕"经济高质量发展"和"治蜀兴川再上新台阶"，全省尚缺少一个加快提升基础研究和科技基础设施的战略领先地位的统揽性布局，对强化大型科研基础基地战略支撑能力的重视和思考也亟待加强。比如，在川国家级、省部级大型科研基地对全省重点产业的战略支撑作用是怎样的？有多少家是在围绕着全省、首位城市成都的重点产业服务的？投入产出比如何？是否能够满足全省未来产业发展对科学潜力的需求？未来全省科研基础基地建设的重点和方向是什么？需要怎样的科技基础设施？这些问题都还没有答案。

3. 新型服务业发展不足

先进制造业的高质量发展离不开创投、企业价值评估、高端人才招留引、数字化服务体系建设等新型服务业的有效支撑。成都作为"首位城市"，其创投机构数量大概只有北京的1/4，且90%的风投来自省外；融资渠道仍然主要依赖于传统银行贷款[①]；企业的价值评估在省内也做不了；与深圳相比，孵化器的运营专业化运作水平有10多年的差距；和深圳、贵州等地相比，全省在政府和社会公共数据资源的开放开发利用方面也亟待加速推进。[②]

---

① 以绵阳市为例，2017年，全市银行业机构对军民融合企业贷款余额为260.1亿元，占比达到52%，资本市场融资146.5亿元，占比为29%。基金和应收账款融资规模相对较小，分别为54.5亿元和43亿元，占比分别为11%和8%。传统银行贷款仍然是军民融合企业最主要的融资渠道。

② 基于2018年4月23日与成都市新经济委的座谈。

三、加快推进四川先进制造业高质量发展的对策建议

（一）提升对关键主体的全面认识与系统把握

1. 厘清先进制造业高质量发展与新经济发展的内在关联

传统制造业的转型升级是全省先进制造业高质量发展推进工作中的重要板块，企业的发展层次不同、路径选择不同，对技术、模式、业态、组织等核心支撑要素的依赖程度也会有差别。建议坚持传统支柱性先进制造业和新兴引领性先进制造业各有重点的协同推进；进一步明确全省先进制造业及高质量发展的概念内涵、边界、功能定位、发展重点、推进路径、衡量指标；进一步深刻把握全省先进制造业高质量发展与新经济发展、现代产业体系建设的逻辑关联，逐步分类引导施策，解决其中存在的交叉重复、分散、封闭等问题。

2. 厘清国有企业、民营企业齐头并进的空间与路径

坚持国有企业做优做强、民营企业不断释放活力创造力、国有企业和民营企业携手迈向高质量发展是基本方向。建议进一步全面摸清家底，比如在川各级制造类核心支撑性国有企业及民营企业的地理空间分布、产业布局、规模、发展层次和质量、混改需求、试点混改的推进经验与问题、省内产业链协作配套情况等，以评估四川"可以为""可能为"的空间及提出可行的推进路径。

3. 厘清成都率先发展与区域均衡发展的协同空间和路径

坚持省委"一干多支、五区协同"的区域发展战略布局。建议全省进一步加大先进制造业发展布局与分工的区域统筹力度，推进成都引领带动、各市州竞相发展、成都与其他市州协同联动，更好地实现各区域优势互补、错位发展、同频共振，整体提升全省先进制造业的综合实力和发展速度。

（二）主动适应变化，加快推进"1+N"大协同

1. 加快推进创业链的"1+N"大协同

掌握自主的核心关键技术是制造业发展层次跃升和保持可持续的高质量发展的终极"法宝"，同时也离不开商业模式、组织管理、服务、市场等方面的跟进。建议四川主动适应制造业发展由"技术引进"向"自主创新为主"的转变，强化企业以技术创新为核心（1），以商业模式及组织管理等创新（N）为重要辅助的创业链打造。建议将着力点放在本土企业家创新基因的培育及经营能力的提升、前瞻性技术，共性关键技术的布局、研究与应用上。

2. 加快推进产业链的"1+N"大协同

当前全球制造业的竞争正由传统的产品竞争转向产业链竞争，基于全产业链的创新要素整合能力决定了制造业整体的竞争水平。建议未来的政策支持主动适应制

造业发展由"单向技术产品攻关"向"全要素汇聚"的转变①，进一步聚焦于核心龙头企业对产业链上资本和技术价值传递把控能力的提升（1），同时提升企业经营能力、品牌构建能力、公众创造能力等（N）。建议将着力点放在重点产业的产业链条以及重要支撑节点的优劣势梳理上，以进一步整合资源，聚焦优势，规避短板。

3. 加快推进创新生态系统的"1＋N"大协同

建议主动适应制造业发展由"关注单一企业局部创新环境改善"向"重视营造产业跨界协同创新环境"的转变②，借鉴成都着力通过打造产业生态圈、创新生态链、塑造整体竞争力的思路以及部分产业联盟以利益为纽带推动全产业链优势资源创新结合的突围实践，聚焦于产业融合发展（1），着力推动相关政府部门突破长期遵循的线性创新创业模式，建立涵盖技术、人才、平台、政策以及国际合作等多要素（N）互动融合的制造业创新生态系统。建议将着力点放在本土金融服务机构的培育、人力资本的精准协同、国有企业混改的进一步深入、民营企业营商环境的加快改善、新旧产业的高质量接续、专项统计监测大数据平台的建设等方面。

（四川省统计局　中共四川省委党校）

---

① 强调政府政策从聚焦单项技术攻关向产业链攻关转变。
② 强调政府政策从聚焦单一、局部创新环境改善向系统性改善转变。

四川健康旅游业发展研究

积极促进健康与旅游的深度融合，发展健康旅游业，不仅能够更好地满足人民日益增长的美好生活需求，也是国家提出"健康中国战略"的政策所向。作为国家"一带一路""长江经济带"等战略部署的重要支撑省份，四川既拥有发展健康旅游业的雄厚基础，也面临探索新型发展模式的巨大挑战。为此，四川需要推动健康旅游品牌化、全域化、专业化，实现健康旅游产业的可持续发展。

一、健康旅游业的界定

健康旅游是以健康需求为导向，以维护和促进身心健康为目的，以旅游为载体，以健康与旅游深度融合为核心，面向健康人群、亚健康人群、患病人群等，提供预防保健、疾病治疗、康复疗养、休闲养生、健康促进等一体化、全方位服务，实现游客在快乐的旅游中增进健康的新型服务模式。[①]

从狭义上说，健康旅游是一种满足旅游者特定健康需求的休闲、度假旅游活动；从广义上说，健康旅游是倡导健康生活价值观和生活方式的专项旅游产品的集合。[②]

依据健康旅游的内涵，温泉旅游、森林旅游、养生旅游以及医疗旅游等都属于健康旅游的范畴。[③]

结合四川的自然资源条件和旅游业发展的环境条件，笔者将四川健康旅游界定为：以促进人们身心健康为目的，将健康与旅游深度融合，利用四川不同区域所拥有的自然资源（如中药材、森林、阳光、温泉、特色文体等）和旅游环境条件，提供度假旅游、养生旅游、医疗旅游、休闲旅游、文化旅游、运动旅游等全方位服务的新型现代服务业。

---

① 刘峣. 健康旅游开了好头 [EB/OL]. 人民日报（海外版），http://paper.people.com.cn/rmrbhwb/html/2017-09/19/content_1806119.htm.

② 薛群慧，白鸥. 论健康旅游的特征 [J]. 思想战线，2015（6）：146-150.

③ 黄昇. 山东省健康旅游资源的时空分异研究 [D]. 曲阜：曲阜师范大学，2017.

二、四川健康旅游业发展的现状及主要模式

（一）四川健康旅游业发展的现状

1. 四川健康旅游资源类型丰富多样

健康旅游资源是健康旅游业发展的物质基础和前提条件。四川拥有长江干流（四川段）、金沙江、岷江、沱江、嘉陵江五大水系，水体资源丰富；境内有峨眉山、青城山、贡嘎山、四姑娘山等独特的山地资源；地热点共有365处，温泉总数位列全国第三，且温泉资源优质；四川属全国第二大林区，森林资源富集，森林面积1725.7万公顷，居全国第4位；拥有特殊的药材资源，药用植物约5000种，中药材蕴藏量10多万吨，拥有全国重点普查的常用中药材383种；四川是道教以及彭祖养生文化的发源地，文化资源多样；川菜是历史悠久、地方风味极具特色的菜系，是中国四大菜系之一。

2. 四川健康旅游市场前景十分广阔

健康旅游业是"旅游"与"健康"高度融合的产业。雄厚的旅游基础以及巨大的健康需求，使四川发展健康旅游业具有广阔的市场前景。无论是游客人数还是旅游收入，都呈现了稳定增长的态势，拥有发展健康旅游业的庞大客户群体，并且城镇居民家庭平均每人医疗保健支出也呈逐年上升趋势，说明消费者潜在的健康需求越来越强。

2010—2017年，全省国内游客人数和国内旅游收入逐年增加，国内旅游市场发展速度较快，对旅游总收入贡献突出，这为健康旅游业的发展奠定了坚实的基础，表明四川健康旅游市场前景非常广阔。2017年全省国内游客人数达到66900万人次，同比增长6.2%；2017年全省实现旅游总收入8923.06亿元，其中国内旅游收入8825.39亿元，国内旅游收入占旅游总收入的98.9%。

2014—2017年，全省入境游客人数逐年稳定增加，入境游市场还具有很大的开发空间。2017年入境游客达到336.17万人次，同比增长9.9%。

全省人均旅游花费和城镇居民家庭平均医疗保健支出持续增长，居民投资旅游与医疗保健方面的潜力较大。2017年全省人均旅游花费达到1320元/人次，比2016年增加115元/人次。2016年全省城镇居民家庭平均医疗保健支出为1423.36元，同比增长3.95%。

从全省接待的国内旅游类型来看，虽然观光旅游仍旧占据市场主导地位（2015年占比为32%，与2014年持平），但以满足身心健康为目的的休闲度假旅游（2015年占比为26%，比2014年提高2个百分点）等新型旅游业态成为亮点。[①] 此

---

① 《四川旅游统计年鉴》，2016年卷。

外，四川都江堰国家中医药健康旅游示范区入选了国家首批中医药健康旅游示范区创建单位，但是，四川却没有单位入选首批健康旅游示范基地。[①] 因此，继续发展中医药健康旅游优势，加快发展全省各地健康旅游业尤为必要（见表1）。

表1 2010—2017 年四川健康旅游业主要指标状况

年份	国内游客人数		国内旅游收入		入境游客人数		旅游总收入		城镇居民家庭平均医疗保健支出	
	万人次	同比	亿元	同比	万人次	同比	亿元	同比	元	同比
2010	27141.30	—	1862.03	—	104.93	—	1886.09	—	661.03	—
2011	34977.80	28.87	2410.57	29.46	164.0	56.29	2449.15	29.85	735.26	11.23
2012	43451.80	24.23	3229.83	33.99	227.3	38.60	3280.25	33.93	772.75	5.10
2013	48696.50	12.07	3830.04	18.58	209.6	−7.79	3877.40	18.20	1019.04	31.87
2014	53549.70	9.97	4838.34	26.33	240.2	14.60	4891.04	26.14	1283.60	25.96
2015	58500.63	9.25	6137.60	26.85	273.20	13.74	6210.50	26.98	1369.30	6.68
2016	63000	7.69	7600.5	23.84	308.8	13.03	7705.5	24.07	1423.36	3.95
2017	66900	6.2	8825.39	16.1	336.17	9.9	8923.06	16.1	—	—

注：根据《四川旅游统计年鉴》《四川统计年鉴》等资料整理而成。

2. 四川健康旅游基础设施相对完善

交通、卫生等基础设施是发展健康旅游的前提和保障。四川的立体化交通网络使健康旅游更加便捷，高速铁路从无到有，成绵乐、成渝、西成高速铁路等相继建成通车，民航建设全面加快，稻城亚丁、阿坝红原两座高原机场建成通航，公路网总里程居全国第一，"四江六港"基本建成，城市轨道建设全面提速。[②]

游客接待质量持续提升。截至 2017 年年底，全省共有星级旅游饭店 398 家，其中五星级旅游饭店 32 家，在西部地区位居第一，绿色饭店 100 家，金树叶级 43 家，银树叶级 57 家，主题饭店 11 家，能够为健康旅游高端消费提供食宿保障。2017 年全省接待过夜游客 3.16 亿人次，同比增长 6.7%；接待一日游游客 3.54 亿人次，同比增长 5.8%。

旅游服务机构与设施不断完善。截至 2017 年年底，四川共有旅行社 1057 家，分社 1038 家，服务网点 6155 家，并成立了专门的健康旅游协会，如四川省中医药促进会健康旅游分会、四川省温泉旅游协会等。持续推进健康旅游"厕所革命"，2017 年全省新建和改扩建旅游厕所 1145 座，其中新建 836 座、改扩建 309 座，乡村旅游厕所建设取得一定突破；2017 年，成都市荣获全国"厕所革命优秀城市奖"。

---

① 魏欣宁. 图解：国家助力健康旅游，这些地方让你越游越健康 ［EB/OL］. 人民网，http://travel. people. com. cn/n1/2017/0922/c41570-29552215. html.

② 《四川省"十三五"综合交通运输发展规划》（川府发〔2017〕20 号）。

3. 四川健康旅游管理机制初步形成

四川健康旅游信息化建设成效显著，先后构建了省、市、县政府和企业联动的"1＋3"模式智慧旅游体系，建成了四川旅游运行监管及安全应急管理联动指挥平台，基本形成了旅游大数据体系。健康旅游营销宣传亮点纷呈，搭建了多语种旅游资讯和营销平台，推出了《爱，在四川》《成都味道》等系列微电影，拍摄了《藏茶寻根记》《东坡菜里说东坡》等旅游宣传片，出版了《冰雪温泉之旅》《美食之旅》等海报手册，举办了诸如四川国际自驾游交易博览会、第八届攀枝花欢乐阳光节、四川省养生旅游节、甘孜山地旅游节、四川温泉旅游节（广元）、中国·都江堰温泉旅游节等以及"熊猫走世界·美丽中国"等旅游活动。[1] 健康旅游标准化建设还处于起步阶段，制定了健康旅游产业重点领域的规范化标准及规划，如《四川省中医药健康养生旅游总体规划纲要》《攀枝花市康养产业标准体系》等。

（二）四川健康旅游业发展的主要模式

1. 健康养生旅游模式

健康养生旅游是以满足人们身心健康需要为目的，实现养生资源与旅游活动交叉渗透、相互融合的新型旅游模式。依托丰富多样、独具特色的养生资源，四川初步形成了以文化养生、阳光养生、温泉养生、森林养生为主的健康养生旅游模式。

文化养生旅游：依托独特的道教文化、佛教文化、长寿文化、茶文化、盐文化、酒文化、饮食文化等资源，形成了以青城山、峨眉山、乐山为核心的文化养生旅游模式，并与自贡、宜宾、泸州等市相衔接。典型项目有蒙顶山茶道养生度假区、洪雅观音山茶旅度假区、彭山长寿新村、青城山养生小镇、鹤鸣山道源圣城项目、玉佛寺佛文化养生区项目、嘉州国际健康城、卧龙湖盐卤康疗旅游度假区。

阳光养生旅游：依托攀西地区独特的阳光资源优势、丰富的农副产品资源、绚丽的民族文化与风情，以促进旅游参与者身体健康、精神愉悦为目的，以运动、健身、休闲、度假、养生、养老功能为核心，发展阳光养生旅游模式，主要集中于攀枝花市和西昌市。典型项目有普达阳光国际康养度假区、阿署达花舞人间景区、欧方营地国际康养旅游度假区、大坪子阳光康养休闲项目。

温泉养生旅游：针对省内丰富的地热资源，提出了建成"中国西部国际知名温泉旅游目的地"的目标，已初步形成了包括大成都、大峨眉、大川南、大九寨、香格里拉、环贡嘎山、大秦巴、攀西阳光温泉等在内的若干温泉康养旅游片区。典型项目有海螺沟温泉小镇、古尔沟温泉小镇、木城沟温泉欢乐谷、日底寨温泉度假村、榆林宫温泉度假区、二道桥温泉休闲点、牟尼沟温泉度假酒店、红格温泉旅游度假区、迷易·温泉城建设项目、螺髻山温泉度假区、灵山温泉小镇、川兴温泉度假村、达州海鸣湖温泉康养度假小镇、光雾山红叶温泉度假区。

---

① 来源四川旅游政务网，http://www.scta.gov.cn/sclyj/lyxh/。

森林养生旅游：依托森林森源、生态区位和市场需求，立足森林养生理念，形成了以广元、绵阳、巴中、达州为主的秦巴地区森林饮食养生康养旅游区，以雅安、乐山为主的森林茶道养生度假区两大系列代表性产品。典型项目有巴中空山、镇龙山国家森林公园，巴中驷马河国家湿地公园、长宁竹海生态康养度假区、龙茶花海国家生态旅游示范区、黄荆老林旅游度假区、大巴山山珍类康养旅游综合示范区、光雾山山珍类康养旅游基地、广元青川山珍康养旅游综合示范基地。

2. 中医药健康旅游模式

依托成都市丰富的中医药养生资源、川西北藏区独特的中医药材以及藏医技术优势，重点发展中医药养生体验项目、藏医药特色旅游体验项目等，形成了"盆地西部—川西北"的中医健康旅游模式。都江堰国家中医药健康旅游示范区还入选了国家首批中医药健康旅游示范区创建单位。典型项目有温江中华养生园、南派藏医药传承创新基地、甘孜州藏医院、泸定金珠药业园、汶川羌医祖传骨疗项目、中国羌医药博物馆。

3. 医疗健康旅游模式

依托成都市国内领先的医疗资源，以成都市区及成都国际医学城为核心，初步打造了"医＋旅""疗＋旅""养＋旅"相结合的医疗健康旅游模式，集中于大成都健康旅游片区。典型项目有成都国际医学城。

4. 运动健康旅游模式

依托成都市西部地区核心地位，立足四川山地、阳光旅游资源优势，借助于少数民族特色运动项目，形成了健康运动旅游模式，集中于大成都旅游片区、攀西地区以及凉山等少数民族地区。典型项目有龙泉驿阳光体育城、金马国际体育城、津港湾水上世界、西岭雪山冰雪运动旅游区、白马关户外运动旅游基地、九鼎山·太子岭滑雪场、凉山彝族民族运动中心、阳光车旅项目。

5. 休闲度假旅游模式

四川各地都在利用本地区的地域环境优势，打造休闲度假旅游项目，满足上班族节假日与周末的休闲度假需求。主要依托自然优美的乡野风景、舒适怡人的清新气候、独特的地热温泉、环保生态的绿色空间，结合周围的田园景观和民俗文化，兴建休闲、娱乐设施，为游客提供休憩、度假、娱乐、健身、餐饮等服务。典型项目有都江堰莲花湖·安缇缦国际旅游度假区、什邡龙门山·半山隐庐酒店、阿坝州浮云度、理县毕棚沟。

三、四川健康旅游业发展中的主要问题

（一）健康旅游产品单一，未形成完整的产业链

虽然四川健康旅游资源丰富，但是由于健康旅游资源的分类及评价体系尚未完善，很难区分健康旅游资源开发利用与传统旅游模式的异同，无法在特色资源的基础上形成独具特点的旅游产品，健康旅游产品同质化程度过高，产品类型单一。

旅游线路和产品还是延续了以往旅游观光产品的内容，没有明确区分不同类型旅游者的需求，缺乏真正有核心主题价值的产品，健康旅游产品相对粗化、泛化，难以满足旅游者个性化、特色化的需求。

健康旅游产品的开发多数依附于知名度高的景区，还只是观光旅游等形式的附属品，并未形成完整的产品体系，未打造出独具特色的健康旅游产业链。除了北川药王谷已明确是以中医药养生为主题的山地旅游度假区外，其他如峨眉山的温泉、西岭雪山的雪上运动都是游览观光旅游的"附加"。

（二）资源整合不到位，协同发展亟待加强

健康旅游业是一个涉及卫生、旅游、环保、医疗乃至金融等多个领域融合的特色产业，也正因如此，健康旅游业的可持续发展需要多个部门协调、合作、共同努力。

作为一个新兴产业，健康旅游业在发展进程中必定会给相关企业和组织带来难以解决的矛盾和困难，迫切需要政府机构予以高效领导与协调。虽然四川高度重视健康旅游业的发展，但各部门仍存在各自为政的孤立作战状态，还需进一步整合资源，建立健全协调机制，加强各部门之间的协同，促进各地区健康旅游业协调发展。例如，作为发展健康旅游业的示范带头城市，成都与攀枝花的生态环保质量至关重要，而成都的雾霾问题却一再"拖后腿"。

此外，各地市、各旅游景区之间也存在从各自利益出发谋发展、区域之间旅游产品高度模仿、同质化竞争越演越烈的现象。以温泉旅游为例，温泉休闲度假各地到处可见，但真正响当当的温泉旅游品牌并未形成，资源整合不够到位。

（三）精准营销尚显薄弱，品牌效应有待提升

四川通过推出系列微电影、拍摄旅游宣传片、出版海报手册、举办旅游活动节等形式展开了营销宣传工作，但也只是将健康旅游视为旅游推广宣传的一部分，其营销定位与其他传统形式的旅游活动并无差别，省内各个地区还没有真正就健康旅游作为主题进行宣传营销。目前，仅攀枝花将阳光康养作为一个旅游主题进行宣传营销，一方面宣传形式比较单一，宣传力度还比较小，市场广告效应并不明显；另一方面，未着眼于具有整体优势资源的攀西地区，没有集中力量打造品牌。

与海南三亚、广西北海等地相比，四川健康旅游的市场知名度相对较低。除了

温江目前正在全力打造的集检测、诊疗、疗养、保健、度假功能于一体的医疗旅游系统外，其他类型的健康旅游产业还没有形成规模效应，即在四川地区难以找到更多的主题明确，且有一定知名度的健康旅游产业。

（四）政策扶持不够，引导作用还需增强

四川的健康旅游度假区多冠以"养生旅游"和"生态"的名号，但并没有完善整体规划设计，对健康旅游度假区的规划原则、规划布局模式、规划用地类型、规划设施配套、规划景观环境特色等相关问题还未做系统的研究。

部分县、市、区对健康旅游的定位不够明确，与市级规划融合不紧密，缺乏整体开发的科学规划，布局不尽合理，功能不够完善，产业链条较短，没有形成规模效应，散、小、乱、弱现象仍然比较普遍。

健康旅游发展扶持政策还不够完善，在重点健康旅游项目引导资金、旅游促销专项资金和旅游人才培养专项资金的财政扶持上尚未形成常态机制；在旅游项目建设用地和减轻旅游企业负担等方面，旅游政策配套和扶持仍显不够，政策汇聚资源的杠杆效应和对健康旅游业发展的引导作用还有待进一步增强。

（五）服务体系有待健全，健康旅游人才缺乏

受限于四川复杂的地形，交通基础设施发展程度相对较低，限制了健康旅游业的快速发展。健康旅游产业才刚刚起步，缺少统一的行业规范和准则，有待建立起一个规范有序、公平竞争、和谐统一的市场体系。

健康旅游对专业化要求更高，专业化健康旅游旅行社等中介服务结构以及专业化社会服务机构（健康旅游协会等）的缺乏，使健康旅游的服务水平和质量亟待提升。同样，健康旅游对于服务人员的专业要求更高，需要更多掌握多种技能的复合型人才，但全省健康旅游人才相对缺乏，真正懂健康旅游经济规律、懂健康旅游专业知识、具备旅游经营管理才能的旅游专门人才较少，旅游从业人员素质整体偏低，总体上不能适应四川健康旅游业发展的需要。

四、健康旅游业发展的政策梳理

（一）国家健康旅游业发展的相关政策

2013年9月28日，国务院印发了《国务院关于促进健康服务业发展的若干意见》（国发〔2013〕40号），重点强调了发展健康文化和旅游，支持健康知识传播机构发展，培育健康文化产业；鼓励有条件的地区面向国际国内市场，整合当地优势医疗资源、中医药等特色养生保健资源、绿色生态旅游资源，发展养生、体育和医疗健康旅游。

2014年8月9日，国务院印发了《国务院关于促进旅游业改革发展的若干意见》（国发〔2014〕31号），指出加快转变发展方式，以转型升级、提质增效为主

线，推动旅游产品向观光、休闲、度假并重转变，满足多样化、多层次的旅游消费需求；推动旅游开发向集约型转变，更加注重资源能源节约和生态环境保护，更加注重文化传承创新，实现可持续发展；推动旅游服务向优质服务转变，实现标准化和个性化服务的有机统一。并积极推动体育旅游、医疗旅游、中医药健康旅游、森林旅游、海洋旅游、老年人休闲养生旅游等健康旅游模式。

2015 年 11 月 17 日，国家旅游局和国家中医药管理局联合下发了《关于促进中医药健康旅游发展的指导意见》，提出到 2020 年，中医药健康旅游人数达到旅游总人数的 3%，中医药健康旅游收入达 3000 亿元；到 2025 年，中医药健康旅游人数达到旅游总人数的 5%，中医药健康旅游收入达 5000 亿元，培育打造一批具有国际知名度和市场竞争力的中医药健康旅游服务企业和知名品牌。提出开发中医药健康旅游产品、打造中医药健康旅游品牌、壮大中医药健康旅游产业、开拓中医药健康旅游市场、创新中医药健康旅游发展模式、培养中医药健康旅游人才队伍、完善中医药健康旅游公共服务、促进中医药健康旅游可持续发展等八个重点任务。

2016 年 10 月 25 日，中共中央、国务院印发了《"健康中国 2030"规划纲要》，提出了"到 2030 年健康产业规模显著扩大，建立起体系完整、结构优化的健康产业体系"的具体目标。倡导积极促进健康与养老、旅游、互联网、健身休闲、食品融合，催生健康新产业、新业态、新模式；制定健康医疗旅游行业标准、规范，打造具有国际竞争力的健康医疗旅游目的地；大力发展中医药健康旅游，打造一批知名品牌和良性循环的健康服务产业集群，扶持一大批中小微企业配套发展。

2016 年 12 月 22 日，国家旅游局、国家体育总局印发《关于大力发展体育旅游的指导意见》（旅发〔2016〕172 号）文件，提出要不断完善体育旅游基础设施和配套服务设施，进一步优化发展环境，基本形成结构合理、门类齐全、功能完善的体育旅游产业体系和产品体系。到 2020 年，在全国建成 100 个具有重要影响力的体育旅游目的地，建成 100 家国家级体育旅游示范基地，推出 100 项体育旅游精品赛事，打造 100 条体育旅游精品线路，培育 100 家具有较高知名度和市场竞争力的体育旅游企业与知名品牌，体育旅游总人数达到 10 亿人次，占旅游总人数的 15%，体育旅游总消费规模突破 1 万亿元。

2016 年 12 月 26 日，国务院印发《"十三五"旅游业发展规划》（国发〔2016〕70 号），指出"十三五"时期，必须创新发展理念，转变发展思路，加快由景点旅游发展模式向全域旅游发展模式转变，促进旅游发展阶段演进，实现旅游业发展战略提升。实施"旅游＋"战略，促进旅游与健康医疗融合发展。鼓励各地利用优势医疗资源和特色资源，建设一批健康医疗旅游示范基地；发展中医药健康旅游，启动中医药健康旅游示范区、示范基地和示范项目建设；发展温泉旅游，建设综合性康养旅游基地。

2017 年 5 月 12 日，国家卫生计生委、发展改革委、财政部、旅游局、中医药局等 5 部门联合印发了《关于促进健康旅游发展的指导意见》，提出了健康旅游业的发展目标：到 2020 年，建设一批各具特色的健康旅游基地，形成一批健康旅游特色品牌，推广一批适应不同区域特点的健康旅游发展模式和典型经验，打造一批国际健康旅游目的地；到 2030 年，基本建立比较完善的健康旅游服务体系，健康旅游服务能力大幅提升，发展环境逐步优化，吸引更多的境内外游客将我国作为健康旅游目的地，提升产业发展层级。从提高健康旅游供给能力、培养健康旅游消费市场、优化健康旅游政策环境等三方面部署了 13 项重点任务，特别强调发展高端医疗服务、中医药特色服务、康复疗养服务和休闲养生服务。

2018 年 3 月 22 日，国务院办公厅印发了《国务院办公厅关于促进全域旅游发展的指导意见》（国办发〔2018〕15 号）文件，指出推动旅游与科技、教育、文化、卫生、体育融合发展；推动剧场、演艺、游乐、动漫等产业与旅游业融合开展文化体验旅游；加快开发高端医疗、中医药特色、康复疗养、休闲养生等健康旅游；大力发展冰雪运动、山地户外运动、水上运动、汽车摩托车运动、航空运动、健身气功养生等体育旅游，将城市大型商场、有条件的景区、开发区闲置空间、体育场馆、运动休闲特色小镇、连片美丽乡村打造成体育旅游综合体。

（二）四川健康旅游业发展的相关政策

2015 年 7 月 11 日，四川省人民政府办公厅发布《关于加快发展体育产业促进体育消费的实施意见》（川办函〔2015〕37 号），提出推动体育与健康养老服务、文化创意和设计服务、教育培训等融合。打造集体育健身、旅游体验、时尚运动于一体的产业链，扩大境内外游客输入。加强重大国际体育赛事项目推介，开发境外赛事旅游精品线路，扩大省内游客输出。

2015 年 11 月 20 日，四川省人民政府办公厅印发《四川省养老与健康服务业发展规划（2015—2020 年）》（川办发〔2015〕96 号），重点强调养老与健康服务业是扩大内需、拉动消费、调整经济结构、转变经济发展方式的重要抓手，重点发展养老服务、医疗服务、健康管理与促进、中医养生保健、中医特色康复、健康保险及相关服务业，涉及药品、医疗器械、保健用品、保健食品、健身产品等支撑产业。

2016 年 4 月 21 日，四川省人民政府办公厅发布《关于大力发展乡村旅游合作社的指导意见》（川办函〔2016〕65 号），重点强调推进融合发展，以产业为依托、市场为导向，鼓励乡村旅游合作社向上下游产业链延伸，开发休闲农业、文化创意、生态旅游、体育运动、休闲度假等多种业态乡村旅游产品和特色商品。

2017 年 4 月 18 日，四川省人民政府印发《四川省"十三五"旅游业发展规划》，指出深入实施全省多点多极支撑发展战略，从产业和空间两个维度构建全省"511"旅游发展新格局。实施全域旅游和"旅游＋产业"融合发展重大举措，实施"旅游＋第三产业"高度融合，构建以旅游为重要支柱的现代服务业，重点发展文化旅游、体育娱乐、旅游住宿、旅游餐饮、旅游购物等；重点打造山地旅游、水上旅游、温泉旅游、阳光旅游、康养旅游、研学旅游等特色业态产品。

（三）四川各市州健康旅游业发展的相关政策

2016 年 11 月 9 日，巴中市人民政府印发《巴中市森林康养产业发展总体规划（2016—2025 年）》（巴府发〔2016〕24 号），提出全力推进巴中全域森林康养产业发展，建成一批标准化精品森林康养基地，打造智慧森林康养品牌，把森林康养产业培育成全市支柱产业，把巴中打造成为中国最佳森林康养目的地。

2016 年 11 月 28 日，自贡市人民政府办公室印发《自贡市中医药健康服务发展规划（2016—2020 年）》（自府办发〔2016〕46 号），指出加大中医药健康服务拔尖人才培养，集中力量培养中医药学术技术引领型人才，打造一批在全省乃至全国学术思想和临床诊疗水平方面具有突出优势及较大影响力的中医药高层次人才队伍，不断提高全市中医药在全省乃至全国学术界的影响力。

2016 年 12 月 23 日，达州市人民政府办公室印发《达州市中医药健康服务发展规划（2016—2020 年）》（达市府办〔2017〕25 号），指出到 2020 年，中医药健康服务成为达州市健康服务业的重要力量和全市乃至全省竞争力的重要体现。

2017 年 1 月 16 日，成都市人民政府办公厅印发《成都市推进中医药健康服务发展行动方案》（成办发〔2017〕4 号），指出到 2020 年，构建以中医药科技创新为引领，以中医药服务贸易为平台，以成都道地中药材、优势资源和中成药大品种为龙头，以中药材种植、中药饮片、中成药、医院制剂、保健食品、中医药文化产品和中医药健康旅游为基础的中医药健康服务产业体系。

2017 年 1 月 24 日，甘孜州人民政府印发《甘孜藏族自治州全域旅游促进办法》（政府令 37 号），指出坚持山地旅游发展方向，支持发展以藏医药文化传播为主题，集藏医药养生保健、文化体验于一体的健康旅游示范产品，支持有条件的地方建设藏医药健康旅游产业示范园区。

2017 年 8 月 23 日，凉山彝族自治州人民政府办公室印发《四川省凉山彝族自治州"十三五"旅游业发展规划》，指出挖掘凉山州旅游发展的潜能，实施"旅游＋"文化、体育、宗教等行业，打造国际阳光康养休闲度假旅游目的地。

2018 年 2 月 2 日，乐山市人民政府办公室转发《乐山市"十三五"旅游发展规划》（乐府办发〔2018〕6 号），提出创建森林生态康养示范、构建丰富的康养体系，重点推进峨眉山森林康养休闲走廊、峨边康养山庄、大瓦山国际山地旅游度假区、马边大王山森林康养度假区、沙湾范店康养休闲度假区、乐山国际休闲旅游区、峨眉山国际旅游度假区、沐川竹海国际康养度假区、"世外花乡"生态休闲旅游度假区等项目的建设。

2018 年 3 月 21 日，中共攀枝花市委办公室攀枝花市人民政府办公室印发《攀枝花市建设全国阳光康养旅游目的地的实施意见》（攀委办发〔2018〕5 号），指出到 2022 年，成功创建国家全域旅游示范区、全国旅游休闲示范城市。

2018 年 5 月 18 日，阿坝州人民政府印发《阿坝州"十三五"老龄事业发展和养老体系建设规划》（阿府发〔2018〕6 号），指出健全社会养老保障体系、推进养

老服务体系建设、积极推动老龄产业、营造养老孝老敬老社会环境。

表2 国家及四川省、市州健康旅游政策文件

序号	文件名	文号	发文机关	文件主题
1	国务院关于促进健康服务业发展的若干意见	国发〔2013〕40号	国务院	发展整合当地优势医疗资源、中医药等特色养生保健资源、绿色生态旅游资源，发展养生、体育和医疗健康旅游
2	国务院关于促进旅游业改革发展的若干意见	国发〔2014〕31号	国务院	积极推动体育旅游、医疗旅游、中医药健康旅游、森林旅游、海洋旅游、老年人休闲养生旅游等健康旅游模式
3	关于促进中医药健康旅游发展的指导意见		国家旅游局、国家中医药管理局	提出开发中医药健康旅游产品、打造中医药健康旅游品牌、壮大中医药健康旅游产业、开拓中医药健康旅游市场、创新中医药健康旅游发展模式、培养中医药健康旅游人才队伍、完善中医药健康旅游公共服务、促进中医药健康旅游可持续发展等八个重点任务
4	"健康中国2030"规划纲要		中共中央、国务院	制定健康医疗旅游行业标准、规范，打造具有国际竞争力的健康医疗旅游目的地；大力发展中医药健康旅游，打造一批知名品牌和良性循环的健康服务产业集群，扶持一大批中小微企业配套发展
5	关于大力发展体育旅游的指导意见	旅发〔2016〕172号	国家旅游局、国家体育总局	提出要不断完善体育旅游基础设施和配套服务设施，进一步优化发展环境，基本形成结构合理、门类齐全、功能完善的体育旅游产业体系和产品体系
6	"十三五"旅游业发展规划	国发〔2016〕70号	国务院	实施"旅游+"战略，促进旅游与健康医疗融合发展。发展中医药健康旅游，启动中医药健康旅游示范区、示范基地和示范项目建设；发展温泉旅游，建设综合性康养旅游基地
7	关于促进健康旅游发展的指导意见		国家卫生计生委、发展改革委、财政部、旅游局、中医药局	提高健康旅游供给能力、培养健康旅游消费市场、优化健康旅游政策环境等任务，特别强调发展高端医疗服务、中医药特色服务、康复疗养服务和休闲养生服务
8	国务院办公厅关于促进全域旅游发展的指导意见	国办发〔2018〕15号	国务院办公厅	加快开发高端医疗、中医药特色、康复疗养、休闲养生等健康旅游；大力发展冰雪运动、山地户外运动、水上运动、汽车摩托车运动、航空运动、健身气功养生等体育旅游

续表2

序号	文件名	文号	发文机关	文件主题
9	关于加快发展体育产业促进体育消费的实施意见	川办函〔2015〕37号	四川省人民政府办公厅	推动体育与健康养老服务、文化创意和设计服务、教育培训等融合。打造集体育健身、旅游体验、时尚运动于一体的产业链，扩大境内外游客输入。加强重大国际体育赛事项目推介，开发境外赛事旅游精品线路，扩大省内游客输出
10	四川省养老与健康服务业发展规划（2015—2020年）	川办发〔2015〕96号	四川省人民政府办公厅	重点强调养老与健康服务业是扩大内需、拉动消费、调整经济结构、转变经济发展方式的重要抓手
11	关于大力发展乡村旅游合作社的指导意见	川办函〔2016〕65号	四川省人民政府办公厅	重点强调推进融合发展，以产业为依托、以市场为导向，鼓励乡村旅游合作社向上下游产业链延伸，开发休闲农业、文化创意、生态旅游、体育运动、休闲度假等多种业态乡村旅游产品和特色商品
12	四川省"十三五"旅游业发展规划		四川省人民政府	重点发展文化旅游、体育娱乐、旅游住宿、旅游餐饮、旅游购物等；重点打造山地旅游、水上旅游、温泉旅游、阳光旅游、康养旅游、研学旅游等特色业态产品
13	巴中市森林康养产业发展总体规划（2016—2025年）	巴府发〔2016〕24号	巴中市人民政府	全力推进巴中全域森林康养产业发展，建成一批标准化精品森林康养基地，打造智慧森林康养品牌，把森林康养产业培育成全市支柱产业，把巴中打造成为中国最佳森林康养目的地
14	自贡市中医药健康服务发展规划（2016—2020年）	自府办发〔2016〕46号	自贡市人民政府办公室	加大中医药健康服务拔尖人才培养，集中力量培养中医药学术技术引领型人才
15	达州市中医药健康服务发展规划（2016—2020年）	达市府办〔2017〕25号	达州市人民政府办公室	到2020年，中医药健康服务成为达州市健康服务业的重要力量和全市乃至全省竞争力的重要体现
16	成都市推进中医药健康服务发展行动方案	成办发〔2017〕4号	成都市人民政府办公厅	构建以中药材种植、中药饮片、中成药、医院制剂、保健食品、中医药文化产品和中医药健康旅游为基础的中医药健康服务产业体系
17	甘孜藏族自治州全域旅游促进办法	政府令37号	甘孜州人民政府	坚持山地旅游发展方向，支持发展藏医药文化、藏医药养生保健等健康旅游示范产品，支持建设藏医药健康旅游产业示范园区

续表 2

序号	文件名	文号	发文机关	文件主题
18	四川省凉山彝族自治州"十三五"旅游业发展规划		凉山彝族自治州人民政府办公室	挖掘凉山州旅游发展的潜能，实施"旅游＋"文化、体育、宗教等行业，打造国际阳光康养休闲度假旅游目的地
19	乐山市"十三五"旅游发展规划	乐府办发〔2018〕6 号	乐山市人民政府办公室	创建森林生态康养示范、构建丰富的康养体系，重点推进峨眉山森林康养休闲走廊、峨边康养山庄、马边大王山森林康养度假区等项目建设
20	攀枝花市建设全国阳光康养旅游目的地的实施意见	攀委办发〔2018〕5 号	攀枝花市人民政府办公室	到 2022 年，成功创建国家全域旅游示范区、全国旅游休闲示范城市
21	阿坝州"十三五"老龄事业发展和养老体系建设规划	阿府发〔2018〕6 号	阿坝州人民政府	积极推动老龄产业发展，多元打造阿坝老龄康养产业，以汶川"康养书院"为示范点，全面推动阿坝州"运动康养、生态颐养、老年文养"纵深发展

五、四川健康旅游业发展的对策与建议

（一）完善健康旅游体系，推出特色业态产品

1. 实施健康旅游精品工程

一是加强 AAAA 级旅游景区建设。以山地旅游产品打造为抓手，重点在民族地区建设国家 AAAA 级以上的特种旅游景区，如九寨沟、黄龙；继续打造以青城山、七里坪、峨眉山为核心的森林旅游项目。二是打造山河流域精品旅游带。推出龙门山、光雾山、米仓山等"华夏中央空调"消夏度假旅游带，金川大东女、安宁河流域阳光度假带，大巴山、西岭雪山等南方滑雪带（群），嘉陵江流域亲水度假旅游带。将这些旅游带作为健康旅游的重点建设基地，发展森林旅游、阳光旅游、休闲度假娱乐旅游项目。三是构建多层次旅游精品线路。重点打造成乐文化生态度假环线、香格里拉文化与生态旅游线、秦巴南国冰雪旅游线、攀西阳光康养旅游线等健康旅游精品线路、大成都中医药文化体验旅游精品线路。

2. 推进健康旅游特色小镇建设

着力推进"新型城镇化＋旅游"，强化民族村寨和古镇古村的保护与利用，提升城镇风貌，丰富旅游业态，打造特色品牌，建设具有历史记忆、地域特色、民族特点、民俗文化特色的宜居、宜游的健康旅游特色小镇，如健康旅游养生小镇、健康旅游文化小镇、健康旅游体育小镇、健康旅游动漫小镇。并将健康旅游特色小镇

建设与健康养老小镇相结合，促进"旅游＋城镇化＋康养"的一体化发展。

3. 打造特色健康旅游业态产品

一是水上健康旅游产品。依托丰富的江河湖泊旅游资源，大力开发水上运动、水上演艺等旅游产品，重点开发邛海、嘉陵江、向家坝等水上健康旅游度假区。二是温泉健康旅游产品。细分温泉旅游产业，根据温泉分散的地理位置建立温泉游憩带，形成特色温泉休闲旅游带，重点打造花水湾、罗浮山、峨眉山、海螺沟、红格、古尔沟、周公山等温泉旅游产业集聚区。三是攀西健康旅游产品。依托攀西、川南等地区独特的阳光资源优势，大力发展冬季阳光康养、户外运动、生态休闲、民族文化旅游、落地自驾游等。四是运动健康旅游产品。依托山地旅游资源，重点打造邛崃山系与岷江山系的户外运动健康旅游业态。可根据实际地理情况发展高尔夫球、网球、健康步行、登山、漂流、自驾车活动等各种户外运动。

4. 开发以中医药为主的多元健康旅游产品

一是延伸中医药健康产业链。依托自然、人文、生态、区位等优势，结合医疗机构、健康管理机构、康复护理机构和休闲疗养机构等，打造乡村康养旅游、中医保健、康复疗养、医养结合等产业链。二是完善中医药健康旅游产品体系。发挥中医药特色优势，使旅游资源与中医药资源有效结合，形成体验性强、参与度广的中医药健康旅游产品体系。通过气功、针灸、按摩、理疗、矿泉浴、日光浴、森林浴、中草药药疗等多种服务形式，提供健康疗养、慢性病疗养、老年病疗养、骨伤康复和职业病疗养等特色服务。三是开发"中医药＋旅游"特色产品。大力开发中医药观光旅游、中医药文化体验旅游、中医药特色医疗旅游、中医药疗养康复旅游等旅游产品，推进中医药健康旅游产品和项目的特色化、品牌化。

（二）促进部门多规合一，实施全域健康旅游

1. 加快实现"多规合一"

一是做好相关规划间的衔接。健康旅游专项规划与"十三五"规划、城市总体规划、经济社会发展规划、土地利用规划之间的衔接，以及各部门之间专项规划的有效衔接。二是积极推进"多规合一"。建立"多规合一"大数据库，实现各部门之间空间信息共享、业务协同办理及审批流程优化，通过"多规合一"平台进行业务协同和审批管理。

2. 加快实施全域健康旅游

一是推动健康旅游相关产业统筹。通过旅游与养老、医药、卫生、文化、体育、农林、商贸、科教、金融等产业的统筹规划、统一布局，形成"多规合一、部门联动、产业融合"的全域健康旅游实施机制。二是有机整合健康旅游产业资源。对旅游、养老、医药、文化、体育、农林、科教等产业的经济社会资源、生态环境、公共服务、体制机制、政策法规、文明素质等，进行全方位、系统化的优化提

升，实现区域资源有机整合、促进健康旅游相关产业融合发展。三是完善健康旅游管理机制。省旅游发展委员会应积极对接相关部门，多措并举、全面发力，规划和指导健康旅游产业的有序发展。成立全域健康旅游发展领导小组，逐步完善健康旅游综合管理体制机制，将健康旅游发展纳入部门考核内容。四是探索健康旅游"五新"模式。"五新"指全方位全龄化健康养生新生活、高精准多维度健康管理新模式、高品质多层次健康养老新方式、全周期高保障健康保险新体系、租购旅多方式健康会员新机制。① 这就要求从健康旅游的对象、质量、品质、层次、管理、保障、方式等方面入手，全面提升健康旅游质量，实现粗放低效旅游向精细高效旅游的转变，从封闭的旅游自循环向开放的"旅游＋健康"融合发展方式转变。

（三）创新营销宣传方式，打造健康旅游品牌

1. 探索多层次健康旅游产品组合营销

针对健康旅游市场的个性化差异需求，根据健康旅游资源的开发条件与实际情况，四川健康旅游产品可以从高、中、低三个层次分别打造，具体可采取"养心、养身、养眼"的"三养"途径：

青城—峨眉地区文化特色突出且在国内外知名度高，可以打造高端"养心"文化系列特色产品。

攀西地区阳光资源优势不可复制，大成都范围内医疗资源集中，可以健康养生、中医药健康、运动健康体育为主，重点打造中端"养身"休闲系列产品。

乡村旅游在四川也有着良好的发展基础和经验，而且省内消费者对于乡村旅游已经形成了一定的消费习惯，可以自然观光、美丽乡村为主，打造"养眼"的"康养＋"观光系列低端基础产品。

通过构建相对完善的健康旅游产品和服务组合，将中高端产品培育成四川健康旅游主打品牌和特色品牌，吸引和带动更多的省外、境外消费者参与四川健康旅游。

2. 创新健康旅游营销方式

一是实施精准营销。国内市场方面，可由各地旅游管理部门组织开展健康旅游市场调查，了解市场需求，摸清客户群体情况，然后针对不同类型客源市场开展精准营销旅游线路和产品；国外市场方面，由政府或旅游协会主导建立境外健康旅游营销中心，由境外营销中心调查需求、联络媒体、组织商家、负责协调开展健康旅游活动。二是开展专项营销会展。针对京津冀、长三角、珠三角等东部发达地区的国内客源市场，开展健康旅游会展和专项营销活动。三是实施品牌营销。举办并极力宣传省内主要健康旅游节会活动，如攀枝花欢乐阳光节、四川温泉旅游节等。四是拓展网络营销。加强境外网络平台整合与合作，通过线上、线下互动，营销推广

---

① 践行"全域旅游"，贵阳恒大文化旅游城开启全新旅居生活 [N]. 成都商报，2018-04-18 (2).

四川健康旅游产品、精品线路和文化美食。

3. 加大中医药健康旅游的宣传推广

一是积极落实政策、做好中医药旅游的宣传工作，进一步打造中医药健康旅游的品牌特色。二是大力发展中介服务组织，加强健康旅游推介平台建设，积极运用网络营销、中介机构宣传、举办或参加健康旅游博览会等多种方式，加大中医药健康旅游宣传力度。三是加强与"一带一路"沿线及周边国家健康旅游相关领域的合作，加强国际宣传与交流。

（四）强化智慧健康旅游，推动旅游业信息化

1. 加强健康旅游信息化基础建设

一是加快机场、车站、码头、宾馆饭店、景区景点、乡村旅游点等旅游区及重点旅游线路的光纤宽带、Wi-Fi、3G/4G 等基础设施覆盖。二是依托省级政务云平台，加快建设四川旅游大数据中心、旅游信息资源共享交换平台和旅游大数据分析决策平台。三是积极探索创新旅游统计的方式方法，使旅游统计更好地服务于旅游发展，建立健全涉旅统计数据信息共享机制。

2. 加大健康旅游信息化服务力度

一是构建手机 App 客户端和微博平台。专门开发健康旅游 App，具备旅游、养生、医疗、休闲、娱乐信息一体化的智能查询功能，为游客实现线上咨询、导航、导游、导览、导购、投诉等提供便捷。二是加快"养生＋医疗＋旅游"的融合发展。结合当地的自然资源优势、特色农作物和药材、地域文化特点，推出本地富有特色而且能够被大多数游客接受的医疗养生旅游项目。可通过旅游信息网、App、报纸等媒介加以宣传，让游客能详细了解项目特点和优势。三是加快旅游电子商务发展。支持旅游景区、酒店、旅行社等旅游企业的电子商务平台建设，发展网上预订、在线支付等电子商务，推进微信、支付宝等电子支付方式的全覆盖。四是加强数据实时监控。建立健全重点景区流量实时监控、数据实时发布，网上预售门票和预售高峰期分时门票等制度。

3. 加强健康旅游智慧营销系统建设

一是利用旅游大数据挖掘，建立健康旅游智慧营销系统，构建智慧旅游体系，加快智慧旅游试点城市、智慧旅游试点景区建设。二是通过搭建健康旅游产业发展平台，利用各种传统渠道和移动互联网，深入宣传全面健康观念，对健康旅游目的地进行全媒体推广，提高本地发展健康旅游的意识。

（五）深化体制机制改革，优化健康旅游环境

1. 完善健康旅游政策法制体系

一是充分发挥市场在资源配置中的决定性作用，坚持政府引导作用不动摇。系统梳理并健全完善健康旅游相关法律法规，重点解决可能存在的医疗责任划分、行

业监管等问题。二是完善健康旅游产业引导政策、区域政策、投资政策、消费政策、价格政策等协调配合的政策体系，建立综合性旅游协调机制，创新旅游市场综合监管机制，构建统一开放、竞争有序的旅游市场体系。三是引进培育多层次旅游企业，以培育全省骨干知名品牌旅游企业为目标，大力实施四川龙头健康旅游企业培育工程。

2. 加强健康旅游业的综合监管

一是建立健全旅游市场综合监管机制。创新监管方式，加大监管力度，推行属地化管理，依法规范健康旅游服务机构及个人从业行为。加强事中事后监管，强化服务质量监管和市场日常监管。各地旅游行业协会成立健康旅游监管领导小组，联合医疗、卫生等部门，制定健康旅游市场综合整治实施方案，开展健康旅游市场"打假打非"专项整治活动（如旅游地药材打假、旅游地售卖品打假），严肃查处无证行医和违法经营行为，保障群众健康权益，净化健康旅游市场环境。二是建立健康旅游行业失信惩戒制度。建立健全涉旅企业和从业人员失信惩戒公示制度和严重违法企业与"黑导游"黑名单制度，对健康旅游行业的失信行为进行严厉惩处。三是积极开展文明宣传和公益行动。开展健康旅游文明景区景点创建活动，积极宣传和引导文明旅游；加强旅游志愿者队伍建设，积极开展志愿服务公益行动。四是加强健康旅游社会监督。完善健康旅游行业自律规则和机制，引导企业诚信经营，大力推行健康旅游社会监督员制度，维护消费者利益，营造公平竞争的环境。

（六）健全公共服务体系，打造专业人才队伍

1. 健全公共服务体系

一是实现健康旅游交通网络无缝对接。整合全省高铁、高速公路、客运专线、支线航空，打造"景区＋城市＋高铁站点＋支线机场＋自驾车租赁点＋高速公路"的四川无缝对接健康旅游交通网络。二是完善健康旅游基础设施建设。加大健康旅游城镇、村寨步行道、停车场、供水供电、垃圾污水处理、应急救援、信息网络、标志标识系统等基础设施的建设。三是持续推进旅游"厕所革命"。进一步应用生态环保技术，打造一批具有示范作用的"样板厕所"、具有艺术创意的"主题厕所"。积极探索以商建厕、以商养厕、以商管厕的旅游厕所商业化运作新模式，丰富旅游厕所服务功能。四是加强健康旅游信息指示服务。在市区和景区设立健康旅游广告牌和游客服务中心；在城区主干道和通往各健康旅游点的交通要道上设置指示牌；在政务服务中心、宾馆、饭店、车站、景区等公共场所增设相应的公共信息图形符号和健康旅游信息电脑触摸屏，让公众便捷地了解到健康旅游信息。

2. 打造健康旅游专业人才队伍

一是加强健康旅游业的人才队伍建设。建立稳定的健康旅游人才培养机制、科学的人才测评体系和从业资格制度，鼓励和带动综合型人才进入健康旅游队伍，提高健康旅游从业人员的专业技能和服务水平。二是开展健康旅游人才的定制化培

养。制定合理的健康旅游人才培养计划，利用具有旅游背景或医疗背景的高等院校，开展健康旅游人才的定制化培养，尽快培养一批高素质、专业化的健康旅游服务人才。三是设立健康旅游培训中心。可由省级旅游管理部门或旅游协会统一建立健康旅游培训中心，负责对现有旅游从业人员及新进从业人员进行综合性培训，使其具备健康旅游所涉及的相关方面的知识素质和专业技能，提升现有旅游业人员整体素质和服务水平。四是加强中医药、养老复合型人才的培养。重视中医药复合型人才培养，编辑相关书籍、新建相关专业院校，引进国际人才，提供更多实习和就业岗位；重点培养健康心理咨询方面的高精尖人才，提供专业化的人才支撑。五是推进健康旅游智库建设。建立优秀健康旅游人才电子档案，实施旅游博士人才工程、导游人才工程、自驾车专业旅游人才工程等，为全省健康旅游发展提供智力支撑。

（四川省统计局　四川轻化工大学）

四川省民营企业知识产权保护问题研究

一、引言

（一）研究背景

保护知识产权是塑造良好营商环境的重要方面。中西方科技与经济发展历史的对比证明，一个完善的知识产权保护制度是科技进步与经济繁荣应当具备的外部环境。在国家经济发展动力转向创新驱动、企业竞争依靠软实力的新时代，政府大力推动"大众创新、万众创业"的背景下，加强知识产权保护成为我国经济新增长的重要举措和"实施创新驱动战略的重要保障"[①]。

在此背景下，四川省明确提出西部知识产权强省的建设目标，并借获批中西部唯一的国家引领型知识产权强省建设试点省契机，分别于 2016 年 7 月发布《关于深入实施知识产权战略加快建设西部知识产权强省的意见》，于 2017 年 2 月印发《四川省"十三五"知识产权保护和运用规划》，对四川省专利、商标、版权、商业秘密、植物新物种、地理标志、特定领域知识产权 7 类重点领域的知识产权保护和运用做出安排。2018 年 3 月，由省知识产权局牵头，省法院、检察院等 15 个部门联合印发《关于严格知识产权保护营造良好营商环境的意见》，明确提出要从"严保护、大保护、快保护、同保护"四个方面加快建立知识产权保护新机制。2018 年 6 月，省委三次会议《关于全面推动高质量发展的决定》再次明确提出，推动四川高质量发展、加快建设经济强省，必须坚持问题导向，破除民营经济活力不强、国有企业竞争力不高、资本市场不健全、营商环境亟待改善等障碍，要构建知识产权保护体系，建设中国（四川）知识产权保护中心，争取设立成都知识产权法院，加快推进高价值专利育成中心建设。可以看出，引导企业加强知识产权保护，主动将知识产权保障作为企业可持续发展的重要举措，积极加大知识产权保护环境建设，出台政策扶持知识产权创造、保护，加大侵权行为打击力度，发展知识产权配套服务业，成为当下及今后一段时间四川省的一项重要战略任务。

当前，我国民营企业知识产权面临国际企业巨头的挤压和国内恶劣竞争环境的

[①] 欧长胜. 厦门市民营企业知识产权保护现状及对策 [J]. 厦门特区党校学报，2015（4）.

压力，提升软竞争实力面临诸多制约。本文旨在研究四川省民营企业知识产权保护现状，梳理四川省民营企业知识产权保护存在的主要问题，提出促进民营企业健康发展的知识产权保护对策建议，以期为提升四川省民营企业软竞争实力提供理论依据与政策支持，为四川省创新驱动发展战略的实施和实现知识产权强省提供重要支撑。

（二）调研样本说明

为更好地弄清楚四川省民营企业知识产权保护的相关情况，课题组深入民营企业调研，发放调查问卷。本次调查采用随机方式发放问卷 260 份，回收 185 份，有效问卷 178 份。

调研样本总体上呈现出以下几个特点：

一是在区域分布上涉及成都、自贡、广元、德阳、绵阳五个市的企业。有效问卷中，成都企业占比 71.9%，自贡、广元、德阳、绵阳的企业分别占 11.2%、10.1%、3.4%、3.4%。

二是考虑到当前知识产权保护以专利保护、著作权保护为主，因此科技企业是本次问卷调查的重点；考虑到知识产权示范企业、优势培育企业、试点企业在知识产权保护方面有一定的优势，其基本能反映四川省民营企业知识产权保护的较高水准，故选择部分国家级、省级、市级认定的知识产权示范企业、优势培育企业、试点企业发放调查问卷，此类企业发放问卷占全部问卷的 51%。

三是样本企业结构基本合理。样本企业中，规模以上企业占 32.2%，规模以下企业占 67.8%；职工人数在 100 人以上的占 28.9%，100 人以下的占 71.1%，其中拥有研发人员的企业占 82.2%；以生产制造型企业为主，占 91.1%，服务型和贸易型企业为辅，占 8.9%；高新技术企业占 33.3%，全部为非上市公司。

二、四川省民营企业知识产权保护现状

（一）企业知识产权保护意识较强

企业知识产权保护意识是企业知识产权事前保护的重要组成部分，可以折射出企业对知识产权保护的认知和态度。《2017 年全国专利调查基础数据报告（二）》显示，近八成的企业认为其所在行业需要依靠专利取得或维持竞争优势。[①] 企业知识产权保护意识通常通过制度建设、战略规划、经费投入、专利申请等行为进行考察。

[①] 2017 年全国专利调查基础数据报告（二）［R］. http://www.sipo.gov.cn/docs/20180510140511788614.pdf.

1. 知识产权保护制度建设加快

随着知识经济时代的到来，知识产权将愈来愈上升为企业最强大的财富源泉。建立知识产权管理和保护制度，制定知识产权培育和经营战略，已经成为我国企业创造竞争优势，占领国内外市场的最有力手段。四川省民营企业逐步认识到知识产权保护的重要性，制度建设明显加快。调查显示，43.3%的企业制定了知识产权管理制度，但不同类型企业之间的差异较大，被调查的知识产权示范企业、优势培育企业、试点企业100%制定了知识产权管理制度。在所有制定了知识产权管理制度的企业中，既制定了知识产权整体保护制度又制定了专利、商标、著作、商业秘密等专项管理制度的企业占比为38.5%，仅制定了整体保护制度未制定专项保护制度的企业占比为33.3%，仅制定专项保护制度未制定整体保护制度的企业占比28.2%；制定了两项以上制度的企业接近半数，占比48.7%。在专项保护制度方面，先后有企业涉及专利、商标、著作、商业秘密等专项保护制度，其中最多的还是专利、商标、商业秘密制度，制定了专利保护制度的企业占比48.7%，商标制度、商业秘密制度占比均为38.5%。比较遗憾的是尚未发现植物品种权、集成电路布图设计、地理标志等专项保护制度。

2. 知识产权战略规划开始受到重视

随着知识经济的发展，知识产权越来越具有战略性，甚至有学者认为，从战略的高度进行知识产权管理可以起到使知识产权资产增加企业全面绩效的杠杆作用[1]，知识产权纳入企业战略管理是企业知识产权管理和保护的最高境界。[2] 索尼、通用、海尔等国际性知名企业之所以能够发展壮大并获得稳固的竞争优势，与其重视知识产权保护、将知识产权战略全面贯穿于企业经营管理之中密不可分，由此带来源源不断的利润和良好口碑。[3] 调查显示，四川省民营企业普遍认识到知识产权的重要性，69.2%的调查企业要么制定了知识产权中长期（3～5年）专门规划，要么制定了短期（1～2年）专门规划，要么在企业发展战略中有所涉及，仅有33.3%的调查企业的所有发展战略中没有涉及知识产权内容。

---

① J. B. Quinn & Philip Anderson & Sydney Finkelstein, "Managing Professional Intellect: Making the Most of the Best", Harvard Business Review, 74 (1996): 71—80.

② 冯晓青. 企业知识产权管理 [M]. 北京：中国政法大学出版社，2012：236.

③ 王倩文. 民营企业知识产权保护的缺失及其对策 [J]. 学理论，2014 (21).

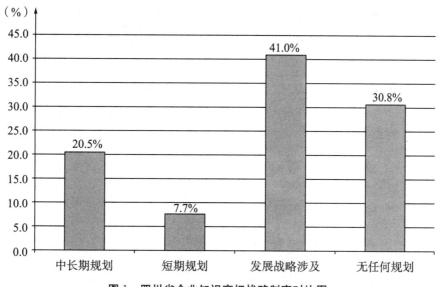

图1　四川省企业知识产权战略制定对比图

3. 知识产权保护经费投入比较积极

知识产权经费保障是知识产权保护的重要基础。随着对知识产权重要性认识的提高，我省企业与全国企业一样，直接用于知识产权保护的经费投入比较积极。2016年，全国开展 R&D 活动的规模以上工业企业共8.7万个，占全部规模以上工业企业的23.0%；R&D 经费支出达到 10944.7亿元，比上年增长 9.3%；R&D 经费投入强度为 0.9%，比上年提高了 0.04 个百分点。持续增长的经费投入带来知识产权的相应产出，2016年申请发明专利28.7万件，比上年增长 16.8%；发明专利拥有量为 77.0万件，比上年增长 34.2%。[①] 国家知识产权局发布的《2015年中国专利调查数据报告》《2017年中国专利调查数据报告》显示，企业的研发经费支出用于专利活动的比例在大中小微等不同类型中基本保持一致（见表1）；研发经费支出用于专利活动的比例低于 10% 的企业接近一半，但用于专利活动经费的比重超过 30% 的企业数在逐渐增大，企业用于知识产权活动的经费逐渐增加（见表2）。

---

① 2016年规模以上工业企业 R&D 活动统计分析［R］. http://www. sts. org. cn/tjbg/zhqk/documents/2018/2016%E5%B9%B4%E8%A7%84%E6%A8%A1%E4%BB%A5%E4%B8%8A%E5%B7%A5%E4%B8%9A%E4%BC%81%E4%B8%9AR&D%E6%B4%BB%E5%8A%A8%E7%BB%9F%E8%AE%A1%E5%88%86%86%E6%9E%90. pdf.

表1　不同规模企业2016年研发经费支出中用于本年度的专利活动支出比例

	大型企业	中型企业	小型企业	微型企业	总体
10%以下（不含10%）	58.2	47.8	46.3	45.7	47.0
10%~20%（不含20%）	18.5	20.6	21.2	20.6	20.8
20%~30%（不含30%）	8.8	11.1	10.2	9.9	10.3
30%~40%（不含40%）	4.3	6.0	6.0	4.5	5.6
40%~50%（不含50%）	3.5	3.2	4.1	3.5	3.8
50%~60%（不含60%）	1.8	2.5	2.8	3.3	2.8
60%~70%（不含70%）	0.8	2.0	2.1	2.6	2.1
70%~80%（不含80%）	1.2	2.2	1.8	3.1	2.1
80%~90%（不含90%）	1.5	1.2	1.7	2.2	1.7
90%及以上	1.4	3.2	3.6	4.6	3.7
合计	100.0	100.0	100.0	100.0	100.0

表2　研发经费支出中用于本年度的专利活动支出比例

	2014年	2016年
10%以下	47.1	47.0
10%~20%（不含20%）	19.8	20.8
20%~30%（不含30%）	11.6	10.3
30%~40%（不含40%）	4.4	5.6
40%~50%（不含50%）	4.3	3.8
50%~60%（不含60%）	3.4	2.8
60%~70%（不含70%）	2.3	2.1
70%~80%（不含80%）	2.2	2.1
80%~90%（不含90%）	1.0	1.7
90%以上	4.0	3.7

　　调查问卷的结果也支持这一结论，71.8%的调查企业近三年每年均有专门经费用于知识产权保护，仅有28.2%的调查企业没有任何经费支出。而在有经费支出的企业中，用于知识产权保护的经费平均支出占三年平均销售收入的比重超过1%的企业占比达到21.4%；在知识产权经费支出结构中，专门用于知识产权保护的经费占比超过1%的企业达到35.7%。

　　4.知识产权申请快速增长

　　近年来，四川省企业知识产权申请和授权保持良好增长势头，范围不断扩大，从传统的专利、商标、版权向地理标志、植物新品种等扩展。2017 年专利申请 167484 件，同比增长 17.5%，其中发明专利申请 64642 件，同比增长 19.1%；专利授权 64006 件，其中发明专利授权 11367 件，同比增长 7.4%；全省新申请商标 194765 件，同比增长 54.2%，新增注册商标 93701 万件，同比增长 26.6%，其中新增驰名商标 8 件，新增地理标志商标 43 件；共完成作品登记 140026 件，同比增长 86.3%，其中新增计算机软件登记 20156 件，同比增长 28.9%。① 对比四川省近四年知识产权相关数据可以发现，无论专利申请，还是注册商标、作品登记，都实现了高速增长，反映出四川省企业较强的知识产权保护意识。具体见表 3。

表 3　四川省 2014—2017 年知识产权申请、授权情况

单位：件

类别	2014 年	2015 年	2016 年	2017 年
专利申请	91667	110746	142522	167484
发明专利申请	29926	40437	54277	64642
专利授权	47120	64953	62445	64006
发明授权	5682	9105	10350	11367
新增注册商标	39965	75105	73986	93701
作品登记	5153	3002	75162	140026
计算机软件登记	3150		15634	20156

不过，成都企业的知识产权保护意识明显强于其他市州。2016 年，成都专利申请 97961 件，占全省专利申请总数的 68.7%，专利授权 41120 件，占全省专利授权总数的 65.8%，发明专利申请 39431 件，占全省总数的 72.6%，发明专利授权 7190 件，占全省总数的 69.5%，专利申请、授权、发明专利申请、发明专利授权各项指标遥遥领先于省内其他市州。同时，在其他知识产权方面，成都也呈现出一枝独秀的态势。2016 年，成都新增注册商标占全省新增注册商标的 64.9%，计算机软件登记占全省登记的 88.2%。

---

　① 2017 年四川省知识产权保护状况［R］. http://www.scipo.gov.cn/gpjg/zscqgzld/jj/201804/t20180428_20453.html.

表 4　2016 年四川省各市州专利情况

单位：件

地区	专利申请	发明专利	专利授权	发明专利	有效发明专利
成　都	97961	39431	41120	7190	25198
自　贡	1963	622	1164	168	723
攀枝花	2332	1110	1500	571	2029
泸　州	2820	951	1096	123	537
德　阳	5964	2238	2691	352	1293
绵　阳	10168	3914	4890	927	3045
广　元	1585	340	731	59	201
遂　宁	1807	501	849	76	320
内　江	1923	391	648	72	245
乐　山	1869	526	1052	150	555
南　充	2138	340	1004	53	228
眉　山	1452	555	794	118	445
宜　宾	2554	690	1379	134	632
广　安	1907	1028	506	27	97
达　州	1499	239	799	57	183
雅　安	1400	452	660	86	359
巴　中	763	214	394	18	74
资　阳	1449	392	673	76	307
阿　坝	240	46	142	6	67
甘孜	71	13	38	6	27
凉　山	657	284	315	81	250
合　计	142522	54277	62445	10350	36815

　　问卷调查的结果也支持这一观点。69.2％的企业愿意采用申请专利、商标、著作权等知识产权的形式保护企业的创新成果。61.3％以上的企业近三年申请过各类知识产权保护，56.2％的企业获得各类知识产权授权保护。这充分说明四川省民营企业申请知识产权保护的意愿非常强烈。

　　尤其值得一提的是，四川省民营企业国外知识产权布局开始起步。通常认为，企业拓展海外市场，走向国际市场，参与国际竞争，知识产权的国际保护非常重要，有利于企业在国际上的布局和定位，有利于企业的发展壮大。申请国外专利已成为企业在对外经济活动中保护知识产权的基础手段，成为企业参与国际竞争的最有力武器之一。为驱动中国企业在国际舞台上做出更加全面的专利布局，赢得重要市场地位，国务院印发的《"十三五"国家知识产权保护和运用规划》明确提出，到 2020 年通过 PCT^① 途径提交的国际专利申请量要增加至 6 万件，这为我国企业特别是民营企业参与国际竞争提供了一个非常关键的路径。四川省部分民营企业也已经意识到专利对企业国际竞争力的重要性。位于高新区的新力光源认为："要与国际巨头公司竞争，必须用专利为产品进军国际市场护航"，"公司产品要进军哪里，专利就先布局哪里"。在这种观点的指引下，公司先后获得国外专利授权 76 件，与国内专利授权 54 件相比多出 22 件。迈普通信也认为："国际专利的申请和企业进军国际市场布局息息相关。"该公司加大国际专利申请力度，目前拥有国际专利 10 件，下一步将在欧美、日韩市场进行专利布局，为进军国际市场奠定基础。这一动向也可从四川省 PCT 专利的申请量得到佐证。2014—2017 年，四川省的 PCT 专利申请量稳居全国前十，列西部所有省市首位。不过，与全国申请量稳步增长相比，四川省的 PCT 申请量呈现波浪式增长态势，具体见表 5。

表 5 　近年全国和四川 PCT 专利申请量统计^②

单位：件

地区	2014 年	2015 年	2016 年	2017 年
全国	26169	29951	42173	47492
四川	284	268	527	489

5. 知识产权司法保护需求日益增长

申请知识产权、获得国家保护是企业知识产权的事前保护举措，一旦知识产权获得授权登记，就获得了国家的专门保护。若知识产权被非法侵犯而不能获得相应救济，知识产权人的合法权益保护就会成为一纸空文。因此，知识产权的司法救济就成为企业知识产权非常重要的事后保护举措了。四川省民营企业对司法救济比较重视，调查显示，在知识产权被侵权最好的维权处理方式选择上，30.8% 的企业选择发出停止侵权的律师函方式，28.2% 的企业选择向法院提起诉讼，17.9% 的企业寻求行政处理，12.8% 的企业选择寻求行业协会维权，10.3% 的企业选择协商解决（如图 2 所示）。

---

① PCT 是《专利合作条约》（Patent Cooperation Treaty）的英文缩写，是有关专利的国际条约。根据 PCT 的规定，专利申请人可以通过 PCT 途径递交国际专利申请，向多个国家申请专利。

② 数据来源自中华人民共和国国家知识产权局专利统计年报 2014 年、2015 年、2016 年、2017 年。

图2 四川省民营企业知识产权维权方式对比图

四川省企业将这种认识付诸行动，积极寻求法院司法救济。近年来全省法院受理知识产权案件数量增长较快，从2014年的3843件增加到2017年的5140件，年均增长10.2%[①]，具体见图3。成都法院的案件受理量也呈现大幅增长的态势，从2011年的1264件直接飙升至2017年的3710件，年均增长19.7%[②]，具体见图4。特别是在成都知识产权审判庭设立后，案件的增长幅度相当大，同比增幅达到了32.0%。

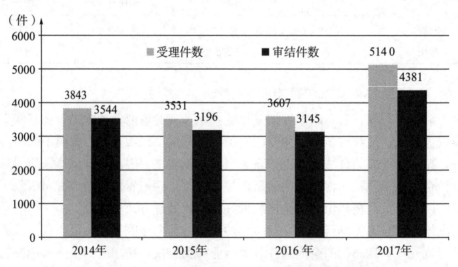

图3 2014—2017年全省法院受理、审结知识产权案件情况

---

① 相关数据根据四川省知识产权保护状况2014年、2015年、2016年、2017年整理所得。
② 相关数据根据成都市知识产权发展与保护状况2011年、2012年、2013年、2014年、2015年、2016年、2017年整理所得。

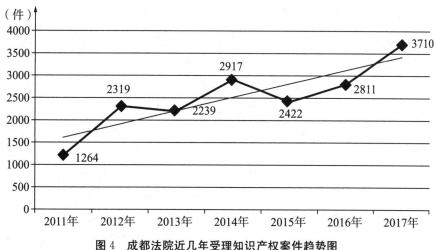

图 4　成都法院近几年受理知识产权案件趋势图

不过，这些需求也有侧重和差异。《2017 年四川法院知识产权司法保护白皮书》显示，著作权纠纷、商标权纠纷和专利权纠纷是占比最高的前三类案件，说明企业知识产权保护的需求类别主要集中在著作权、商标等领域，著作权、商标权的侵权主要发生在商品流通领域和作品传播渠道中，打击商品流通和作品传播侵权依然是当前四川省民营企业知识产权维权的主流。但在部分法院，其他新型知识产权纠纷案件逐渐增多，如成都法院 2016 年受理的商业秘密、反垄断、植物新品种等案件同比增加 32 倍，不正当竞争案件增加 2.4 倍，技术合同、特许经营合同等案件增加 2.2 倍，反映出四川省企业知识产权多元创新发展格局开始形成，开始重视其他类型知识产权保护。

（二）企业知识产权保护能力建设逐步加强

1. 知识产权机构和专业人员配备率较高

知识产权保护是一项专业性非常强的工作，需要专业机构、专业人员进行处理。许多世界知名企业如 IBM、微软、松下、东芝等，都成立了全面负责知识产权工作的知识产权部门，松下分布在世界各地的知识产权相关管理人员有 500 余人。[①] 总体上看，四川省民营企业也较为重视知识产权机构和人员配置。调查显示，58.9%的企业设置了知识产权专门机构或相关兼职机构负责知识产权管理工作，没有设置专兼职机构但委托外部机构处理知识产权的企业占比 5.1%，没有任何机构负责知识产权管理工作的企业仅占 36.0%。在专业人员配备方面，56.2%的企业配置了知识产权专员或兼职管理人员负责知识产权工作，其中被调查的知识产权示范企业、优势培育企业、试点企业都配置了专兼职的知识产权管理人员。

---

① 侯圣和. 国外企业知识产权管理的经验及启示 [J]. 中外企业文化，2011（3）.

2. 人员培训积极性较高

知识产权培训是有效提升企业知识产权管理水平、保护能力的重要途径。通常，企业的知识产权培训渠道有两种：一种是自行组织，聘请知识产权专业机构和专业人员进行知识产权风险监测、知识培训，一种是参加政府或行业组织针对本区域内企业开展的知识产权讲座，从而提升相关人员知识产权保护意识和能力。调查显示，在自主培训方面，四川省民营企业平均每年组织知识产权专门培训次数在3次以上的占比12.8%，2次的占比12.8%，1次的占比41.0%，从未举办过专门知识产权培训的占比33.4%，反映出企业培训意愿较高，不过频次相对较低。而在参加政府或行业组织的外部培训上，四川省民营企业表现出更高的培训意愿，高达74.4%的企业至少每年参加过1次外部培训，仅有25.6%的企业未参加外部培训。较高的自主培训和外部培训率，一方面反映出企业较强的知识产权保护意识和需求，另一方面也间接反映出地方政府的公共服务提供情况。

3. 知识产权保护手段多样化

当前，申请专利、商标、著作权等知识产权进行专利保护和签订保密协议是四川省民营企业最常用的方式，也是主要的保护手段。调查显示，调查企业在创新成果保护举措上，选择申请知识产权、签订保密协议、加快产品更新换代速度、形成规模效应四种举措中两种以上举措的企业占比达到61.5%。在具体的保护方式选择上，69.2%的调查企业将采用申请专利、商标、著作权等知识产权的形式保护企业的创新成果，66.7%的企业将采用与员工签订保密协议的方式，33.3%的企业选择采用加快产品升级换代速度的方式，30.8%的企业选择形成规模效应的方式（如图5所示）。

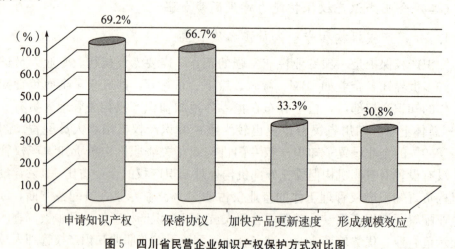

图5　四川省民营企业知识产权保护方式对比图

（三）知识产权行政保护稳中有升

近年来，四川省深入实施知识产权战略，加快建设国家引领型知识产权强省，深化知识产权全面创新改革，多举措推进知识产权事业发展，大力培育知识产权强市、强县、强区、强企，知识产权事业取得新成效。截至 2017 年年底，全省共培育 10 个国家知识产权试点示范城市，居全国第 5 位、中西部第 1 位；培育 57 个国家知识产权强县工程试点示范县（市、区），居全国第 1 位；培育 3 个国家知识产权试点示范园区、57 个省知识产权试点示范园区、166 家国家知识产权示范优势企业、541 家省知识产权试点示范企业、300 余家市（州）知识产权试点示范企业。[①] 成都先后获批创建国家知识产权强市、国家知识产权运营服务体系建设重点城市、科技成果转化技术标准试点、国家知识产权质押融资和专利保险双示范城市、全国版权示范园区（基地）。一系列知识产权建设工程的推进，极大地推进了四川省企业的知识产权保护工作。

1. 扶持力度不断增大

积极出台系列扶持政策。首先，为落实知识产权发展战略，省级层面不断提供制度设计，推动知识产权保护落地。省政府出台《深入实施知识产权战略加快建设西部知识产权强省的意见》《深入实施四川省知识产权战略行动计划（2016—2020 年)》《四川省"十三五"知识产权保护和运用规划》《四川省建设引领型知识产权强省试点省实施方案》《关于新形势下加强打击侵犯知识产权和制售假冒伪劣商品工作的实施意见》《关于严格知识产权保护营造良好营商环境的意见》等文件，知识产权相关部门制定《关于加快培育和发展知识产权服务业的实施意见》《关于加强企业知识产权工作的指导意见》《关于加快培育和发展知识产权服务业的实施意见》《知识产权支持小微企业助力大众创业万众创新的七条措施》《关于建立知识产权审判专家证人制度的规定》《知识产权审判技术专家管理办法（试行）》《四川省知识产权质押融资风险补偿基金管理暂行办法》《关于建立商标专用权保护协作机制的意见》《关于确定音像作品著作权侵权损害赔偿数额的意见》《企业知识产权海外维权指引》《关于进一步提升全省专利申请质量的实施意见》《关于在全省法院推广"知识产权类型化案件快审机制"经验成果的实施方案》《四川省严格专利保护的实施意见》《关于进一步推进商业秘密行政保护工作的意见》《四川省专利代理行业改革试点工作实施方案》等政策措施。其次，地方不断出台相应的配套举措。如成都市出台一系列知识产权保护的优惠政策，围绕专利保护，制定出台《成都市专利资助管理办法》《成都市知识产权试点示范资助管理办法》《成都市科技金融资助管理办法》《成都市科技与专利保险补贴资金管理暂行办法》《成都市举报假冒专利行为奖励办法（暂行）》等制度；围绕著作权保护，制定出台《成都市版权服务工作站管理办法（试行）》《成都市版权示范单位和示范园区（基地）评选管理办法》《成都市优秀版权作品和版权示范单位园区、工作站奖励管理办法》等制度；围绕知识产权保护环境创造，制定出台《成都市知识产权战略纲要》《成都市知识产权

---

① 2017 年四川省知识产权保护状况［R］. http://www.scipo.gov.cn/gpjjg/zscqgzld/jj/201804/t20180428_20453.html.

维权援助管理办法》《成都市优秀人才培养计划科技人才培养实施细则》《成都市与在蓉高校院所协同引进海内外高层次创新创业人才的实施办法（暂行）》《关于创新要素供给培育产业生态提升国家中心城市产业能级知识产权政策措施的实施细则》《成都市创新驱动发展试点示范区建设管理办法》《成都市国际科技合作资助管理办法》《成都市技术标准研制资助管理办法》《关于全面推行〈企业知识产权管理规范〉国家标准的指导意见》《关于开展知识产权纠纷仲裁调解试点工作的通知》等。成都市高新区等也积极出台相关扶持政策，如《成都高新区推进"三次创业"支持科技创新的若干政策》《〈成都高新区推进"三次创业"支持战略性新兴产业企业加快发展的若干政策〉实施细则》《成都高新区推进"三次创业"支持科技创新的若干政策——知识产权专项资金实施细则》等。一系列"力度空前"的优惠政策的出台，极大地调动了企业申报知识产权保护的积极性，为知识产权保护营造了良好的政策环境。

财政资金扶持力度不断加大。早在 2010 年，四川省即出台《四川省专利申请资助资金管理办法》，对四川省专利申请进行费用资助，据不完全统计，仅 2017 年度省级财政就投入 1001.9378 万元专项资助专利申请。[①] 同时，2016 年各地在省级政策的基础上也纷纷运用财政资金支持知识产权保护工作，如成都市设立市级专利资助资金、知识产权试点示范资助资金、科技金融资助、科技与专利保险补贴资金、计算机软件著作权登记资助与版权示范单位奖励资金、高层次创新创业人才专项资金等，以此调动企业知识产权保护的积极性。以《成都市专利资助管理办法》为例，该办法根据专利申请、授权的成本和难度，区分申请、国内外、职务非职务、区域等要素，分门别类地设计不同的资助标准，形成了系统全面的专利资助体系。[②] 成都版权部门也加大了计算机登记资助，2016 年受理计算机软件登记资助 5796 件，共计 329.09 万元，较去年分别增长 82.4%、37.2%[③]，2017 年上半年，共审核登记资助 1959 件、共计 755860 元。成都高新区也紧随其后，加大财政扶持力度，出台《成都高新区推进"三次创业"支持科技创新的若干政策》《成都高新区推进"三次创业"支持科技创新的若干政策——知识产权专项资金实施细则》等政策措施，对知识产权申请、获得、知识产权服务机构等给予全方位支持，近三年累计投入财政资金 5500 万元推动知识产权工作，60 家企业通过知识产权质押获得融资 7.47 亿元。[④]

知识产权培训方式丰富多样。为提升四川省企业知识产权运用和保护能力，2017 年四川省先后开展专利信息助力专利质量提升培训、四川商标国际注册与保

---

① 根据四川省知识产权局 2017 年度省专利资助金安排第一批、第二批公告统计所得。

② 实施知识产权战略 促进创新创业发展［EB/OL］. http://www.cdst.gov.cn/ReadNews.asp?NewsID=19079. 2016—04—27.

③ 成都市知识产权办公会议办公室. 2016 年成都市知识产权发展与保护状况［R］. http://www.cdip.gov.cn/ReadNews.asp?NewsID=13142.

④ 成都高新区人民法院发布知识产权司法保护白皮书［EB/OL］. http://www.sohu.com/a/70692600_119665，2016—04—21.

护实务培训、地理标志产品保护培训、知识产权海关保护培训等各类知识产权培训班 353 期，培训知识产权管理人员和技术研发人员 27731 人次。① 2017 年成都市工商局举办"成都品牌大讲堂"，培训企业 90 余户，举办"商标马德里国际注册保护高级研讨班"，培训 102 人；文广新局开展版权登记与版权保护培训 12 次，培训 2000 余人，开展正版软件专项培训 21 场，培训 3000 余人。② 高新区先后组织"天府高新知识产权大讲堂""2017 知识产权管理体系内审员培训班暨 IPMS 认证主题研讨会""智汇川蜀知识产权论坛""知识产权与城市创新发展的国际研讨会""知识产权实战分享会"等活动，为园区企业提供各类知识产权保护所需法律知识、风险防范、保护技巧等，提升企业知识产权保护能力。

2. 行政保护力度不断加大

近年来，四川省高度重视知识产权行政保护工作。第一，加强行政执法人员培训，提升行政执法人员办案能力。第二，为克服多部门知识产权管理带来的弊端，积极探索知识产权综合管理体制机制，率先成立集专利、商标、版权行政管理、行政执法、公共服务于一体的成都市郫都区知识产权局，并在天府新区成都直管区、成都高新区、德阳高新区、绵阳高新区、德阳罗江区、泸州高新区实现专利、商标、版权集中管理。第三，积极探索知识产权综合执法监管机制和成德绵跨区域知识产权行政执法，运用大数据和信用监管，构建跨区域、跨部门协作保护，推动行政执法与刑事司法衔接，保持打击假冒侵权的高压态势，努力营造有效保护知识产权、激励创业创新的良好环境。第四，深入开展"双打""雷霆""闪电""护航""红盾春雷 2017"等专项行动，加大行政执法保护力度。2017 年，分别以省市县、市县、片区联合执法形式，开展专利执法检查 4231 次，出动人员 8549 人次，检查商品 1039774 件，立案受理专利案件 2981 件；全面推进"双随机、一公开"监管制度，立案查处各类商标违法案件 1039 件，案值 882.81 万元；查处版权侵权假冒行政处罚案件 53 件，查处网络侵权盗版案件 16 件，集中销毁侵权盗版及非法出版物 48.6 万件；出动 35900 人次抽查种子经营户 18878 家，查处种子案件近 400 起，查获假劣种子 12734 公斤；抽查地理标志 76 个产品、631 批次。③

3. 服务机构建设快速推进

四川省加大相关知识产权服务机构建设，为知识产权保护提供更为便捷的服务。2015 年设立中国版权保护中心西南版权登记大厅，成为中国版权保护中心在中国除北京以外设立的首个直属业务受理中心，提供版权保护和代理服务。成立成

---

① 2017 年四川省知识产权保护状况［R］. http://www.scipo.gov.cn/gpjg/zscqgzld/jj/201804/t20180428_20453.html.

② 成都市知识产权办公会议办公室. 2017 年成都市知识产权发展与保护状况［R］. http://www.cdst.gov.cn/readnews.asp?newsid=22666.

③ 2017 年四川省知识产权保护状况［R］. http://www.scipo.gov.cn/gpjg/zscqgzld/jj/201804/t20180428_20453.html.

都国际版权交易中心，提供版权登记、版权孵化、版权保护、版权评估、版权金融、版权交易6C服务。① 设立29个版权服务工作站，国内独创的"担保式版权服务与作品转化运营"平台——板凳网2017年6月1日在成都上线运营。为满足企业快速维权的需要，设立了中国（成都）知识产权维权援助中心菁蓉小镇工作站，2017年年初经国家知识产权局正式批复同意设立中国成都（家居、鞋业）知识产权快速维权中心，并积极鼓励申报建立其他行业知识产权快速保护中心。加大商标受理机构设置力度，目前已经在成都、雅安、德阳、泸州、南充设置受理窗口，覆盖了四川省五大经济区中的成都平原经济区、川南经济区、川东北经济区三大经济区。

（四）司法环境持续改善

司法保护是我国知识产权保护的最后一道关口，也是最为关键的一个环节。为响应四川省企业日益增长的知识产权司法保护的需求，全省法院积极主动出击，依法严厉打击侵权违法行为，扩大知识产权司法服务供给能力，积极为知识产权保驾护航。强力推进知识产权民事、刑事、行政审判"三合一"工作，构建"三级联动、三审合一、三位一体"的知识产权审判模式和多元化解机制、快速处理平台，发布法律风险提示，多渠道提供法律服务，极大地改善了四川省知识产权司法保护环境。

1. 案件审理力度加大

2017年，民事案件受理数量较2016年增长43.9%、审结件数增长40.6%。近三年的案件审结率高于全国地方法院平均水平。司法保护效率快速提升。2017年5月，成都知识产权审判庭探索建立的"知识产权类型化案件快审机制"推广后，全省知识产权案件审判效率明显提升。成都知识产权审判庭的知识产权类型化案件平均审理时间由2014年的146.72天缩短为2017年的115天；德阳市中级人民法院仅用43天就审结了21件销售侵害注册商标专用权商品案，平均审理周期较2016年的123天缩短了80天；宜宾市中级人民法院2017年知识产权民事一审案件的平均审理天数缩短为95天，相比2016年的123天明显缩短。受案范围不断扩展。除了受理传统的著作权、商标权纠纷案件外，受理的专利、商业秘密、技术合同纠纷等技术性较强的案件以及不正当竞争、反垄断、植物新品种等疑难复杂案件大幅上升。

2. 审判机构建设不断强化

首先，设立跨区域集中管辖知识产权审判庭。2017年年初设立全国首家新布点的跨区域集中管辖知识产权案件的专门审判庭——成都法院知识产权审判庭，2017年4月24日成立成都知识产权审判庭（新都）巡回法庭。知识产权审判庭的设立，使四川省知识产权审判进入了审理专门化、管辖集中化、程序集约化、人员

---

① 实施知识产权战略　促进创新创业发展［EB/OL］. http://www.cdst.gov.cn/ReadNews.asp?NewsID=19079.

专业化的新时代。审判庭也确实发挥了专业化的作用，2017 年共受理各类知识产权案件 2852 件，占全省知识产权案件总数的 55.5％；审结 2266 件，同比增长 29.5％。其次，全面推行知识产权类型化案件快审机制，积极探索和落实专家辅助人或证人出庭。经过这一创新性改革，知识产权类型化案件平均审理时间由 2014 年的 146.7 天缩短到 115 天。最后，构建多元化解机制和快速处理平台。成都法院联动检察院、经济与科技信息化（知识产权）局，举办系列沙龙活动，通过案件实例分享、风险防范交流增强参与者知识产权保护意识和守法经营意识，行业协会方面，联合个体私营者协会汽配分会开展"走进汽配城"法治宣传活动，提高汽配商家合法合规经营意识；企业主体方面，成都中院牵头组织召开了知名酒企座谈会，更好地保护酒类企业的合法利益、优化本地酒类市场环境；郫都区法院知识产权庭在"菁蓉小镇"创客服务中心设立"知识产权庭诉讼服务点"，为创客提供"零距离""精准化"的司法服务；锦江法院送法进园区，发放专门印制的知识产权司法保护联系卡。

3. 法院智库作用积极发挥

充分发挥"司法智慧助力创新"的作用，全省各级法院定期发布法院知识产权司法保护状况白皮书和知识产权司法保护十大典型案例，如四川高院定期发布四川法院知识产权司法保护状况白皮书和知识产权司法保护十大典型案例、成都中院定期发布知识产权司法保护状况及十大典型案例。部分法院还开设知识产权司法保护专刊，定期、不定期发布知识产权司法保护工作动态、典型案例、知识产权法律热点解读等内容；并与专利代理人开展最新法律解读座谈交流会。各级法院积极推进"随案指导"，武侯法院针对版权保护现状，向武侯区工商业联合会、音像著作权集体管理协会提出针对性意见建议 16 项，推动管理部门提升知识产权创造、运用、保护和管理能力；成都中院充分发挥法院司法实践的优势，制定了《关于依法保护产权，防范企业经营法律风险的八十项提示》，帮助提升行业管理水平和企业核心竞争力。

（五）知识产权中介服务发展快速

1. 中介服务市场快速增长

专利检索、专利申请文件撰写、专利挖掘与布局、应对知识产权诉讼等问题的专业性非常强，面对这些知识产权相关业务，企业往往力不从心，迫切需要借助于外力的支持，这为知识产权服务业的发展提供了广阔的市场空间。四川省适时出台了《关于加快培育和发展知识产权服务业的实施意见》等文件，大力培育和扶持知识产权服务业的发展。积极争取成都高新区获批创建国家知识产权服务业集聚发展示范区，搭建完成四川省知识产权公共服务平台建设，推进成都高新区服务业联盟建设，集聚各类知识产权服务机构 84 家，接受知识产权托管服务企业 1300 余家。国内专利代理量近年来快速增长，《专利统计年报》的数据显示，2012—2016 年四川省专利代理量年均增长速度达到 19.4％，远高于同期全国 14.8％的增长速度

（如图6所示）；专利代理量占全国的比重也稳步上升，基本达到全国平均水平；专利代理量连续稳居西部第一。

2. 中介服务机构发展快速

目前，四川省中介服务机构发展状态良好。截至2017年年底，全省共培育全国知识产权服务品牌机构和品牌培育机构7家、国家知识产权分析评议服务示范和示范创建机构6家，共有知识产权服务机构1398家，知识产权从业人员达到3.65万人。国家知识产权局专利代理管理系统显示，在全国1964家专利代理机构中，四川共有专利代理机构78家，仅次于北京、上海、江苏、浙江、广东（见表6）。2016年度，中国知识产权报社主办的专利代理行业综合实力评价活动中，四川省入围四星1家、三星2家、二星3家、一星3家，占全部星级机构总数的5.2%。

图6　2012—2016年四川省专利代理量与全国代理量对比图

表6　全国专利代理机构分布统计表

省市区名称	机构数（个）	省市区名称	机构数（个）	省市区名称	机构数（个）	省市区名称	机构数（个）
北京	524	天津	33	河北	22	山西	13
内蒙古	3	辽宁	50	吉林	18	黑龙江	18
上海	136	江苏	151	浙江	99	安徽	45
福建	41	江西	23	山东	73	河南	58
湖北	43	湖南	41	广东	303	广西	21
海南	2	重庆	37	四川	78	贵州	16
云南	18	西藏	0	陕西	44	甘肃	5
青海	3	宁夏	3	新疆	6	香港	3

三、四川省民营企业知识产权保护中存在的主要问题

（一）企业知识产权保护水平亟待提高

1. 企业内部知识产权保护制度急需完善

调查发现，目前四川省民营企业在知识产权制度建设方面存在三方面的问题：一是企业制定知识产权管理制度比例不高，统计显示，56.7％的企业没有制定任何知识产权管理制度；二是现有的知识产权制度覆盖面过窄，主要针对专利权，未能全面涵盖企业可能涉及的版权、著作权、商业秘密、计算机软件、集成电路布图设计权、植物品种权等，考虑到商标、商业秘密等知识产权是所有企业都可能涉及的，但相关的制度建设未能及时跟上，需要全面补充完善制度；三是现有知识产权保护制度体系不完善。学界认为，企业建立的知识产权保护制度应涵盖保密制度、激励制度、教育和培训制度、检索和检验制度、纠纷预防制度、价值评估制度以及纠纷处理制度等方面[①]，考察现有企业的知识产权管理制度，保密、产权归属、激励等问题通常会涉及，但教育、培训、检索检验、纠纷预防以及纠纷处理等方面的内容往往缺失，容易在企业与科技人员之间引发知识产权纠纷，导致知识产权不当流失，不利于企业知识产权的整体保护。

2. 部分企业知识产权战略意识有待提升

部分企业知识产权战略意识缺乏。调查显示，尽管已有相当比例的企业认识到知识产权的重要性，将知识产权纳入企业发展的战略层面加以考虑和设计，但仍有30.8％的调查企业没有进行过任何知识产权战略设计。调研中，部分民营企业特别是中小微企业认为，企业首先面对的问题是生存问题，只有生存下来了，产品研发出来了，才有精力和时间来关注知识产权保护问题，当务之急需要考虑的是资金、人才、市场等紧迫问题。不过，这种观点不利于知识产权的保护，严格来讲，知识产权保护不仅仅是成果出来以后的事情，研发过程中的每一个环节都可能涉及技术秘密和商业秘密，研发过程的保密对企业来讲也至关重要，其构成了知识产权保护的有机内容。

知识产权战略未能与企业竞争战略有机融合。四川省民营企业已有知识产权战略未能很好地体现企业的竞争策略，普遍尚未将知识产权战略提升到国际竞争战略层面，未主动将知识产权作为国内外竞争的有力手段。目前，四川省民营企业主要针对国内进行知识产权保护安排，全面针对国际竞争进行知识产权布局的意识比较缺乏。一个重要的例证就是四川企业申请和拥有的国外专利数量非常少，以 PCT 国际专利申请为例，尽管最近两年增长速度很快，但从整体上看，四川乃至全国的

---

① 王黎萤. 中小企业知识产权战略与方法［M］. 知识产权出版社，2010：127.

企业积极性都不高，申请量与美国、日本相比仍有一定的差距（如图7所示）；且PCT申请进入国家阶段的平均数量也较少，2014年为1.1个（2013年为1.0个），不仅低于发达国家（美国3.1个，日本2.8个），也低于南非（4.1个）、印度（2.8个）、巴西（2.1个）等发展中国家的水平。[①]同时，四川省与国内沿海发达地区省市相比也有较大差距，2017年PCT国际专利申请超过1000件的省（区、市）有7个，依次为广东（2.68万件）、北京（0.51万件）、江苏（0.46万件）、上海（0.21万件）、山东（0.17万件）、浙江（0.14万件）和湖北（0.13万件）[②]，而四川省仅有489件，差距比较大（如图8所示）。

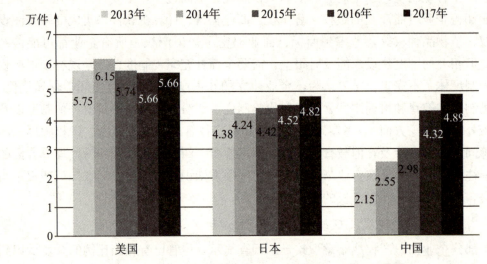

图7　2013—2017年中国、美国、日本PCT申请量对比图

① 国家知识产权局条法司. PCT制度在中国实施状况的调查报告（2016年）[EB/OL]. http://www.sipo.gov.cn/zscqgz/2017/201703/t20170324_1309021.html，2017-03-24.

② 国家知识产权局公布2017年主要工作统计数据 [EB/OL]. http://www.scipo.gov.cn/dtzwxx/zyxxzz/201801/t20180122_19689.html，2018-01-22.

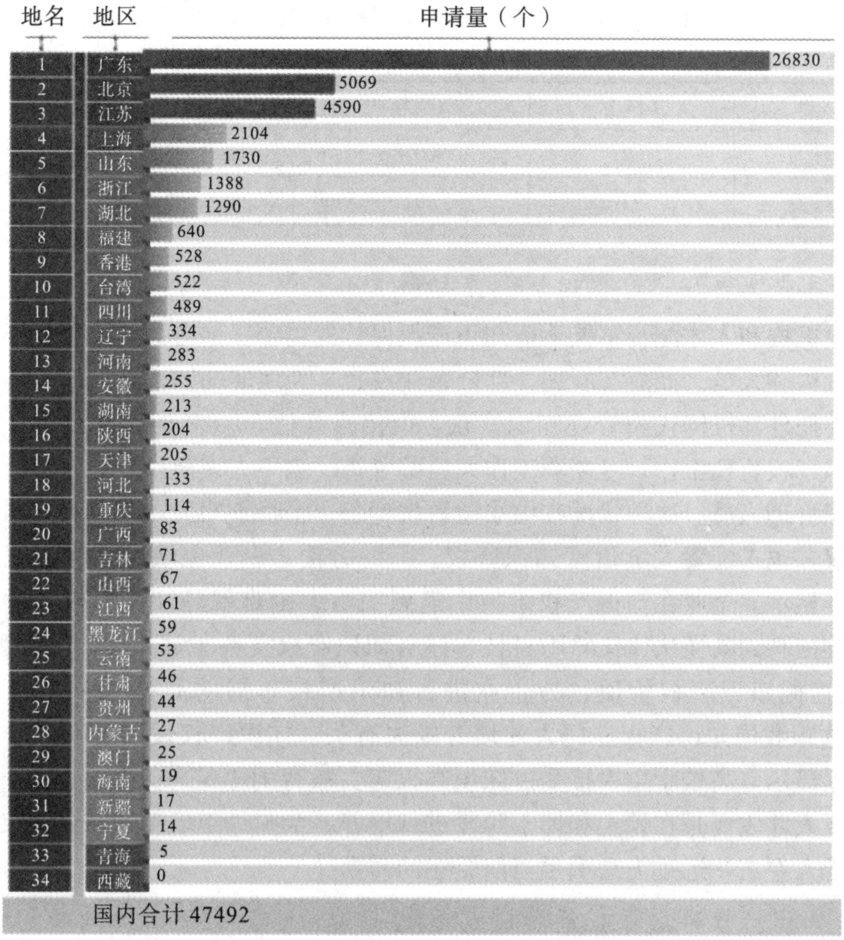

地名	地区	申请量（个）
1	广东	26830
2	北京	5069
3	江苏	4590
4	上海	2104
5	山东	1730
6	浙江	1388
7	湖北	1290
8	福建	640
9	香港	528
10	台湾	522
11	四川	489
12	辽宁	334
13	河南	283
14	安徽	255
15	湖南	213
16	陕西	204
17	天津	205
18	河北	133
19	重庆	114
20	广西	83
21	吉林	71
22	山西	67
23	江西	61
24	黑龙江	59
25	云南	53
26	甘肃	46
27	贵州	44
28	内蒙古	27
29	澳门	25
30	海南	19
31	新疆	17
32	宁夏	14
33	青海	5
34	西藏	0

国内合计 47492

图 8　2017 年国内各地区 PCT 专利申请量①

知识产权海关保护方式未充分运用。知识产权海关保护是企业向海关备案，海关依法采取禁止侵犯备案知识产权的货物进出口的措施，以此实现对企业知识产权的保护。目前，海关备案未引起四川省企业的重视。从表7可以发现，成都海关关区的知识产权保护备案情况与全国相比差距较为明显。另据海关总署发布的《2015年中国海关知识产权保护状况》白皮书，2015 年全国海关在线受理备案申请 7500余项，审核通过 5600 余项，其中核准国内权利人备案 2878 项。数据揭示出两个值得我们关注的信息：一是国外权利人不仅在其本国申请海关备案，而且在我国海关备案成功的数量基本接近国内权利人数量，反映出国外权利人利用海关保护措施的积极性远高于国内权利人；二是成都海关新增备案件数四年徘徊在 3‰～4‰，说明西南地区的权利人对此方式的认识度还不高，海关保护未被作为有效的保护措施加以使用。

---

① 数据来源：2017 年中国专利统计简要数据［EB/OL］. http://www. sipo. gov. cn/docs/20180411102
303821791. pdf.

表 7　2014—2017 年新增知识产权海关保护备案情况

单位：件

	2014 年	2015 年	2016 年	2017 年
全国海关	7727	5705	8844	9200
成都海关	24	20	39	26

3. 企业现有知识产权保护能力与需求不匹配

专业机构和人才配置不能适应知识产权保护的需要。一方面，部分企业不愿专门配置机构和人员。如前文所述，部分企业设置了专兼职的知识产权机构，还有部分企业委托外部机构代为管理知识产权，但仍有高达 36.0% 的企业没有任何机构负责知识产权管理工作。专兼职工作人员配置情况也不太理想，43.8% 的企业未配备专兼职管理人员。这种状况在中小微科技型企业中特别明显，不仅没有机构负责知识产权，也未配置人员负责知识产权。另一方面，企业也缺少知识产权专业人才。调查显示，企业在知识产权维权中遇到的最大困难就是知识产权专业人才缺乏，很难招聘到既懂法律又熟悉科技，还对知识产权实务非常熟悉的复合型人才，"能深度挖掘知识产权价值、为企业进行知识产权布局的高端服务人才更为稀缺"[1]。这跟我国知识产权专门人才培养缺失有关。知识产权发展研究中心的一项调查数据显示，高校学生中接受过知识产权有关教育的不足总人数的 5.0%，知识产权专业人才主要是在硕士和博士阶段进行培养，全国每年培养的知识产权人才大约在一千人左右，远远无法满足当前企业的需要。

4. 知识产权事后保护经费投入不足

如前所述，四川省民营企业重视知识产权事前投入，也愿意投入大量经费进行保障，不过，企业对知识产权事后保护重视不够，经费投入不足。调查显示，28.2% 的企业对知识产权没有任何经费支出；在知识产权经费支出结构中，28.2% 的企业对知识产权保护没有任何投入，28.2% 的企业用于知识产权保护的经费占知识产权经费投入的比重低于 0.1%。

（二）政府扶持政策不完善

1. 知识产权保护制度层级比较低

四川省早在 1997 年就制定了《四川省专利保护条例》，成都市也在 2016 年制定了《成都市专利保护和促进条例》，以地方性法规的方式推进专利的保护和促进工作，但这一方式未能全面拓展到其他知识产权的保护和促进工作中。省政府、省级行政部门、各地市州也制定了不少知识产权扶持政策，但这些扶持政策都是采用政府部门规范性文件的方式进行的，文件存续时间短，且内容快速变更，不利于提

---

① 欧长胜. 厦门市民营企业知识产权保护现状及对策［J］. 厦门特区党校学报，2015（4）.

供稳定的知识产权保护预期。从依法治国、依法行政角度看，这一做法有待优化，需要将其上升到地方政府规章甚至地方性法规层面。

2. 政策扶持有待优化

扶持政策需要进一步增强可操作性。知识产权、工商、农业、经信等部门制定的扶持政策需要进一步与财政部门协调，减少因资金使用不符合财政要求而无法真正落实的问题。调研显示，6.7％的企业认为现行政策规定比较笼统，缺乏针对性；5.6％的企业认为现行政策规定脱离实际，缺乏操作性。

专利以外的知识产权支持政策力度较弱。总体上，现有扶持政策主要集中在专利、商标、著作权支持上，尚未对植物新品种、集成电路布图设计等知识产权制定详尽的专门扶持政策。现有资助政策在专利、商标、版权扶持上也不均衡，当前的优惠政策主要集中在专利的申请和授权、维持等资助上，商标、著作权登记虽有一定程度的扶持，但远不及专利支持政策的完备性。如《四川省专利资助资金管理办法》修订后，从广泛扶持专利申请、授权、维持、PCT 申请限缩到专利维持和 PCT 申请；成都市《关于创新要素供给培育产业生态提升国家中心城市产业能级知识产权政策措施的实施细则》采取的十个举措，直接以专利为内容的举措就占了 8 个。

资助政策对中小微企业倾斜度不够。考虑到中小微企业的财力物力较弱，前期研发已经耗费了主要的资源，很难再有充足的资源进行后续的保护工作。相较于大中型企业，中小微企业更需要后续的知识产权保护扶持。尽管四川省部分扶持政策已注意到这一点，出台了针对中小微企业的知识产权托管等举措，但未能直接针对中小微企业知识产权保护制定更为优惠的扶持政策。

3. 事后救济资助政策较薄弱

现有扶持政策主要关注行政保护，尚未有意识关注知识产权的维权保护，即司法保护。虽然部分市县的扶持政策已有一定程度涉及，如成都市高新区较早就出台政策对提供知识产权维权、司法诉讼的中介服务机构进行补贴，2017 年成都市《关于创新要素供给培育产业生态提升国家中心城市产业能级知识产权政策措施的实施细则》进一步拓宽了资助范围，不仅资助中介服务机构，还资助维权企业维权，并采用购买专业服务的方式为企业提供维权咨询。由于政策刚出台，且因为知识产权维权中涉及的标的金额较大，现有的支持政策金额总体上偏低，能否有效调动中介服务机构的积极性、真正降低维权企业的负担还有待时间验证。不过，尚未在省级层面发现相应的扶持政策。

4. 知识产权保护信息宣传力度不够

规范性文件若不能有效公开，被需求者方便地获知，则制度制定本身的价值就会大幅降低。四川省各地制定了大量的知识产权保护制度，也通过新闻发布会、培训等方式发布信息，还在官方网站上主动公开相关制度。不过，现有的制度公开方面还存在不尽如人意的地方。调查显示，尽管政府采取多种措施宣传相关政策，但仍有 16.9% 的调查企业认为政府对相关制度缺乏宣讲、引导，导致企业本身对相关制度不了解。笔者在收集本项目所涉及的制度政策过程中，浏览了省政府、省知识产权局、省工商局、省文广新局、省经信委、省科技厅、成都市政府、成都市科技局、高新区管委会、成都市知识产权综合服务信息共享平台、成都高新区知识产权（专利）公共服务平台、成都市文广新局、成都市工商局、绵阳市政府、绵阳市知识产权局、德阳市政府、德阳市科知局、泸州市政府等的网站，花费了大量精力才勉强找到部分政策，若不是有意地寻找相关政策，很难知晓四川各级政府和部门出台了相关的扶持政策。究其原因，笔者认为，一是政府官网设计时并未从使用者方便的角度进行设计，导致不同政府官网的政策发布位置、渠道完全不同，增加了使用者的障碍；二是部门分散行政，未能从整体上将知识产权事宜完全整合到一个公共平台上。

5. 知识产权培训有待改进

培训力度有待增强。调查显示，希望政府在未来的知识产权保护中提供更多知识产权人才培训的企业占被调查企业总数的 59.0%，人才培训也是企业最迫切希望政府提供的帮助之一。不少企业特别是中小型科技企业建议增强园区增值服务，定期不定期开展提升企业知识产权能力的讲座，提供更多的专业性知识产权培训会和培训资料。

培训运转机制有待改进。现有知识产权培训主要是政府选择的培训项目、培训内容，政府与企业之间缺乏一个有效的需求沟通机制，是否真正契合企业的需求不得而知，导致企业需求与政府支持之间出现偏差，企业需求得不到满足，政府扶持无法取得好的成效。政府知识产权培训信息发布、人员组织方式存在问题，政府组织政策宣讲的信息并未发送到每一个企业，所组织参加培训的企业并非企业主动参与的，导致参与的企业可能并非真正想要了解政策，想要了解政策的企业可能因不知晓培训而未参加。

（三）统一的知识产权保护理念尚未形成

1. 政府尚未形成统一的知识产权保护理念

首先，重专利轻其他知识产权的扶持政策反映出政府尚未形成统一的知识产权保护理念；其次，专利、版权、商标、植物新品种、地理标志等知识产权保护的职能分散在知识产权局、版权局、工商局、农业局、质监局等不同部门，各个职能部门之间并未真正形成统一的知识产权保护理念；最后，行政、检察、法院之间未能有效整合，相互配合、协作的有机衔接机制尚未建成；法院内部虽然进行了一定程度的刑事、民事、行政"三审合一"机制改革，但还有待进一步优化。

2. 社会保护理念有待提升

社会公众对知识产权的尊重和保护意识的高低，直接影响企业知识产权保护的成效。一个社会如果形成了人人尊重知识产权、人人保护知识产权的良好氛围，知识产权侵权行为就会受到极大的制约，企业的知识产权就会得到很好的保护。调查显示，四川省民营企业对四川省社会公众的知识产权保护意识总体上较为满意，满意知识产权保护社会氛围的企业占 28.2%，但认为一般和不满意的企业数量相当多，达到 64.1%。四川省的知识产权保护理念还需要进一步提升。

（四）行政和司法保护供给与知识产权保护需求存在差距

1. 知识产权行政机构缺乏独立性

从全省的角度看，知识产权行政机构缺乏独立性，以市县两级为甚。尽管在省级层面，省知识产权局和省科技厅独立，但在市级层面，市知识产权局与市科技局通常合署办公，其属于科技局内的二级局，在实践中被弱化成科技局内的知识产权处，大幅降低了知识产权的行政管理能力。到了区县层面，科技局往往被并入教育、经信等部门，知识产权局也就进一步失去了独立地位，虽然也有部分区县在相关部门挂设区县知识产权局，但其与市知识产权局一样缺乏独立性，甚至部分县市根本就不设置知识产权局，仅在科技局内设一个知识产权科负责知识产权工作。知识产权缺乏独立工作机构的现状与知识产权日益提升的重要地位不匹配。

2. 体制机制有待优化

知识产权保护职能分散在不同部门，造成知识产权管理的诸多问题，尽管四川省已经在体制机制方面做出了许多有益的探索，如在成都高新区、天府新区、成都直管区、郫都区开展了专利、商标、版权"三合一"知识产权综合管理改革试点，积极整合行政、司法、中介、企业各方力量，着力构建企业维权、行业自律、行政执法、司法保护、社会监督"五位一体"有机衔接、相融互补的知识产权大保护体系，积极探索知识产权审判三审合一以及摸索建设知识产权法庭，这些打破不同部门、不同体制机制的尝试为全市知识产权保护提供了有益经验，但在现有人员、经费、执法权限等诸多因素的制约下，其成效尚有待观察；整合全社会力量的大保护体系尚未建成，建设的"五位一体"保护体系需要整合协调专利、版权、工商、质监、农业等诸多行政部门，难度非常大，如何整合人社、财政、经信、科技等行政部门，如何充分培育行业组织，引导民营企业提升知识产权能力，也是需要思考和解决的问题。

3. 知识产权执法力度稍显不足

四川省知识产权相关部门采取多种措施，加强知识产权执法，取得了不少成效。但对照全国执法情况，四川省的行政执法力度还需要加强。以专利和商标的执法活动相关数据为例（见表8），四川省最近四年的立案数、查处数普遍低于全国平均数，占比也较低，行政保护力度明显不足，需要提供更多的行政执法活动支持知识产权保护。

表8 全国、四川省部分行政执法活动比较

		2014 年	2015 年	2016 年	2017 年
专利案件立案数	全国（件）	24479	35844	48916	66649
	全国平均数（件）	790	1156	1578	2150
	四川省（件）	669	896	1419	2981
	占比（%）	2.73	2.50	2.90	4.47
商标案件查处数	全国（件）	67500	50834	49000	30130
	全国平均数（件）	2177	1640	1581	972
	四川省（件）	1594	1239	903	1039
	占比（%）	2.36	2.44	1.84	3.45

同时，行政处理案件与司法处理案件的悬殊也能说明这一问题。通常认为，相比司法机关，行政机关在处理相关纠纷和侵权方面具有效率高、成本低的优势，但四川省企业遇到知识产权纠纷时，会因不同的知识产权类型而采用不同的救济方式，在比较受行政机关重视的专利和商标纠纷方面，主要寻求行政救济，但在著作权方面，主要寻求的是司法救济（见表9）。这种状况一方面说明行政保护已经发挥了部分优势，得到权利人的信赖；另一方面也说明四川省行政保护的力度不均衡，未能充分为权利人提供保护支持。调查中的企业选择行政处理作为侵权最好的维权处理方式的占比为17.9%，而选择诉讼方式的企业占比为28.2%，高出10个百分点。相比之下，深圳被调查的企业42.0%选择通过行政途径解决[①]，这也在一定程度上说明四川省行政执法力度有待加强。另外，33.3%的被调查企业希望行政机关能进一步提高知识产权执法力度；而在有关行政执法结案速度、行政执法保护力度的满意度调查中，28.9%的企业满意，36.8%的企业认为一般，34.2%的企业不清楚。企业的期望以及不高的满意度，也进一步佐证了行政执法力度有待加强。

表9 知识产权案件法院立案与行政处理对比

年度	著作权纠纷		专利权纠纷		商标权纠纷	
	四川法院	行政机关	四川法院	行政机关	四川法院	行政机关
2014		96		669		1594
2015	2157	48	462	896	591	1239
2016	1971	57	421	1419	766	903
2017	2457	69		2981	1559	1039

---

① 包力，孟广军. 超九成企业诉苦"维权成本高"[N]. 深圳商报，2013－04－26（A06）.

4. 司法保护相对较弱

如前所述，四川省法院积极改革，竭力为企业知识产权保驾护航，司法保护取得了可喜成绩。不过，与国内发达地区相比，四川省司法保护力度还较弱，还不能很好地适应经济社会发展的需求。

首先，案件处理效率有待提高。以知识产权收案、结案为例，《中国法院知识产权司法保护状况（2016年）》白皮书显示，2016年，北京、上海、江苏、浙江、广东五省市法院收案数量占全国地方法院的70.4%，四川省新收案件数量在全国地方法院案件总量中的占比总体偏低；在结案率上，除了民事案件和行政案件结案率高于全国水平之外，刑事案件结案率低于全国水平（见表10）。

表 10　2016 **年地方法院知识产权案件收案、审结情况对比**

	民事案件			刑事案件			行政案件		
	新收（件）	审结（件）	审率（%）	新收（件）	审结（件）	审结率（%）	新收（件）	审结（件）	审结率（%）
全国	136534	131813	83.18	8352	8601	89.06	7186	6250	86.97
四川	3464	3017	87.09	136	121	88.97	7	7	100
占比（%）	2.5	2.3		1.6	1.4		0.1	0.1	

同样，作为省会城市所在地的成都市中级人民法院提供的司法保护与全国副省级城市中级人民法院相比也有一定的差距。2016年成都市中级人民法院新收案件仅占全国地方法院的1.9%，远低于深圳法院的11.6%、广州法院的3.1%、杭州法院的3.6%；一审结案率虽然高于深圳，也高于全省水平，但与全国地方法院结案率96.6%相比，足足低了9个百分点，著作权、商标权侵权案件调解撤诉率46.7%，与深圳的56.3%相比，也有近10个百分点的差距；民事、行政案件结案率高于全国水平，但刑事案件结案率低了12个百分点。[①]

其次，案件审理质量仍有提升空间。近三年，全省法院一审案件的服判息诉率一直保持在85.0%左右，尚有15.0%左右的上诉率；每年仍然存在一定数量的再审案件，尽管数量在逐年减少（见表11）。以成都法院为例，《成都法院知识产权司法保护状况大数据分析报告》显示，2015年成都市中级人民法院和基层法院民事案件的上诉比例虽较2014年有所下降，但仍有47.6%和27.8%的上诉率（如图9所示），二审改发率成都中级人民法院和基层法院分别为8.9%以及0.6%（见表12），考虑到基层法院的上诉案件有高达85.8%的调解、撤诉率，若不调解，则其改发率还会上升。调查结果也支持这一看法，在司法诉讼结案速度满意度方面，认

---

① 　相关数据根据《2016年深圳法院知识产权司法保护状况》《2016年度广州知识产权法院司法保护状况》《二〇一六年杭州市知识产权保护状况》《中国法院知识产权司法保护状况（2016年）》《2016年四川法院知识产权司法保护状况》《成都法院知识产权司法保护状况（2016年度）》等资料统计所得。

为一般的占 26.3%，42.1%的企业回答不清楚，仅有 26.3%的企业满意；司法诉讼对知识产权有效性维持程度满意度方面，认为一般的占 31.6%，36.8%的企业回答不清楚，仅有 28.9%的企业满意。

表 11　2015—2017 年全省一审案件审结基本情况

年份	一审审结件数（件）	上诉件数（件）	服判息诉率（%）	再审件数（件）
2015	2776	445	84.0	7
2016	2845	344	87.9	3
2017	4257	632	85.2	1

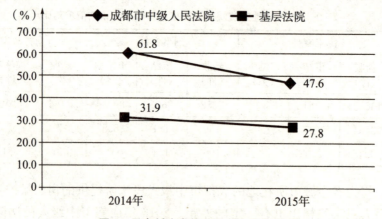

图 9　民事判决案件上诉占比示意图

表 12　成都法院上诉案件改发率

单位：%

年份	成都中级人民法院		基层法院	
	2014	2015	2014	2015
二审被维持案件	88.0	91.1	7.8	12.2
二审被改判案件	8.4	7.8	0.00	0.6
二审被发回案件	3.6	1.1	0.00	0.6
二审被调解、撤诉案件	0.0	0.0	92.2	85.8

（五）高水平、高质量的中介服务供给不足

1. 高水平的中介服务机构缺乏

与全国相比，四川省知识产权中介服务机构发展水平还有待进一步提升。在中国知识产权报社主办的 2016 年度专利代理行业综合实力评价活动中，共有 174 家专利代理机构获评星级专利代理机构，7 家、31 家、43 家、45 家和 48 家代理机构分别获得五星、四星、三星、二星和一星专利代理机构称号，四川省没有五星级服务机构入围，仅入围四星 1 家、三星 2 家、二星 3 家、一星 3 家。星级中介服务机构的数量远远落后于北京、上海。与全国 15 个副省级城市相比，成都落后于广州、深圳，基本与南京持平，整体水平也有待提升（如图 10 所示）。而在国家知识产权局评审确定的四批共 190 家"全国知识产权服务品牌机构培育单位"中，四川仅有 10 家机构入围，占比 5.3%，落后于北京、上海、江苏、广东，与天津持平，总体上还有较大的提升空间。

2. 高端市场需求供给不充分

首先，中介服务机构未能全面参与企业知识产权事务。由于中介服务机构与企业之间信息不对称，绝大多数知识产权中介服务机构主要以第三方的身份提供代理服务，很少参与企业知识产权事务，不了解企业知识产权工作和宏观知识产权战略。①

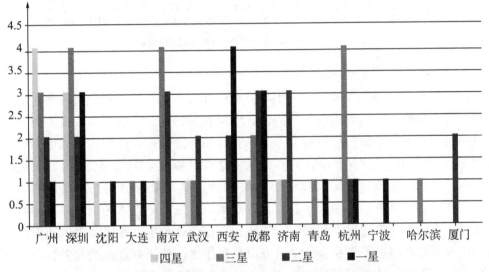

图 10　全国副省级城市 2016 年星级代理机构对比图

其次，高端专业服务缺乏。现有的中介服务主要以低层次服务为主，主要业务集中在基础性的知识产权确权、交易的中介服务上，对专业性更高的知识产权价值评估、维权等企业迫切需要的专业服务供给稍显不足。针对四川省专利代理、法律服务等中介机构知识产权保护的工作质量和服务水平满意度的调查显示，满意的企业占 39.5%，认为一般的占 42.1%，不满意的占 18.4%；接近三成的企业在知识产权维权过程中遇到过专业服务机构缺乏或服务水平不高的问题。目前，中介服务机构的服务水平不高应与中介服务机构的快速增长有关。2015 年以前，全国知识产权代理机构的增速一直保持在 20.0% 左右，2016 年代理机构以 50.0% 的增长速

---

① 中介服务如何与企业需求一拍即合？［EB/OL］. http://ip.people.com.cn/n/2015/0202/c136655-26490240.html，2015-02-02.

度快速增长，达到 2.37 万家（如图 11 所示）。① 中介服务机构快速增长，导致进入市场的机构水平和服务质量参差不齐，部分机构的低质服务降低了服务对象对整个行业的满意度。

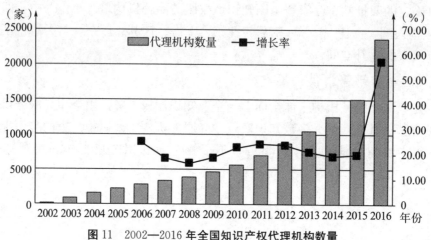

图 11　2002—2016 年全国知识产权代理机构数量

3．行业组织未能有效发挥作用

目前知识产权相关领域中成立了部分专业性协会，如四川省专利协会、四川省专利代理人协会、四川省版权保护协会、四川省商标协会、成都市版权协会、成都市商标协会、泸州市商标广告协会等。已有的相关协会在自己所在领域也组织会员开展了一定的知识产权保护工作，如开展创意设计版权知识培训、"国家级版权经纪"双证培训、企业版权知识培训会、新《商标法》专题培训等活动，这些活动主要集中在人才培养方面，契合了当前企业对知识产权专业人才的迫切需求，但行业组织尚未有效发挥专业组织和第三方的作用，在企业希望行业协会提供知识产权预警、维权、法律援助等专业服务供给方面少有作为；被调查企业绝大多数都没有加入任何知识产权行业组织，仅有 7.7％加入了全国性行业组织，12.8％加入了地方性行业组织。知识产权行业组织在民营企业中的影响式微，未能有效发挥作用。

四、促进四川省民营企业知识产权保护的对策建议

（一）加强宣传，转变知识产权保护理念

1．树立知识产权统一保护理念

以深入实施知识产权战略为抓手，将知识产权战略作为全省经济社会发展的统一战略加以考量，在全省范围内实施最严格的知识产权保护。省委省政府应将知识

---

① 近几年知识产权行业数据及 2017 年情况预测［EB/OL］．https://www.douban.com/note/609638257/，2017－03－06.

产权保护作为全省的重点工作统筹布局，统一行动，相关部门应准确把握这一决策，牢固树立严格知识产权保护的基本理念，大力弘扬尊重知识、崇尚创新、诚信守法的知识产权文化，加快制定出台严格知识产权保护的政策措施，形成全省统一的知识产权保护理念，制定统一的知识产权保护扶持政策，努力为知识产权保护营造良好的环境氛围。

2. 秉承知识产权市场保护原则

《中共中央国务院关于深化体制机制改革加快实施创新驱动发展战略的若干意见》明确指出："营造激励创新的公平竞争环境，发挥市场竞争激励创新的根本性作用，营造公平、开放、透明的市场环境，强化竞争政策和产业政策对创新的引导，促进优胜劣汰，增强市场主体创新动力。"推动四川省民营企业知识产权保护整体水平提升是保障创新驱动发展战略的重要内容和迫切要求，提高知识产权保护水平，需要处理好政府与市场的关系，既要靠市场主体自身努力、市场机制发挥作用，也要靠各级政府的政策引导和监管。在知识产权保护水平较低的初期，政府虽然可通过政策引导和扶持，刺激企业知识产权保护意愿，帮助企业提升知识产权保护能力，但也必须坚持以市场保护为原则，尊重市场机制，通过扶持引导、购买服务等制度安排，提高民营企业知识产权保护水平，引导行业协会和专业服务机构等社会力量参与知识产权保护，形成政府引导、企业主导、行业自律的运转有序的市场化保护机制。

3. 优化知识产权保护环境

大力营造知识产权保护氛围。建立政府引导、媒体支撑、社会公众广泛参与的知识产权宣传工作体系，充分发挥舆论引导作用，全方位利用报纸、杂志、电视、互联网、自媒体等渠道，构建多种形式的宣传网络。加快全省知识产权公共服务平台建设进度，以四川省知识产权公共服务平台、企业海外知识产权维权援助平台建设为契机，整合成都市知识产权综合服务信息共享平台、绵阳科技城知识产权公共服务平台、成都高新区知识产权（专利）公共服务平台等市州县平台，打造以四川省知识产权公共服务平台为主体、省市县三级协调配合的全省统一权威的知识产权信息服务平台体系。把知识产权保护宣传纳入普法教育、科普宣传、文明创建的重要内容，加大知识产权保护理念、知识、案例的宣传力度；深入开展知识产权进机关、进学校、进企业、进社区活动，普及知识产权保护基本知识、法律法规，定期发布知识产权发展保护状况，引导全社会形成尊重知识产权、自觉维护知识产权、努力开发知识产权的市场环境和社会氛围。

4. 加强知识产权对外合作与交流

知识产权保护是一项系统工程，需要在开放、合作中推进相关工作。四川省作为知识产权保护后发地区，需要大力学习借鉴先进国家和地区的知识产权管理经验。加强与国内外、港澳台地区在执法维权、学术研讨、教育培训、信息开放等方面的交流与合作；积极开展区域知识产权协作，推动成德绵全面创新改革试验区知识产权创新发展，推动建立成德绵乃至成渝经济区区域联合执法机制，促进跨区域知识产权保护工作。

（二）强化顶层制度设计，加大保护制度供给

1. 强化地方立法工作

在依法治国、建设法治国家背景下，依法行政是四川省知识产权保护工作的必然要求。知识产权保护的首要大事就是完善知识产权法律制度，四川省可借鉴山东省制定《山东省知识产权促进条例》、深圳市制定《深圳经济特区加强知识产权保护工作若干规定》、武汉市制定《武汉市知识产权促进和保护条例》、南京市制定《南京市知识产权促进和保护条例》的做法和经验，通过强化立法为知识产权保护提供制度支撑，在现有《四川省专利保护条例》的基础上，制定《四川省知识产权保护和促进条例》或者《四川省知识产权保护和促进工作条例》，完整涵盖专利、商标、版权、植物新品种、集成电路布图设计、地理标志等内容，明确相关职能部门的知识产权保护职能，在损害赔偿标准、惩罚性赔偿制度、举证责任、证据收集等方面先行先试，推动解决知识产权案件取证难、赔偿低、惩罚轻等突出问题。同时根据四川省知识产权发展的实际需要，制定相关的专项保护办法，如根据成都展会的发展情况，推动制定《成都市展会知识产权保护办法》，就展会、展品的知识产权保护制定详细的规则；再如，结合当前互联网专利侵权的特殊状况，可研究制定《四川省互联网知识产权保护办法》，并同步将《四川省假冒专利举报投诉奖励办法》修订为《四川省举报知识产权侵权行为奖励办法》。通过制定一系列知识产权地方性法规规章，力争形成系统完备的制度体系，为知识产权保护提供具有可操作性的规则，切实维护知识产权权益人利益，营造激励创新的公平竞争环境。

2. 优化保护扶持制度

调查显示，35.9％的企业认为知识产权保护费用过高，64.1％的调查企业希望政府降低知识产权保护费用，这也是当前企业最迫切希望政府提供的支持。国家知识产权局条法司在 2015 年有关 PCT 申请的调查中也发现，国际阶段官费减免比例越高，对申请意愿的促进作用越明显，当费用减免 90.0％时，用户表示申请量可能会增长 68.8％，显著高于减免 75.0％时的 44.5％（减免 50.0％时为 26.4％，减免 25.0％时为 11.6％）[①]，可见，知识产权保护费用的降低能显著提升企业进行知识产权保护的积极性。因此，优化扶持政策，降低企业知识产权保护费用，可以作为当前及今后一段时间四川省知识产权保护工作的重点。

首先，按照统一保护的理念，统筹整理分散在各个部门的扶持政策，按照轻重

---

① 国家知识产权局条法司. PCT 制度在中国实施状况的调查报告（2016 年）[EB/OL]. http://www. sipo. gov. cn/zscqgz/2017/201703/t20170324 _ 1309021. html，2017—03—24.

缓急原则进行取舍、优化，并对标沿海发达地区经验，制定统一的知识产权扶持政策，将《四川省专利资助资金管理办法》修改为《四川省知识产权资助资金管理办法》，使其全面适用于专利、商标、版权、植物新品种、集成电路布图设计、地理标志等，研究统一的国际国内申请注册、维持的支持标准。

其次，加强知识产权事后救济资助政策研究，跟踪分析市州补贴部分诉讼代理费的成效，研究扩充新的补贴方式；扩大补贴范围，研究仲裁代理费补贴的标准以及行业组织维权补贴标准。

最后，专门研究中小微企业扶持政策。现有扶持政策主要是事后扶持，无法满足中小微企业降低知识产权成本压力的需求，可探讨研究中小微企业一定条件下的事前扶持，即在一定条件下，申报注册知识产权之前或者维权过程中，申请政府相关扶持，提前获得资金支持，有助于降低中小微企业的成本压力，提高知识产权保护的积极性。

（三）加强引导，建立知识产权保护辅导机制

1. 引导企业加强知识产权战略制定

省级财政投入专项资金，实施民营企业知识产权战略推进计划，分层分类支持，引导民营企业加强知识产权战略制定。可考虑政府购买服务等方式，引入专业管理咨询机构，为民营企业量身定制融合知识产权在内的企业发展战略或者知识产权专项发展战略，引导企业自觉将知识产权战略作为企业发展战略，积极布局国际保护，加强海关保护。实施民营企业知识产权战略培育计划，着力扶持市场前景广阔的中小微科技企业，帮助中小微企业提高知识产权战略管理水平。

2. 推进企业知识产权管理标准化

加大企业知识产权管理水平提升引导力度，将知识产权制度建设和管理水平作为知识产权示范企业、优势培育企业、试点企业、高新技术企业、创新型企业认定的重要条件；编制企业知识产权管理制度、专利管理制度、版权管理制度、商标权管理制度等通用模板供企业参考，引导企业制定相对全面的知识产权管理制度，实现研发、生产、经营全过程知识产权管理。按照"分类指导、分步推进、分级考核"的原则，进一步完善知识产权管理标准化推广、培训、咨询服务和绩效评价体系，广泛推行《企业知识产权管理规范》国家标准，实现从技术研发、产品试制到市场营销的全过程知识产权管理。引导骨干企业开展贯标工作，在知识产权示范企业、优势培育企业、试点企业中全面推进实施贯标工作，鼓励企业参加国标示范创建。

3. 强化知识产权托管服务

加大知识产权托管服务发展力度，鼓励企业充分利用外包知识产权服务，提升知识产权保护水平。制定《四川省知识产权托管服务机构资助管理办法》，支持知识产权托管服务发展，培育一批服务优质、信誉良好、贡献突出的知识产权托管服

务专业机构；综合采用多种方式分门别类扶持企业入托，通过政府购买服务或者补贴费用方式，积极鼓励托管服务机构为中小微企业提供无偿服务，引导托管服务机构为大中型企业提供有偿的专业托管服务；鼓励民营企业特别是中小微企业托管知识产权，对入托企业予以相应的优惠扶持。加大托管服务机构的监督、管理，制定和完善《四川省知识产权托管服务机构遴选办法》《四川省知识产权托管工作考评办法》《四川省知识产权托管工作手册》等，规范托管服务，促进托管工作深入开展。积极引导企业拓展托管服务范围，探索标准托管、涉外维权托管、质量控制托管等高端服务供给。

4. 加大知识产权信息供给

知识产权相关行政部门整合行业协会、知识产权服务机构和平台、高校等相关资源，积极组织专题培训、交流会、研讨会等，为民营企业提供各类知识产权信息。围绕知识产权基本知识、国际知识产权基本规则、国内外知识产权战略动态、企业知识产权战略等内容，区分民营企业决策层、中高层管理人员、科技研发人员、普通员工，分类组织知识产权专门讲座和培训；定期举办知识产权工程师培训、知识产权总监培训、企业总裁培训、执业专利代理人、执业版权代理人、执业商标代理人等各类专业人才培训会；根据知识产权保护的内容，不定期组织海关保护、国际专利申请、国际商标注册等专题交流会，形成"专业＋专题"综合融合的内容体系。

为减少政府培训与企业需求之间的脱节问题，提高政府培训的针对性和有效性，可考虑建立知识产权培训双向沟通机制，依托四川省知识产权公共服务平台，开通企业培训需求征集渠道，公开征集全省企业知识产权保护需求信息；或者每年定期依托行业组织机构、第三方机构收集、征求企业培训需求，梳理其中共性的、急迫的问题，及时安排相关培训。

多渠道多方式主动供给知识产权信息。第一，打造全省知识产权信息集中发布基地，以四川省知识产权公共服务平台为基础，将其打造成全省最为权威的知识产权信息供给、发布平台，相关职能部门定期整理知识产权信息，集中发布，方便企业快速查询。第二，多渠道发布信息。除在网站上发布信息、行业组织通知外，还可通过邮件、微信群、QQ群等方式发布信息，主动向企业推送信息，使尽可能多的企业知晓。第三，组织专家深入企业内部调研，通过实地问诊，把脉企业知识产权保护中存在的实际问题，及时解决企业各个发展阶段可能出现的知识产权隐患。第四，与其他部门的普法工作有机结合，将知识产权保护纳入企业普法的重要一环加以安排，组织由知识产权法官、律师协会组成的知识产权宣讲服务团，深入企业、行业协会宣传知识产权法律，解答知识产权法律问题，提升企业知识产权保护法律意识和水平。

（四）砥砺前行，优化知识产权行政管理体制机制

1. 构建统一的知识产权管理行政机构

加大贯彻《知识产权综合管理改革试点总体方案》（国办发〔2016〕106 号）精神的力度，及时总结四川省在成德绵全面创新改革试验区、中国（四川）自由贸易试验区进行的知识产权综合管理改革试点经验，评估郫都区、成都高新区、德阳高新区的专利、商标、版权"三合一"管理和服务成效，构建统一的知识产权管理机构。整合现有的知识产权职能，重新组建一个知识产权管理机构，统管全省知识产权工作。具体而言，将商标管理职能、版权管理职能、植物新品种管理职能等相关知识产权管理职能从工商、新闻等行政部门剥离出来，与目前的知识产权部门职能进行整合重组，成立新的知识产权管理机构。新组建的知识产权管理机构应以提高授权审查质量、推动知识产权运用、营造知识产权环境、统筹协调涉外知识产权事宜为工作重点，逐渐实现从管理向治理的转变。

2. 健全行政执法体系

加强省、市、区联动执法。按照推进综合执法的要求，整合全省知识产权执法力量，建立全省统一的知识产权行政执法队伍，全面涵盖专利、版权、商标等各类所有知识产权类型；明确市、县知识产权执法人员编制，保障执法经费。省、市、县统筹知识产权综合行政执法，形成省、市、区三级联动的行政执法体系。

加强行政、司法的衔接。我国知识产权保护实行司法和行政双轮驱动，行政保护效率高、成本低，司法保护程序公正、裁判权威、透明度高，两种方式各有优势，但目前二者之间还存在不少衔接问题，如行政执法中法律与政策之间的关系有待澄清，知识产权行政管理制度与司法治理制度之间的相互关联有待调整等。从构建知识产权大保护体系的视角，需要加强行政、司法的衔接，着力建立和完善行政机关与司法机关知识产权重大案件会商、通报制度，畅通案件移送、信息通报和业务咨询渠道，协调统一知识产权执法标准，建立行政调解和司法调解对接机制，促进行政执法和司法程序相互配合、相互协调，加快构建行政和司法两条途径优势互补、有机衔接的保护模式，依法保护专利权人合法权益，及时有效地打击和遏制侵权行为。

加强海关知识产权保护。一方面，不断提高成都海关知识产权执法效能，制止侵权货物进出境，完善国内侵权企业回访等制度，推动企业加强内部管理，有效降低侵权风险；另一方面，增强权利人维权意识，鼓励和引导国内自主知识产权企业特别是获得驰名商标、著名商标、知名商标以及具有一定市场竞争能力产品的企业及时办理知识产权海关备案。

3. 建立健全知识产权维权工作机制

加强知识产权预警和保护。重点围绕新一代信息技术、高端装备、新材料、生物、新能源、新能源汽车、节能环保、数字创意等战略性新兴产业，建立知识产

预警服务平台，分析、跟踪、预测国内外知识产权竞争态势，指导企业采取应对措施。建立健全技术性贸易壁垒和防范预警系统，加强重点产业技术性贸易壁垒信息数据库及应用服务系统建设。设立海外援助基金，积极引导和鼓励有关行业、企业、商会建立知识产权保护联盟，联手应对侵权诉讼，有效化解知识产权风险。

开展知识产权维权援助服务。完善知识产权维权援助机制，建立知识产权维权绿色通道，加大企业海外维权指导力度，运用政府购买服务或者以奖代补等方式，引导律师事务所等法律服务机构在知识产权维权援助服务中发挥作用。积极开展维权法律服务，完善知识产权投诉举报受理机制，建立健全知识产权维权网络服务体系，充分发挥知识产权举报投诉电话 12330 和举报投诉服务平台的作用，推动建立重点产业知识产权快速维权中心。大力鼓励发展第三方调解，支持人民调解，鼓励商事调解和行业调解等多种形式参与，打造行政调解、司法调解、第三方调解组成的"三调联动"机制。

（五）强化人才支撑，多渠道培养引进专业人才

1. 加大人才培养力度

扶持知识产权人才培养基地建设，充分用足《关于大力引进海外人才、加快建设高端人才汇聚高地的实施意见》《四川省"天府万人计划"实施办法》等人才引进和培养扶持政策，夯实四川大学国家知识产权培训（四川）基地、西南财经大学知识产权研究院基础，积极鼓励四川省高等院校、科研机构、民营企业创建国家中小微企业知识产权培训基地、设立知识产权学院，在部分获得知识产权示范企业、优势企业称号的民营企业中探索设立教育实训基地，为四川省知识产权专业人才培养提供基础条件。着力创新知识产权人才培养模式，搭建"企业自主培养＋行业组织有偿培养＋高等院校高端培养"多元培养机制，探索政府、高校、研究机构、企业共建知识产权教育与研究机构的机制与路径。突出人才培养重点。根据民营企业知识产权需求以及四川省加强知识产权保护的人才困境现状，将人才培养重点集中在培养知识产权行政管理人才、执法人才、经营管理人才和服务业人才等各类知识产权实务人才、高水平知识产权师资人才和党政领导干部等重点人群的知识产权培训上。研究鼓励政策，支持民营企业培养高级或复合型知识产权人才。

2. 加大人才引进力度

采取特殊举措，面向全球引入一定数量的精通国内外知识产权法律法规、熟悉国际知识产权规则的高层次人才，提升四川省知识产权人才水平；定期发布知识产权人才需求信息，编制《四川省高端人才目录》《四川省紧缺人才目录》等，纳入知识产权专业人才，最大限度地整合现有人才优惠政策，吸引一批国内优秀的具有较高业务素质的知识产权专门人才落户四川；围绕知识产权服务业态发展，加大研究知识产权保险、托管、运营等服务人才的引进政策。出台补贴政策，鼓励中介服务机构从国外、省外引入高层次知识产权专业人才。

（六）培育市场，提升中介服务机构市场能力

1. 加大中介服务机构培育建设力度

围绕知识产权申报、注册、转化、维权等业务，对接国内外知名中介服务机构，积极争取在四川开设分支机构，提供全球、全国水准的知识产权服务。实施中介服务机构培育工程，细化现有扶持政策，鼓励更多的专业机构进入知识产权服务领域。对新设立的知识产权中介服务机构或引入国内知名的知识产权中介机构设立分支机构的，给予一定的经费扶持。

加大行业组织建设，充分发挥其第三方组织的优势和作用，规范中介服务市场秩序，为中介服务组织发展提供良好的市场环境。

2. 大力培育中介服务市场

中介服务机构不仅仅是一个顾问或者代理人，还应该成为企业运筹帷幄中的重要战略伙伴，为有需要的企业提供专业、全面、系统的知识产权整合服务。为推动四川省中介服务水平跃升，需要综合采用财税、金融等手段，支持社会力量参与知识产权保护综合监测平台、证据收集平台、风险预警平台建设，鼓励中介服务机构拓展服务领域，逐步形成知识产权代理服务、预警分析、数据利用、软件研发、法律援助、资产评估、宣传培训等知识产权服务产业链，提高知识产权一体化综合服务能力。

3. 引导中介服务机构提高服务质量

丰富现有中介机构补贴政策，增加代理国外知识产权维权成功的补贴标准以及获评全国星级代理机构的奖励标准；规范中介服务机构服务标准，制定出台知识产权法律服务工作指引，如《四川省律师办理商标法律服务操作指引》《四川省律师办理专利法律服务操作指引》《海关知识产权备案工作指引》《知识产权中介服务行业文明规范服务工作指引》《侵犯知识产权刑事案件取证指引》等，为中介服务机构规范服务提供参考质量标准；引导中介服务机构延伸服务领域，根据不同客户需求，积极开发不同服务产品，促进业务向个性化、品牌化、专业化高端发展。

（七）锐力改革，大力提升司法保护水平

1. 加大知识产权审判机制改革力度

以加快推进知识产权法庭建设为契机，加大人力物力等审判资源投入，大力优化"三审合一"机制，及时归纳总结，形成相对成熟的"三审合一"运行机制；深入推进"两表指导，审助分流"的要素化审判模式，完善诉答机制，优化知识产权立案、审判及后勤保障相对独立运作机制，提高审理效率。积极创造成都知识产权法院设立所需的前期基础条件。

探索建立专家咨询委员会。知识产权证据鉴定确认的专业性非常高，费用不菲，且当前专业性鉴定机构非常缺乏。考虑降低诉讼当事人成本、提升证据确认权

威性等因素，在知识产权专业鉴定机构未实现充分竞争之前，作为一个临时性的折中解决方式，可考虑探索设置专家咨询委员会，由省高院遴选、聘请一批具备知识产权法律知识、相应工作经验的专家组成专家咨询委员会，提供专家鉴定意见供法院和当事人参考。[①]

2. 加强司法队伍建设

加大引入力度。出台倾斜政策，积极引进省外具有知识产权专业技术背景或具备丰富经验的法官；积极争取最高院、发达地区法院的支持，采用挂职锻炼、对口支援等方式柔性引入知识产权高端人才；积极对接国内外知名高校和研究机构，引入知识产权专业博士研究生或者优秀硕士研究生。

加强审判业务培训，提升审判能力。制订合理的专业培训计划，建立定期学习制度，邀请知识产权专家对审判法官进行授课，拓宽专业知识面。定期开展系统内审判业务研讨，分析疑难问题，交流审判技巧；开展知识产权案件境内外交流探讨活动，加大考察力度，充分吸收和借鉴发达地区的审判经验和技能，多方式提升法官业务能力。

（四川省统计局　四川师范大学）

---

① 欧长胜. 厦门市民营企业知识产权保护现状及对策 [J]. 厦门特区党校学报，2015（4）.

附录：四川省民营企业知识产权保护问题研究调查问卷

因四川省统计局调研项目的需要，特向贵企业发放此问卷，以了解贵企业在知识产权的保护和管理方面的现状。本问卷所有数据只用于课题研究，不作任何商业用途，也不对被调查单位作个体评价。研究报告将用于政府决策参考。题目选项无对错之分，请您按企业实际情况填写或选择。

对于您在填写问卷中提供的信息，我们负有保密义务。十分感谢您对课题组的帮助和支持！填写完毕的调查问卷请返回到以下邮箱：172073204@qq.com。

课题组

2018 年 5 月 2 日

1. 贵企业名称：_____

所在地区：_____市_____区/县/市

职工总数_____人，研发人员总数_____人

企业是否是规模以上企业　　□是　□否

企业是否是高新技术企业　　□是　□否

企业是否是上市公司　　□是　□否

2. 贵企业所属行业属性主要是（　　）

A. 生产制造型　　　　　B. 服务型　　　　　C. 贸易型

若企业为生产制造型企业，则所从事的技术领域为（　　）

A. 电子信息　　　　　B. 生物与新医药　　　C. 新材料

D. 高技术服务　　　　E. 新能源　　　　　　F. 节能环保

G. 先进制造与自动化　H. 其他（请具体说明）：_____

3. 企业近三年申请国内知识产权保护的有：

A. 发明（　）项　　　B. 实用新型（　）项　C. 外观设计（　）项

D. 著作权（　）项　　E. 商标（　）项　　　F. 著作权（　）项

G. 计算机软件著作权（　）项　　　　　　　H. 植物新品种权（　）项

I. 集成电路布图设计权（　）项

4. 企业近三年获得国内知识产权保护的有：

A. 发明（　）项　　　B. 实用新型（　）项　C. 外观设计（　）项

D. 著作权（　）项　　E. 商标（　）项　　　F. 著作权（　）项

G. 计算机软件著作权（　）项　　　　　　　H. 植物新品种权（　）项

I. 集成电路布图设计权（　）项

5. 企业近三年申请国外（境外）知识产权保护的有：

A. 发明（　）项　　　B. 实用新型（　）项　C. 外观设计（　）项

D. 著作权（　）项　　E. 商标（　）项　　F. 著作权（　）项

G. 计算机软件著作权（　）项　　　　H. 植物新品种权（　）项

I. 集成电路布图设计权（　）项

6. 企业近三年获得国外（境外）知识产权保护的有：

A. 发明（　）项　　B. 实用新型（　）项　　C. 外观设计（　）项

D. 著作权（　）项　　E. 商标（　）项　　F. 著作权（　）项

G. 计算机软件著作权（　）项　　　　H. 植物新品种权（　）项

I. 集成电路布图设计权（　）项

7. 贵企业采取何种措施保护企业创新成果？（　　　　　　　）（可多选）

A. 申请专利、商标、著作权等知识产权

B. 与员工签订保密协议，采取保密措施

C. 加快产品更新换代速度

D. 形成规模效应

E. 其他（请具体说明）：＿＿＿＿＿＿＿＿＿＿＿＿

8. 企业近三年放弃已获得知识产权的情况是：

A. 放弃发明（　）项，占企业已获得发明专利的比重是（　　　）

B. 放弃实用新型（　）项，占企业已获得发明专利的比重是（　　　）

C. 放弃外观设计（　）项，占企业已获得发明专利的比重是（　　　）

D. 放弃著作权（　）项，占企业已获得发明专利的比重是（　　　）

E. 放弃商标（　）项，占企业已获得发明专利的比重是（　　　）

F. 放弃著作权（　）项，占企业已获得发明专利的比重是（　　　）

G. 放弃计算机软件著作权（　）项，占企业已获得发明专利的比重是（　　　）

H. 放弃植物新品种权（　）项，占企业已获得发明专利的比重是（　　　）

I. 放弃集成电路布图设计权（　）项，占企业已获得发明专利的比重是（　　　）

9. 若存在放弃已获得知识产权的情况，则放弃的原因是（　　　　）（可多选）
（不存在放弃的情形，则跳过本问题）

A. 知识产权已经没有保护的必要

B. 维持费用（如年费等）过高

C. 没有专门机构和人手去保护

D. 不了解相关政策，无意间失去保护

E. 其他（请具体说明）：＿＿＿＿＿＿＿＿＿＿＿＿

10. 企业建立的有关知识产权管理的规章制度情况：

A. 企业知识产权管理制度（　）个

B. 企业专利管理制度（　）个

C. 企业商标管理制度（　）个

D. 企业著作权（版权）管理制度（　）个

E. 企业商业秘密管理制度（　　）个

F. 其他（请具体说明）：＿＿＿＿＿＿＿＿＿＿＿＿＿＿

11. 知识产权作为企业发展战略的重要内容加以设计的情况（　　　）

A. 制定了知识产权中长期专门规划（3～5年）

B. 制定了知识产权短期专门规划（1～2年）

C. 没有制定知识产权专门规划，但在企业发展战略中有一定涉及

D. 企业所有战略中没有涉及知识产权内容

12. 企业知识产权管理机构设置情况（　　　）

A. 设有专门知识产权管理机构

B. 没有设置专门机构，但有相关机构负责知识产权管理工作

C. 没有设置专兼职部门负责，知识产权事务委托外部机构处理

D. 没有任何机构负责知识产权管理工作

13. 企业知识产权管理专门工作人员配置情况（　　　）

A. 配置知识产权专员（　　）人

B. 没有配置知识产权专员，但有知识产权管理兼职人员（　　）人

14. 企业近三年专门用于知识产权保护的经费平均支出占三年平均销售收入的比重是（　　）

A. ≥1%　　　　　B. <1%，≥0.5%　　　C. <0.5%，≥0.1%

D. <0.1%　　　　　E. 无经费支出

15. 企业近三年专门用于知识产权保护的经费平均支出占三年知识产权费用平均支出的比重是（　　）

A. ≥1%　　　　　B. <1%，≥0.5%　　　C. <0.5%，≥0.1%

D. <0.1%　　　　　E. 无经费支出

16. 企业近三年平均每年组织知识产权专门培训的次数是（　　　）

A. 3次以上　　　　B. 2次　　　　　C. 1次

D. 从未组织过

17. 企业近三年平均每年参加政府或其他机构组织的知识产权专门培训的次数是（　　）

A. 3次以上　　　　B. 2次　　　　　C. 1次

D. 从未组织过

18. 企业开展知识产权保护工作，咨询过哪些专业人士和专业机构（　　　）（可多选）

A. 律师事务所，律师

B. 商标/专利事务所，商标/专利代理人

C. 高校及科研机构，专家学者

D. 其他科技型企业，相关企业人员

E. 政府专利行政部门

F. 行业协会/商会

G. 其他（请具体说明）：_____

H. 从未咨询过相关机构和人员

19. 近三年企业是否存在因知识产权被侵害而引发纠纷或者产生诉讼的情况？

①□是　　　　　　　□否

②若存在①中所述情况，则被侵犯的知识产权类型及数量是（　　　　）（可多选）

A. 发明（　）项　　　B. 实用新型（　）项　　C. 外观设计（　）项

D. 著作权（　）项　　E. 商标（　）项　　　　F. 著作权（　）项

G. 计算机软件著作权（　）项　　　　　　　　H. 植物新品种权（　）项

I. 集成电路布图设计权（　）项　　　　　　　K. 商业秘密（　）项

L. 其他（请具体说明）：_____

③若存在①中所述情况，则企业维权的措施是（　　　　）

A. 发出要求停止侵权的律师函

B. 向行政机关举报，请求处理

C. 向法院提起诉讼

D. 其他措施（请具体说明）：_____

E. 没有采取任何措施

20. 您认为遇到知识产权侵权时，采取何种方式成效最好（　　　　）（单选）

A. 发出要求停止侵权的律师函

B. 请求行政处理

C. 向法院提起诉讼

D. 行业协会（商会）发挥行业自律、维权作用

E. 协商解决

21. 企业加入知识产权行业协会情况（　　　　）（可多选）

A. 加入国际性知识产权行业协会

B. 加入全国性知识产权行业协会

C. 加入地方性知识产权行业协会

D. 没有加入任何知识产权协会

22. 您所在企业在保护知识产权过程中遇到了哪些困难（　　　　）（可多选）

A. 知识产权专门人才缺乏

B. 知识产权保护费用过高

C. 专业服务机构缺乏或者服务水平不高

D. 知识产权行政保护效率不高

E. 知识产权司法保护成本太高

F. 其他（请具体说明）：_____

23. 您认为国家和四川省、企业所在市（地区）关于知识产权保护的相关法律法规是否存在不合理的内容？

　　□是　　　　　　　　　□否

　　若存在不合理之处，那么具体表现为（　　　）（可多选）

A. 政府对相关制度缺乏宣讲、引导，导致企业本身对相关制度不了解

B. 政府干预过多

C. 规定比较笼统，缺乏针对性

D. 规定脱离实际，缺乏操作性

D. 其他（请具体说明）：_____

24. 贵企业对当前知识产权保护的满意度如何？（请在对应位置画√）

	满意	一般	不满意	不清楚
社会公众的知识产权保护意识	□	□	□	□
专利代理、法律服务等中介机构知识产权保护中的工作质量和服务水平	□	□	□	□
司法诉讼结案速度	□	□	□	□
司法诉讼成本	□	□	□	□
司法诉讼对知识产权有效性维持程度	□	□	□	□
行政执法结案速度	□	□	□	□
行政执法保护力度	□	□	□	□

25. 您希望政府在未来的知识产权保护中提供哪些帮助？（　　）（可多选）其中最为迫切的两项帮助是（　　　　）。

A. 加大专项贷款等资金扶持

B. 提供更多知识产权人才培训

C. 提供更多更好的知识产权中介服务

D. 提高行政打击力度

E. 简化司法保护流程

F. 降低知识产权保护费用（年费等）

G. 其他（请具体说明）：_____

26. 从企业需求来看，您希望知识产权行业协会提供哪些专业服务？（　　）（可多选）

A. 知识产权预警及咨询服务

B. 知识产权人才培训

C. 知识产权维权服务

D. 知识产权法律援助

E. 知识产权代理

F. 其他服务（请具体说明）：＿＿＿＿＿＿＿＿＿＿＿＿＿＿＿

27. 从企业需求来看，您希望中介机构在哪些环节提供专业服务？（　　　）（可多选）

A. 企业技术研发

B. 专利、注册商标等权利申请

C. 知识产权维权工作

D. 知识产权价值评估

E. 知识产权转让、购买及抵押担保等事项

F. 企业知识产权事务管理

G. 专利预警及咨询服务

四川深度贫困地区精准扶贫难点及对策研究

四川脱贫攻坚的重点难点在高原藏区、大小凉山彝区、秦巴山区和乌蒙山区"四大片区"，藏区彝区因为"量大、面宽、程度深"的贫困特征及复杂的致贫因素，是重中之重难中之难。四川省委省政府将藏区彝区 45 个县列为深度贫困县，随着扶贫工作的开展，深度贫困地区贫困人口数量及贫困发生率明显下降，但在脱贫攻坚任务持续推进过程中，特别是离 2020 年全面建成小康社会的时间节点越来越近，一些问题及难点随之显现，急需对症施策。

一、四川省深度贫困地区贫困现状、特征及致贫原因分析

（一）贫困现状

国家将"三区三州"，即西藏、四省藏区（青海、四川、甘肃、云南）、南疆四地州（和田地区、阿克苏地区、喀什地区、克孜勒苏柯尔克孜自治州）以及四川凉山州、云南怒江州、甘肃临夏州确定为深度贫困地区。该区域涉及四川省阿坝、甘孜、凉山 3 个藏区彝区民族自治州 42 个国家级深度贫困县；为协调推进大小凉山彝区脱贫攻坚，四川省又将小凉山 3 个彝区贫困县作为省级深度贫困县。因此，四川全省共有深度贫困县 45 个，面积共计 27.94 万平方千米，占全省的 57.5%；常住人口 495.86 万人，占全省的 5.97%。

截至 2017 年年底，45 个深度贫困县内还有贫困村 2180 个、贫困人口 62.2 万人，分别占全省的 41.2%和 36.4%。其中甘孜州辖区内 18 个县（市）均为深度贫困县，占全省深度贫困县的 40%，到 2017 年年底仍有 714 个贫困村未退出，8.2 万贫困人口未脱贫，全州贫困发生率为 8.7%。阿坝州 13 县（市）均为深度贫困县，到 2017 年年底仍有 241 个贫困村未退出，2.2 万贫困人口未脱贫。凉山州辖区内有 11 个国家扶贫开发工作重点县，到 2017 年年底仍有 1218 个贫困村未退出，49 万人未脱贫，贫困发生率高达 19.1%，脱贫攻坚任务尤为艰巨。乐山市辖区内小凉山地区共有三个深度贫困县，到 2017 年年底仍有 107 个贫困村未退出，2.8 万贫困人口未脱贫，贫困发生率达 6.8%（见表 1、表 2）。

表1 四川省深度贫困地区情况

片区/市（州）		县级市、县、区、自治县
高原藏区 （32个）	阿坝州 （13个）	汶川县　理　县　茂　县　松潘县　九寨沟县　金川县　小金县 黑水县　马尔康市　壤塘县　阿坝县　若尔盖县　红原县
	甘孜州 （18个）	康定市　泸定县　丹巴县　九龙县　雅江县　道孚县 炉霍县　甘孜县　新龙县　德格县　白玉县　石渠县 色达县　理塘县　巴塘县　乡城县　稻城县　得荣县
	凉山州 （1个）	木里藏族自治县
大小凉山彝区 （13个）	乐山市 （3个）	马边彝族自治县　金口河区　峨边彝族自治县
	凉山州 （10个）	盐源县　普格县　布拖县　金阳县　昭觉县　喜德县 越西县　甘洛县　美姑县　雷波县

表2 2017年四川省深度贫困地区脱贫攻坚情况

地区	已摘帽贫困县（个）	剩余贫困县（个）	已退出贫困村（个）	未退出贫困村（个）	未脱贫户数（万户）	未脱贫人数（万人）	贫困发生率（%）
深度贫困地区	5	40	1144	2180	14.1	62.2	—
大小凉山彝区		13	512	1173	11.2	50.2	18.1
凉山州		10	445	1066	10.4	47.4	19.1
乐山市		3	67	107	0.7	2.8	8.5
高原藏区	5	27	632	1007	2.9	12	6.7
甘孜州	1	17	366	714	2	8.2	8.7
阿坝州	4	9	239	241	0.5	2.2	3.1
木里县	1	27	52	0.3	1.6	13

数据来源：四川省扶贫开发局。

（二）贫困特征

1. 自然地理特征

自然环境复杂，生存条件恶劣。藏区相当一部分地区年均气温在0℃以下，高原藏区大气平均含氧量仅为内地的60%，被视为"生命禁区"，不适宜人类居住。土地生产率大幅低于内陆地区，广种薄收、靠天吃饭，人民生活处于"酸菜＋荞馍＋土豆"的低层次温饱状态。

地势险峻，大江大河纵贯。地处青藏高原及青藏高原向四川盆地和云贵高原过渡地带，山高谷深坡陡，大部分地区海拔3000米以上。长江干流及主要支流金沙江、雅砻江、大渡河，黄河上游的支流黑河、白河以及众多支流纵贯全区。

地理区位边远，战略地位重要。地处西南内陆，域内县（市）政府所在地与省会城市成都的平均距离达 500 千米以上。该区域与民族地区有着高比例的重合，深度贫困地区 45 个县中属于民族地区的有 44 个，藏、羌、彝、回多个少数民族在该区域聚居，战略地位非常重要。

人口布局分散，城镇化水平较低。2017 年，深度贫困地区土地面积占全省的 57.5%，但常住人口仅占 5.97%，人口密度为 18 人/平方千米，是全省人口密度的 10.5%。每个县平均常住人口仅 11 万人，城镇化率为 28.85%，45 个深度贫困县中有 25 个县的城镇化率低于 30%，最低的美姑县城镇化率仅为 11.02%。

2. 资源环境特征

自然灾害频发造成极大损失。该地区由于特殊的自然气候和地质条件，干旱、霜冻、冰雹、风霜、泥石流、地震频发，特别是汶川地震、"8·8"九寨沟地震等给当地居民造成了巨大损失。

生态地位重要但较为脆弱。该地区 45 个贫困县除乐山市金口河区属于省重点生态功能区外，其他都属于国家重点生态功能区，肩负着维护全国生态安全的重任。但近年来，受全球气候变化及人为影响，生态破坏退化较为严重，水土流失、草原退化沙化等问题日益突出。

资源优势突出但开发程度不高。该地区水能资源、矿产资源丰富，金沙江、雅砻江、大渡河"三江"流域就集中了全省 78% 的可开发水能资源，锂、银、铜等多项有色金属储量在全省居首位。加之多姿多彩的自然风光、民情民俗、历史革命古迹等，资源优势非常突出。但受制于国家政策、资金技术、区位交通等，开发程度不高。

3. 经济发展特征

综合实力较弱，地方财政自给能力差，发展水平较低。2017 年 45 个深度贫困县实现地区生产总值 1058.04 亿元，仅为全省的 2.86%；平均每个县地区生产总值仅为 23.51 亿元，比全省平均水平低 88.4%；人均地区生产总值为 21375 元，仅为全省平均水平的 47.9%；全社会固定资产投资 1191.04 亿元，为全省的 3.7%；社会消费品零售总额 343.1 亿元，为全省的 1.96%；城乡居民人均可支配收入为 28349.4 元、10374.1 元，分别比全省低 2377.6 元、1852.9 元；地方一般公共预算收入 75.75 亿元，支出 884.6 亿元，财政自给率仅为 8.56%，远远低于全省 41.2% 的平均水平（见表 2），"补贴财政"特征明显，而且，该区域地方一般公共预算收入中非税收入占比较大，随着国家结构性减税、降费力度的加大，该区域财政增收将更加困难。

产业结构不平衡，经济持续较快增长难度较大。该地区经济增长主要依赖资源开发和资本投入，结构性矛盾突出，产业层次低、链条短、竞争力弱。工业以水电为主，一枝独秀难以支撑产业做大做强；矿业受生态环境保护制约，限制或禁止大规模开发，难以形成规模效应；信息传输、软件和信息技术服务、商务服务、健康养老等现代服务业发展极其滞后，仍以传统商贸物流为主，新兴服务业占比较低；中藏药业、农副产品加工业、民族文化产业等特色产业受制于体制机制，资金技术、市场意识等发展不足，尚未形成规模化特色化经营。

表2　2017年45个深度贫困县经济社会发展主要指标

指标	单位	四川省	深度贫困地区	占全省比重
面积	万平方千米	48.6	27.9	57.5%
常住人口	万人	8302	495.86	5.97%
城镇化率	%	50.79	28.85	—
地区生产总值	亿元	36980.2	1058.04	2.86%
人均地区生产总值	元	44651	21375	47.9%
三次产业结构		11.6：38.7：49.7	22.0：42.0：35.9	—
全社会固定资产投资	亿元	32097.3	1191.04	3.7%
社会消费品零售总额	亿元	17480.5	343.1	1.96%
地方一般公共预算收入	亿元	3579.8	75.75	0.25%
城镇居民可支配收入	元	30727	28349.4	—
农村居民可支配收入	元	12227	10374.1	—

数据来源：四川省统计局。

基础设施建设滞后，瓶颈制约仍将长期存在。该地区基础设施建设滞后，交通方式单一、通道等级不高、保障率低，加之自然灾害频发，已建成道路"畅返不畅"现象时有发生。45个县中仅有2个县通高速公路（汶川县、泸定县），82个乡（凉山州53个、甘孜州29个）、1474个建制村未通硬化路（凉山州476个、阿坝州7个、甘孜州991个）。电网结构薄弱，农村电网等级低，部分县域电网孤立运行，供电质量及可靠性较差。水利设施建设滞后，45个县尚有5万人未解决饮水问题。通信网络覆盖率低，通信质量差，截至2017年，甘孜州仍有1048个村不通有线三网宽带，87个村不能收看电视节目。

4. 社会发展特征

社会发育程度低，传统观念根深蒂固。藏族彝族都属于"直过民族"，社会发育程度低，法治意识较为淡薄，家族宗教势力影响较大，遇到问题往往找"活佛""家支"等，精神贫困问题与物质贫困相互交织。彝区群众"薄养厚葬、高额彩礼、相互攀比"等陋习普遍存在，个别地方礼金名目有十几种。

基本公共服务落后，人口发展能力较低。由于历史欠账多、自然地理条件特殊、人口极度分散、财力投入有限、专业技术人才匮乏等因素，该地区的基本公共服务特别是教育、医疗、卫生等发展相当滞后，深度贫困地区2126个深度贫困村中有32%的村无卫生室，有23.3%的村无文化室，有5.4%的村无通信网络，导致人口发展能力较低。

深度贫困现状明显，致贫因素制约较多，脱贫任务艰巨。2017 年年底，45 个深度贫困县内还有贫困村 2180 个、贫困人口 62.2 万人，分别占全省的 41.2% 和 36.4%，区域性整体贫困突出，深度贫困特征明显，是全省脱贫攻坚的难中之难。同时，经过几年的扶贫攻坚，藏区彝区剩下的贫困人口都是贫中之贫、困中之困，脱贫攻坚任务艰巨繁重。该地区主要集中在高山高原高寒地区，长期以来对外封闭，自然灾害频发，基础设施建设滞后，产业发展基础薄弱，教育、医疗等民生事业发展还有较大差距。彝区藏区群众受教育年限低，自我发展能力弱；在藏区大骨节病、包虫病（棘球蚴病）等流行性地方病频发，反分维稳形势严峻；在彝区吸毒贩毒、艾滋病、多生超生等问题突出，如期脱贫任务相当艰巨。

（三）贫困成因

由于藏区彝区"一步跨千年"，深度贫困与自然条件、民族宗教、社会治理等因素交织在一起，是全省乃至全国贫困类型最多元、致贫原因最复杂、脱贫任务最艰巨的地区。

1. 从共性因素看

一是地理位置特殊，集民族地区、革命老区、贫困地区于一体。45 个深度贫困县中少数民族县有 44 个，剩余的金口河区也是享受少数民族自治县待遇的县级区，革命老区县有 21 个。历史因素与现实问题交织，物质贫困与精神贫困并存，观念落后与能力不足同在，致贫因素复杂，是贫中之贫、困中之困、坚中之坚。

二是自然环境特殊，高山高原高寒特征突出。藏区 95% 以上属于高寒地区，农牧区"七月飞雪八月冰"，雪灾、地灾等自然灾害频发多发；彝区贫困群众大多居住在深山区、二半山区，生存生产条件恶劣。特殊的自然环境致使各类基础设施建设成本高、施工难度大、使用寿命短，很难形成系统完善的基础设施体系，一方面不利于深度贫困地区群众的生产生活，另一方面也极大地削弱了深度贫困地区群众脱贫的能力和水平。

三是风俗习惯特殊，陈规陋习较多、法治意识淡薄。藏族彝族"薄养厚葬、高额彩礼、相互攀比"等落后习俗普遍存在。藏区彝区家族宗教势力影响较大，法治意识较为淡薄。

四是经济基础特殊，产业薄弱、人均收入偏低。藏区彝区规模以上工业企业缺乏，除农牧业、旅游业外，缺少有竞争力的产业体系。2017 年，45 个深度贫困县城乡居民人均可支配收入为 28349.4 元、10374.1 元，分别比全省低 2377.6 元、1852.9 元。

五是人口素质特殊，教育文化程度较低。藏区彝区长期处于较为封闭的状态，教育师资力量薄弱，寄宿制学校及配套设施设备严重不足，农村劳动力综合素质总体较低。群众人均受教育年限不足 6 年，农村青壮年劳动力文盲、半文盲率高达

23.48%，有相当比例的群众不懂汉语、不识汉字。

2. 从个性因素看

除以上共性因素外，由于民族、宗教、文化、历史等差异，藏区彝区还分别存在不少致贫的个性因素：

从藏区来看，反分维稳形势复杂严峻，影响了经济发展和民生改善。四川藏区处于稳藏必先安康的战略地位，一直是达赖集团图谋破坏的重点地区，境内外敌对势力渗透破坏，影响了藏区发展民生，也极大地牵扯了党委政府和基层干部的精力。同时，由于藏区牧区、半农半牧区、农区群众致贫原因复杂多样，脱贫政策统筹精准制定难度较大，稍有不慎容易引起挑拨炒作。

从彝区来看，吸毒贩毒、艾滋病、多生超生等问题较为突出。受地域、贫困以及国际毒潮的持续影响，彝区是"金三角"等境外毒品进入内地的重要通道。

3. 从贫困户角度看

据四川省扶贫开发局数据，2017年年底，彝区藏区45个贫困县贫困人口中，因病致贫1万户，占比7.3%；因残致贫0.39万户，占比2.8%；因学致贫0.16万户，占比1.17%；因灾致贫0.08万户，占比0.61%；缺资金致贫6.4万户，占比45.7%；缺技术致贫2.9万户，占比20.4%；缺劳动力致贫1.32万户，占比9.6%；缺土地致贫0.26万户，占比1.91%；缺水致贫0.08万户，占比0.6%；交通条件落后致贫1.01万户，占比7.4%；自身发展能力不足致贫0.43万户，占比3.2%。致贫原因主要集中在缺资金、缺技术、因病致贫和缺劳力。

从区域分布来看：

因病致贫的主要集中在峨边县、马边县、理塘县、甘洛县，均有0.1万户，占比9.8%。

因残致贫的主要集中在木里县、盐源县、普格县、布拖县、金阳县、昭觉县、喜德县、越西县、甘洛县、美姑县、雷波县、理塘县、德格县、康定市、丹巴县、阿坝县、金口河区、峨边县、马边县、金川县、小金县、黑水县，最高的是布拖县，有0.05万户，占比12.8%。

因学致贫的主要集中在木里县、盐源县、普格县、金阳县、昭觉县、喜德县、甘洛县、雷波县、马边县，最高的是喜德县，有0.03万户，占比18.8%。

因灾致贫的主要集中在昭觉县、喜德县、木里县、石渠县，最高的是喜德县，有0.02万户，占比25%。

因缺资金致贫的主要集中在木里县、盐源县、普格县、布拖县、金阳县、昭觉县、喜德县、越西县、甘洛县、美姑县、雷波县，最高的是美姑县，多达1.3万户，占比20.3%。

因缺技术致贫的主要集中在马边县、德格县、木里县、普格县、布拖县、金阳县、昭觉县、喜德县、越西县、甘洛县、美姑县、雷波县，最高的是布拖县，多达

0.4 万户，占比 14%。

因缺劳动力致贫的主要集中在石渠县、普格县、布拖县、金阳县、昭觉县、喜德县、越西县，最高的是布拖县，多达 0.2 万户，占比 15.2%。

因缺土地致贫的主要集中在盐源县、普格县、布拖县、金阳县、昭觉县、喜德县、越西县、甘洛县、美姑县、雷波县，最高的是昭觉县，多达 0.1 万户，占比 38.5%。

因缺水致贫的主要集中在木里县、盐源县、布拖县、金阳县、喜德县，最高的是盐源县、金阳县，均为 0.02 万户，占比 25%。

因交通条件落后致贫的主要集中在德格县、白玉县、石渠县、盐源县、普格县、布拖县、金阳县、昭觉县、喜德县、越西县、美姑县、雷波县，最高的是金阳县，多达 0.2 万户，占比 19.8%。

因自身发展能力不足致贫的主要集中在木里县、盐源县、普格县、布拖县、金阳县、喜德县、越西县、甘洛县、美姑县、雷波县、德格县、白玉县、石渠县、色达县、阿坝县、峨边县、马边县，最多的是普格县，多达 0.1 万户，占比 23.3%（见表3）。

各项致贫因素中，占比较大的贫困县主要分布在东北、西南方向，特别是东南方向大小凉山彝区 10 县。

表 3　四川深度贫困地区贫困户致贫因素统计

致贫因素	万户	占比	主要集中区域
缺资金	6.39	46.70%	美姑县、木里县、盐源县、普格县、布拖县、金阳县、昭觉县、喜德县、越西县、甘洛县、雷波县
缺技术	2.86	20.90%	布拖县、马边县、德格县、木里县、普格县、金阳县、昭觉县、喜德县、越西县、甘洛县、美姑县、雷波县
缺劳动力	1.32	9.60%	布拖县、石渠县、普格县、金阳县、昭觉县、喜德县、越西县
交通条件落后	1.01	7.40%	金阳县、德格县、白玉县、石渠县、盐源县、普格县、布拖县、昭觉县、喜德县、越西县、美姑县、雷波县
自身发展力不足	0.43	3.15%	木里县、盐源县、普格县、布拖县、金阳县、喜德县、越西县、甘洛县、美姑县、雷波县、德格县、白玉县、石渠县、色达县、阿坝县、峨边县、马边县
因残	0.39	2.80%	普格县、木里县、盐源县、布拖县、金阳县、昭觉县、喜德县、越西县、甘洛县、美姑县、雷波县、理塘县、德格县、康定市、丹巴县、阿坝县、金口河区、峨边县、马边县、金川县、小金县、黑水县
缺土地	0.26	1.91%	昭觉县、盐源县、普格县、布拖县、金阳县、喜德县、越西县、甘洛县、美姑县、雷波县
因学	0.16	1.17%	喜德县、木里县、盐源县、普格县、金阳县、昭觉县、甘洛县、雷波县、马边县

续表3

致贫因素	万户	占比	主要集中区域
因灾	0.08	0.61%	喜德县、昭觉县、木里县、石渠县
缺水	0.08	0.60%	盐源县、金阳县、木里县、布拖县、喜德县
因病	1.02	7.30%	峨边县、马边县、理塘县、甘洛县

数据来源：四川省扶贫和移民工作局。

二、精准扶贫方略实施以来四川深度贫困地区脱贫攻坚成效

近年来，四川坚决贯彻落实习近平总书记来川视察重要指示和在打好精准脱贫攻坚战座谈会上的重要讲话精神，在全力抓好全省精准脱贫的同时，继续把藏区彝区45个深度贫困县作为重中之重，进一步加大资源政策倾斜力度，深度贫困地区脱贫攻坚取得显著成效。

（一）脱贫攻坚成效显著，贫困人口大幅减少

2014—2017年，深度贫困地区共计减贫14.2万户、59.9万人，其中大小凉山彝区减贫8.5万户、36.2万人，高原藏区减贫5.7万户、23.7万人。2017年，深度贫困地区共计退出贫困村1144个，其中大小凉山彝区退出512个，高原藏区退出632个。马尔康市、汶川县、理县、茂县和泸定县5个深度贫困县顺利通过摘帽验收评估，正式退出贫困县。截至2017年年底，深度贫困地区贫困县还有40个，占全省未脱贫县总数的58.8%；贫困人口62.2万人，占全省贫困人口的36.3%，其中贫困人口最多的是昭觉县，共7.5万人，占全省贫困人口的4.4%。

表4　2014—2017年四川省45个深度贫困县减贫情况

地区	贫困县		贫困村		贫困户					
	基数	已摘帽	基数	2017年已退出贫困村	基数			2014—2017年		2017年
					户数	人数	贫困发生率	减贫户数	减贫人数	贫困发生率
	个	个	个	个	万户	万人	%	万户	万人	%
金口河区	1		5	3	0.2	0.5	12.6	0.1	0.4	2.9
峨边县	1		106	29	0.8	2.8	22.9	0.5	1.9.	7.2
马边县	1		95	35	1	4.4	25.9	0.6	2.6	10.5
汶川县	1	1	37	16	0.1	0.4	7.2	0.1	0.4	0.7
理县	1	1	36	25	0.1	0.4	12.6	0.1	0.4	0.3
茂县	1	1	64	30	0.2	0.8	9.4	0.2	0.7	0.7
松潘县	1		55	12	0.2	0.8	13.5	0.2	0.7	1.1

续表4

地区	贫困县		贫困村		贫困户					
	基数	已摘帽	基数	2017年已退出贫困村	基数			2014—2017年		2017年
					户数	人数	贫困发生率	减贫户数	减贫人数	贫困发生率
	个	个	个	个	万户	万人	%	万户	万人	%
九寨沟县	1		48	36	0.2	0.6	11.9	0.1	0.5	1.2
金川县	1		52	11	0.3	0.9	15.3	0.2	0.8	2
小金县	1		88	31	0.3	1.2	17.6	0.3	1	2.9
黑水县	1		64	21	0.3	1	18.7	0.2	0.6	6.9
马尔康市	1	1	29	17	0.1	0.4	12.1	0.1	0.3	0.9
壤塘县	1		44	11	0.2	1	26	0.1	0.6	10.7
阿坝县	1		35	9	0.3	1.5	21.6	0.2	0.8	10.3
若尔盖县	1		41	11	0.2	0.8	11.9	0.1	0.7	1.2
红原县	1		13	9	0.1	0.5	13.3	0.1	0.5	1.1
康定市	1		59	18	0.3	1.1	15.2	0.2	0.8	3.8
泸定县	1	1	44	14	0.3	1	15.6	0.3	0.9	1.6
丹巴县	1		54	11	0.2	0.9	16.9	0.1	0.6	5.7
九龙县	1		19	4	0.2	0.7	12.1	0.1	0.5	4.1
雅江县	1		53	17	0.2	1	22.7	0.1	0.6	10
道孚县	1		86	23	0.3	1.2	23.5	0.2	0.8	7.2
炉霍县	1		88	27	0.2	1	23.4	0.2	6	8.4
甘孜县	1		129	32	0.3	1.6	24.7	0.2	0.9	10.1
新龙县	1		90	20	0.2	1.1	23.6	0.1	0.6	10.6
德格县	1		102	26	0.6	2.3	27.4	0.3	1.3	11.9
白玉县	1		81	22	0.3	1.2	24.9	0.2	0.9	7.7
石渠县	1		112	33	0.6	2.4	26.1	0.3	1.4	11
色达县	1		89	25	0.4	1.6	32.5	0.2	0.9	14.2
理塘县	1		132	37	0.5	2.3	37.3	0.3	1.2	18.4
巴塘县	1		61	16	0.2	1	21.1	0.1	0.6	7.6
乡城县	1		42	9	0.1	0.7	26.9	0.1	0.5	7.2
稻城县	1		55	14	0.1	0.6	19.9	0.1	0.4	5.5
得荣县	1		64	18	0.1	0.5	23.7	0.1	0.4	7.6

续表 4

地区	贫困县		贫困村		贫困户					
	基数	已摘帽	基数	2017年已退出贫困村	基数			2014—2017年		2017年
					户数	人数	贫困发生率	减贫户数	减贫人数	贫困发生率
	个	个	个	个	万户	万人	%	万户	万人	%
木里县	1		97	27	0.7	3.2	25.8	0.4	1.7	13
盐源县	1		122	47	1.5	6.4	17.6	0.9	4	7.2
普格县	1		103	28	1.1	4.8	26.5	0.5	2.1	23.7
布拖县	1		163	22	1.4	6.5	36.5	0.4	1.8	32.3
金阳县	1		150	20	1.4	7.2	38.1	0.5	2.4	32.2
昭觉县	1		191	26	2.2	9.1	31	0.6	2.4	25.6
喜德县	1		136	41	1.6	6.4	30.5	0.5	3.1	17.5
越西县	1		208	61	1.9	8	24.8	1	4	14
甘洛县	1		208	92	1.5	6.9	32.5	1	4.5	11.8
美姑县	1		272	38	2.1	9.3	636.6	0.6	2.5	29.2
雷波县	1		171	70	1.7	7.3	31	1.1	4.6	12.6

数据来源：四川省扶贫开发局。

（二）收入来源更加多元，贫困农户增收明显

2014—2017 年，45 个深度贫困县农民收入水平提高较为明显，农村居民人均可支配收入从 7460.3 元提升至 10374.1 元，累计增长了 39.1%，平均增速 11.5%，高于全省农村居民人均可支配收入年均增速（见表5）。

收入来源更加多元。2017 年，阿坝州农村居民人均可支配收入 11751 元，比上年增收 1049 元，增长 9.8%。其中，工资性收入 3274 元，增长 8.7%；经营净收入 6676 元，增长 10.2%；财产净收入 307 元，增长 13.9%；转移净收入 1494 元，增长 9.5%。2017 年甘孜州农村居民人均可支配收入 10444 元，增长 11.5%。其中，工资性收入 1797 元，增长 12.9%；经营净收入 7113 元，增长 11.2%；财产净收入 103 元，增长 30.4%；转移净收入 1431 元，增长 10.2%。2017 年凉山州 11 个深度贫困县农村居民人均可支配收入 8593 元，年均增长 12.9%。2017 年乐山市农村居民人均可支配收入 13927 元，增长 9.2%。

2014—2017 年，45 个深度贫困县人均地区生产总值由 19171 元提升至 21375 元。大小凉山彝区 13 个县人均地区生产总值由 2014 年的 16726 元提升至 2017 年的 17812 元，高原藏区的 32 个县人均地区生产总值由 2014 年的 21848 元提升至 2017 年的 25535 元。储蓄存款快速增长。45 个深度贫困县城乡居民储蓄存款余额由 2015 年的 624.08 亿元增加到 2017 年的 798.2 亿元，累计增长 27.9%，年均增速为 13.1%。

表 5　2014—2017 年 45 个深度贫困县农村居民人均可支配收入

单位：元

序号	县市区名	2017 年	2016 年	2015 年	2014 年
类区平均		10374.1	9371	8451.2	7460.3
1	金口河区	13037.5	11933	10901.7	9905.2
2	峨边县	10120	9225.1	8404.8	7542
3	马边县	10344.2	9433.3	8594.5	7718
4	汶川县	12243	11118	10078	8905
5	理县	11707	10633.1	9645	8509
6	茂县	11892.1	10848.4	9830	8671
7	松潘县	11746	10713	9718	8579
8	九寨沟县	11725.1	10786.8	9756	8556
9	金川县	11689.4	10624.4	9633	8501
10	小金县	11657.1	10596.1	9618	8496
11	黑水县	11567.1	10514.9	9546	8439
12	马尔康市	12291	11169.3	10156	8986
13	壤塘县	10482.1	9528.8	8653	7684
14	阿坝县	11672	10611.3	9637	8557
15	若尔盖县	11693.4	10660.2	9687	8598
16	红原县	12196.1	11136.4	10132	9004
17	康定市	12052	10877.1	9843.5	8712.6
18	泸定县	11096	9987.2	8997.2	7892.6
19	丹巴县	11832	10649.9	9624	8522.8
20	九龙县	12587	11380.5	10308.4	9216.4
21	雅江县	10275.4	9215.3	8251.4	7166.4
22	道孚县	9902	8920.3	7987.4	6935.8
23	炉霍县	9618	8648.9	7749.9	6733.8
24	甘孜县	10215	9170	8209.4	7137.2
25	新龙县	9811	8767.7	7807.4	6778.7
26	德格县	9737.2	8678	7765.5	6682.7
27	白玉县	10273	9172.6	8219.2	7132.8
28	石渠县	9559	8526.9	7633.8	6669.6

续表5

序号	县市区名	2017 年	2016 年	2015 年	2014 年
类区平均		10374.1	9371	8451.2	7460.3
29	色达县	9604.1	8552	7604.8	6529.8
30	理塘县	9717	8676	7760.3	6686.2
31	巴塘县	10216	9153.9	8205.4	7133.5
32	乡城县	10176	9167.6	8228.8	7147.8
33	稻城县	10729	9605.2	8614.6	7555.4
34	得荣县	10042.4	9022.5	8092	7033.7
35	木里县	8908	8005.7	7182.4	6347.1
36	盐源县	10856.5	9784.1	8848	7938.3
37	普格县	9136.3	8240.6	7453.5	6692
38	布拖县	7849.2	7067.5	6386.1	5714.1
39	金阳县	7812.8	7022.1	6339.9	5660.6
40	昭觉县	8197.3	7387	6675.4	5972.4
41	喜德县	7815.5	7030.9	6346.7	5672.3
42	越西县	8632.3	7757.3	7022.7	6312
43	甘洛县	7713.6	6957.9	6280.3	5604.4
44	美姑县	7651.9	6889.2	6246	5581.8
45	雷波县	8758.4	7865	7094.5	6365.1

数据来源：四川省统计局。

（三）基础设施明显好转，生活条件持续改善

深度贫困地区 2126 个深度贫困村中，45％的贫困村有集体经济收入，64.7％的贫困村亦通沥青（水泥）路到乡镇，68％的贫困村已经建设村卫生室，76.7％的贫困村已经建设文化室，70.3％的深度贫困村实现了通信网络覆盖。9.2 万户住房安全问题已解决，占整个地区的 49.5％；64.9％的贫困户已经实现饮水安全，73.4％的贫困户已经解决饮水难题（见表6）。

表6 深度贫困村贫困户五有占比情况

地区	深度贫困村（个）	有无集体经济收入		到乡镇是否通沥青（水泥）路		是否有卫生室		是否有文化室		是否有通信网络	
		有	无	有	无	有	无	有	无	有	无
全省	2550	46.1	53.9	68.8	31.2	71.0	29.0	79.7	20.3	74.3	25.7
深度贫困地区	2126	45	55	64.7	35.3	68.0	32.0	76.7	23.3	70.3	29.7
阿坝州	126	53.2	46.8	90.5	9.5	92.9	7.1	96.0	4.0	83.3	16.7
甘孜州	612	36.9	63.1	67.8	32.2	64.4	35.6	68.6	31.4	70.1	29.9
凉山州	1350	48.4	51.6	60	40	66.8	33.2	78.1	21.9	68.4	31.6
乐山市	60	50.0.	50	98.3	1.7	91.7	8.3	96.7	3.3	98.3	1.7

数据来源：四川省扶贫开发局、交通运输厅、文化厅等。

三、当前深度贫困地区脱贫攻坚面临的难点

（一）扶贫产业不成规模，脱贫质量提高难

因为资金、技术、地理环境等因素的限制，深度贫困地区不少扶贫产业项目并未形成真正意义上的产业，影响脱贫质量，具体表现在：一是扶贫产业低端化、迷你化。大宗水果、鸡、鸭、猪、牛、羊等传统家庭种植养殖项目成为扶贫产业项目的普遍选择，低端化、迷你化特征明显。二是扶贫产业同质化。一些贫困地区因缺乏系统科学的规划，产业扶贫项目具有高度同质化的特征。三是扶贫产业福利化。一些地方产业扶贫项目变为简单发鸡苗、树苗等，有些甚至将产业扶助资金直接发放给贫困户，扶贫的产业项目"变味"为福利项目。

（二）内生动力激发不够，扶志难度高

一是部分贫困群众对于改变现状、摆脱贫穷的主动性不够，依然存在"等、靠、要""不怕穷、穷不怕"陈旧观念，甚至出现"我是穷人我怕谁""干部干、群众看""已达退出标准，不认可脱贫、更不愿意确认签字"等怪象。

二是当地干部综合素质、能力不足，部分干部对打赢深度贫困地区脱贫攻坚硬仗，如期实现脱贫攻坚任务的艰巨性与紧迫性认识不到位，对所在地贫困状况不清楚，甚至把导致脱贫成效差距的主要原因归于外部帮扶不力等现象。

（三）教育卫生事业起步晚、基础差，扶智难度高

一是教师编制不足，师资力量薄弱，办学条件差，辍学现象时有发生。以凉山州为例，据凉山州扶贫和移民工作局数据，按国家办学条件基本标准测算，2018—2020年全州幼儿园、中小学校建设估算投资达139亿元，缺口达69亿元以上，尚需核增中小学教职工编制近1万名，配备幼儿园教职工近3万名；"一村一幼"教

学点条件普遍简陋，辅导员劳务报酬低。学龄儿童"不进学校进寺庙"现象并不鲜见。

二是卫生投入不足，设施不完善。2017 年，仅甘孜州亟待建设村级卫生室 513 所，急需配置必要设施、基本药品的村级卫生室 1360 所。

（四）扶贫机制不健全，社会力量参与难

一是基层政府对社会力量的内涵与外延存在认知误区，拉大了社会力量与贫困群体之间的距离。二是社会力量参与平台不畅。在扶贫项目前期申报、中期实践、后期评估过程中，基层政府缺少平台搭建意识，导致社会力量参与扶贫"无门"。三是宣传工作不到位，社会参与扶贫的意识不强，积极性不高。一些社会组织和人士认为脱贫攻坚工作是政府的事，与己无关，或者只是单纯给钱给物，重"帮"轻"扶"。

（五）工作环境不佳，人才引进难、留住难

深度贫困地区县乡党政机关、事业单位空编、缺编严重；基层干部文化水平普遍不高，年龄总体偏大，能力素质偏低；教师、医生引进难度大，以凉山州为例，据四川省移民开发局数据，截至 2018 年 11 月，教师、医生缺口分别达 5665 人和 4453 人。现有人才留不住、专业人才引进困难，教育、卫生、建筑、农林牧水等领域的专业人才紧缺。

（六）现行政策法规存盲点，特殊贫困人口脱贫难

一是自发搬迁户。深度贫困地区长期存在高寒山区农户向自然条件较好的市县自发搬迁的现象，受语言、文化、技能等影响，搬迁群众很难适应、融入当前的生活环境，稳定就业缺乏竞争优势。加之部分地方缺乏对搬迁群众的后续产业规划扶持，贫困户只靠自己实现就业增收困难较大。

二是失依儿童。在大小凉山彝区还有相当多的"失依儿童"，教育、医疗等得不到保障，脱贫挑战非常大。

三是深度贫困地区还有不少"黑户死角"。彝族群众多生超生问题突出，据四川省移民开发局数据，彝族贫困户户均人口 5 人以上，3 孩以上家庭占 41.7%。调研中发现，一些家庭甚至有七八个孩子，其中不少贫困人口未得到识别。

（七）制约稳定脱贫因素多，脱贫奔小康长效机制构建难

一是因灾因病致贫、返贫。二是精神贫困往往与物质贫困相伴相生。贫困地区深度贫困与愚、病、毒等社会问题叠加交织，"多因一果"。受多子多福、重男轻女等观念影响，多生超生问题突出，越穷越生、越生越穷，"薄养厚葬、高额彩礼、相互攀比"等陋习依然存在。三是"输血"式扶贫较多。当前深度贫困地区帮扶举措以政策式"输血"扶贫较多，一旦这些政策举措退出或力度减弱，已脱贫人口随时有返贫危险。

四、当前深度贫困地区精准脱贫对策研究

(一) 科学推进产业扶贫

一是科学规划。这是产业扶贫的前提。根据市场需求变化，立足当地资源禀赋，尊重贫困群众意愿，科学制定产业规划，避免产业扶贫项目低端化、功利化、福利化和同质化。

二是加大产业发展主体的培养。这是产业扶贫的关键。扶贫产业项目的成败关键在于产业发展主体的市场意识和经营管理理念，要加快打造一支掌握现代农业科技和懂现代经营管理的农村企业家队伍，特别要加大对优秀返乡农民工创业的支持力度。

三是精准联结。这是产业扶贫的核心。建立健全利益联结机制，政府应在强化龙头企业与贫困户利益联结机制、引导农民土地流转、落实扶贫小额贷款政策方面发挥重要的服务引导作用。

(二) 内外结合，激发内生动力

一是多方式激发贫困群众内生动力。优化政策设计，除社会保障等少数必须依赖"输血"兜底的扶贫政策外，更多的扶贫政策设计应注重激励引导教育。积极推行"歇帮"机制、"劳动收入奖励计划"等扶贫模式。倡导参与式扶贫理念，积极构建以贫困户为主体的内生发展路径，赋予贫困群体话语权，平等参与扶贫资源管理。积极进行心理疏导，减少或消除因脱贫攻坚工作推进过程中所引发的贫困户与非贫困户之间的隐性或显性矛盾。

二是注重"发展式"扶贫，阻断贫困代际传递。更加注重"第二代"发展式扶贫支持；加大对儿童营养改善、医疗保障和教育的投入，提高人力资本水平；强化义务教育的便利性、普惠性，特别要加强对女童的教育，从保证女童的受教育权利着手，提高女性的知识文化水平，阻断贫困代际传递。

三是多种方式激发干部内生动力。积极采用传统媒介及新媒介宣传脱贫攻坚的重要意义、宣传先进干部的优良事迹，激发干部使命感、荣誉感；分期分批地组织深度贫困地区干部走出来，到脱贫攻坚工作先进县、摘帽县考察学习其典型做法与成功经验，增信心、鼓干劲、提能力；给予政策倾斜，科学合理设置制度，打破基层干部提拔任用身份限制，给予更多的晋升通道和平台。

(三) 持续推进教育卫生攻坚

一是将教育事业作为事关深度贫困地区全局和长远的大事来抓，持续推进教育攻坚。实施十五年免费教育，积极利用远程教育提高本地教育水平，深化拓展"9＋3"异地免费职业教育，构建基础教育、职业教育和就业充分衔接的教育体系，切实提高农牧民尤其是贫困人口文化素质和就业技能。二是持续推进深度贫困地区

卫生事业攻坚。深入开展地方病综合防治和禁毒防艾专项计划，推进基层医疗机构"提标创等"和标准化建设，全面推进县、乡、村医疗卫生服务一体化管理，加强医卫人才培养力度，强化贫困人口医疗救助，切实解决因病致贫、因病返贫问题。

（四）健全机制，引导社会力量扶贫

一是健全社会力量扶贫参与机制。出台社会帮扶组织规范化建设的指导性文件，使社会帮扶组织朝着更加规范有序的方向发展并细化社会力量参与脱贫攻坚准入标准与规则。

二是创新社会力量扶贫参与形式。制定出台鼓励和优惠政策，为社会参与扶贫开发创造良好的政策和舆论环境，吸引更多的社会力量、民间资本参与扶贫开发。

（五）探索深度贫困地区人才保障机制

一是强化深度贫困地区人才保障机制。加快急需、紧缺的专业人才的引进，每年集中招录优秀大学生、紧缺专业选调生、定向培养免费师范生和全科医学生到藏区彝区工作；协调中央国家机关定点扶贫四川深度贫困县，下派一批教育、卫生、规划、产业、城乡建设等方面专业技术人才支持脱贫攻坚；通过"订单"模式培养规划建设、水利水电、特色农牧业、旅游业等急需人才；强化本土人才培训，建立深度贫困地区人才交流培养培训机制，定期对深度贫困地区教师、医生、农技人员等专业人才全覆盖培训。

二是探索稳定人才特殊政策。在藏区彝区教育、卫生、农业、工程等领域，探索适当放宽职称评定条件，所获职称在县域范围内有效；进一步提高藏区彝区事业单位绩效工资水平，设立深度贫困地区人才关爱资金，鼓励专业人才扎根本地；持续推动深度贫困地区交通、教育、医疗、卫生等基础设施环境的改善。

（六）完善政策法规，推动特殊人口脱贫

一是完善相关政策法规。解决深度贫困地区特殊群体，特别是藏区彝区自发搬迁户及超生"黑户"群体户籍问题，并将符合标准的纳入建档立卡贫困户行列。积极构建失依儿童帮扶工作机制，按照属地管理、分级负责的原则，以建立全面保障机制、改善生活条件、营造社会关爱环境为基本途径，积极构建系统化、网络化的失依儿童关爱体系。

二是建立健全贫困户动态监测机制。完善扶贫资金的动态监管机制，按月、按季检查通报，不定期入户抽查，保证扶贫资金使用质量。健全贫困户动态化分类信息管理系统，定期对不同程度贫困保障对象的收入情况、就业及生活情况进行核查，及时更新调整建档立卡贫困户信息，确保"进出"关口通畅。以"回头看""回头帮"为抓手，跟踪监测已脱贫人口，科学评估脱贫成效，强化相对脱贫户、贫困边缘户后续帮扶，防止"刚越线，又返贫"现象发生。

（七）积极构建脱贫奔小康长效机制

一是充分认识脱贫攻坚与乡村振兴的关系。如果没有深度贫困地区的脱贫，就不可能有乡村振兴良好的发展局面；乡村振兴是深度贫困地区脱贫攻坚的"催化剂"，是贫困户稳定脱贫长效机制的重要保障。

二是加快构建脱贫攻坚与乡村振兴的双轮驱动机制。在脱贫攻坚的同时推进乡村振兴，既是巩固既有脱贫成果的需要，同时也有助于在区域整体发展中缓解精准扶贫带来的贫困户与非贫困户、贫困村与非贫困村之间因为利益不均衡所产生的矛盾。

三是实施脱贫攻坚投入保障计划。深度贫困地区脱贫成本越来越高，难度越来越大，必须超常规扶持，集中优势资源，实施脱贫攻坚投入保障计划。

四是优化政策供给并确保落地。当前针对深度贫困地区精准扶贫政策中的医疗、教育等惠民政策，在脱贫攻坚期后，政策不变，帮扶力度不减。同时，瞄准建档立卡贫困户特惠政策的扶贫政策，可以考虑将之作为深度贫困地区的"三农"政策，以惠及更广的深度贫困地区群众。

（四川省统计局　四川省情杂志社）

四川省消除零就业家庭制度环境研究

一、绪论

（一）研究背景与意义

1. 研究背景

就业是民生之本，就业关系到经济的可持续发展和社会的和谐稳定。为全面促进就业，更大地保障人民就业权益，党的十九大报告提出"实现更高质量和更充分就业"和"提供全方位公共就业服务"的总要求，为进一步推动就业工作和就业服务指明了方向。2018年3月5日，在第十三届全国人民代表大会第一次会议上，李克强总理再次强调使更加公平、更加充分的就业成为我国发展的突出亮点。"十三五"以来，四川省不断推进产业转型升级，优化经济结构调整，逐步形成了以知识、技术、信息、数据等新生产要素为支撑的经济发展新动能，着力缓解经济形势下行的就业压力，积极化解不同群体失业风险，并取得了就业工作的显著成果。

零就业家庭作为就业工作中的特殊群体，一直以来都是党和政府关注的重点。为促进新形势下零就业家庭就业，四川省在充分发挥人力资源市场在促进就业中的基础性作用的同时，采取了行之有效的措施，狠抓重点群体就业：一是鼓励用人单位招用就业困难人员，签订劳动合同并缴纳社会保险费，并在一定期限内给予社会保险补贴和适当的岗位补贴；二是鼓励就业困难人员灵活就业，对灵活就业并缴纳社会保险的，给予一定比例的社会保险补贴；三是鼓励就业困难人员参加就业培训或创业培训，享受职业培训补贴；四是免费提供政策咨询、职业介绍、职业指导等公共就业服务，搭建供需对接平台；五是对通过市场渠道确实难以实现就业的人群，通过开发公益性岗位（包括公共设施维护、社区保安、保洁、保绿、停车看管等）给予兜底保障，并按规定给予社会补贴和岗位补贴等。

然而，零就业家庭的特殊性致使消除零就业家庭工作仍然存在诸多问题，主要体现在我国零就业家庭成员素质不高，短时间内难以适应新产业、新业态、新模式的需要，"人岗不匹配"的结构性矛盾正逐步成为就业领域的主要矛盾。因此，新形势下，四川省应当对标党的十九大报告中有关就业领域的新部署、新要求，把消除零就业家庭工作摆在更加突出的位置，积极研究新时代推进就业服务发展的思路与举措，着力推进公共就业服务创新实践，力争在学懂弄通做实十九大精神上取得新成效。

2. 研究意义

劳动力市场体系、劳动就业制度、社会保障制度等制度构建的充分就业的制度环境对消除零就业具有决定性的作用。从某种程度上说，零就业家庭是一个包含了贫困问题、就业问题以及潜在犯罪问题的复杂集合体，而解决这一问题的首要任务便是构建良好的制度环境。因此，完善消除零就业制度环境，推进零就业家庭消除工作俨然已经成为亟待研究的课题。

当前，四川省就业形势总体良好，但仍存在不少问题。为实现更高质量和更充分就业的总要求，推动四川省全面促进就业工作的开展，应着眼于完善"消除零就业家庭"的制度环境。基于此，本文试图从完善四川省消除零就业的制度环境角度展开研究，以期通过完善促进就业的劳动就业和社会保障等制度，为实现高质量的充分就业提供有效的制度保障，并为其创造良好的发展空间。

（二）概念界定

1. 充分就业

充分就业的概念最初见于凯恩斯的代表作《就业、利息和货币通论》一书。书中将充分就业定义为"在某一工资水平下，所有愿意接受这种工资的人都能得到工作"，而失业则分为两种，即"自愿性失业"和"非自愿性失业"（工人愿意按照现行的工资受雇于雇主而得不到就业）两种。按照凯恩斯的思想，只要解决了"非自愿失业"人员的就业问题，就算达到了充分就业。

在凯恩斯以后，经济理论界对充分就业进行了深入研究，大致形成了两种观点：一是认为充分就业就是指劳动力和生产设备都达到充分利用状态；二是认为充分就业并不是失业率等于零，而是总失业率等于"自然失业率"。除了从概念角度分析充分就业外，经济学家还从定量角度分析了充分就业。例如，20 世纪 50 年代，有些经济学家认为，失业率不超过 4％就可以算作充分就业。

我国学者认为"就业人员"是指在法定劳动年龄内（男 16～60 岁，女 16～55 岁）从事一定的社会经济活动，并取得合法劳动报酬或经营收入的人员。其中，劳动报酬达到和超过当地最低工资标准的，即为充分就业；劳动时间少于法定工作时间，且劳动报酬低于当地最低工资标准、高于城市居民最低生活保障标准，本人愿意从事更多工作的为不充分就业。

2. 零就业家庭

关于"零就业"的含义，大部分学者主要从城镇居民这一视角进行界定，进而提出零就业家庭的概念。目前，关于零就业家庭的研究较为系统，并取得了较为丰硕的成果。

吴量亮（2007）认为零就业家庭是指法定劳动年龄内，有劳动能力和就业愿望的家庭成员均处于失业或离岗状态，没有稳定收入、生活困难的城镇居民家庭。宋俊成（2009）将零就业家庭定义为城镇居民家庭成员中在法定劳动年龄内，有劳动能力、有就业愿望的人员均处于失业或离岗状况的家庭。孙彦宝（2008）认为零就业家庭是指在法定劳动年龄内，家庭成员具有城镇户口，有就业要求和就业能力的城镇家庭成员中，目前无一人从事有收入劳动（灵活就业人员年收入达不到最低工资标准的），仅靠领取下岗职工基本生活保障费、失业保险金或最低生活费维持基本生活的城镇居民家庭。

为进一步推动零就业家庭成员就业工作，各省市相继出台了相关政策与文件，并对零就业家庭的概念作了明确的规定。四川省在2012年4月6日发布的《四川省零就业家庭就业帮扶管理暂行办法》中指出，零就业家庭是指非农业户籍家庭中所有法定劳动年龄内、具有劳动能力和就业愿望的家庭成员均处于失业状态且进行了失业登记的家庭。

综上分析，不难看出，无论学界还是政府部门在对零就业家庭进行概念界定时都强调了以下三点：（1）家庭成员均处于失业或离岗状态，（2）城镇居民，（3）有工作能力且有工作意愿。然而，从现实情况来看，在零就业家庭中仍不乏有工作意愿但无工作能力，或有工作能力但无工作意愿的现象。因此，为全面消除零就业家庭，彰显以人为本的社会理念，维护居民就业权益，提升居民幸福指数，本文将零就业家庭界定为：非农业户籍家庭中所有法定劳动年龄内家庭成员均处于失业或离岗状态的家庭。

3. 制度环境

制度经济学认为，制度是一系列被制定出来的规则、程序和行为的道德伦理规范，它旨在约束追求主体福利或效用最大化利益的个人行为。制度分为正式制度（外在制度）和非正式制度（内在制度）。正式制度指人们有意识建立起来的并以正式形式加以确定的各种制度安排，包括政治规则、经济规则和契约，以及这一系列规则构成的一种等级结构，从宪法到成文法和不成文法，再到特殊的细则，最后到个别契约等，它们共同约束着人们的行为。非正式制度是指人们在长期的社会生活中逐步形成的习惯习俗、伦理道德、文化传统、价值观念及意识形态等，它们对人们的行为产生非正式的约束。

著名新制度经济研究者戴维斯和诺斯（1994）最早提出了制度环境的明确定义，即制度环境是"一系列用来建立生产、交换与分配基础的基本的政治、社会和法律基础规则"。诺斯还进一步讨论了制度环境与制度安排的区别，"制度安排提供一种结构使其成员的合作获得一些在结构外不可能获得的追加收入，或提供一种能影响法律或产权变迁的机制，以改变个人（团体）可以合法竞争的方式"，是为人们合作与竞争提供有效规则的具体制度创新，且受制度环境制约；制度环境则是由具体的制度安排所构成的社会政治经济制度体系，一系列制度安排的变化会促成制度环境整体的变化。马克思所言的制度是由人类生产力状况所决定的生产方式及与之相适应的上层建筑、意识形态等因素构成的制度总体。本文所说的制度环境指向各类制度的总和。

（三）零就业家庭分类

目前，关于零就业家庭的研究主要集中在零就业家庭的成因、社会风险以及消除零就业家庭的措施等方面，而关于零就业家庭的类别研究却非常少。周成（2015）在其《零就业家庭的社会风险及其预防和援助对策》一文中，按照零就业家庭成员结构将零就业家庭分为四类，见表1：

表1　按成员结构分类零就业家庭

类别	成员结构
类型一	父母失业下岗，单亲家庭，父母具有劳动能力和意愿，子女未成年，不具备劳动能力的零就业家庭
类型二	父母身体有残疾，单亲家庭，子女具有劳动能力和意愿但未就业的零就业家庭
类型三	父母身体有残疾，残缺家庭，子女未成年，不具备劳动能力的零就业家庭
类型四	父母失业，但均有劳动能力和意愿，子女刚毕业，具有劳动能力，但未就业的零就业家庭

周成的分类开创了零就业家庭研究的新范式和新角度，为零就业家庭的消除提供了更可靠的依据。然而，周成的分类具有一定的局限性，主要体现为分类不够精细和全面，如父母患有重病不能就业，而子女不具备就业能力；父母和子女都具备就业能力，但准备创业等情况都属于零就业家庭的范畴。

因此，为更精准地识别零就业家庭类型，制定更有针对性的援助方案，笔者依据"有无工作意愿""有无工作能力""未就业原因"三个标准对零就业家庭进行了递进式的分类。首先，对零就业家庭按照"有无工作意愿"分为两大类，即"有工作意愿"和"无工作意愿"两类，其中"有工作意愿"根据"有无工作能力"分为"有工作能力"和"无工作能力"，再根据未就业的原因将"有工作能力"分为"失业未就业型""大学生未就业型"以及"其他特殊原因未就业型"3类，将"无工作能力"分为"因病未就业型""因老未就业型""因残未就业型""因弱未就业型"以及"其他特殊原因未就业型"5类；"无工作意愿"组根据"有无工作能力"分为"有工作能力"和"无工作能力"两类，"有工作能力"根据不愿工作的原因分为"心理自卑未就业型""消极懒惰型""准备创业未就业型"以及"其他原因无工作意愿"4类，而"无工作能力"则统归为"老、弱、病、残"等。具体分类见表2：

表 2　零就业家庭分类

Ⅰ	Ⅱ	Ⅲ
有工作意愿	有工作能力	①失业未就业型
		②大学生未就业型
		③其他特殊原因未就业型
	无工作能力	④因病未就业型
		⑤因老未就业型
		⑥因残未就业型
		⑦因弱未就业型
		⑧其他特殊原因未就业型
无工作意愿	有工作能力	⑨心理自卑未就业型
		⑩准备创业未就业型
		⑪消极懒惰型
		⑫其他原因无工作意愿
	无工作能力	⑬老、弱、病、残等

在此，有三点需要说明：第一，"有工作能力"和"无工作能力"只是一个相对的概念而不能绝对区分；第二，各类型的零就业家庭归类是依据主要原因进行确定的，一个零就业家庭未就业必然是多种因素的综合结果，但在归类时只是考虑最主要的因素；第三，为便于理解，本文将"弱"定义为"技术弱"。

（四）理论基础

1. 充分就业理论

英国经济学家凯恩斯于 1936 年在其著作《就业、利息和货币通论》中提出了"充分就业"这一概念，在他看来，充分就业就是指不存在非自愿失业的现象，也就是说，在一个具体工资水平上，只要某人具有工作意愿，则他就可拥有工作机会。但充分就业之中仍会有摩擦性和结构性失业并存的问题，而且失业的间隔期很短，因此，充分就业并不代表实现完全就业。凯恩斯指出，这一问题的关键在于寻找合适的方法和途径解决就业从而使市场供求关系不平衡的问题得到缓解。同时，在资本主义不可避免存在缺陷的情况下，不依靠外力无法自动实现充分就业，因此，他提出了以政府力量干预经济的主张。

在凯恩斯的充分就业理论中，实现充分就业的意义主要有五点。一是权利保证。每一个就业岗位都与相应的各项权利紧密联系，当劳动者获得就业机会时，他也就能获得与此相关的各项权利。二是经济支撑。劳动者从工作中得到的收入与配套的工作条件可以为劳动者及其家庭带来很大的生活保障，为他们的生活提供经济支撑。三是精神满足。工作机会对劳动者来说不仅能为其提供物质激励，更重要的是能为其提供精神上的满足。在工作的状态中，他们会抛弃失业所带来的焦虑与被抛弃感，重新融入社会，在工作中实现自己的价值，满足自身的精神需求。四是和谐发展。在充分就业状态下，经济繁荣，资源得到优化配置，人口、经济、社会三者的发展都处于和谐的运行状态。五是消解冲突。充分就业能够实现人力资源的优化配置，促进社会和谐运行，从而可以消除由失业问题所带来的一系列潜在的社会问题。

根据凯恩斯的充分就业理论，并结合我国实际情况，为重点援助就业困难户，消除零就业家庭现象，自 2006 年以来我国便在全国范围内逐步开展"充分就业社区"活动，这一活动自开展以来，全国成千上万个零就业家庭的生存和就业状况得到了巨大改善。因此，这一理论是研究零就业家庭非常重要的理论基础。

2. 需求层次理论

美国心理学家马斯洛于 1943 年在其著作《人的动机理论》中提出了需求层次理论。这一理论将人的需求从低到高共分为五个层次，即生理需求、安全需求、社交需求、尊重需求以及自我实现的需求。

对不同个体来说，受自身所处阶段与客观环境的影响，每个人的需求也会存在差异。目前，尽管零就业家庭现象较为普遍，且都存在失业及生活水平较低等相同的特征，但造成"零就业"问题的原因却多种多样，在每个家庭甚至每个成员之间都存在明显差异，因此，由于失业原因存在差异性，每个家庭甚至每个成员的心理需求也会有所不同。

需求层次理论中关于个体需求的差异性观点为完善消除零就业家庭的制度环境指明了方向，即根据对象的不同以及失业原因的差异，政策的制定和对策的实施必须有针对性，不能过于笼统，要以能够有效地满足每个零就业家庭及其成员的个体需求为目标，并切实、有效地落实相应的援助对策。

同时，需求层次理论还指出个体需求具有层次性，其中包括两层含义：一是需求的满足是依次推进的，只有当某一个层次的需要得以满足后，另一个层次的需要才会出现；二是在几个不同层次的需要都没有得到满足之前，首先应当满足最为紧迫的需要；当这一需要被满足之后，后面的几个需要方能凸显它的激励作用。因此，需求的层次性更进一步地对如何满足不同类型的零就业家庭成员的个体需求提出了更高要求。由于"零就业"问题会同时带来生活困难等问题，因此，对零就业家庭成员来说，他们的生存需求比其他任何需求都更为强烈，在进行援助时也应当将生存需求放在首位。通过对零就业家庭成员个体需求的差异性和层次性的分析可以看出，需求层次理论将为研究完善消除零就业家庭制度环境提供重要的理论支撑。

3. 社会风险管理理论

1999 年，为应对经济全球化对社会发展带来的巨大挑战，世界银行提出了

"社会风险管理"这一概念。目前，学术界对于"社会风险"的概念尚未达成共识，但通过对大部分学者文章的解读，可以发现他们都侧重于从不确定性这一角度来阐释社会风险，即认为社会风险是"对社会和社会大众产生损害的不确定性因素"。这些学者从不同角度和领域对社会风险进行了研究，同时也发现社会风险的特征多种多样，比如多重性和复杂性、扩散性和潜在性、不均衡性和可补偿性。正是因为社会风险所具有的种种特征，为社会风险管理提供了现实可能。

实施社会风险管理是对现有社会保障政策的有力拓展，其主要目标是促进经济社会的平衡可持续发展。在管理方式上强调运用多种风险控制手段、多种社会风险防范与补偿的制度安排，同时，在处理新形势下面临的社会风险时，更加注重管理体系的系统性、综合性和管理过程的动态性。

随着我国经济社会的发展，许多社会问题逐渐出现。总体来说，我国当前的主要社会风险包括社会目标单一、社会关系失调、社会结构失衡和社会冲突增生等几个方面，具体表现为失业、贫富分化、腐败、社会治安状况恶化和突发的群体性案（事）件等问题。其中，失业现象的加剧也会带来许多潜在的社会问题，如犯罪率上升等，因此，社会风险管理理论对于消除零就业家庭具有重要意义。第一，通过运用社会风险管理理论，可以对零就业家庭产生社会风险的原因进行分析；第二，实施社会风险管理需要多元主体共同参与，这为实施零就业家庭的社会风险预防和援助对策指明了方向，政府、商业机构、非营利性组织、社区和公民自身应当在其中找准自己的角色与定位；第三，社会风险管理是对大众遭受损害的不确定性的事前管理，为消除零就业家庭，解决由此带来的潜在社会问题提供了直接依据。

二、四川省零就业家庭制度环境现状

（一）四川省零就业家庭现状

自 2005 年以来，四川省不断完善和落实零就业家庭就业援助长效机制，摸清零就业家庭基本情况，加大对零就业家庭认定和援助的工作力度，发挥政府兜底安置保障作用，切实解决了零就业家庭的生活困难，有效做到"产生一户，援助一户，消除一户，稳定一户"，保持零就业家庭户数动态清零，着力将零就业家庭就业援助政策红利普惠于民，让广大人民群众更有获得感。通过多年的努力，四川省零就业家庭援助工作取得了显著成效。

2013 年至 2017 年，全省共认定零就业家庭 2274 户并已实现了动态消除。2018 年上半年，全省共认定零就业家庭 22 户，已经全部实现动态消除。具体见表 3：

表3　四川省城镇零就业家庭基本情况表

时间	新增数（户）	消除数（户）	家庭成员数（人）
2013 年	189	189	250
2014 年	582	582	903
2015 年	569	569	725
2016 年	504	504	646
2017 年	408	408	508
2018 年	22	22	—
合计	2274	2274	3032

注：数据来源于四川省就业服务管理局，零就业家庭实行动态清零政策。

从表3中可以看出，近年来，四川省零就业家庭数量总体上呈下降趋势。2013年新增零就业家庭189户，消除189户，新增家庭成员数250人；2014年新增零就业家庭582户，消除582户，新增家庭成员数903人，增幅达到207.94%；2015年四川省新增零就业家庭569户，消除569户，新增家庭成员数725人，增幅达到－2.23%。此后，四川省零就业家庭的增幅呈显著下降趋势，其中2018年上半年新增零就业家庭仅22户，消除零就业家庭22户，增幅达到了－94.61%。说明四川省在消除零就业家庭方面的工作取得了显著成效。

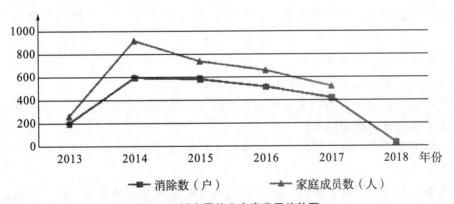

图1　四川省零就业家庭发展趋势图

注：数据来源于四川省就业服务管理局。其中2018年只有上半年数据。

需要说明的是，2018年上半年四川省之所以只有22户零就业家庭，一方面与四川省高度关注零就业家庭，强化跟踪管理，切实做好消除零就业家庭的工作密不可分；另一方面则是零就业家庭人员选择了其他申报途径。具体而言，四川省对零就业家庭和就业困难人员实行了不同的认定和管理办法。零就业家庭的认定是以户为单位的，在申请过程中需要出具全家无一人就业的相关证明材料，因此认定资料较复杂，认定程序相对烦琐。就业困难人员的认定是以个人为单位的，因此认定材料较少，认定程序相对简单。此外，对就业困难人员而言，凡是成功申请的人可以领取不同额度的就业补助，而零就业家庭申请成功后则没有就业补助，因此，很多人在选择申请途径时更愿意选择就业困难人员的认定，而不选择零就业家庭的申请。

（二）四川省消除零就业家庭主要措施

四川省自2005年全面开展零就业家庭就业援助服务以来，始终坚持"实现就业一人，帮助解困全家"的目标，着力解决零就业家庭的实际就业问题，并开展一系列就业援助活动与措施。各地对新增零就业家庭做到及时申报，审核认定，逐一登记造册，纳入援助范围。对已帮助实现就业、再就业的零就业家庭成员，实行动态跟踪管理。各地对零就业家庭的就业援助工作全部实现实名制管理，基本形成了零就业家庭就业援助长效机制。主要措施如下：

一是摸清底数，做好排查工作。各级公共就业服务机构依托街道（乡镇）、社区等基层工作平台，在辖区内定期对零就业家庭进行调查，掌握零就业家庭的户数、人数、家庭收入、生活状况、家庭成员的年龄、技能、培训和就业愿望等基本情况，做好零就业家庭就业援助的基础工作。

二是紧扣需求，实现精准帮扶。全面掌握零就业家庭面临的实际困难，紧紧围绕他们的就业需求，制定具有针对性的帮扶方案，签订帮扶协议，落实帮扶责任，实施"一户一策"分类帮扶，建立实名制动态管理，为零就业家庭提供职业介绍、职业指导、职业技能培训、落实扶持政策等就业服务。

三是革新技术，提升服务能力。综合运用"互联网＋"、大数据思维和现代信息技术，努力实现全省公共就业创业服务信息化应用"四个一"，即一套信息系统、一套服务标准、一套服务模式、一套管理方式。开发部署四川公共就业创业服务信息系统 V 2.0版，着力打造"四川 e 就业"服务品牌。

四是建立了服务承诺制度和通过公益性岗位托底安置制度，帮助零就业家庭至少一人实现就业、稳定就业。

五是组织开展"就业援助月"等专项公共就业服务活动，帮助零就业家庭成员实现就业。

此外，尽管四川省并未将零就业家庭纳入就业困难人员范围，但从零就业家庭的基本情况来看，大部分人员属于低保人员，而四川省把低保人员纳入了就业困难人员范围，因此大部分零就业家庭成员可享受就业困难人员相关的就业扶持政策措施。主要包括：

其一，鼓励用人单位招用就业困难人员，签订劳动合同并缴纳社会保险费的，在一定期限内给予社会保险补贴和适当的岗位补贴。

其二，鼓励就业困难人员灵活就业并缴纳社会保险费的，给予一定比例的社会保险补贴。

其三，鼓励就业困难人员参加就业技能培训或创业培训，享受职业培训补贴，提升其就业创业能力。

其四，免费提供政策咨询、职业介绍、职业指导等公共就业服务，开展形式多样的招聘活动，搭建供需对接平台。

其五，对通过市场渠道确实难以实现就业的，通过开发公益性岗位予以托底安置，并按规定给予社会保险补贴和岗位补贴。

（三）四川省消除零就业家庭相关制度梳理

2005年四川省相继出台了《关于开展"零就业"家庭基本情况摸底调查有关工作的通知》（川劳社明电［2005］9号文）、《关于开展"零就业"家庭解困行动的通知》（川劳社明电［2005］56号文）、《关于在全省共同组织开展"零就业"家庭就业援助服务周的通知》（川劳社明电［2005］70号文）等系列文件。通过相关制度的颁布及办法的实施，四川省首次将零就业家庭作为重点帮扶对象纳入就业服务管理范畴。由于零就业家庭成员就业不稳定问题比较突出，零就业家庭的新问题、新困难不断涌现，因此，四川省关于零就业家庭的相关制度也适时进行了调整。

2007年9月17日，四川省劳动保障、财政、民政等部门联合下发了《关于进一步做好零就业家庭就业援助工作的指示》（川劳社办［2007］68号），要求各地及时掌握零就业家庭就业情况，根据辖区零就业家庭成员状况，开展"一对一"的就业服务，对于已有1人就业的零就业家庭要进行跟踪服务，稳定其就业，实现对零就业家庭的全过程服务管理。

2009年5月，四川省人民政府为进一步贯彻实施《就业促进法》，营造全方位促进就业增长、稳定的就业局势，发布了《四川省人民政府关于进一步做好就业工作的通知》（川府发［2009］13号），提出"进一步完善零就业家庭申报认定制度，多渠道开发就业岗位，动态消除零就业家庭。进一步加大对地震灾区劳动者的就业援助，并逐步实现稳定就业"。

2012年出台了《关于印发四川省零就业家庭就业帮扶管理暂行办法的通知》（川人社发［2012］19号文）。2017年9月26日，为贯彻《国务院关于做好当前和今后一段时期就业创业工作的意见》（国发［2017］28号）精神，四川省人民政府发布《关于做好当前和今后一段时期就业创业工作的实施意见》（川府发［2017］53号），积极推动四川省消除零就业家庭工作，促进全面就业。

2018年4月，四川省人力资源和社会保障厅印发的《四川省贯彻国务院〈"十三五"促进就业规划〉的实施意见》提出，统筹做好就业困难群体就业工作，对零就业家庭成员开展实名制动态管理和分类帮扶，做到零就业家庭"产生一户、援助一户、消除一户、稳定一户"。加大公益性岗位统筹力度，确保零就业家庭、低保家庭至少有一人稳定就业。经过多年的不断探索与研究，四川省已基本并形成了零就业家庭的认定、服务、政策落实、退出机制等较为完善的政策体系。

（四）四川省消除零就业家庭制度环境评价

作为全国率先在全省开展消除零就业家庭的省份之一，四川省自2005年以来相继出台了多部消除零就业家庭的规则制度，并形成了较为完整的政策体系，保障了四川省消除零就业家庭工作的顺利进行。

然而，目前四川省消除零就业家庭制度环境尚存在以下两方面的不足：

一是政策效力持续时间较短。四川省颁布的通知、办法、意见都是针对当期开展零就业家庭活动而制定的，呈碎片化，缺乏常态化的制度性规范。

二是采取一刀切的做法，没有体现出管理制度的差异化或个性化。如文件规定"经推荐介绍就业 3 次以上本人不应聘，或在帮扶协议规定期内无法与其取得联络的，视为帮扶对象主动终止帮扶协议，帮扶对象自终止之日起 6 个月内不能再次申请零就业家庭就业帮扶"，规定过于严苛，没有考虑到特殊情况的存在。再比如某个家庭只有两个成员，而其中一人需要另一人日夜照顾，因此就无人工作，此类特殊情况本应属于零就业家庭范畴，但四川省发布的《关于做好当前和今后一段时期就业创业工作的实施意见》（川府发〔2017〕53 号）却没有说明。

因此，完善四川省消除零就业家庭的制度环境必须从源头上进行根治，本着标本兼治的原则，必须坚持以下两点要求：第一，政策体系必须根据零就业家庭的自身情况和需求采取有针对性、富有弹性和实效性、体现差异化的帮扶策略，即针对不同原因导致的零就业家庭有不同的帮扶措施；第二，建立常态化、规范化的规章制度，形成立体的多层次的政策体系，优化配置资源，搭建帮扶平台，发挥政策的整体效力和效益。

三、四川省零就业家庭典型案例分析

为全面掌握四川省零就业家庭的具体情况，获取零就业家庭的一手资料，笔者在相关部门及人员的组织协调下，深入零就业家庭进行现场走访与调研，采取面对面的交流方式，详细记录了访谈内容。在此基础上，对所有案例进行了梳理与归类，最终提炼出四个具有代表性的案例。

（一）典型案例

1. 因病致穷工作难觅

姜某和李某是一对夫妻，曾是某国有企业的职工。妻子姜某现年 52 岁，李某现年 56 岁，家里还有一个 78 岁的老人和一个上初中的孩子，由于老人常年生病卧床不起，姜某也是常年服药，所以家里大部分支出都用于购买药物。2018 年，夫妻二人所在企业经营不善，先后多次裁员，二人均在裁员之列。"差不多同时，我丈夫也下岗了。"姜某说，家里的收入来源一下子就全断了，为了治病把家里仅有的一点钱全花光了。夫妇俩失业后的养老、医疗保险也中断了。

姜某以前出过车祸，当时觉得没大伤就没去医院。去年起肩膀疼得厉害，检查时医生说是车祸落下的病根，得动手术。打听到动手术得花五六万元，姜某摇摇

头，拿了点药离开了医院。"房子是租的两间平房。前两年申请了低保，一个月能有1200多元，还有几百元住房补贴，靠政府救济过日子。"姜某的孩子正在读初中，义务教育阶段学校减免了各项费用，但进入高中后就需要自己家花钱了。姜某说，到时候花费就大了，还得麻烦政府帮忙找份工作，才能把日子过下去。现在，丈夫每天到零工市场上转悠，偶尔能赚点钱贴补家用。

2. 因残致贫工作无望

李某一家现有家庭成员2人，即李某和儿子。李某，男，汉族，1976年生，现年43岁，小学文凭，无业；儿子小阳，男，汉族，1999年生，现年20岁，初中文凭。

李某原系某机床厂车间职工。2007年，李某在车间工作时因操作不当，右手被机器所伤，导致右手截肢，李某因不适宜继续从事车间工作，于2008年被辞退，因工龄短，仅从单位获得一次性赔偿金3万余元，此后虽有断断续续的工作，但终究因为各种原因而辞职，其妻子赵某患有肺病，长期抱病在家，于2013年病逝。由于遭遇丧妻的悲伤，李某从此之后不再找工作，一直闲在家里。李某儿子小阳曾在南充市就读技术中专，后因经济问题，加上无人管教，于2015年辍学。目前李某一家两口长期居住在临时搭建的一间不足15平方米的平房内，经济来源主要是靠李某的低保和残疾补贴。对于目前的状况，李某的态度是"当一天和尚撞一天钟"，对于儿子的未来，李某则表示，"我现在都是这个样子了，他就看自己造化了"，对于政府提供的零就业岗位，李某总是无故推脱，至于小阳，其对今后的打算也是一无所知，"未来还不晓得了，反正现在每天有饭吃还是挺好的"。

3. 大龄就业工作无奈

市民潘某曾处于零就业家庭，家中有两口人，即他与妻子徐某。他们原本有一个儿子，但于2010年因车祸去世。潘某现年65岁，妻子60岁。潘某原在工地上做小工，但是近年来国家规定凡是超过60岁的人员不得在工地上班，所以潘某就只能辞去工地小工工作，由于没有一技之长加之要照顾家里，潘某平时只能做一些零工以贴补家用，"没有一份正式稳定的工作，感觉悬吊吊的，吃了上顿还要考虑下顿，没啥安全感"，妻子徐某因为身有残疾一直赋闲在家。"不是不愿意干，一过50岁再去找工作，谁都不想要。"潘某说起来很伤心。去年12月，他接受"零就业家庭再就业援助"，政府帮其找到了一份门卫工作，干一些守门以及巡逻之类的杂活。在潘某看来，这家公司之所以能够接收他，关键是有政府替潘某缴纳养老、医疗、失业保险费用，还给一笔岗位补贴，"这是鼓励企业吸纳像我们这样的人就业"。潘某现在的月工资是1600元，一家人吃饭已不成问题。

4. 低保兜底，对工作持观望态度

市民张某现年61岁，妻子李某56岁，无儿无女。张某早些年因在建筑工地干活摔伤腰部，所以现在不能干重活，妻子李某因小时候严重高烧导致神经受损，所

以从未就业。张某曾在一家工厂做门卫，但因为离家较远，年纪较大，加之反应迟缓，在 2017 年 3 月被辞退，自此处于失业状态。由于夫妻二人有低保，每人每月有近 700 元的低保收入，而且逢年过节政府也会给钱给物，所以张某对找工作也不够积极，"现在社会上大学生都不一定能找着工作，老板不可能再用我们这些半糟老头子"，而且"我现在都这个岁数了，每个月还有低保，就我们两个人用已经完全足够了"。当问起对工作的要求时，他提到"如果有好的工作也是可以去的，只是我自己这个样很多企业也不得要了"。

大部分零就业家庭都是愿意工作的，但是也不乏少数不愿意工作的情况，其主要是因为有低保兜底，而且家里开支小，对工作的需求不是特别强烈，除非有特别好的工作。

（二）影响零就业家庭成员就业的因素

调查发现，影响四川省零就业家庭就业的主要原因为"老、弱、病、残、其他"五大类（如图 2 所示）。需要强调的是，每个家庭未就业的原因不是单一的，而是多重因素综合作用的结果，如案例一中的姜某和李某一家未就业的主要原因是"病"，但同时也有"老"和"弱"的原因。

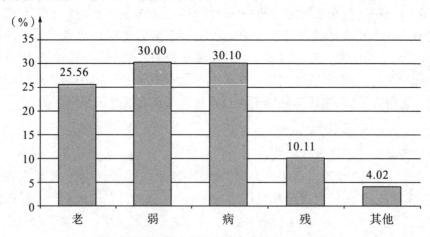

图 2　影响四川省零就业家庭成员就业的因素

如图 2 所示，影响零就业的因素中，"病"和"弱"所占比重最高，分别为 30.1％和 30.00％，"老"所占的比重为 25.56％，"残"占到了 10.11％，"其他"所占的比重只有 4.02％，其中包括家里有人需要照顾确实不能工作的、不愿意工作的、夫妻双双失业而子女尚未就业、准备创业但无创业条件、心理自卑等因素。

调查中发现，相当部分的零就业家庭成员存在不同程度的自卑心理，在交谈中，部分居民表现出紧张、脸红、结巴以及埋头与调研人员进行交流等现象。零就业家庭处于弱势地位，容易自卑自怜，缺乏自信，不敢接受新的工作安排，也不愿意融入新的环境，加之长期处于失业状态，被边缘化，生活陷入困难，其对社会的满意度不足，与社区的融合度欠佳，时常感到焦虑、苦闷甚至悲观绝望。

四、完善消除四川省零就业家庭制度环境的对策建议

零就业家庭作为社会经济发展过程中的一个特殊群体，不仅面临着严峻的就业生存问题，而且在一定程度上还存在社会治安隐患。因此，为保障零就业家庭的就业权益，提升零就业家庭生活水平，增强零就业家庭的幸福感，维护社会治安的和谐稳定，做到对重点群体精准帮扶，保障供需双方无缝对接，确保就业创业全程优质服务，本文秉承"政府主导，多元治理"的原则和"精准发力，分类施策"的方法，坚持从零就业家庭的类型与形成原因两个角度进行考量，提出以下几点完善消除四川省零就业家庭制度环境的措施。

（一）有工作意愿有工作能力

1. 失业未就业

失业未就业类的零就业家庭成员的特点是具有一定的工作经验与工作能力，对工作的要求相对较高。因此，针对这类人群的就业援助应遵循"市场就业为主，政府安置为辅"的原则，鼓励其自主就业或创业。具体而言要做到以下几点：

（1）积极搭建就业信息交流平台

就业信息快速、有效的传递对失业人员再就业具有十分重要的意义。因此，应积极利用现代信息技术，综合运用"互联网＋"、大数据思维以及现代信息技术，努力实现全省公共就业创业服务信息化应用，通过将网上服务平台进行整合，实现线上线下融合、内网外网联通、数据共享开放，为用户提供"多功能、全天候"的公共就业服务。

（2）健全跟踪机制，防止再度失业

对零就业家庭成员就业服务必须做实做细，对已经安置的零就业家庭人员进行必要的不定时回访，并与有关用人单位及时沟通，了解就业人员的工作状态，实时更新就业人员的就业信息，防止出现"刚上岗就下岗"的现象，积极申报岗位补贴和社会保险补贴。

（3）完善就业保障体系，强化政策执行力度

进一步完善相关法律法规，健全劳动关系协调机制，改善用工条件，保障劳动者合法权益，积极营造良好的劳动关系环境，确保零就业家庭成员更公平、更充分地享受经济发展和社会进步的成果。强化政策执行力度，维护法律权威，对用人单位的违法行为给予相应的惩处，在更高层次上构建规范有序、公正合理、互利共赢、和谐稳定的劳动关系。

2. 大学生未就业

一直以来，大学生就业始终是全社会关注的重点话题。这类群体理论基础较强，工作激情较高，工作意愿也较强，但缺乏工作经验和技能。鉴于此，可采取如

下措施:

(1) 完善培训体系,提升就业技能

加快建设培训系统,确保提升就业技能,对登记在册的且有工作意愿的未就业大学生开展有针对性的"订单式"项目免费培训。培训学习应由政府部门、用人单位以及培训机构三方联合实施,坚持以"定点、定向、定单"为主的"三定"培训方式,以及"实用、管用、够用"的"三用"原则,合理设置培训课程体系,突出技能操作,保障培训人员所学技能与市场需求相匹配。同时,在培训结束之后必须组织考核以检验培训效果,并为通过考核的学员发放结业证书。

(2) 积极引导与鼓励大学生到基层工作

建立健全大学生到基层工作的长效机制,坚持服务基层与人才培养的基本方针,充分发挥政策的导向作用,确保"下得去、留得住、干得好、流得动",营造良好的工作环境,拓宽晋升渠道,鼓励大学生扎根基层、服务基层,在基层成长成才,建功立业。

(3) 营造良好的就业舆论环境

社会媒体应该自觉承担社会责任,及时、有效地传递就业政策,准确解读就业方针,全面剖析就业形势,积极宣传就业创业典型,正确引导就业观念,营造全社会关注和支持大学生就业创业的舆论氛围。

3. 特殊原因造成的未就业

走访发现,大部分有工作能力和工作意愿但未工作的人是需要照顾家庭的,对这部分人而言,其工作期望是工作地点较近、工作时间相对自由。因此,在为这类人员提供就业援助时应按照"政府安置为主,市场就业为辅"的原则,依托公益性岗位,发挥政府"兜底"作用以满足此类人员的就业需求。

(二) 有工作意愿无工作能力

在实际中,凡是有工作意愿却无工作能力的人群都属于就业弱势群体,主要包括老年人、患病在身的人以及残疾人等,其在市场就业中面临诸多的困难。因此,对这部分就业困难人群的就业援助最核心的是建立健全相关法律制度,保障就业权利,维护就业市场的公平公正,塑造和谐的就业环境。同时还应发挥政府"兜底"作用,妥善安置此类人群,最大限度地满足其就业愿望。

1. 完善相关法律法规,营造良好的制度环境

目前,尽管我国相继出台了各类劳动保障法律法规以维护劳动者的合法权益,基本形成了较为完善的劳动保障体系,但对于弱势群体的劳动保障仍有待进一步加强。比如,《残疾人保障法》中明确规定在职工的招用、转正、晋级、职称评定、劳动报酬、生活福利、休息休假、社会保险等方面,不得歧视残疾人,但对于如何判定残疾歧视,以及如何申诉指控等方面却没有详细的说明。

因此,加快完善相关法律法规,保障就业弱势群体的合法权益对消除有就业意

愿无就业能力的零就业家庭而言具有极其重要的意义。

2. 鼓励灵活就业，加强政策引导

公益性岗位的有限性决定了其不可能满足所有人群的就业需求，因此要鼓励零就业家庭灵活就业，通过自主创业和就业的方式缓解就业压力。对于有工作意愿却无工作能力的零就业家庭，应加强政策性引导与支持，并给予一定的资金补助，帮助其灵活就业，比如在不妨碍公共秩序的前提下，允许其在社区及街道旁摆摊设点。

（三）无工作意愿有工作能力

1. 心理自卑

心理自卑型群体的典型特点是自信心不足，严重者可能产生自卑自怜的心态，怯于接触新事物，对于新环境与新人群有抵触心理，但一旦融入新群体，适应了新环境，其工作积极性和工作意愿将会极大地激发。因此，对这一部分人群的援助工作重点是心灵援助，做好心理建设，提升其心理承受能力。

（1）加强政府在心理援助方面的主导作用

政府牵头在就业服务体系中加入心理援助的内容，在就业和社会保障机构中设置专门的心理援助岗位，建立对零就业家庭实施心理援助的专业人员数据库，组织编写《失业人员心理援助指导手册》，组织开展针对零就业家庭的宣传、讲座和培训等。

（2）发挥非政府机构在心理援助方面的支撑作用

依托社区收集掌握每户零就业家庭成员心理状况，逐户建立信息档案，充分调动和发挥社会工作者协会和心理服务志愿者协会等多个社会团体的积极作用，形成社会援助的网络，调动、整合和运用社会资源，协助其处理与周围环境的关系，从而改善家庭成员的心理状况，减少因心理问题引起的其他家庭问题和社会问题。积极开展一对一的个案心理辅导、宣传教育、组织群众性活动、开展社区工作、深入家访等活动。

（3）积极引导零就业家庭成员调整心理

面对失业带来的巨大生活压力和心理负担，零就业家庭成员必须学会自我调适，提高和增强自身应对挫折的心理能力。首先，要正视自己。不自暴自弃，学会看到自身优点，给自己积极的心理暗示，总结经验教训，从自身寻找失业原因，并将其作为从事新工作的借鉴，避免重蹈覆辙，而非一味抱怨用人单位和社会不公。其次，要正视外在变化。面对市场经济的变化和市场竞争的压力，要努力克服危机感和恐惧感，尽量冷静地面对现实，及时转变观念，思考和分析现状，重新计划生活，积极营造和睦的家庭氛围。在思想和行为上进行严格的自我管理和约束，遵纪守法。

2. 准备创业

根据党中央国务院关于"大众创业、万众创新"的战略部署，立足四川省实际，以政策创新为突破，积极完善创新创业相关政策，不断优化创业环境，充分发挥创业带动就业的倍增效应。对零就业家庭开展"送项目、送培训、送资金"的创业动员活动，号召有能力有想法的零就业家庭积极创业，并在技术、资金以及人员等方面给予支持与帮助，运用新媒体对成功创业的零就业家庭进行宣传，发挥示范带头作用。

（1）完善创业扶持政策

完善创业扶持政策，营造良好的创业环境，充分发挥群众的主观能动性，调动广大群众的创业热情，实现创业带动就业的效果。充分发挥政策的导向性，聚焦微观创业活动，关注具体人群，细分区域，实现创业支持政策的全覆盖。同时，在保证政策全覆盖的前提下，力求政策的务实性，避免政策措施在落实过程中出现政策盲区和盲点。

（2）加强创业培训，提升创业者创业能力

政府应积极开展创业培训工作，提升创业者的创业能力。首先，打破常规的培训模式，实现培训方式多样化。比如组织参观考察、培育孵化园等方式，避免单一的培训路径。其次，培训主体应多元化。应积极引入多元化的培训主体，推动各主体相互补充，让创业者获得培训知识的最大满足。最后，保障培训内容的实用性，避免培训内容过于理论化，确保培训知识落地生根。

（3）加强宣传教育，大力营造浓厚的创业氛围

坚持宣传创业、激励创业、表彰创业的舆论导向，加强舆论引导，弘扬创业精神，树立创业典型，特别是面对失败但不屈不挠最终成功创业的典型，营造崇尚创业、竞相创业、褒奖成功、宽容失败的和谐创业环境和良好舆论氛围，使更多的零就业家庭乐于创业、敢于创业。

3. 消极懒惰

调查发现，零就业家庭中部分家庭属于懒惰型，其特点主要有三个：一是对工作持无所谓的态度，如果有较满意的工作就做，没有满意的工作就不做；二是大部分家庭享有低保，每月都有固定收入；三是这类人群的社会风险较高。有研究表明，对于"习惯性地依赖政府救济和亲友接济来维持生计"的零就业家庭"很容易衍生不劳而获的心理和贪小便宜的心理"，最终结果可能是"诱使其走上犯罪"之路。因此，对于这类人群的帮扶必须坚持"心理建设为核心，技能培训为支撑"的原则，以确保这类群体充分就业。

"扶贫先扶智"。对懒惰型零就业家庭而言，首要任务就是纠正其"等靠要"的落后思想，帮助其突破固有的思维禁区，加强就业观念与择业方向的引导，树立自立自强意识以及自力更生的观念。

（四）无工作意愿无工作能力

对于既无工作意愿又无工作能力的人群，单纯提供工作岗位已经不能从根本上解决问题，而应该更多地从政府救济和社会援助方面进行考虑。具体而言可从以下几方面入手：

1. 发挥政府职能，构建帮扶体系

发挥政府主导作用，积极构建帮扶体系。第一，建立健全零就业家庭救助机制，明确救助范围、救助办法以及救助程序，保障既无工作意愿又无工作能力的零就业家庭的最低生活水平；第二，积极完善特殊医疗保障体系，定期对既无工作意愿又无工作能力的零就业家庭开展医疗卫生检查，提升医疗保障水平，扩大医疗保障范围；第三，积极开展对既无工作意愿又无工作能力的零就业家庭的心理引导，加强自我认知，提升自我认同，构建积极、乐观、向上、健康的人生态度。

2. 积极号召社会各界广泛参与

鉴于政府力量的有限性和社会力量的广泛性，应积极号召社会各界广泛参与帮扶，形成"多方参与全员共助"的良好帮扶氛围。特别是社会公益组织应发挥带头作用，聚焦既无工作能力又无工作意愿的零就业家庭，给予最大限度的人文关怀和物质支持，政府应加强对其他社会组织和个人的帮扶行为给予高度的认可与表扬，并对有突出贡献的单位或个人给予表彰和奖励，形成"愿帮扶，乐参与"的良性循环。

（五）完善服务体系，加强政府领导

1. 细化认定内容，保证精准识别

目前，《四川省零就业家庭登记认定申请表》中的内容主要有申请人基本信息（姓名、性别、家庭住址、户籍、学历等）、家庭成员以及相关部门的审批意见，但缺乏未就业原因说明。因此，应细化认定内容，补充未就业原因的相关说明，以保证对每一户未就业家庭的精准识别，从而制订相应的帮扶计划。

2. 依托基层平台，强化就业服务

依托街道社区劳动保障工作平台，摸清零就业家庭和就业困难人员的底数，建立工作台账，实施就业援助目标责任制度，运用"互联网＋"智慧社区平台将援助任务落实到人。及时为援助对象上门开展"送政策、送岗位、送服务"活动，实行动态管理和"一对一"服务。将促进零就业家庭和就业困难人员就业作为创建"充分就业社区"工作的重要内容和检查验收的重要指标。市、区公共就业服务机构要加强与街道社区平台的工作联系，积极搜集和提供适合零就业家庭的相关信息。对特别困难、经街道社区认定的重点对象，市、区公共就业服务机构要给予强化服务和托底安置。

3. 加强组织领导，建立协同联动机制

解决好零就业家庭问题，是解决民生问题与构建社会主义和谐社会的重要内容，是建立促进就业长效机制的重要方面。各地劳动保障部门要加强领导，将零就业家庭就业援助工作纳入本地就业再就业工作的目标责任体系，明确工作任务和进度，落实责任。积极协调财政、民政等有关部门，建立就业援助工作专项资金保障制度和协同联动机制。

4. 依法管理，提高服务水平

建立健全消除零就业家庭的法律法规，加快推动消除零就业家庭工作的法治化进程，保障消除零就业家庭工作有法可依有章可循，逐渐形成消除零就业家庭"可持续、可预期、可规范、可保障"的良好法治环境，加强法制宣传，强化监督力度，提升依法管理水平，规范相关部门及人员行为，防止消除零就业家庭过程中出现套取资金、贪污腐化以及渎职渎职等行为，依法维护零就业家庭的合法权益，提升依法服务管理水平。

（六）增强制度供给，营造良好的氛围

政府制度供给与市场协调机制是消除零就业家庭的重要力量，而零就业家庭的特殊性使政府制度供给成为消除零就业家庭的重要保障。因此，要积极探索消除零就业家庭所需的规章制度，完善消除零就业家庭的制度环境，尽量缩小期望制度供给与实际制度供给之间的差距，最大限度地满足消除零就业家庭的制度需求。

（四川省统计局　西南财经大学）

四川人口中长期发展趋势预测

一、四川省人口发展现状及变化

（一）近十年人口规模与变化特点

1. 四川省常住人口发展趋势

2017年年末，四川常住人口为8302万人，较2016年8262万人增加0.48%。常住人口总量位居全国第四位，仅次于广东、山东和河南。

总体来看，2000—2010年，四川常住人口总量呈下降趋势，2010年是常住人口数量的一个拐点，其年末总量减少到8041.8万人，自2011年起，常住人口总量开始逐年递增。到2017年年末四川常住人口8302万人，比2010年8041.75万人增加260.25万人，创2000年来常住人口总量的新高。其中，2011—2017年各年分别增加8.2万人、26.2万人、30.8万人、33.2万人、63.8万人、58万和40万人，平均每年增加37.2万人，常住人口规模实现连续7年增长，尤其是2015年、2016年、2017年增加较多（如图1所示）。

常住人口增长的主要原因有两个方面：一方面受到了四川人口出生率和自然增长率2011年以后持续增加的影响。四川省统计局数据显示，2010年是四川人口出生率和自然增长率变化的转折点。由于人口死亡率较稳定，从2000—2017年基本保持在7‰左右。2000—2010年，四川人口出生率、自然增长率虽然有小幅波动，但总体呈下降趋势。2011—2017年，人口出生率和自然增长率均实现逐年递增，尤其是"全面两孩"政策实施后效果明显。2010—2015年，总出生人口478.5万人，年均出生人口79.8万人。2015年国家实施"全面两孩"政策后，2016年、2017年共出生180.1万人，年均出生人口达90万人，比政策实施前一年多出生10万人以上。另一个方面是人口回流的影响，四川的经济快速发展，使成都快速成为人口流入聚集地，较多原本外出的四川人也选择就近择业，使人口大量回流。2017年省外流入128万人，2010年省外流入112.86万人，7年间增加15.14万人，增加了13.4%。

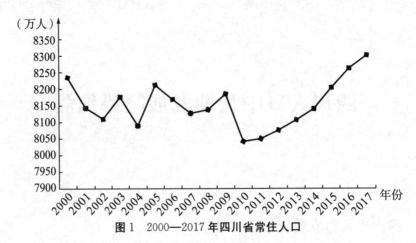

图1　2000—2017年四川省常住人口

分市（州）看，各地区常住人口变化有所差异。2017年常住人口最多的是成都市，有1604.47万人，占全省常住人口的19.33%；最少的是阿坝州，仅有94.01万人，占全省常住人口的1.13%。2017年除了遂宁、眉山、雅安、巴中常住人口较2000年有所减少外，其他地区均在增加。其中，常住人口数量增加最多的成都较2000年增加了352.37万人[①]，年均增长4.02%；常住人口数量减少最多的广安较2000年减少了87.38万人，年均减少3.03%（如图2所示）。其中常住人口增长的城市一部分是经济发展较好或者工业较为集中，对劳动力需求较大，吸引其他地区人口流入；另一部分是处于少数民族地区，人口控制约束性较低，再加上观念多为"多子多福"，致使出生人口居高不下，常住人口也随之增加。同理，常住人口减少的城市是因为有大量流出人员，流向居住环境较好或者对劳动力需求较多的城市。

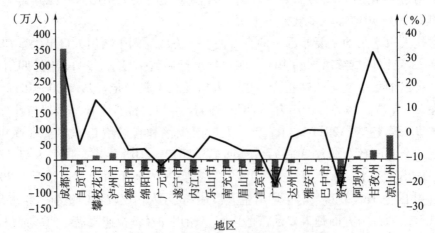

图2　2017年四川省分市（州）常住人口总量和增速变化

数据来源：《四川省2000年人口普查资料》《2017年四川省国民经济和社会发展统计公报》。

---

①　2016年5月12日经国务院批准，同意将资阳市代管的县级市简阳市改由成都市代管。2016年5月12日之前各市州常住人口数按照2017年行政区划调整计算。

2. 四川户籍人口发展趋势

2000—2017 年，四川户籍人口呈增长趋势，截至 2017 年年末，户籍人口达 9113.38 万人，较 2000 年增加 422.03 万人，增长 41.65%，年平均增长 2.07%。其中，2000—2017 年四川城镇户籍人口呈增长趋势，至 2017 年年末，城镇户籍人口为 3116.28 万人，较 2000 年增加 705.88 万人，年平均增长 0.48%；农村户籍人口则呈下降趋势，至 2017 年年末，农村户籍人口为 5997.10 万人，可以看出，2000—2017 年四川城乡户籍人口规模差距逐步缩小。四川户籍人口城乡结构的变化得益于四川省一直大力推进分类人口落户制度。

3. 人口死亡率趋于平稳，人口出生率、自然增长率呈增长趋势

受计划生育政策的影响，2000—2010 年四川人口出生率和自然增长率总体呈下降趋势；受"单独两孩"和"全面两孩"政策的影响，2011—2016 年四川人口出生率和自然增长率持续上升。2016 年，人口自然增长率为 3.49‰，在全国 31 个省份中位列第 25 名，低于全国平均水平（5.86‰）；四川维持低出生率状态，2010 年后，人口出生率开始出现上升趋势，2016 年为 10.48‰，在全国 31 个省份中位列第 22 名，低于全国平均水平（12.95‰），较低的出生率受家庭照料压力、子女养育成本、女性职业发展以及现代人追求生活质量等因素的影响；2000—2016 年人口死亡率在 6.1‰～7.15‰ 区间小幅波动中趋于平稳（如图 3 所示）。

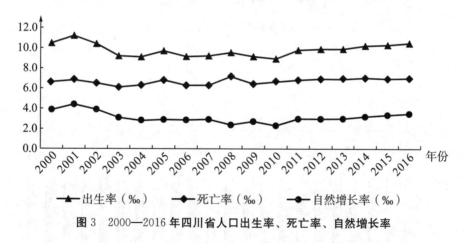

图 3 2000—2016 年四川省人口出生率、死亡率、自然增长率

分市（州）来看，大部分地区死亡率呈下降趋势，出生率和自然增长率呈增长趋势。就人口死亡率而言，2016 年自贡和眉山人口死亡率最高，分别为 7.15‰ 和 7.47‰。其中，有两个市（州）的人口死亡率高于全省平均水平。2010—2016 年，除成都和眉山外，各地区人口死亡率均呈下降趋势。其中，降幅最大的是广安市，人口死亡率下降 2.44‰。升幅最大的是成都市，死亡率提升 1.71‰，成都市人口死亡率攀升的主要原因在于人口老龄化严重（如图 4 所示）。

就人口出生率而言，截至 2016 年年末，凉山州最高，为 13.98‰，内江市最

低，为 8.09‰，两者差幅高达 5.89‰。2010—2016 年，除泸州、内江、宜宾、广安、达州、巴中、资阳和三州地区略有下降外，其余市（州）人口出生率均有不同程度的上升，其中增幅最大的为成都市，上升了 5.3‰（如图 5 所示）。值得关注的是，2014 年和 2016 年，四川开始实行"单独两孩"政策和"全面两孩"政策，在这些政策的影响下，2016 年大部分市（州）人口出生率都有不同程度的上升。

除内江市外，自 2010 年以来，各市（州）人口自然增长率均呈增长趋势，这主要是由人口出生率小幅上升和人口死亡率趋于平稳这一趋势决定的（如图 6 所示）。

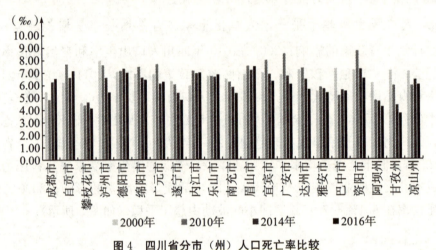

图 4　四川省分市（州）人口死亡率比较

数据来源：《四川统计年鉴 2001 年》《四川统计年鉴 2011 年》《四川统计年鉴 2017 年》。

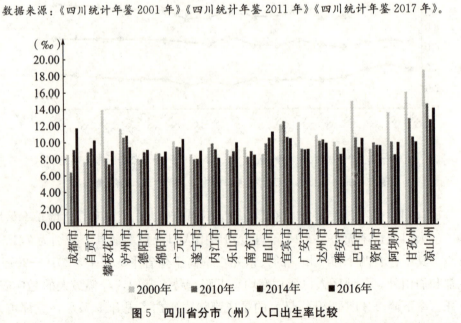

图 5　四川省分市（州）人口出生率比较

数据来源：《四川统计年鉴 2001 年》《四川统计年鉴 2011 年》《四川统计年鉴 2017 年》。

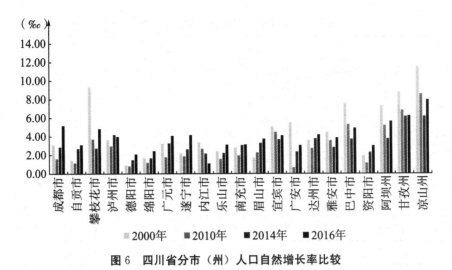

图 6　四川省分市（州）人口自然增长率比较

数据来源：《四川统计年鉴 2001 年》《四川统计年鉴 2011 年》《四川统计年鉴 2017 年》。

4. 流动人口规模持续扩大

在人口流入方面，四川流入人口主要以省内流入为主。2016 年和 2017 年，四川省共登记外来半年以上人口分别为 1265.7 万人和 1286 万人，其中省内流入半年以上人口分别为 1140 万人和 1158 万人，分别占流入人口总量的 90.07% 和 90.05%；省外流入半年以上人口分别为 125.7 万人和 128 万人，分别占 9.93% 和 9.95%。从各市（州）流入人口方面来说，流入人口主要分布在交通便利、经济水平较高的地区，如成都、绵阳、南充、德阳、泸州、宜宾、乐山和达州等各大中城市，其生产总值在省内排名也靠前（见表 1），成为流入人口的主要聚集地。各市（州）的省内流入人口大于省外流入人口，经济相对发达的成都市，2016 年和 2017 年省内流入人口比省外流入人口分别多出 425.66 万人和 432.3 万人（见表 1、表 2）。

在人口流出方面，2016 年和 2017 年，四川省共登记外出半年以上人口分别为 2141 万人和 2156 万人，其中，流出省内半年以上人口分别为 1140 万人和 1158 万人，流出省外半年以上人口分别为 1001 万人和 998 万人。从各市（州）流出人口来看，流出地多为信息灵通、交通便捷的地区，2016 年，流出人口排名前三位的是成都、达州、广安，分别为 239.49 万人、191.01 万人和 157.07 万人。2017 年流出人口排名前三位的是成都、达州、绵阳，分别为 242.7 万人、191.6 万人和 157.3 万人，2016 年和 2017 年流出人口居于末位的是甘孜州，该地区的民族文化、地势偏僻、交通不便等因素不利于人口流出（见表 1、表 2）。

表1　2016年四川省流动人口流入与流出比较

地区	流入			流出			地区生产总值	
	合计（万人）	省内流入（万人）	省外流入（万人）	合计（万人）	流出省外（万人）	流出省内（万人）	总量（亿元）	排名
总计	1265.7	1140	125.7	2141	1001	1140	34752.81	—
成都市	517.16	471.41	45.75	239.49	34.07	205.42	12170.23	1
自贡市	28.85	27.57	1.28	92.36	46.56	45.8	1234.56	11
攀枝花	31.49	28.75	2.74	23.52	2.4	21.12	1014.68	14
泸州市	44.99	39.6	5.39	121.22	72.43	48.79	1481.91	6
德阳市	47.83	42.11	5.72	81.97	32.64	49.33	1752.45	3
绵阳市	79.05	68.52	10.53	156.28	72.56	83.72	1830.42	2
广元市	33.7	26.74	6.96	81.97	42.51	39.46	660.01	17
遂宁市	33.17	25.47	7.7	80.86	40.31	40.55	1008.45	15
内江市	34.79	25.99	8.8	89.86	46.23	43.63	1297.67	10
乐山市	42.84	40.26	2.58	75.23	21.26	53.97	1406.58	8
南充市	56.72	53.5	3.22	148.49	83.66	64.83	1651.40	5
眉山市	33.42	30.69	2.73	90.88	29.57	61.31	1117.23	12
宜宾市	47.3	44.19	3.11	147.84	85.24	62.6	1653.05	4
广安市	26.42	22.69	3.73	157.07	122.19	34.88	1078.62	13
达州市	55.05	51.58	3.47	191.01	129.09	61.92	1447.08	7
雅安市	16.79	15.78	1.01	21.61	3.29	18.32	545.33	18
巴中市	28.15	22.9	5.25	70.18	42.59	27.59	544.66	19
资阳市	20.65	18.55	2.1	139.91	65.99	73.92	943.44	16
阿坝州	12.05	10.58	1.47	14.91	2.81	12.1	281.32	20
甘孜州	13.12	12.72	0.4	11.22	0.21	11.01	229.80	21
凉山州	62.15	60.41	1.74	105.1	25.38	79.72	1403.92	9

表2　2017年四川省流动人口流入与流出比较

单位：万人

地区	流入			流出		
	合计	省内流入	省外流入	合计	流出省内	流出省外
总计	1286	1158	128	2156	1158	998
成都市	525.5	478.9	46.6	242.7	208.7	34
自贡市	29.3	28	1.3	92.9	46.5	46.4

续表2

地区	流入			流出		
	合计	省内流入	省外流入	合计	流出省内	流出省外
攀枝花	32.0	29.2	2.8	23.9	21.5	2.4
泸州市	45.7	40.2	5.5	121.8	49.6	72.2
德阳市	48.6	42.8	5.8	82.6	50.1	32.5
绵阳市	80.3	69.6	10.7	157.3	85	72.3
广元市	34.3	27.2	7.1	82.5	40.1	42.4
遂宁市	33.8	25.9	7.9	81.4	41.2	40.2
内江市	35.4	26.4	9	90.4	44.3	46.1
乐山市	43.5	40.9	2.6	76	54.8	21.2
南充市	57.6	54.3	3.3	149.2	65.8	83.4
眉山市	34	31.2	2.8	91.8	62.3	29.5
宜宾市	48.1	44.9	3.2	148.6	63.6	85
广安市	26.8	23	3.8	157.2	35.4	121.8
达州市	55.9	52.4	3.5	191.6	62.9	128.7
雅安市	17	16	1	21.9	18.6	3.3
巴中市	28.6	23.3	5.3	70.5	28	42.5
资阳市	20.9	18.8	2.1	140.9	75.1	65.8
阿坝州	12.2	10.7	1.5	15.1	12.3	2.8
甘孜州	13.3	12.9	0.4	11.4	11.2	0.2
凉山州	63.2	61.4	1.8	106.31	81	25.3

（二）"少子老龄"与抚养比现状及变化

1. 少儿人口占比呈增长趋势

2000—2015 年，四川 0～14 岁人口少儿系数均呈下降趋势，2015—2017 年，受 2014 年"单独两孩"和 2016 年"全面两孩"政策的影响，少儿人口数呈小幅增加趋势，2017 年年末，四川少儿人口数为 1383 万人，占总人口的 16.66%，根据人口统计学标准，一个社会 0～14 岁人口占比 15%～18% 为"严重少子化"，数据说明四川面临"严重少子化"的格局（如图 7 所示）。

分市（州）来看，2010—2017 年，除成都、自贡、泸州、德阳、绵阳、广元、内江、乐山和眉山少儿人口呈增加趋势外，其他市（州）均呈减少趋势。各地区对全省生育政策调整的反应并非一致，这与各地区的经济发展、传统习俗、生活观念等方面的差别有关（如图 8 所示）。

图7 四川省少儿人口数及占全省人口总数的比例

数据来源：《四川省 2000 年人口普查资料》《四川省 2005 年 1‰人口抽样调查资料》《四川省 2010 年人口普查资料》《四川省 2015 年 1‰人口抽样调查资料》《2017 年四川省国民经济和社会发展统计公报》。

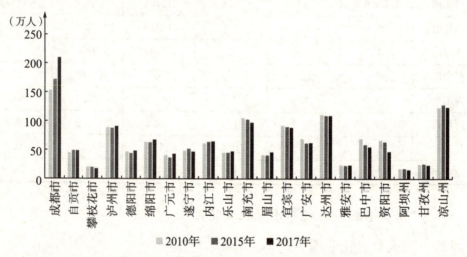

图8 四川省各市（州）少儿人口数

数据来源：《四川省 2010 年人口普查资料》《四川省 2015 年 1‰人口抽样调查资料》《2017 年四川省国民经济和社会发展统计公报》。

2. 老年人口现状及变化

（1）老年人口占比呈增长趋势，老龄化程度高

2000—2017 年，四川老年人口数以及占常住人口比例均呈增长趋势。其中，2010—2015 年老年人口增幅尤为显著，年平均增速为 4.25%。统计资料显示，2010 年人口平均年龄为 37.39 岁，其中，男性为 37.09 岁，女性为 37.70 岁，女性平均年龄较男性大 0.61 岁；年龄中位数为 37.04 岁，人口总数中有一半人口在

37.04 岁以上，并且 65 岁及以上人口有 880.55 万人，占全省人口总数的 10.95％，比全国平均水平高 2.08 个百分点。2015 年，在全国 31 个省（市、自治区）中，四川老龄人口规模仅低于山东，居全国第二位，2017 年，60 岁及以上老年人口占常住人口比例达到 21.09％，高于全国平均水平（17.3％）3.79 个百分点，四川人口老龄化问题突出（如图 9 所示）。

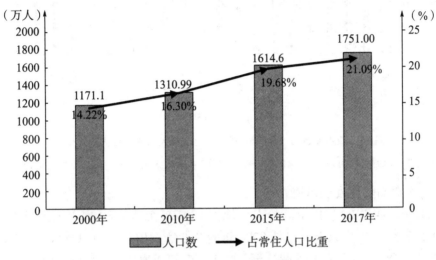

图 9　四川省老年人口变化情况

数据来源：《四川省 2000 年人口普查资料》《四川省 2010 年人口普查资料》《2015 年全国 1％人口抽样调查资料》《2017 年四川省国民经济和社会发展统计公报》。

（2）区域老龄化发展水平差异较大

分市（州）看，2017 年，60 岁及以上人口最多的是成都市，有 314.98 万人，占全省 60 岁及以上人口的 17.99％；最少的阿坝州仅有 12.97 万人，占全省 60 岁及以上人口的 0.74％。与 2000 年相比，各市（州）60 岁及以上人口数量均有所增加。老年人口增加最多的是成都市，增加最少的是阿坝州。老年人口增速最快的是攀枝花市，年均增长 4.09％，最慢的是内江市，年均增长 1.65％。按照联合国标准，一个地区 60 岁以上老人达到总人口的 10％，该地区就被视为进入老龄化社会。2000 年，只有阿坝州、甘孜州和凉山州未达该指标，2015 年以后，大部分市（州）已远超该指标，2017 年，除三州地区外，其他地区 60 岁及以上老年人口均已超过全国平均水平（17.3％），老龄化水平具有明显的地区差异（如图 10 所示）。

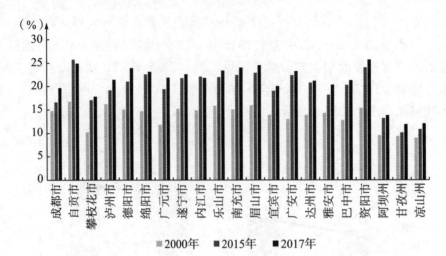

图 10　四川省各市（州）60 岁及以上老年人口占常住人口的比例

数据来源：《四川省 2000 年人口普查资料》《2017 年四川省国民经济和社会发展统计公报》。

（3）人口高龄化发展迅速

2017 年，四川 80 岁以上高龄人口规模 214.96 万人，80 岁以上人口占全省总人口的 2.59％，80 岁以上人口是 2000 年的 2.6 倍，相较于 2010 年，全省 80 岁以上人口增长 42.05％。分市（州）看，2017 年，80 岁以上人口最多的是成都市，为 39.78 万人，最少的是阿坝州，为 1.37 万人。相较于 2010 年，各市（州）80 岁以上人口数均出现增长。其中，2017 年 80 岁以上人口占比超过全省平均水平的市州有 12 个。80 岁以上人口增长幅度超过全省平均水平或持平的市州有 10 个，可见，四川人口高龄化发展迅速（如图 11 所示）。

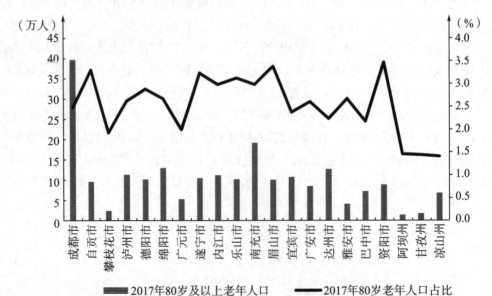

图 11　四川省各市（州）人口高龄化程度

数据来源：《2017 年四川省国民经济和社会发展统计公报》。

3. 少儿抚养比呈下降趋势，老年抚养比和总抚养比呈波动变化

2000—2015 年老年抚养比和总抚养比呈增长趋势，2015—2017 年老年抚养比和总抚养比呈下降趋势，2000—2017 年少儿抚养比保持下降趋势。2000—2010 年，劳动年龄人口总负担水平大幅度下降主要是少儿人口大幅度减少的结果，2010—2015 年劳动年龄人口总负担水平大幅度上升主要是老年人口大幅上升的结果，2015 年以后，劳动年龄人口总负担水平下降是由于少儿抚养负担和老年抚养负担均下降。虽然相较于 2015 年，2017 年四川抚养比在下降，其中，总抚养比为44.08%，少儿抚养比为 24.00%，老年抚养比为 20.08%，但 2015 年四川远超全国平均水平（总抚养比为 37%，少儿抚养比为 22.6%，老年抚养比为 14.3%），根据预测，少儿抚养比下降、老年抚养比上升将是未来四川人口年龄结构变化的基本趋势（如图 12 所示）。

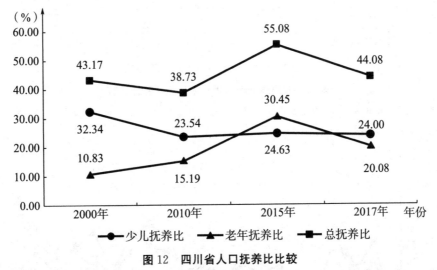

图 12　四川省人口抚养比比较

数据来源：《四川省 2000 年人口普查资料》《四川省 2010 年人口普查资料》《2015 年全国 1% 人口抽样调查资料》《2017 年四川省国民经济和社会发展统计公报》。

分市（州）看，各地区人口抚养比差异较大，且变化明显。就总抚养比而言，相较于 2010 年和 2015 年，各地区 2017 年总抚养比下降，但除成都、攀枝花、阿坝州和甘孜州外，其他地区总抚养比均处在 40% 以上的高抚养负担水平（如图 13 所示）。

就少儿抚养比而言，相较于 2010 年和 2015 年，2017 年各地区变化不尽相同，除成都外大部分地区呈下降趋势。2017 年，除成都、攀枝花、德阳和绵阳外，其他地区少儿抚养比均在 20% 以上，其中最高的凉山州已达到 38.81%，即每 100 名劳动年龄人口要负担 39 名少儿人口（如图 14 所示）。

就老年抚养比而言，较 2010 年和 2015 年，各地区 2017 年老年抚养比均呈下降趋势。2017 年，除成都、攀枝花、宜宾、雅安和三州地区，其他地区的老年抚

养比均处在 20% 以上（如图 15 所示）。

总体来说，四川各地人口负担差异较大，2017 年，各市（州）中人口总抚养比高于全省平均水平的有 11 个，少儿抚养比高于全省平均水平的有 9 个，老年抚养比高于全省平均水平的有 14 个。

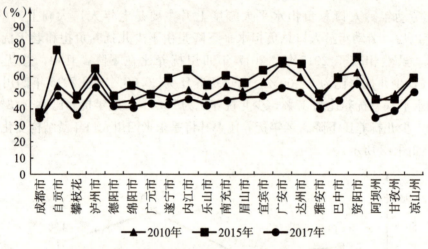

图 13　四川省分市（州）人口总抚养比比较

数据来源：《四川省 2010 年人口普查资料》《2015 年全国 1‰人口抽样调查资料》《2017 年四川省国民经济和社会发展统计公报》。

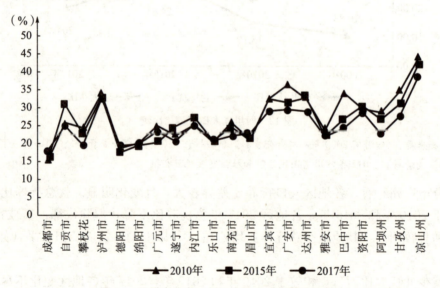

图 14　四川省分市（州）人口少儿抚养比比较

数据来源：《四川省 2010 年人口普查资料》《2015 年全国 1‰人口抽样调查资料》《2017 年四川省国民经济和社会发展统计公报》。

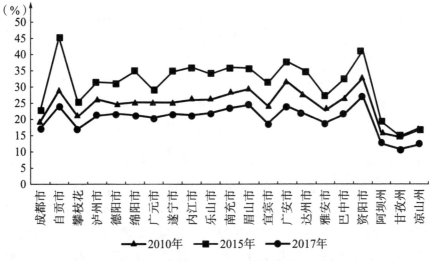

图15　四川省分市（州）人口老年抚养比比较

数据来源：《四川省2010年人口普查资料》《2015年全国1‰人口抽样调查资料》《2017年四川省国民经济和社会发展统计公报》。

（三）人口分布与空间变化

1. 各市（州）人口分布不均衡

2017年，四川人口密度为171人/平方千米，与2010年相比有所上升，高于同期全国人口密度平均水平（144人/平方千米），约为全国人口密度平均水平的1.19倍。从各市（州）的人口密度来看，相较于2010年，2017年在21个市（州）中，有3个市（州）人口密度有所下降，其余市（州）略有上升或基本与2010年持平。其中成都、自贡、遂宁和内江4市人口密度在600人/平方千米以上，成都更是高达1119人/平方千米。人口密度不足200人/平方千米的有5个市（州），其中，阿坝州和甘孜州人口密度分别为11人/平方千米和8人/平方千米，仅为成都人口密度的0.98％和0.71％。四川省内人口分布极不均衡，地区间差异较大（见表3）。

表3　四川省各市（州）人口密度比较

单位：人/平方千米

地区	2000年	2010年	2017年	地区	2000年	2010年	2017年
四川省	169	165	171	南充市	536	503	514
成都市	873	1055	1119	眉山市	449	413	417
自贡市	693	612	662	宜宾市	368	337	341
攀枝花市	147	164	167	广安市	650	506	513
泸州市	335	345	353	达州市	349	330	343
德阳市	641	612	598	雅安市	101	100	102

续表3

地区	2000 年	2010 年	2017 年	地区	2000 年	2010 年	2017 年
绵阳市	255	228	239	巴中市	268	267	270
广元市	188	152	163	资阳市	572	452	444
遂宁市	653	611	608	阿坝州	10	11	11
内江市	773	688	697	甘孜州	6	7	8
乐山市	261	254	257	凉山州	68	75	80

人口密度的结构层与地形分布有较强的对应性。由表 4 可知，第一层是人口密度大于 700 人/平方千米，第二层是人口密度大于 500 人/平方千米，都位于川西平原区和川东丘陵低山区。这一地区以平原低平地为主，交通、生产都非常便利，有利于工农业的发展，促使人口集中分布在这些地区，主要以成都、内江、自贡、遂宁等市为代表。第三层是人口密度大于 300 人/平方千米，属于川东丘陵低山区边缘地带，这一地区处于平原的边缘地带，属于过渡地带，山多、平地少，为工农业欠发达地区，主要以眉山、泸州、宜宾、达州等市为代表。第四层是人口密度大于 100 人/平方千米，属于盆周山地，以山地地形为主，以绵阳、乐山、雅安、攀枝花、广元等市为代表。第五层是人口密度小于 100 人/平方千米，位于川西南山地和川西北高原山地，这些地区海拔高，自然条件差，以凉山、甘孜州和阿坝州为代表。

其中，处于第一层和第二层的市在过去 10 年中有着较快的发展。但是，发展程度并不总和其人口密度呈正相关。如位于人口密度第四层的攀枝花是一座典型的资源开发型城市。就是这片占我国国土面积不到千分之一的土地，蕴藏着我国 61％的钒、75％的钛、多种金属和非金属矿产，以及丰富的水能、生物和光热资源。此外，攀枝花拥有典型的南亚热带干热河谷气候，旅游、农业、康养等产业也是近年来新的经济增长点。攀枝花市的城市发展水平并不比第一层的城市化水平差，但由于其位于川西南山地，地理环境较差，导致其除了城区人口密度较大外，其余地区人口都较为稀疏（见表 4）。

表 4　四川省各市（州）人口密度分层情况

	2000 年	2010 年	2017 年
第一层	成都、自贡、内江	成都、内江	成都
第二层	遂宁、广安、资阳、德阳、南充、	自贡、遂宁、德阳、南充、广安	内江、广安、遂宁、自贡、德阳、南充
第三层	眉山、泸州、宜宾、达州	泸州、宜宾、达州、眉山、资阳	资阳、泸州、宜宾、达州、眉山

续表4

	2000 年	2010 年	2017 年
第四层	绵阳、巴中、乐山、攀枝花、广元	绵阳、巴中、乐山、攀枝花、广元、雅安	绵阳、巴中、乐山、雅安、攀枝花、广元
第五层	雅安、凉山州、甘孜州、阿坝州	凉山州、甘孜州、阿坝州	凉山州、甘孜州、阿坝州

2. 城镇化率低、地区差异大

2016 年，全国城镇化率为 57.35%，四川在各省排名中居第 24 位，与前一年相比上升一位，但比全国平均水平低 8.14 个百分点。2017 年四川城镇人口为 4217 万人，占总人口的 50.79%，城镇人口第一次超过了农村人口，但与全国城镇化率相比仍然低 7.73 个百分点，与 2016 年相比，城镇化水平上升了 1.52 个百分点。与 2000 年相比，17 年间全省城镇人口增加了 2040 万人，城镇化率提高了 23.7 个百分点。

从各市（州）来看，地区间城乡分布差异悬殊。改革开放 40 年来，四川经济飞速发展，随着区域之间联系的加强以及城市规模的不断扩大，对土地的需求不断上升；城市由于经济较发达以及功能较齐全，吸引乡村人口前往城市谋生或定居，加快了城镇化率的进程，同时也造成四川不同区域城乡人口分布不均衡。2000—2017 年，四川各市（州）城镇化率呈同步上升趋势（如图 18 所示）。2017 年，成都（71.85%）、自贡（50.92%）、攀枝花（65.99%）及德阳（50.97%）城镇化率高于全省平均水平（50.79%），成都和攀枝花的城镇化率甚至远超全国水平（见表 5）。

表 5　四川省各市（州）城镇化率与全国的比较

单位：%

地区	2000 年	2010 年	2017 年	地区	2000 年	2010 年	2017 年
四川省	27.09	40.18	50.79	南充市	20.99	35.91	46.47
成都市	53.72	65.75	71.85	眉山市	18.79	34.11	44.77
自贡市	28.37	41.02	50.92	宜宾市	21.36	38.00	48.12
攀枝花市	55.94	60.10	65.99	广安市	16.64	29.07	40.24
泸州市	26.50	38.80	48.95	达州市	18.18	32.71	43.92
德阳市	31.74	41.32	50.98	雅安市	18.09	34.62	45.35
绵阳市	32.59	39.85	51.01	巴中市	12.35	29.31	40.54
广元市	24.01	32.98	43.98	资阳市	16.60	32.73	41.34
遂宁市	25.67	38.38	48.52	阿坝州	18.38	30.10	38.92
内江市	28.58	39.36	47.9	甘孜州	15.40	20.53	30.56
乐山市	26.04	39.48	50.17	凉山州	14.65	27.52	34.3
全国	36.22	49.95	58.52				

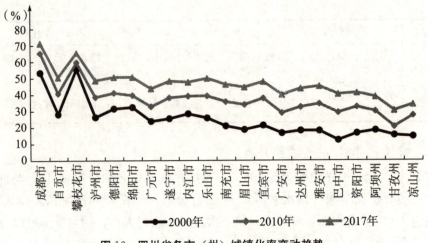

图16 四川省各市（州）城镇化率变动趋势

数据来源：《四川省2000年人口普查资料》《四川省2010年人口普查资料》《2017年四川省国民经济和社会发展统计公报》。

美国城市学者诺瑟姆1979年提出城市化过程分为三个阶段：第一阶段，城市化水平低于30%的低速初期；第二阶段，城市化水平处于30%～70%的快速发展期；第三阶段，城市化水平高于70%的缓慢发展期（如图17所示）。

2000—2017年，四川城镇化过程由第一阶段进入第二阶段，17年间城镇化率上升23.7个百分点。四川省人口基数大，农村人口比例大，城市比重落后于全国平均水平，城市化过程复杂，按照如上理论，四川处于城市化过程的第二阶段，在这一阶段，四川在蕴含着巨大的城市"红利"的同时所面临的问题也较多。一是城市规模的无序扩张，致使农业用地被严重蚕食，城市人口急剧上升导致交通拥挤等公共配套服务跟不上；另一方面是这一阶段就业结构跟不上产业结构的转变，导致结构性失业，也是工业基础大的城市发展缓慢的原因。

成都城镇化过程已经进入第三阶段，增长速度减缓，应着力深化城乡统筹发展。一般情况下，处在第三阶段的城市的第三产业大规模发展，并成为主导产业。这个时期产业结构的高级化和服务化逐渐凸显，人口的受教育程度和专业技能提高，城镇化依然保持着增长态势，城市生活质量不断增升。处于第三阶段的成都应在推进新型城镇化健康发展的基础上改革创新，在户籍管理、养老保险、基本医疗等基本公共服务方面完善城乡一体化。

除成都外，随着甘孜州和凉山州等城镇化水平的提高，全省其他各市（州）进入城镇化过程的第二阶段，城市经济全面崛起。处于第二阶段的市（州）第一产业比重不断下降，第二、三产业相继上升。这个时期打破了传统的农业社会状态，近代工业开始迅速大规模的发展，工业逐渐在经济和社会中占主导地位，人均国民收入也随之增长，大量的农村剩余劳动力向城镇迁移，城镇人口快速增加，城镇规模扩大，数量增多，应完善公共配套服务。

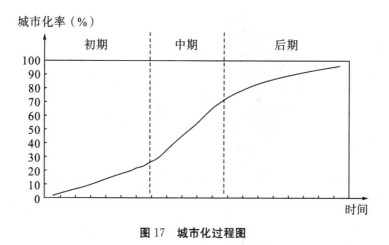

图 17　城市化过程图

3. 五大经济区人口空间变化不大

2000—2017 年，四川常住人口呈增长趋势，各经济区常住人口占总人口比例变化不大。2017 年，成都经济区占总人口比例 46%，排名第一，成都作为全省政治、经济、文化中心，直接推动了成都经济区人口的流入，呈现出人口密集等特征。川东北经济区占总人口的比例为 26%，排名次之，较 2000 年下降了 2 个百分点。川东北经济区气候较好，且蕴藏着丰富的天然气、煤、石油、石灰石等矿产资源。嘉陵江、渠江水力资源丰富，流域面积广阔，为农产品的生产加工创造了有利条件。同时，以兰渝铁路、广渝高速公路和嘉陵江航道等为依托，川东北经济区是沟通成渝经济区和川东北大门的重要通道。广元、巴中、达州是川北门户，是连接南北的咽喉，广安、南充地处成渝经济区中部，是连续成渝的战略要地。因此川东北经济区人口较多，不过由于该地区缺乏中心城市带动，对教育与经济发展产生制约，故该地区人口占比有所下降。川南经济区人口占总人口的比例为 19%，较2000 年下降 1 个百分点。川南地区处于长江流域的重要位置，在全省区域发展格局中地位十分重要。川南经济区工业基础雄厚，资源丰富，人口相对来说也较为密集。攀西经济区 2017 年人口占总人口的比例为 7%，较 2000 年上升 1 个百分点，该地区拥有丰富的矿产资源，近 15 年大量发展工业，劳动力需求较大，人口规模增加，随着该地区潜在资源存量的下降，人口规模将呈下降趋势。川西北地区2017 年人口占总人口的比例为 2%，与 2000 年持平（如图18、图 19 所示）。川西北经济区有着闻名世界的九寨沟和美丽的纳木错，但该地区生态环境较为脆弱，且大部分为限制开发区及禁止开放区，经济发展受限。

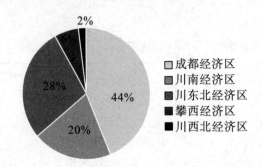

图 18　2000 年四川省各经济区常住人口占总人口的比例

数据来源：《四川省 2000 年人口普查资料》。

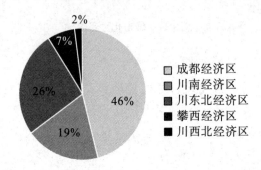

图 19　2017 年四川省各经济区常住人口占总人口的比例

数据来源：《2017 年四川省国民经济和社会发展统计公报》。

（四）劳动力供给现状及变化

1. 劳动年龄老化特点逐渐显现

劳动年龄人口是社会总人口中处于劳动年龄范围内的人口。一个人的劳动能力从 15 岁开始迅速上升，到 20～24 岁上升速度开始减缓，在 30～34 岁达到高峰并一直保持稳定到 45 岁，45 岁之后逐渐随年龄的不断增加而降低，降低的速度随着年龄的增大而加快。我们将劳动年龄人口简单地划分为三类，15～24 岁为低龄劳动年龄人口，25～44 岁为中龄劳动年龄人口，45～59 岁为高龄劳动年龄人口。从图 20 可以看出，2000—2017 年，全省各年龄段劳动年龄人口所占总劳动年龄人口比例有明显的变化，其中，低龄和中龄都呈减少趋势，分别减少 179 万人和 236 万人；高龄呈增长趋势，17 年间共增加 315 万人，年均增长 1.83%。数据说明，全省的劳动年龄人口内部老化明显。

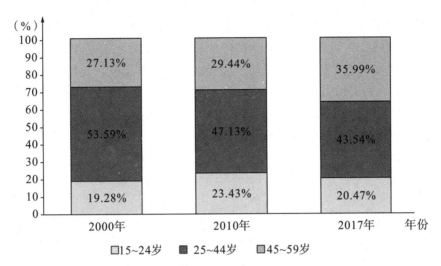

图 20　四川省劳动力人口年龄段分布

数据来源：《四川省 2000 年人口普查资料》《四川省 2010 年人口普查资料》《2017 年四川省国民经济和社会发展统计公报》。

2. 农村劳动年龄人口数量大幅下降，刘易斯拐点临近

刘易斯拐点即劳动力过剩向短缺的转折点，是指在工业化过程中，随着农村富余劳动力向非农产业的逐步转移，农村富余劳动力逐渐减少，最终枯竭。刘易斯认为，在一国发展初期存在二元经济结构：一个是以传统生产方式生产的"维持生计"部门（以传统农业部门为代表）；一个是以现代生产方式生产的"资本主义"部门（以工业部门和城市为代表）。农业部门人口多、增长快。由于边际生产率递减规律，农业部门出现大量劳动力剩余，存在着隐性失业。此时，只要工业部门能够提供稍大于维持农村人口最低生活水平的既定工资，就将有大量农业部门劳动力涌入工业部门，为工业部门的扩张提供无限的劳动力供给。由于在既定工资水平上，劳动力的供给是无限的，工业部门在实际工资不变的情况下将所获得利润转化为再投资，将规模不断扩大直到将农村剩余劳动力全部吸收完，这个时候工资便出现了由水平运动到陡峭上升的转变，经济学上称之为"刘易斯拐点"。

刘易斯拐点的检验标准主要有两条：一是数量标准，即农业剩余劳动力趋于枯竭，剩余劳动力被界定为边际产出等于零的农业劳动力；二是价格标准，即现代部门的实际工资水平显著上升。刘易斯拐点对于发展中国家（或二元经济）的经济发展具有重要的指导意义。我国改革开放以来的经济发展符合对刘易斯拐点到来之前的理论描述。根据"五普""六普"资料，四川劳动力的供求关系已经发生了深刻的变化，刘易斯拐点临近，这将"倒逼"经济结构加快调整步伐。劳动力供给的不足会直接引起劳动密集型产业朝技术密集型产业转变，有利于技术创新，加快产业升级转型。

由表 6 可知，随着农村劳动年龄人口不断向城镇转移，四川农村劳动年龄人口

从 2000 年年末的 3564.50 万人下降到了 2016 年年末的 3257.00 万人，年均减少 19.22 万人。由图 21 可以看出四川农村劳动年龄人口数量呈下降趋势。但截至 2017 年，四川城镇化率仅为 50.79％，还有很大的提升空间，这意味着将会有更多的农村剩余劳动力进入城市（见表 6、图 21）。和老一辈农民工相比，新生代农民工的教育水平和能力素质都有明显提升，这使他们能从事更有技术含量的工作，以此延长职业生涯，增加劳动力供给。

表 6　2000—2016 年四川省农村劳动力资源变化情况

年份	乡村就业人员（万人）	比上年增减量（万人）	比上年增减幅度（％）
2000	3564.50	−2.50	−0.07
2001	3556.20	−8.30	−0.23
2002	3542.00	−14.20	−0.40
2003	3516.60	−25.40	−0.72
2004	3481.80	−34.80	−0.99
2005	3473.10	−8.70	−0.25
2006	3452.30	−20.80	−0.60
2007	3432.70	−19.60	−0.57
2008	3430.00	−2.70	−0.08
2009	3410.76	−19.24	−0.56
2010	3390.63	−20.13	−0.59
2011	3368.00	−22.63	−0.67
2012	3343.30	−24.70	−0.73
2013	3324.30	−19.00	−0.57
2014	3302.00	−22.30	−0.67
2015	3281.99	−20.01	−0.61
2016	3257.00	−24.99	−0.76

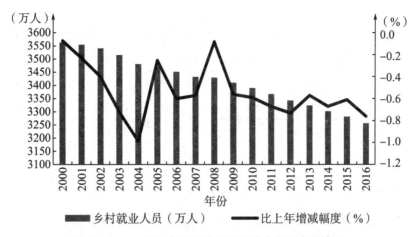

图 21　2000—2016 年四川省农村劳动力资源变化情况

数据来源：《四川统计年鉴 2017》。

　　尽管农业部门劳动生产率不断提高，但由于农村劳动力持续向城市流入，农业部门剩余劳动力逐渐减少，在产业结构中农业部门比重持续降低，同时制造业及服务业比重持续上升。由表 7 可知，2000—2016 年，四川第一产业就业人口大幅减少，同时第二、三产业就业人口呈逐年递增趋势。第一产业就业人口从曾经占主导地位到如今与第三产业就业人口数基本持平。2016 年，全国第三产业人口占总就业人口的 43.5%，比四川高出 10 个百分点，第三产业已成为吸纳就业的绝对主力。刘易斯拐点的到来要求四川加速产业结构升级的步伐，调整第二产业内部战略布局，加大第三产业发展，使就业人口比例日益增加的第三产业吸纳更多的劳动力，从而促进经济结构和产业结构的调整优化，为经济稳定发展和就业稳定增长做出重要贡献。

表 7　2000—2016 年四川省农村劳动力资源数量变化情况

年份	就业人员（万人）	第一产业（万人）	占比（%）	第三产业（万人）	占比（%）	第三产业（万人）	占比（%）
2000	4658.40	2643.35	56.70	871.12	18.70	1143.93	24.60
2001	4664.80	2595.84	55.60	867.65	18.60	1201.31	25.80
2002	4667.60	2517.48	53.90	896.18	19.20	1253.94	26.90
2003	4683.50	2482.80	53.00	906.70	19.40	1294.00	27.60
2004	4691.00	2445.70	52.20	916.00	19.50	1329.30	28.30
2005	4702.00	2421.50	51.50	926.30	19.70	1354.20	28.80
2006	4715.00	2306.90	48.90	946.00	20.10	1462.10	31.00
2007	4731.10	2266.22	47.90	1065.71	22.50	1399.15	29.60
2008	4740.00	2186.18	46.10	1108.32	23.40	1445.50	30.50

续表7

年份	就业人员（万人）	第一产业（万人）	占比（%）	第三产业（万人）	占比（%）	第三产业（万人）	占比（%）
2009	4756.62	2144.13	45.10	1141.59	24.00	1470.90	30.90
2010	4772.53	2083.20	43.70	1188.82	24.90	1500.51	31.40
2011	4785.47	2043.36	42.70	1210.78	25.30	1531.33	32.00
2012	4798.30	1991.30	41.50	1233.18	25.70	1573.83	32.80
2013	4817.31	1955.79	40.60	1254.51	26.00	1607.01	33.40
2014	4833.00	1909.00	39.50	1275.90	26.40	1648.10	34.10
2015	4847.01	1870.91	38.50	1289.31	26.60	1686.79	34.80
2016	4860.00	1827.40	37.60	1302.50	26.80	1730.10	35.60

数据来源：《四川统计年鉴2017》。

二、四川人口中长期发展预测

（一）预测模型的确定

本文采用年龄移算法预测模型对四川2018—2050年的人口发展进行预测。年龄移算法是指以各个年龄组的实际人口数为基数，按照一定的存活率进行逐年递推来预测人口的方法。它是一种最基本的人口预测方法，也是一种被借鉴、应用较多的人口预测模型，大部分人口预测模型都是建立在以年龄移算法原理为基础的模型之上的。年龄移算法的重要原理是将人口看作时间的函数。其公式如下：

$$P_{x+1,t+1} = P_{x,t} \times l_x \times M_x$$

式中，$P_{x+1,t+1}$ 为预测年度 $x+1$ 岁的人口数；$P_{x,t}$ 为预测基年 x 岁的实际人口数；l_x 为 x 岁人口存活率；M_x 为 x 岁流动人口净流动率。

预测模型中的初始年份分年龄人口数采用《2015年全国1‰人口抽样调查资料》推算所得，预测按男、女两性人口分别进行。

（二）参数的确定

1. 生育参数的确定

生育参数确定为育龄妇女总和生育率。总和生育率是分析研究平均每个妇女一生中生育了多少个小孩数的指标，它是各年龄别生育率相加之和。总和生育率不受人口年龄结构和育龄妇女年龄结构的影响，用其作为参数预测人口出生规模有较好的代表性。由于生育参数是预测模型中的重要参数之一，是直接关系到预测控制目标与预测结果的一个重要变量，所以对实际生育率水平的把握是预测的关键。

本文为了更准确地预测未来四川人口数量及其结构变化趋势，假设出低、中、高三种总和生育率方案，并分别在三种总和生育率的假设下预测四川人口变化趋势。综合考虑四川人口发展实际，提出以下关于四川总和生育率的四种方案的假设。

低方案：假设保持较为严格的计划生育政策，总和生育率至 2050 年保持目前的 1.55 水平不变。

中方案一和中方案二：假设"全面两孩"政策效果不太明显，生育率水平有所上升但是上升幅度不大，并考虑 2016 年、2017 年总和生育率为 1.59 和 1.72 的事实，中方案一和二总和生育率分别确定为 1.65 和 1.75，并保持这个水平不变。

高方案：假设随着四川社会经济水平的提高，以及 2015 年"全面两孩"政策带来的政策鼓励甚至未来一段时期全面放开生育，生育意愿随着家庭收入增加而增强，育龄妇女生育水平提高，总和生育率水平达到更替水平 2.10，并保持这个水平不变。

2. 死亡参数的确定

根据 2010 年人口普查资料，四川人口死亡率已处于较低水平。自 2000 年以来，四川人口死亡率大多保持在 7‰ 以内，死亡模式也没有大的变化，死亡率的降低基本没有太多的空间。因此，预测模型将 2010 年人口普查的年龄别死亡数据作为今后相应年度的死亡水平，并至 2050 年保持不变。

3. 迁移、流动参数的确定

《2015 年全国 1% 人口抽样调查资料》显示，在四川省全省户籍人口中，流出省外半年以上的人口存量为 1028 万人，比 2010 年减少 22 万人，减少 0.27%，年均减少 0.05%；省外流入四川的人口存量 132.08 万人，比 2010 年增加 19.23 万人，增长 0.21 个百分点，年均增长 0.05%。流出省外存量人口减少的主要原因一是近年来流出省外人口减少，二是外出人口回流。流出省外人口减少与省外流入人口增加都会增加四川省常住人口数量，因此，将两者相加作为人口流动的预测参数。根据《2015 年全国 1% 人口抽样调查资料》计算，居住在全国 30 个省、市、区由四川流入的半年及以上存量人口达 13.16 万人，占加权后的调查人口总数的 10.30%，比 2010 年第六次全国人口普查低 2.76 个百分点，年平均下降 0.46 个百分点。综上所述，考虑到抽样误差等因素对人口流动率计算的影响，将常住人口预测的流动人口参数确定为 0.1%～0.3%。流动人口年龄结构以 2010 年第六次全国人口普查流出省外人口和省外流入人口的年龄结构为基础，结合《2015 年全国 1% 人口抽样调查资料》推算所得。

三、常住人口中长期发展趋势预测

（一）总量预测

根据国际学术界对低生育水平的分类，将总和生育率降到更替水平（TFR＝2.1）以下时，称作低生育率。其中，当总和生育率进一步下降到 1.5 以下时，称作很低生育率；当总和生育率降到 1.3 以下时，称作最低或极低生育率。Shirbekk 和 Lutz（2005）提出的"低生育率陷阱"理论认为，当总和生育率降低到 1.5 以后，生育率会自我强化，如同掉入陷阱，扭转生育率下降趋势将会变得很困难甚至不可能，根据《四川省 2000 年人口普查资料》《四川省 2010 年人口普查资料》以及四川省统计局的数据，四川省 2000 年、2010 年和 2015 年的总和生育率分别为 1.23、1.075 和 1.41，受计划生育政策的影响，2000—2010 年四川省的总和生育率处于极低状态，但自 2014 年四川省实行"单独两孩"政策后，总和生育率有所提高，并随着 2016 年"全面两孩"政策的实施，在一定程度上进一步影响了总和生育率的波动。《四川省"十三五"人口发展规划》明确提出，至 2020 年四川省"全面两孩"政策效应充分释放，并设定 2020 年四川省总和生育率为 1.65 的目标。但除了生育政策外，还有诸多因素会影响人们的生育观念，所以，我们设定三种方案来预测 2017—2055 年四川省的人口变化，其中低方案（TFR＝1.55）是基于 2015 年 1.41 总和生育率略有增长而设，中方案（TFR＝1.65/1.75）是基于城镇化和"全面两孩"政策的影响而设，高方案（TFR＝2.1）则基于维持下一代人口与上一代数量上持平所需而设。

从预测结果来看，四川省常住人口在 2017—2055 年呈现先增加后减少的趋势。在三种预测方案中总和生育率的分布为 1.55～2.1，在这种低生育水平时期，人口增长放缓，持续的人口增长主要归因于人口惯性。具体预测结果如下：

1. 低方案（TFR＝1.55）

根据低方案预测，2026 年是四川省常住人口变化的一个"拐点"，即在 2026 年四川省常住人口总数将达到峰值。常住人口将由 2017 年的 8302 万人增加至 2026 年的 8540.94 万人，2026 年比 2017 年增加 238.94 万人，年均增速 0.32％，2026 年后常住人口开始减少，到 2055 年减少至 7351.83 万人，比 2026 年减少 1189.12 万人，年均下降 0.52％。2025 年和 2028 年分别是男性与女性常住人口变化的"拐点"。其中，男性常住人口由 2017 年的 4158.26 万人增加至 2025 年的 4257.25 万人，增加 98.99 万人，年均增速 0.29％，2025 年后男性常住人口开始减少，减少至 2055 年的 3616.35 万人，共减少 640.90 万人，年均减少 0.54％；女性常住人口由 2017 年的 4143.74 万人增加至 2028 年的 4289.31 万人，增加 145.57 万人，年均增速为 0.31％，2028 年后女性常住人口数开始减少，减少至 2055 年的 3735.48

万人，比 2028 年减少 553.83 万人，年均下降 0.51％（如图 22 所示）。

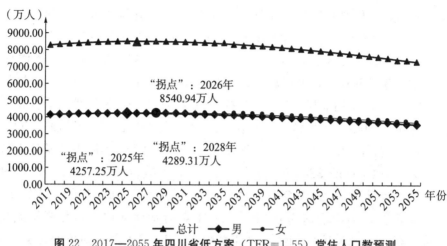

图 22　2017—2055 年四川省低方案（TFR＝1.55）常住人口数预测

2. 中方案一（TFR＝1.65）

根据中方案（TFR＝1.65）预测，2027 年是四川省常住人口变化的"拐点"，即在 2027 年四川省常住人口总数将达到峰值。常住人口将由 2017 年的 8302.00 万人增加至 2027 年的 8590.58 万人，增加 288.58 万人，年均增速 0.34％，2027 年后常住人口开始减少，到 2055 年减少至 7569.64 万人，减少 1020.94 万人，年均下降 0.45％。2026 年和 2030 年分别是男性与女性常住人口变化的"拐点"。其中，男性常住人口由 2017 年的 4158.26 万人增加至 2026 年的 4276.27 万人，增加 118.01 万人，年均增速 0.31％，2026 年后男性常住人口开始减少，到 2055 年减少至 3727.99 万人，减少 548.28 万人，年均下降 0.47％；女性常住人口由 2017 年的 4143.74 万人增加至 2030 年的 4320.57 万人，增加 176.83 万人，年均增速 0.32％，2030 年后女性常住人口开始减少，到 2055 年减少至 3841.65 万人，减少 478.92 万人，年均下降 0.47％（如图 23 所示）。

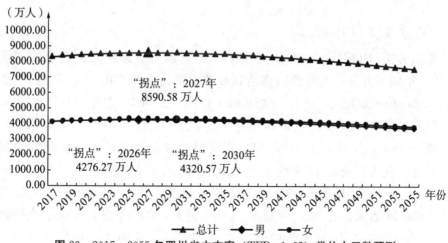

图 23　2017—2055 年四川省中方案（TFR＝1.65）常住人口数预测

3. 中方案二（TFR=1.75）

根据中方案（TFR=1.75）预测，2029 年是四川省常住人口变化的"拐点"，即在 2029 年四川省常住人口总数将达到峰值。常住人口将由 2017 年的 8302.00 万人增加到 2029 年的 8662.45 万人，比 2017 年增加 360.45 万人，年均增速为 0.35％，2029 年后常住人口开始减少，到 2055 年减少至 7812.41 万人，比 2029 年减少 850.04 万人，年均下降 0.4％。2027 年和 2031 年分别是男性与女性常住人口变化的"拐点"。其中，男性常住人口由 2017 年的 4683.10 万人增加至 2027 年的 4306.99 万人，增加 148.73 万人，年均增速 0.35％，2027 年后男性常住人口开始减少，减少至 2055 年的 3849.11 万人，比 2027 年减少 457.88 万人，年均下降 0.4％；女性常住人口由 2017 年的 4143.74 万人增加至 2031 年的 4361.40 万人，增加 217.66 万人，年均增速为 0.37％，2031 年后女性常住人口数开始减少，到 2055 年减少至 3963.30 万人，比 2031 年减少 398.10 万人，年均减少 0.4％（如图 24 所示）。

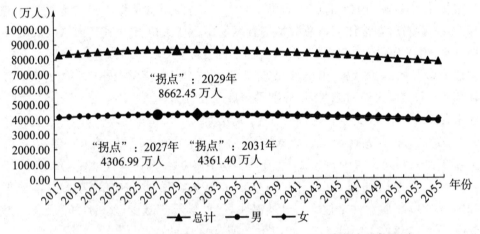

图 24　2017—2055 年四川省中方案（TFR=1.75）常住人口数预测

4. 高方案（TFR=2.1）

根据高方案（TFR＝2.1）预测，2034 年是四川省常住人口变化的"拐点"，即在 2034 年四川省常住人口总数将达到峰值。常住人口将由 2017 年的 8302 万人增加到 2034 年的 8912.18 万人，增加 610.18 万人，年均增速 0.42％，2034 年后常住人口开始减少，到 2055 年减少至 8612.13 万人，比 2034 年减少 300.05 万人，年均下降 0.16％。2033 年和 2035 年分别是男性和女性常住人口变化的"拐点"。其中，男性常住人口由 2017 年的 4158.26 万人增加至 2033 年的 4424.77 万人，增加 266.51 万人，年均增速 0.39％，2033 年后男性常住人口开始减少，到 2055 年减少至 4264.91 万人，比 2033 年减少 159.86 万人，年均下降 0.17％；女性常住人口由 2017 年的 4143.74 万人增加至 2035 年的 4490.27 万人，增加 346.53 万人，年均增速 0.45％，2035 年后女性常住人口开始减少，到 2055 年减少至 4347.22 万人，比 2035 年减少 143.05 万人，年均下降 0.16％（如图 25 所示）。

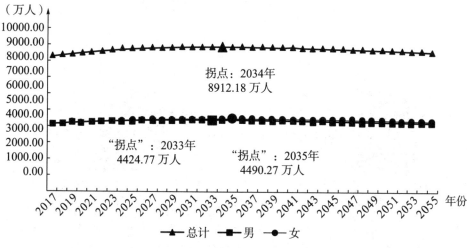

图 25　2017—2055 年四川省高方案（TFR＝2.1）常住人口数预测

（二）年龄结构预测

自 20 世纪起，人口老龄化已逐步成为全球性的趋势。按照国际上公认的标准，如果一个国家或地区 60 岁以上的人口比重超过 10％或者 65 岁以上人口的比重超过 7％，那么这个国家或地区就步入了人口老龄化社会。进入 21 世纪，人口老龄化已成为世界人口发展的主要特征，我国作为"未富先老"的发展中大国，当前正处于人口老龄化程度不断加深的时期。四川省是我国的人口大省，根据 2010 年第六次全国人口普查数据，全省常住人口总量已达 8042 万人，位居全国第五。同时期人口老龄化水平也相当高，第六次全国人口普查时，四川省 60 岁以上的老年人占总人口的比重为 16.3％，65 岁以上老年人占总人口的比重为 10.95％，分别高于全国平均水平 2.98 和 2.75 个百分点，仅次于重庆市的 17.42％和 11.72％，位居全国第二位。从发展速度来看，2000—2010 年，四川省 60 岁及以上老年人口比重上升了 5.39 个百分点，65 岁以上老年人口比重上升了 3.71 个百分点，而这一时期全国这两个指标的平均值分别为 3.12％和 1.96％。可见，四川省人口老龄化发展速度高于全国平均水平。

根据人口年龄移算模型的预测，四川省 2017—2055 年常住人口年龄结构如图 26 所绘制的人口年龄结构金字塔所示。从中方案一（TFR＝1.65）的预测模型中可以看出，2017 年四川省人口年龄结构呈明显的衰退型，该类型少年儿童所占比重缩小及老年人口比重增加，是出生率长期下降的结果。如果生育水平不变，未来人口发展会呈现负增长趋势，人口老龄化问题会日益严重。在该衰退型的人口年龄结构中，40～50 岁人口占总人口比重远超其他年龄段，这正是 1962—1970 年我国第二次人口生育高峰所导致的结果。从图 26 中可以看出，2017　2055 年，随着这

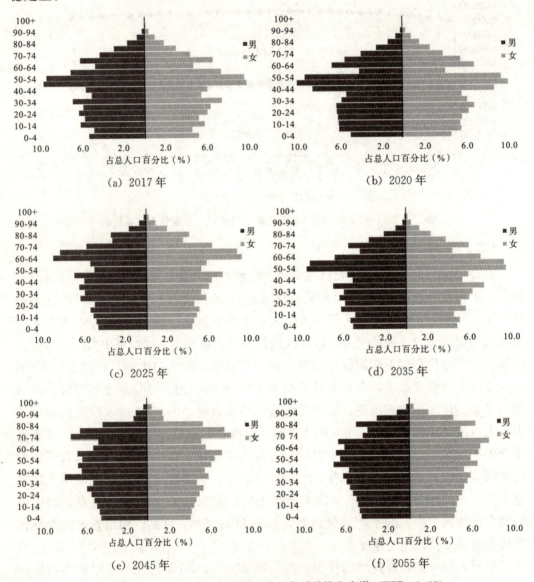

一代人逐渐老去，四川省将遇到前所未有的人口老龄化压力。但同时，随着"全面两孩"政策的实施，累积的生育势能将得到一定程度的释放，到 2055 年，各年龄组人口占总人口比重将逐渐趋于均衡，出生率和死亡率日趋接近，人口年龄结构呈稳定型。

图 26　2017—2055 年四川省常住人口年龄结构金字塔（TFR=1.65）

2017 年，四川省常住人口共计 8302 万人，与 2016 年相比增加 26 万人，增长 0.31%。其中少儿人口（0～14 岁）为 1358 万人，占总人口的比重为 16.36%；劳动年龄人口（15～64 岁）为 5740 万人，占总人口的比重为 69.14%；老年人口（65 岁及以上）为 1203 万人，占总人口的比重为 14.5%。根据人口年龄移算模型的预测，四川省 2018—2055 年少儿人口、劳动年龄人口及老年人口比例如图 27

所示。

随着出生于第二次人口生育高峰时期的一代人逐渐老去，四川省人口老龄化问题将日益严峻。由总和生育率 TFR＝1.65 的预测结果可知，从 2017 年起，四川省老年人口（65 岁及其以上）逐年增加，至 2041 年到达峰值 2375 万人，此后呈逐渐减少趋势，2055 年降至 2084 万人。老龄人口上升的同时，劳动年龄人口逐渐减少，至 2041 年达到最低值 4784 万人，此后呈波动增加趋势。少儿人口与劳动年龄人口及老年人口相比发展较为平稳，2017—2055 年一直保持在 13％～16％水平并有小幅下降趋势。

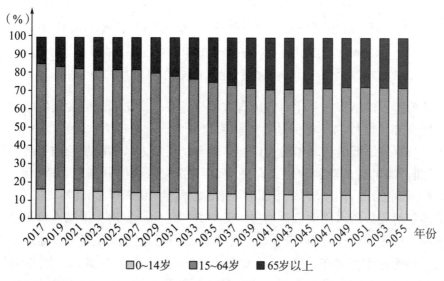

图 27　2017—2055 年四川省常住人口年龄结构预测（TFR＝1.65）

在人口抚养比方面，从 2017 年起，老年抚养比和总抚养比呈逐年上升趋势，2041 年达到峰值。老年抚养比由 2017 年的 20.97％上升至 2041 年的 49.22％，年均增长 1.18 个百分点，总抚养比由 2017 年的 44.63％上升至 2041 年的 73.57％，年均增长 1.2 个百分点。这意味着四川省在 2017—2041 年的 20 多年间，社会的养老负担从 5 个劳动力赡养 1 个老人发展到 2 个劳动力赡养 1 个老人。老年人口的增加和老年抚养比的上升直接加大了家庭养老的负担。在家庭收入增加缓慢的情况下，会直接导致家庭生活水平的下降。另外，老年人口规模的快速扩大也会加大政府的财政负担。预测结果显示，这种高人口抚养比造成的负担将在 2041 年后有所缓解，直至 2055 年老年抚养比将稳定在 46％左右，总抚养比将基本稳定在 69％左右（如图 28 所示）。

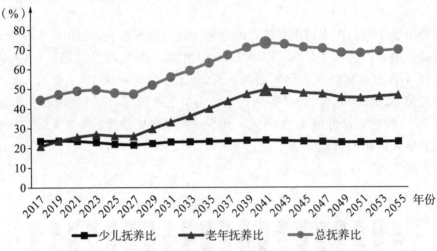

图28　2017—2055年四川省常住人口抚养比预测（TFR＝1.65）

　　各年龄组人口结构的变化对四川省政治、经济、文化和地区发展的影响是系统性、结构性和长期性的。将劳动力年龄人口分为15～24岁、25～44岁和45～64岁三组，分别表示低龄劳动年龄人口、中龄劳动年龄人口和高龄劳动年龄人口。由图29可知，四川省低龄、中龄、高龄劳动年龄人口结构分别从2000年的31％、38％、30％到2010年的37％、33％、32％，再到2017年的32％、30％、38％，高龄劳动年龄人口所占比例日益增加，劳动力老化问题突出。根据人口年龄移算模型的预测，如图30所示，2017—2027年，劳动力老化问题将进一步加重，高龄劳动年龄人口所占比重将在2027年达到最大值，为47.04％。此后，随着出生于第二次生育高峰时期的一代人退出劳动力市场，以及四川省人口年龄结构日渐均衡，到2055年四川省高龄劳动年龄人口将稳定在17％左右。中龄劳动年龄人口2017—2055年在38％的水平上下波动，于2039年达到峰值，占总人口的40.62％。低龄劳动年龄人口则始终在16％～17％上下波动，基本处于稳定状态。由此可见，在过去20年中，四川省的劳动年龄人口有明显的老化趋势，但根据现有模型的预测，在未来40年间，随着人口结构代际均衡的逐步实现，劳动年龄人口年龄结构将持续保持稳定。

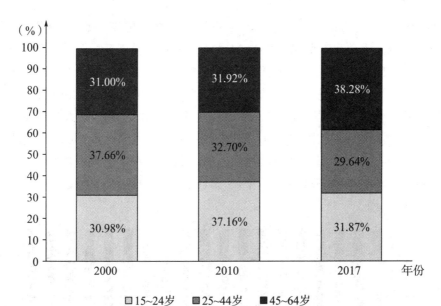

图 29　四川省 2000 年、2010 年、2017 年劳动年龄人口结构

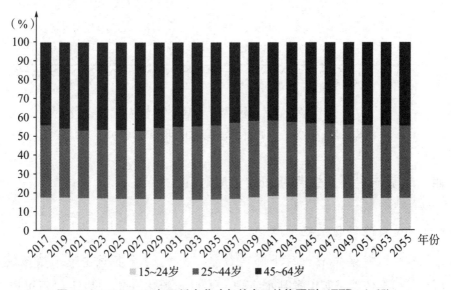

图 30　2017—2055 年四川省劳动年龄人口结构预测（TFR＝1.65）

按照国际标准，我国一般把老年人口分为低、中、高龄三组，其中 60～69 岁的人称为低龄老年人，70～79 岁的人称为中龄老年人，80 岁以上的人称为高龄老年人。2017 年，四川省低、中、高龄老人分别占老年人总数的 58％、30％、12％。随着经济的发展、医疗水平的提高以及医疗保健制度的不断完善，老年人寿命随之延长，高龄老人数量逐渐增加。据预测，随着人口老龄化进程的加快，2017—2055 年高龄老人的数量将持续增长，到 2055 年，高龄老年人所占老年人总数的比重将达到 33％，年均增速 0.55％。然而，期望寿命的延长并不意味着健康老龄化，与

人均寿命延长及不健康的生活方式密切相关的慢性非传染性疾病的患病率明显上升，如高龄老人主要患有骨科疾病、中风、白内障、老年痴呆及心脏病等，这使高龄老年人口的健康成为人口老龄化社会的一大挑战。如图 31 所示，2017—2055 年中、低龄老年人的数量一直呈波动状态，但其总量在不断减少。在低龄老年人群体中，有一部分（60～64 岁）仍处于劳动年龄阶段，作为生产性人口的他们仍可为自己的晚年生活做一定的财富积累，剩余的低龄老年人虽已退出劳动力市场但并未丧失劳动能力，对此我们应该探索弹性的退休制度，对于达到退休年龄但又有继续工作意愿的劳动者，允许其继续工作，为其继续发挥自身才干创造条件。

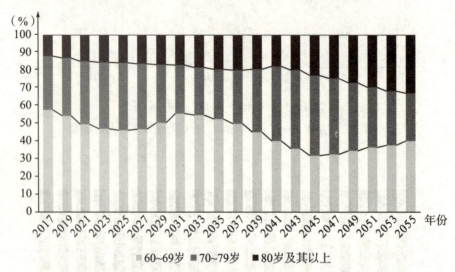

图 31   2017—2055 年四川省老年人口结构预测（TFR＝1.65）

四、趋势与主要问题判断和政策应对

（一）发展趋势与主要问题

1. 总人口规模先增长后下降，数量与结构的双重变化带来诸多挑战

（1）人口多依然是四川省基本省情，人口老龄化（65 岁以上）不可避免。发达国家生育率的变化规律表明，随着经济社会的不断发展，生育率水平不断降低是不可避免的趋势，结合全国各地区"全面两孩"政策的实施效果，低生育率水平将持续下去。从未来 15 年看，如"全面两孩"配套政策能不断完善，以总和生育率为 1.65 进行预测，人口规模大仍是四川基本省情，其次人口老龄化水平的不断加重是四川未来发展中必须面临的重大人口问题之一，到 2030 年、2055 年，全省老年人口总规模将达到 1779.9 万人、2085.7 万人。

（2）人口数量与空间结构变化需要前瞻性的公共服务发展战略。预测结果显示，四川省常住人口和户籍人口将呈"先增长后下降"的趋势，全省常住人口和户籍人口将在 5 至 10 年内达到峰值。综合考虑人口城镇化、人口流动迁移的影响，随着人口规模的下降以及人口年龄结构、人口空间布局的发展变化，作为以满足人的发展需求所推动的公共服务体系也应作出前瞻性、战略性的战略布局与优化，避免区域公共服务设施闲置与不足等问题的出现。

2. 高龄老年化问题不断加重，社会养老能力将面临较大考验

表 8　四川省 2017—2055 年老年人口数量和老年人口抚养比

年份	老年人口数（万人）	老年人抚养比（%）
2017	1203	20.97
2018	1275	22.25
2019	1346	23.47
2020	1411	24.42
2021	1458	25.29
2022	1514	26.21
2023	1570	27.45
2024	1565	27.79
2025	1553	27.30
2026	1530	26.76
2027	1549	26.93
2028	1641	28.50
2029	1713	30.48
2030	1780	32.09
2031	1848	33.83
2032	1895	35.05
2033	1974	36.67
2034	2035	38.20
2035	2109	39.92
2036	2174	41.54
2037	2236	43.03
2038	2290	44.36
2039	2341	45.65
2040	2377	46.86
2041	2393	47.46
2042	2383	47.64

续表8

年份	老年人口数（万人）	老年人抚养比（%）
2043	2354	47.16
2044	2326	46.24
2045	2288	45.32
2046	2262	44.76
2047	2244	44.63
2048	2202	43.93
2049	2155	42.66
2050	2121	41.85
2051	2116	41.79
2052	2122	41.90
2053	2105	41.85
2054	2091	41.75
2055	2086	41.77

由表8可以看出，一是老年人口数量持续增长，老年抚养比不断攀升。2017年，四川省老龄人口规模居全国第二，省内60岁及以上老年人口占比高于全国3.79个百分点，老龄化趋势愈加严峻。预测结果显示，从2017年起，老年抚养比和总抚养比呈逐年上升趋势，预计于2041年达到峰值。老年抚养比由2017年的20.97上升至2041年的49.22。老年抚养比上升，养老保障金的压力将进一步增加，特别对于人口净流出区域，社保缺口问题将更为突出。

二是老年高龄化问题逐步凸显，老年照护需求问题凸显。2017年，省内高龄老人（80岁及以上人口）为214.96万人，占65岁及以上老年人口的12.28%。根据预测，高龄老人数量呈逐年上升趋势，到2025年、2035年，全省高龄老人数量将快速上升至333.32万人、555.71万人，老年人口的比重上升至21.46%、26.35%。老龄化比重上升，特别是高龄老人数量的增加，老年照护需求将随之增长，而在绝大多数区域特别是农村地区，老年照护将成为人口发展中的重要难题。

3. 人口转型与生育新政形成双重影响，卫计与教育保障服务面临较大挑战

（1）妇幼保健需求激增，存在结构性紧缺问题。2010年、2015年，全省0～3岁婴幼儿人口岁数量分别为337.83万人和320.37万人，随着"单独两孩"政策、"全面两孩"政策的相继实施，预计到2020年，全省0～3岁婴幼儿数量为359.73万人（如图32所示）。近年来，生育政策调整使得积累的再生育需求集中释放，现有妇幼保健等卫生计生服务资源需求急剧增加，给妇幼保健服务体系带来了极大的

压力，大城市一床难求的局面已经出现。近年来随着妇幼保健机构的新建和改扩建，使妇幼保健硬件能力得到较快增长，但母婴医疗保健服务的医护人才队伍不足问题更加突出，产科、儿科医师、助产士等人才短缺问题明显。特别是高龄孕产妇显著增加，对妇幼保健医疗服务的能力要求更高。如 2017 年四川省全省育龄妇女中 35 岁及以上的人数占 49.7%，符合"全面两孩"政策目标人群中 40 岁以上占一半，"全面两孩"政策让 40 岁左右的人群抓到了最后一次机会。在高龄、高危孕产妇增多的形势下，母婴安全和出生缺陷发生的风险加大，发生孕产期并发症的风险增大，救治危重孕产妇对医疗服务水平和急救能力提出了挑战。

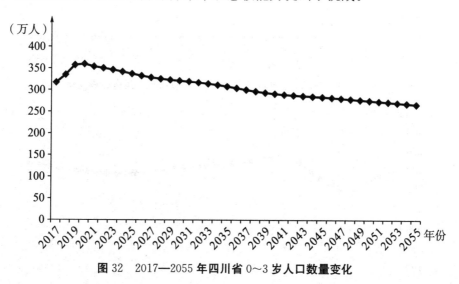

图 32　2017—2055 年四川省 0～3 岁人口数量变化

（2）生育保险需求不断扩大，保险基金供需不平衡问题显现。根据人力资源社会保障部、财政部联合印发的《关于适当降低生育保险费率的通知》，生育保险费率下调至 0.5%，生育保险基金缴费比例有一定下降。"全面两孩"政策实施后，积压的再生育需求集中释放，生育保险基金收支平衡压力加大，目前省内大多数市州生育保险基金支付能力不足问题开始加重。另外，"全面两孩"政策实施后，根据《四川省人口与计划生育条例》，延长生育假 60 天，但延长假期并未纳入生育保险覆盖，矛盾较为突出，根据国家完善"全面两孩"配套政策的要求，如果实现生育假的全覆盖，保险基金供需不平衡问题将更加突出。

（3）适龄中小学人口波动下降，公共教育均衡配置面临较大考验。从中长期来看，学龄人口呈波动下降趋势，教育资源合理配置将面临重大挑战。根据预测，2025 年之后，义务教育阶段的学龄人口将稳中趋降并持续呈下滑趋势。以 3～5 岁和 6～11 岁年龄人口计算，3～5 岁人口在 2022 年达到高峰后将逐步下降（如图 33 所示），6～11 岁在经历一个短期的下降后将逐步上升，到 2027 年达到高峰后将逐渐下降（如图 34 所示）。人口的变动需要公共教育资源配置既要有效满足短期内快速增长的入学需求，又要防止学龄人口下滑后的资源空置浪费以及人口迁移带来的区域资源需求不均的问题。

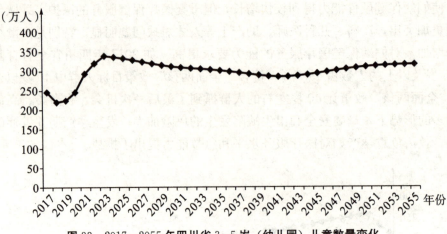

图 33 2017—2055 年四川省 3～5 岁（幼儿园）儿童数量变化

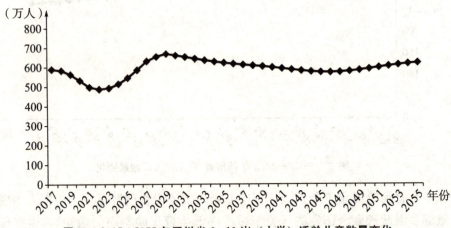

图 34 2017—2055 年四川省 6～11 岁（小学）适龄儿童数量变化

4. 城镇化进程中流动人口规模将继续增长，政府社会治理能力亟待提升

从总和生育率水平来看，自然增长已不再是区域人口增长的动因，人口流动与迁移将是推动区域人口变化的主要动因。随着城镇化的不断提高，资源跨区域配置成为一种常态，人口迁移流动规模和频率也将进一步增加。流动人口社会融入已成为当前社会治理中的难点与热点，虽然基本公共服务均等化战略的推进已在很大程度上解决了流动人口发展问题，但流动人口发展依然存在较多问题，如在基本公共服务均等化享受范畴、人口分区域治理、文化融合以及更高层次的服务等方面，流动人口与户籍人口的差异依然没有消除。

5. 新增劳动力增速持续放缓，劳动力老化问题逐步显现

（1）劳动年龄人口数量下降，经济发展转型刻不容缓。近 10 年来，四川新增劳动力数量持续下降，预计 2025 年全省劳动年龄人口规模将降至 5688 万人，到 2035 年，劳动年龄人口规模将进一步降至 5211 万人，就业供需矛盾正发生根本转

变（如图 35 所示）。按照中央和省委的统一部署，加快推进经济高质量发展，控制附加值低的劳动密集型行业发展，将是经济调控的必然方向。

图 35　2017—2055 年四川省劳动力人口数量变化

（2）劳动力老龄化不断加深，新产业新技术发展受阻。全省大龄劳动力在劳动年龄人口中的比重不断上升，劳动力老龄化明显（见表 9），同时，四川人口平均受教育年限还低于全国平均水平，特别是高素质人口缺乏。随着劳动年龄人口的老龄化，创新发展能力势必会受到一定影响。农村现代农业经营模式和农业新技术推广势在必行，但同时高素质年轻劳动年龄持续外流，新农村建设和现代农业发展成为四川发展中的重大难题之一。

表 9　2017—2055 年四川省劳动人口年龄结构变化

年份	15～29 岁 （万人）	占劳动人口 比例（%）	30～44 岁 （万人）	占劳动人口 比例（%）	45～64 岁 （万人）	占劳动人口 比例（%）
2017	1549	26.99	1664	28.99	2527	44.02
2018	1536	26.79	1614	28.15	2583	45.06
2019	1523	26.54	1569	27.36	2644	46.10
2020	1501	25.99	1547	26.78	2728	47.23
2021	1508	26.15	1517	26.31	2741	47.54
2022	1517	26.27	1511	26.16	2748	47.57
2023	1522	26.61	1530	26.74	2668	46.65
2024	1527	27.12	1545	27.44	2559	45.44
2025	1510	26.55	1586	27.89	2591	45.56
2026	1496	26.17	1595	27.90	2626	45.94

续表9

年份	15～29 岁（万人）	占劳动人口比例（%）	30～44 岁（万人）	占劳动人口比例（%）	45～64 岁（万人）	占劳动人口比例（%）
2027	1486	25.83	1595	27.72	2672	46.44
2028	1456	25.29	1630	28.31	2671	46.40
2029	1426	25.37	1659	29.52	2535	45.11
2030	1393	25.11	1670	30.11	2484	44.78
2031	1382	25.30	1646	30.13	2435	44.58
2032	1387	25.66	1601	29.62	2418	44.73
2033	1386	25.87	1581	29.51	2391	44.63
2034	1379	26.13	1561	29.58	2337	44.29
2035	1372	26.33	1533	29.43	2305	44.24
2036	1358	26.43	1537	29.92	2242	43.65
2037	1340	26.41	1544	30.42	2191	43.17
2038	1321	26.31	1546	30.80	2153	42.89
2039	1302	26.25	1547	31.20	2111	42.55
2040	1288	26.38	1527	31.28	2068	42.34
2041	1281	26.53	1513	31.33	2035	42.14
2042	1268	26.61	1503	31.53	1995	41.86
2043	1267	26.75	1473	31.10	1996	42.15
2044	1275	26.83	1442	30.34	2035	42.83
2045	1288	27.14	1408	29.67	2050	43.20
2046	1281	27.07	1397	29.53	2053	43.40
2047	1265	27.02	1402	29.94	2016	43.04
2048	1253	26.97	1401	30.16	1992	42.87
2049	1240	26.60	1395	29.91	2028	43.50
2050	1227	26.35	1387	29.79	2043	43.86
2051	1214	26.21	1373	29.64	2046	44.16
2052	1202	26.06	1356	29.40	2053	44.54
2053	1189	26.12	1336	29.34	2028	44.54
2054	1178	26.12	1317	29.20	2015	44.67
2055	1168	26.12	1303	29.15	1999	44.72

6. 全员人口动态监测缺乏整合，人口发展决策需强化数据支撑

目前，全省全员人口数据主要分布在统计、卫计和公安部门。统计部门数据主要以 10 年一次的普查数据为基础并辅以每年的抽样调查，由于人口迁移流动规模和频率逐步增加，该数据在应对人口结构变化方面还有一定的不足；卫计部门在 2013 年机构改革后，人口数据更新受到较大影响，虽然每年与省公安人口数据进行了比对，但其数据准确度还是不足，而且近年更多地关注人口健康，大人口决策已不是其重点；公安部门承担着全省全员人口数据的建设，但其数据更多的是从社会治安管理的角度出发，其数据口径、应用还难以满足决策的需求。同时，由于各类数据存在于各部门，难以统筹应用和开发，各类数据库基本上没能为决策起到应有的支撑作用。

（二）政策建议

1. 顺应人口发展态势，落实人口发展生育新政

（1）引导人口空间合理迁移。在中长期阶段，"人口多、底子薄、不平衡、欠发达"的基本省情仍将延续，人口的分母效应仍将深刻持续影响四川经济社会发展。随着经济社会的发展，人口在城乡、地区间的空间格局还会进一步变化，一是要按照《四川省"十三五"人口发展规划》的要求，从产业角度和公共服务配套角度推动人口在各级城镇体系之间的合理布局；二是按照新型城镇化战略的指导引导农村人口向城镇的合理转移。

（2）完善"全面两孩"政策配套。就"全面两孩"政策的实施情况来看，主要存在生育成本高、产妇高龄化、子女日常看护等方面的问题，不少具有生育意愿的家庭望而却步。"十三五"期间，需强化"全面两孩"配套政策的完善和落实，切实保障育龄妇女权益，在社会保险方面推动生育保险对生育假的全覆盖；在税务方面，加快实现职工养育成本的税前扣除；在劳动就业方面，加强对育龄妇女就业技能的培训以及劳动权益的保障；在照护方面，不断推动专业机构的发展，鼓励有条件的社区和企业建立母婴护理中心。

（3）强化生态脆弱区的合法生育管理。四川生态脆弱区域面积较大，该类区域人口综合承载能力脆弱。就目前生育率情况来看，凉山彝区等部分地区还存在高生育率情况，越生越穷、越穷越生的恶性循环还较为突出，需继续强化此类区域的生育行为管控。

2. 推动全员人口动态监测系统建设，强化人口发展战略研究

要推动《四川省"十三五"人口发展规划》的落实，加强全员人口信息系统建设，提高人口宏观综合决策能力。

（1）推动动态人口数据库建设。完善人口发展指标体系，统一人口基础信息指标体系、规范采集标准。整合公安、统计、卫计、民政、人社等各部门的基础数据调查工作队伍，推动人口数据采集基础队伍建设。同时拓宽数据来源，加大对移

动、携程、腾讯等大型商业机构运营所形成的人口数据的采购力度，弥补政府运营数据中人口动态监测中的不足，同时降低数据监测与采集成本。

（2）加强人口数据对决策的支撑作用。全省人口数据缺乏有效的适时研究和开发，数据资源闲置情况较为突出，需进一步提高数据的开放水平。充分利用四川在全国人口领域专业人才的优势，围绕全省重大战略，推动人口大数据开发与应用体系的建设，强化人口与区域发展重大问题的前瞻性研究。

3. 高度重视老年人口问题的严峻性，从战略角度关注老年人口发展

（1）强化地方党政主要领导对老年人口问题的战略关注。全省各地区战略规划中对人口老龄化问题都有一定的关注，但对这一问题的严峻性普遍缺乏应有的重视，未上升到战略高度。省委省政府需将老年事业和老年服务体系建设纳入重点工作，对各地区此领域的发展与经济发展纳入并列考核，保障和谐老龄化社会的建设。

（2）强化农村地区老年人口事业的发展。随着农村劳动力人口的逐步外流，农村老龄化问题的严峻性远高于城镇，但受制于地区经济实力、社会发展水平，农村老年化问题还缺乏有效的解决手段和发展模式。

（3）加强高龄老年人口需求的服务能力建设。老龄化是四川人口发展中的一个重要特点，高龄老人健康服务、生活照护服务、精神慰藉等方面的服务供给将成为老龄化中的难点，需充分利用政府购买服务、财税政策，依托医院、社区、各类教育与培训机构推动专业机构与专业队伍的建设，提高全省老年人口服务能力。

4. 强化人口数量红利向质量红利的转变，推动经济转型升级发展

（1）充分利用人口质量红利，推动高质量产业发展。随着国家的发展，人口受教育水平和劳动力技能水平得到快速提升，为现代产业发展提供了坚实的要素支撑。特别是近两年，各大城市围绕高素质劳动力的争夺进入白热化的状态。作为人口大省，要充分利用人口质量红利的出现，推动四川"5+1"产业体系的发展。

（2）前瞻应对劳动力老龄化问题，保障40~50岁低技术劳动力人口充分就业。开展对40~50岁劳动力人口就业能力、素质水平的调查与评估，判断该类人群在人工智能发展、经济转型升级中就业可能存在的障碍与挑战，推动具有针对性的就业培训，在社保、税务等方面制定相应的政策支持，拓展和挖掘40~50岁人员的就业容纳空间，保障该类劳动力人口群体充分就业。

5. 积极推进公共服务均等化，有效改善流动人口社会融合环境

对流入地来说，提升流动人口的社会融合度，能缓解本地人口与流动人口的矛盾，促进二者关系的和谐。对流动人口来说，社会融合程度的提高有利于流动人口充分挖掘自身潜力，实现自我价值，为流入地发展做出贡献。改善流动人口社会融合外部环境的第一要义是促进公共服务的均等化，围绕促进流动人口社会融合的总目标，秉持统筹兼顾、以人为本、关注民生的理念，在盘活现有资源的基础上，增

加公共服务种类，提高服务效率，提升服务质量，丰富服务内容。以流动人口的需求为准绳，帮助流动人口在城市扎根立足，解决流动人口基本的劳动就业和社会保障问题，提高流动人口经济融合的程度。在此基础之上，拓宽社会融合的广度，扩大流动人口社会参与的渠道，使流动人口获得心理上的认同感和归属感。

（四川省统计局　四川省人口学会）